접경 공간의 형성

조우와 충돌

글쓴이(수록순)

차용구(車龍九, Cha, Yong-Ku)_중앙대학교 역사학과 교수

여호규(余昊奎, Yeo, Ho-Kyu)_한국외국어대학교 사학과 교수

정동민(鄭東珉, Jung, Dong-Min)_한국외국어대학교 역사문화연구소 HK연구교수

이근명(李瑾明, Lee, Geun-Myung)_한국외국어대학교 사학과 교수

박지배(朴志培, Park, Ji-Bae)_한국외국어대학교 역사문화연구소 조교수

최말순(崔末順, Choi, Mal-Soon)_대만 국립정치대학교 대만문학연구소 부교수

이화진(李和眞, Lee, Hwa-Jin)_인하대학교 한국어문학과 초빙교수

오태영(吳台榮, Oh, Tae-Young)_동국대학교 경주캠퍼스 인문콘텐츠학부 국어국문학전공 조교수

이병훈(李丙勳, Lee, Byoung-Hoon)_아주대학교 다산학부대학 부교수

접경 공간의 형성—조우와 충돌

초판 인쇄 2019년 8월 23일 초판 발행 2019년 8월 29일

엮은이 중앙대·한국외대 HK+〈접경인문학〉연구단 펴낸이 박성모 펴낸곳 소명출판 출판등록 제13-522호

주소 서울시 서초구 서초중앙로6길 15, 1층

전화 02-585-7840 팩스 02-585-7848 전자우편 somyungbooks@daum.net 홈페이지 www.somyong.co.kr

값 23,000원   ⓒ 중앙대·한국외대 HK+〈접경인문학〉연구단, 2019

ISBN 979-11-5905-439-6-93900

이 논문 또는 저서는 2017년 대한민국 교육부와 한국연구재단의 지원을 받아 수행된 연구임(NRF-2017S1A6A3A03079318)
This work was supported by the Ministry of Education of the Republic of Korea and the National Research Foundation
of Korea(NRF-2017S1A6A3A03079318)

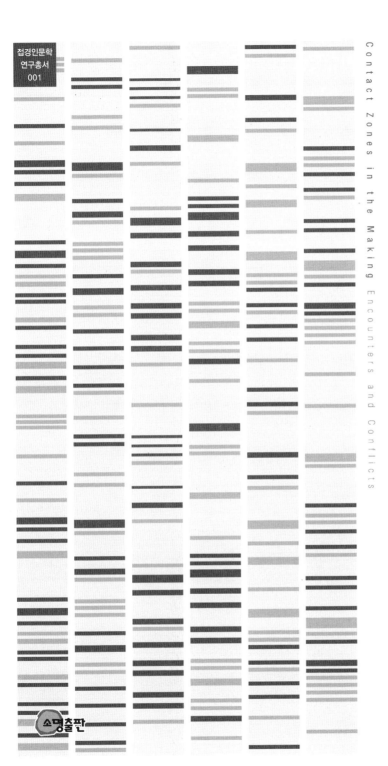

집경인문학
연구총서
001

접경 공간의 형성

조우와 충돌

Contact Zones in the Making Encounters and Conflicts

중앙대·한국외대 HK+〈접경인문학〉 연구단 편

소명출판

발간사

    최근 글로벌화의 진전에 따라 상이한 문화와 가치들이 국경은 물론 일체의 경계를 넘어 무한 이동하고 있다. 이러한 분위기 속에서 활발히 진행되고 있는 국경연구Border Studies에서 국경의 의미는 단순히 중심에 대한 대립항 내지 근대 국민국가 시대 '주권의 날카로운 모서리'로 이해되는 경향이 강했고, 사회적 상징물의 창안에 힘입은 집단기억은 국경의 신성성神聖性과 불변성을 국민의 마음속에 각인시켰다.

    이처럼 지금까지의 국경 관련 연구는 침략과 저항, 문명과 야만, 가해자와 피해자라는 해묵은 담론을 반복적으로 재생산했는데, 이런 고정된 해석의 저변에는 '우리'와 '타자'의 경계에 장벽을 구축해 온 근대 민족주의의 이데올로기가 깔려 있다. 즉 민족주의의 렌즈로 바라보는 국경이란 곧 반목의 경계선이요, 대립의 골짜기였다.

    그러나 이러한 해석은 단순히 낡았을 뿐 아니라 역사적 사실을 외면한 일종의 오류에 가깝다. 분단과 상호배제의 정치적 국경선은 근대 이후의 특수한 시공간에서 국한될 뿐이며 민족주의가 지배한 기존의 국경연구는 근대에 매몰된 착시에 불과하다. 역사를 광각으로 조망할 때 드러나는 국경의 실체는 다양한 문화와 가치가 공존하는 역동적 장소이자 화해와 공존의 빛깔이 짙은 공간이기 때문이다.

HK+〈접경인문학〉연구단은 이러한 연구의 한계를 넘어 담론의 질적 전환을 이루기 위해 국경을 '각양각색의 문화와 가치가 조우와 충돌하지만 동시에 교류하여 서로 융합하고 공존하는 장場', 즉 '접경Contact Zones'으로 재정의하고자 한다. 본 연구가 제시하는 접경 공간은 국경이나 변경 같은 '외적 접경'은 물론이요, 한 사회 내에 존재하는 다양한 정체성 ― 인종/종족, 종교, 언어, 생활양식 ― 간의 교차지대인 '내적 접경'을 동시에 아우른다.

그리고, 바로 이러한 다중의 접경 속에서 통시적으로 구현되는 개인 및 집단의 존재방식을 분석하고 개념화하는 작업을 본 연구단은 '접경인문학'으로 정의했다. 접경인문학은 이상의 관점을 바탕으로 국경을 단순히 두 중심 사이의 변두리나 이질적 가치가 요동하는 장소가 아닌 화해와 공존의 접경 공간으로 '재'자리매김하는 한편 현대사회의 다양한 갈등을 해결할 인문학적 근거와 모델을 제공하고자 한다. 우리 연구단은 이런 인식을 바탕으로 다양한 정치 세력과 가치가 경쟁하고 공명하는 동아시아와 유럽의 접경 공간을 '화해와 공존'의 관점에서 비교 분석하고자 한다.

본 연구는 시간적으로는 전근대와 근대를 모두 담아내며, 접경 공간에 덧입혀졌던 허위와 오해의 그을음을 제거하고 그 나신裸身을 조명할 것이다. 〈접경인문학〉연구단은 이와 같은 종적·횡적인 학제 간 융합 연구를 통해 접경 공간에 녹아 있는 일상화된 접경의 구조와 양상을 살피면서 독자적인 이론과 방법론을 제시하고자 한다.

연구 아젠다의 방향을 '국경에서 접경으로' 설정한 연구단은 연구총서 및 번역총서, 자료집 등의 출간을 통해서 국내외에 축적된 연구 성과를 확산시키고 사회에 환원할 것이다. 본 연구총서의 발간이 학술연구기관으로서 지금까지의 연구활동을 결산하고 그 위상을 정립하는 자리가 되었으면 한다.

2019년 8월
중앙대·한국외대 HK+ 〈접경인문학〉 연구단장
차용구

『접경 공간의 형성』을 내며

I

오늘날 서로 다른 문화와 가치들이 유무형의 경계를 넘어 전 세계적인 이동을 하고 있다. 한편에서 맥도널드나 스타벅스와 같은 기업의 제품들이 국경을 넘어 확산되고 있다면, 다른 한편에서는 방탄소년단과 같은 팝스타들의 음악이 유튜브와 같은 디지털 세계 속에서 전 세계를 넘나들며 한류라는 이름의 문화 요소를 전파하고 있다. 그 모습은 다르지만 이러한 이동은 언제나 경계를 넘어 진행된다.

세상사 전반에 관심을 보이는 인문학자의 속성을 감안한다면 이들이 이러한 유무형적 경계에 대해 학술적 관심을 기울인 것은 당연한 일일 것이다. 그렇지만 경계를 다룬 기존의 연구는 경계를 단순히 중심에 대한 대립 항으로 설정하며 바로 그 중심의 시각에 근거해 '주변'으로 낙인찍은 뒤 훑어 내렸던 주마간산走馬看山식 연구에 그치거나, 물리적인 관점에서 국가 간 경계, 즉 국경이라는 선의 형태에만 주목하여 그 선으로 완전히 양분된 세계로 가정해 연구를 진행해 왔던 아쉬움을 드러낸다.

이러한 아쉬움은 경계 그 자체를 한 치의 틈도 없이 작동하는 기계로 간주하며 경계 그 자체의 성격에 대해서는 관심을 보이지 않았기에 나타난 현상이었으며, 동시에 그 경계를 중심으로 형성되는 경계 양쪽의 영역을 포괄적이면서도 독자적인 하나의 공간으로 바라보지 못했기에 일어난 현상이라 할 수 있을 것이다. 즉 경계를 중심으로 구현되는 하나의 공간이 그 경계의 성격에 따라 어떻게 변화했는지, 그리고 시간의 변화 속에서 해당 공간이 얼마나 다층적인 경험을 겪어왔는지 파악하지 못한 상태에서 이러한 공간을 밋밋하고 특색 없는 저차원의 수동적 공간으로 정의하며 이를 바탕으로 경계 연구를 지속해 왔던 것이다. 하지만 경계로 구성되는 이러한 공간은 시간적으로, 공간적으로 그리고 그 안의 구성원인 인간과 관련해서도 언제나 다면적인 양태를 보여 왔던 다채로운 공간이라 하지 않을 수 없다.

기존 연구의 한계를 넘어 이러한 공간 연구의 패러다임 전환을 추진하기 위해 2017년 중앙대 중앙사학연구소와 한국외대 역사문화연구소가 함께 〈접경인문학〉 연구단을 결성했다. 〈접경인문학〉 연구단은 경계가 가진 접촉의 성격을 강조하기 위해 이를 접경이라 명명하며 접경을 중심으로 구성되는 연구대상으로서의 공간을 '접경 공간Contact Zones'이라 칭하고, 이 공간을 '다양한 문화와 가치가 조우하고 교류하여 서로 융합하고 공존하는 장'으로 새롭게 정의하고자 한다.

이렇게 접경이 아닌 접경공간을 강조하며, 접경 공간을 Border Area가 아니라 Contact Zones로 해석하는 개념의 전환은 단순히 선에서 면, 혹은 공간으로 물리적 차원을 확장·전환했음을 의미하는 것만은 아니다. 접경 공간은 외부와의 접촉면을 통해 유입 혹은 유출되는 각양각색의 문화와 가치체계들이 인간의 행위 속에서 조우하고, 경쟁하지만 동시에 공명하는 무대와도 같은 공간을 의미한다. 그러므로 접경 공간은 국경이나 변경, 또는 경계로 표현되는 외부와의 접촉이 강조되는 외향적인 공간을 의미하는 것은 물론, 동시에 언어나 종교, 문화와 생활 양식은 물론 노동과 계급에 이르는 내적 정체성을 형성하는 요인들이 인간의 행위에 영향력을 행사하는 사회 내부, 집단 내부 그리고 개인 내부의 영역을 아우르는 공간으로 파악되어야 한다. 그리고 이를 위해 인문학 제반 분야의 연구자들이 모두 참여하는 다학제간 연구 방법이 사용되어야 함은 자명하다.

〈접경인문학〉은 이러한 다중성을 지닌 접경 공간의 형성을 추적하고 그러한 공간에서 개인이나 집단이 어떻게 공존하는지 그 방식들을 분석, 개념화하는 연구 작업을 의미한다. 이러한 작업 속에서 접경 공간은 변두리나 이질적인 공간이 아닌, 화해와 공존의 공간으로 자리매김하며 궁극적으로는 오늘날 현대사회의 문제점으로 제기되는 여러 사회 갈등의 해결책과 그 근거를 제시하는 모델이 된다.

II

이 책은 2017년 11월 본격적으로 출범한 중앙대·한국외대 HK+ 〈접경인문학〉 연구단의 첫 해 연구 주제였던 '접경 공간에서의 조우와 충돌'을 구체화한 글들을 엮은 첫 번째 결과물이다. 이 책의 첫 머리에서는 접경인문학이 무엇을 연구하려 하는지 그리고 어떠한 목표에 도달하려 하는지를 제시하는 시론으로 차용구의 연구를 제시한다. 그는 접경인문학이 궁극적으로 재현해야 할 대상인 접경을 바라보는 시선이 시간의 흐름에 따라 어떻게 변화했는지 역사학의 관점에서 독일과 폴란드의 접경 공간을 분석한다.

20세기 초반까지의 전통적인 연구에 따르면 독일의 국경은 존엄한 게르만의 문명 공간, 즉 독일 영토의 상징으로써 반드시 지켜내야 하는 선이었다. 그러나 20세기 후반 등장한 새로운 연구들은 주변을 날카롭게 단절하는 국경선이 아니라 게르만과 슬라브의 문화가 중첩된 접경 공간으로 독일과 폴란드가 맞닿아있는 영역을 인식하기 시작한다. 동시에 이러한 접경 공간은 국가의 중심지와는 다른 모습을 하고 있음이 발견된다. 그러므로 접경은 중심부의 양태가 어떻게 주변부에 영향을 미치는지 추적할 수 있는 공간인 동시에 접경을 거치며 변용된 다양한 사회문화적 요소들이 중심부의 정체성 변화에 어떻게 일조하는지 분석 가능한 공간으로 탈바꿈하며, 중심과 주변부의 상호 의존성을 표상하는 공간이 된다.

Ⅲ

접경 연구는 여러 방면에서 진행될 수 있지만, 이 책에서는 이를 두 부류로 나누어 관련한 연구를 소개하고자 했다. 우선 전반부에서는 역사를 중심으로 형성된 접경 공간을 살펴보는 연구들을 수록했다. 보다 구체적으로는 동북아 각지에서 형성된 접경 공간이 해당 공간의 역사적 변화와 어떻게 관계를 맺는지 살펴봄으로써 접경 연구의 근간을 이루는 역사, 지리 연구들을 결코 소홀하게 다루지 않으려 했다. 이러한 연구들은 접경 공간의 일차적인 형성, 즉 서로 다르다고 인식하는 두 집단이 조우하고 충돌하며 발생하는 갈등 공간의 존재를 가장 분명하게 드러내고, 그러한 공간이 전체 역사에서 차지하는 위치를 명확하게 입증한다는 점에서 접경 연구의 기본이라 할 수 있다.

먼저 여호규는 5세기 후반 만주 송화강 유역에서 벌어진 물길과 고구려의 충돌로 생겨난 접경 공간을 추적한다. 물길이 송화강 중하류로 진출하며 고구려의 북방 강역은 크게 축소되었고 이 지역은 고구려와 물길의 새로운 접경으로 등장한다. 이 새로운 접경 공간은 군사적, 외교적 갈등을 빈번히 겪으면서도 점차 다종족 사회로 변모해가며 접경 공간의 변화 양상을 적절히 따른다. 그리고 그 결과에 따라 이전의 공간과는 다른 역사 공간으로 자리 잡는다.

한편 정동민은 고구려와 수나라 사이의 여러 전쟁 중 가장 먼저 발생한 598년 전쟁을 분석하며, 전쟁의 무대였던 요서가 전쟁의 원인으로서 작용한 첨예한 접경 공간이었음을 역설한다. 여러 민족들이 자리 잡고 있던 요서는 고구려와 수나라라는 양 강대국의 세력이 상대 국가의 방향으로 확산되는 통로이자 중첩되는 공간이었다. 그러므로 요서는 양국 간 단순한 국경선이 아니라, 갈등 더 나아가서는 충돌을 통해 반드시 우위를 점해야하는 공간으로 인지된다.

반면 이근명은 접경 공간에서의 갈등이 중앙의 역사 변화에 미친 영향을 분석하며 접경 공간의 역사적 역할에 주목한다. 11세기 중국 북부에서는 송나라와 요나라, 그리고 서하가 접경 공간을 형성하고 있었다. 당시 요나라는 송나라와의 접경을 압박했고, 이에 송나라의 국정을 이끌던 세력은 굴복하며 요나라의 요구를 일방적으로 수용했다. 그러나 요나라는 요구의 수용을 위해 전제 조건으로 제시했던 서하와의 접경을 통제하는데 실패했고, 그것은 송나라 내부에서 요나라와의 정책을 주도했던 세력의 정치적 몰락으로 귀결된다. 세 나라 사이에서 형성된 접경공간은 세 나라의 정치적 위상 변화를 가져온 가장 핵심적인 촉매였다.

마지막으로 박지배는 17세기 한국사의 하나의 사건이었던 나선정벌을 동북아 접경 공간의 관점에서 재해석한다. 러시아의 '의도적인' 남하를 저지한 세계사적 사건으로 인식되어 왔던 나선정벌은 사실 경제적 이해관계를 위해 자연스럽게 동방으로 이동하던 러시아인들이 현지의 세력들과 조우하며 충돌했던 접경의 형성 과정을 상징하는 사건이었다. 그것은 군사적 충돌이었지만, 첨예한 대립은 아니었다. 아무르강 유역은 충돌의 공간이었지만, 동시에 교역의 공간으로 향후 발전했기 때문이다.

　한편, 책의 후반부에서는 역사적이며 가시적인 접경 공간을 넘어서는 다양한 형태의 접경 공간을 기술하는 연구들을 수록했다. 동시대의 동아시아에서 당대의 사회문화적 체계와 상호 영향을 주고받는 경계로서의 접경 공간을 발견하고, 심상으로 명명한 추상화된 영역 속에서 접경이 어떻게 존재하는지 살펴보았다. 이것은 앞서 살펴본 역사적 충돌 공간의 변화로 발견되는 접경과는 사뭇 달라 보이지만, 다양한 가치들이 갈등하고 충돌하는 공간이자 거기서 멈추지 않고 변화해 가는, 유동적이고 유연한 과정을 거친다는 점에서 접경 공간의 속성을 내포하고 있음은 분명하다.

　최말순은 일제 말기에 대만에서 발간된 잡지를 분석해 일본이 만들어낸 접경 공간인 '남방'의 유동성을 지적하고, 그 안에 숨겨진 의도를 지적한다. 대만과 중국의 화남 지방 정도만을 의미했던 남방은 태평양 전쟁의 확전과 함께 동남아시아 및 태평양의 섬들까지 포함하는 공간으로 확장된다. 잡지는 독자들에게 새로운 접경 공간과의 조우를 주선하고, 이를 상상할 수 있도록 인류학적 방법론을 동원한 기사를 작성한다. 객관적으로 작성된 것처럼 보였지만, 결과적으로 남방은 대만인들에게 전쟁의 정당성을 강조하고, 새로운 점령지를 미화하는 선전이자 이들을 전쟁으로 동원하기 위한 미끼에 지나지 않았음이 드러난다.

한편 이화진은 한국전쟁 기간 중인 1952년 발생한 악극인들의 일본 밀항사건에 주목하여 이 사건을 탈국경적 이동의 하나의 사례로 재구성한다. 이들의 행동은 위문이라는 이름으로 비교적 쉽게 이동을 경험할 수 있었던 대중예술인들이 저지른 하나의 소동으로도 비칠 수 있었다. 일제 말기에서 월남전쟁까지 동아시아의 정세는 요동쳤고, 이 공간의 정치 지리는 급변했다. 그리고 이러한 변화 속에서 형성된 접경 공간이 매우 유연했으며, 그것은 이동의 또 다른 가능성을 열어주는 유동적인 체계였음을 저자는 밝혀낸다.

이러한 접경 공간의 유연함은 오태영의 연구에서도 발견된다. 오태영은 1960년대부터 진행된 재일조선인의 귀국사업 속에서 다양한 방향으로 출몰했던 주체로서의 개인의 목소리에 주목하여 귀국사업과 직간접적으로 연계된 남북한 및 일본을 고정적인 지리적 경계가 아닌 유동적인 심상적 차원의 접경 공간으로 재해석한다. 귀국사업에 참여했다 탈출했던 개인들에게 조국은 허락되지 않았으며, 이들은 경계 위의 존재로 접경 공간을 부유하는 운명을 겪었다. 유동성은 가능성이었지만, 동시에 불안한 것이기도 했다.

IV

역사적 시점에서 인식되는 접경 연구에서 비롯하여 동시대적 감수성에서 발견되는 문화 및 문학적 시점을 통한 접경 연구까지 접경은 고유한 성격을 유지한 채 도처에서 발견되는 연구 주제이자 학문적 가능성을 담보한 연구 분야로 자리 잡았다. 〈접경인문학〉 연구단의 연구총서는 그러한 연구의 수행결과를 확산하시려는 목적에서 기획되었다.

본 연구서가 역사적 관점에서의 접경 연구의 가능성을 역설하는 차용구의 연구에서 시작되었기에, 본 연구서의 마지막은 문학과 문화의 시선에서 접경 연구의 의미를 발견하는 이병훈의 연구로 가늠한다. 그는 현대를 접경의 일상화가 내재된 시대로 바라보며, 그러므로 겉으로 드러나는 접경을 넘어 인간의 의식과 내면에 구조화된 접경을 이해하는 것이 현대사회를 이해하는 데 있어서도 중요한 함의를 갖게 되었다고 역설한다. 그러한 관점에서 문화와 문학은 바로 그 내면의 실체를 기술하는 중요한 도구로 활용될 수 있음을 강조한다. 그렇지만 그는 접경 연구에 있어서의 문화, 문학을 특수하게 존재하는 대상을 새롭게 쓰는 것이라 바라보지 않는다. 오히려 주변의 요인들과 상호 연계되고 의존하고 있음을 인식하고 그러한 연계성과 의존성이 발현되는 충돌의 경계가 곧 접경 공간이며, 서술하고자 하는 대상이 접경 공간에서 형성된다는 점에 주목하는 것이 곧 대상의 새로움을 파악하는 것이라 주장한다. 그러한 시각으로 기술하는 것이 문화와 문학이 내면의 실체를 기술하는 방법이라는 것이다.

이제 경계는 불확실해졌으며, 더욱 유동적으로 변해가고 있다. 다양한 유동성들이 맞닿는 경계와 그를 포괄하는 역동적인 접경 공간에서 가장 혁신적인 변화들이 도출되는 것이 오늘날의 사회이며, 〈접경인문학〉은 그러한 공간에 주목해 다양한 학문적 방법론을 독자적으로, 또는 융합적으로 적용하여 다채롭게 기술하는 것이 목표이자 학문적 지향점

임을 다시금 확인하게 한다.

　본 연구서는 역사에서, 가장 익숙한 지점에서 출발해 상대적으로 낯선 문학 및 문화에서의 접경에 이르기까지 접경 연구의 포용성을 입증하기 위해 기획되었다. 이 책의 간행을 위한 밑거름이 되었던 지난 1년의 연구단 활동에 참여했던 모든 분들께, 특별히 책의 간행을 위한 교열 작업을 물심양면으로 도와준 은희녕, 김현진 선생에게 감사드린다. 입에 완전히 들러붙었는지는 알 수 없지만 기존에 존재하는 학문 분야를 넘어서 도전 및 창의의 영역에서 새로운 인문학으로의 진군을 위해 불편해도, 어색해도 〈접경인문학〉을 외쳐왔고 앞으로도 기꺼이 그래야 할 것이라 다시 한번 다짐한다.

2019년 8월
연구단을 대표하여
라영순

차례

국경^{Grenze}에서 접경^{Kontaktzone}으로

20세기 독일의 동부 국경 연구 동향

차용구

1. 오데르-나이세/오드라-니사 국경선

20세기 중반 이후 유럽연합^{European Union}이 추진했던 국경개방^{de-bordering}은 국경 없는 세계^{borderless world}의 도래를 예언하는 듯했으나,[1] 2001년 9·11 이후 미국의 국경보안 강화정책과 유럽의 난민 문제는 공간정치에 급격한 변화를 가져왔다. 그러나 이러한 변화난측한 정세 변동은 역설적으로 국경 연구^{Border Studies}의 르네상스를 열었고 다양한 연구 방법론의 개발과 국경에 대한 새로운 이해를 가능하게 하였다. 그 결과, 최근 국경 연구는 지역적·미시적 공간 연구로 회귀하면서 국경의 공간성^{frontier zones}에 주목하게 된다. 이 글은 독일과 폴란드의 국경 지역^{Grenzraum}에 대한 학계의 연구동향을 소개하고 이를 비판적으로 검토하고자 한다.

1990년 독일의 재통일과 함께 오데르-나이세 국경선Oder-Neisse-Line 이 독일연방공화국의 동부국경으로 최종 확정되면서 독일과 폴란드 양국의 정상화에 걸림돌이었던 국경 문제는 평화적으로 해결될 수 있었다. 이로써 갈등과 반목으로 점철되었던 '천년전사千年戰史'의 원인이었던 국경 분쟁은 종식되고 역사 화해의 발걸음을 본격적으로 내딛게 된다.[2] 하지만 '피 흘리는 국경선blutende Grenze'을 둘러싼 양국의 첨예한 대립은 19세기와 20세기의 민족주의를 앞세운 역사전쟁을 거치면서 치유하기 어려운 깊은 상흔을 곳곳에 남겨 놓았다.

양국의 영토와 국경 분쟁은 18세기 후반까지 거슬러 올라간다. 강대국의 폴란드 강제 분할(1772, 1792, 1795), 프로이센에 의한 폴란드 점령지의 급속한 게르만화가 진행되자 폴란드 독립을 위한 저항과 민족주의의 열풍은 봉기로 표출되었다. 제1차 세계대전 이후 폴란드가 독립하고 전쟁에서 패한 독일은 베르사유조약의 강제 명령에 근거해 독일 동부 영토의 상당 부분을 '새 폴란드'에 내줘야 하면서 양국의 적대감은 최고조에 달하였다. 국경갈등으로 비화된 대립국면은 패전국 독일에서 실지수복과 국경회복을 정당화하기 위한 역사주권historical sovereignty 되찾기 운동으로 확산되었고, 학문은 침략과 지배를 정당화하는 정치적 무기로 쓰였다.[3]

제2차 세계대전으로 오데르-나이세 국경선이 잠정적으로 인정되고 이 지역에 살던 수백만 명의 독일인 강제 이주가 결정되면서 국경선 문제는 양국 간 최대 현안으로 떠올랐다. 폴란드와 국경을 접하고 있던 동독정부는 소련의 압력으로 국경선을 인정하고 독일-폴란드 관계정상화를 시도했던 반면, 서독 정부는 이 국경선을 공식적으로 인정하지 않았다. 변화의 첫 물꼬는 빌리 브란트Willy Brandt 수상이 추진한 '신'동방정책 Ostpolitik과 이웃국가와의 '화해정치'에서 트였다. 국경선을 인정하고 현존 국경의 불가침을 확인하는 1970년의 바르샤바조약으로 서독과 폴란드의 외교 관계가 수립되면서 양국 관계는 미래지향적으로 발전할 수 있었다. 이로써 동·서유럽의 긴장완화와 화해를 위한 토대가 구축되었고, 1990년 독일 통일 이후 오데르-나이세Oder-Neiße / 오드라-니사Odra-Nysa 국경선은 통일독일과 폴란드의 국경선으로 재천명된다.[4]

1970년대 동서 데탕트와 유럽의 평화 질서 구축이라는 시대적 상황 속에서 독일 학계에서도 국경 지역에 대한 개념의 변화가 진행되었다. 기존의 국경 연구는 전쟁, 정복, 선교, 문명화, 이주, 정착과 같은 논의와 함께 국가 팽창론적 관점에서 연구가 이루어졌다. 엘베Elbe 동쪽에서 오데르-나이세강에 이르는 지역은 "슬라브인의 심장"[5]이라 불릴 정도로 오래 전부터 슬라브인들이 거주하던 장소였으나, 중세에 진행된 개간사업의 결과 독일의 역사에 편입된다. 이러한 독일 동부로의 팽창 과정을 19세기 독일 역사가들은 '동유럽 식민지화Ostkolonization'로 명명했고 바이마르 시대의 대표적인 역사학자 함페Karl Hampe는 동방 진출Zug nach Osten을 '중세 독일 민족의 위대한 식민사업'으로 칭송하였다.[6] 독일의 법제사학자 슐레징어Walter Schlesinger는 1950년대에는 중세 독일의 동부 팽창을 "동유럽 이동Ostbewegung"으로 1975년에 와서는 "동유럽 이주Ostsiedlung"로 새롭게 정의하였지만,[7] 최근의 학계는 "영토개간Landesbau"으로 기술한다.[8]

시간에 따라 국경 형성 과정에 대한 이해와 해석이 변화하였다는 사실은 역사적 현상에 대한 인식의 전환을 의미한다. 중세 전성기부터 개간된 영토는 제2차 세계대전 이후에 일부는 구舊동독 지역으로 귀속되었지만 이 중 일부(슐레지엔Schlesien, 포메른Pommern)는 폴란드에 양도된 곳이다. 이곳은 19세기부터 1990년 독일 통일까지 2세기에 걸친 역사전쟁의 최전선이었던 국경이자, 동시에 중세부터 독일을 비롯한 서유럽 지역의 이주자들이 여러 슬라브 종족과 본격적으로 조우하게 된 국경 지역이기도 하였다. 최근의 국경 연구는 다양한 이질적인 문명 간의 조우와 충돌, 동화와 융합, 새로운 종족 정체성의 형성 등에 주목하면서 과거 단절과 대립의 장소였던 국경을 변화와 역동의 '접경 공간Kontaktzone'이라는 새로운 관점에서 이해하기 시작하였다.[9]

2. 무기가 된 국경 연구

19세기 중반부터 프로이센에 귀속된 영토에 대해 폴란드 측이 영토주권에 관심을 보이자,[10] 독일-프로이센의 학자들은 엘베강과 오데르-나이세강 사이에 위치한 지역을 자국 역사의 일부로 편입시키려는 노력을 기울였다. 독일 측의 양보할 수 없는 역사적 권리를 주조하기 위한 본격적인 역사전쟁이 시작된 것이다.[11] 이 과정에서 등장한 이론과 담론은 민족주의 시대에 국경 연구의 국가 중심적 사고와 분석틀을 잘 드러낸다. 논란이 된 주장은 대체로 다음의 세 가지로 요약된다.

1) 원시 게르만론

폴란드가 독일 동부 지역에 대한 영토주권을 주장하자 프로이센의 역사가들은 폴란드의 강제 분할 이전부터 이 지역이 자국의 영토였다는 이론적 근거를 내세우기 시작하였다. 이곳은 독일인의 조상인 동게르만인이 원소유자였던 '영원한 고향'이라는 것이다. 이렇게 해서 이 지역은 '게르만 민족 이동Völkerwanderung' 전부터 게르만인들이 거주했던 그리고 게르만 민족의 직계후손인 독일인들에 의해서 재탈환되었다는 '원시 게르만론Urgermanentheorie'이 제기된다. 폴란드의 영유권 주장에 맞서 동부 국경 지역에 대한 시원적 권한이 독일인에 있다는 '고유영토론'을 내세운 것이다.

이 이론에 의하면 게르만 민족 이동 이후에 슬라브-폴란드인들이 유입되었던 이곳을 "독일인들이 재이주"하면서 독일의 선진문화가 다시금 이식될 수 있었고, 10·11세기의 식민지화Kolonisation에 공헌한 "영웅시대"를 거쳐 12·13세기에는 정치적 안정과 경제적 성장을 이룩함으로써 "독일 민족의 문화적 위업을 달성"하게 되었다.[12] '재이주', '재탈환', '재독일화'과 같은 기본 개념들은 국경선 투쟁Grenzkampf을 뒷받침하기 위한 이데올로기적 자양분을 제공하였다.

역사적 근거가 박약한 이러한 허구적 주장은 나치 독일의 동방 팽창의 이데올로기적 자양분이 되었고, 그 결과 1939년 히틀러의 폴란드 침공의 역사적 근거도 '독일인의 고유한 영토' 탈환과 '독일 동부 지역의 수복'이었다. 이러한 역사주권론은 제1차 세계대전 패망으로 독일이 폴란드에 넘겨주어야 했던 '고유한' 영토를 되찾기 위해 만들어진 선전용 억지 논리였다.[13] 무엇보다도 동게르만이 독일인의 조상이라는 주장이 설득력을 잃으면서 엘베강 동부 지역이 본래부터 독일의 영토라는 원시 게르만론도 부정될 수밖에 없었다.

2) 문화전파론

동유럽에 대한 독일적 오리엔탈리즘은 슬라브인들의 정치적 무능함과 낮은 경제적 수준을 부각시킨다. 문화적으로도 초보적인 수준인 이 문화 부재의 공간은 서유럽의 발전된 문화에 흡수될 수밖에 없었다는 주장이다. 기존의 국경 이론은 이처럼 자문화 중심으로 진행되었고, 국경에서 타문화와의 교류적 측면을 등한시하면서 슬라브 원주민 문화를 철저하게 타자화하는 해석을 내렸다. 중세의 동유럽 영토개간에 대한 19세기와 20세기 초반의 역사 서술은 이 지역을 개화시킨 독일인의 '문명화 사업'이 갖는 업적을 부각시켰고, 이를 독일의 역사적 사명으로 선전하면서 옛 슬라브 영토가 독일 공동체에 복속되는 과정에 초점을 맞추었다.

이러한 국경 팽창론은 영토개간 이전 슬라브문화의 후진성을 전제로 하며, 특히 씨토 수도회의 개간사업과 도시 건설활동에 대한 연구는 서유럽 그리스도교 문화의 우월성을 강조한다. 수도사들과 이들과 함께 온 개척자들은 낙후된 슬라브의 불모지terras desertas에 문명을 전파하는 전도사의 역할을 수행하였다는 주장이다. "무능력한 슬라브인", 특히 "가난하고 게으른 폴란드인"이 거주하던 지역은 씨토 수도사들에 의해서 "본격적으로 개간될 수 있었던" 점이 강조되었다.[14] 이는 누구에게도 속하지 않는 영토에 대한 무주지terra nullius 선점의 논리를 내세워 역사주권을 옹호하는 것이나 다름없다.

문화가 부재했던 '임자 없는 황무지' 슬라브 거주지에 대한 문화민족Kulturnation 게르만인의 정복이라는 이분법적 문화우월주의가 갖는 허구성은 1970년대부터 드러났으며,[15] 이는 주권의 부재를 악용하면서 군사점령을 합리화하려는 논리에 불과하였다. 19세기와 20세기 유럽 제국주의가 비서구 사회에서 식민지배를 정당화하기 위해 고안한 무주지론은 제국주의의 이념적 폭력의 또 다른 이름이었다. 영토를 발견하고 선점하여 개간하는 쪽이 영유권을 갖는다는 이 주장은 국경을 문명과 야만의 단층선Fault Line으로 이해한다.

문화전파론Kulturträgertheorie에 의하면 독일의 문화가 슬라브문화에 대해 일방적인 우위를 차지하며 문화 발전의 요인을 내적인 것보다 외부로부터의 문화전파로 돌리면서, 슬라브족은 역사와 문화가 부재한 집단으로 치부되었다. 19세기 초에 출간된 책에서 라이테마이어Johann Friedrich Reitemeier[16]는 "동양적 취향orientalischen Charakter"의 미개한 슬라브인들은 중세 '독일 민족deutsche Nation'의 동유럽 이주로 인해서 "쫓겨나면서vertrieben" 이 지역은 "게르만화되었고germanisiert", 그로 인해서 "문화와 쾌적한 생활"을 향유할 수 있게 되었다고 주장한다. 독일인들의 이러한 "혁신적인 공헌활동"의 결과 문명의 황무지에서 문명의 진보가 가능해졌다.

하지만 라이테마이어는 독일과 슬라브의 패권 싸움을 현재 진행형으로 생각했고, 프로이센의 동방 정복으로 이 미완의 역사적 과업은 완수될 것임을 확신하였다. 제3차 폴란드 분할(1795)에 따라 폴란드는 완전히 소멸되었지만 프랑스혁명의 영향을 받은 1791년의 5월 헌법에 자극된 폴란드 민족주의에 대한 두려움은 이후에도 지속되었다. 프로이센에 대한 나폴레옹의 승리(1806)와 바르샤바 공국의 존속(1806~1815)은 폴란드의 민족주의 감정을 한층 고취시켰고, "폴란드 최고의 민족시인" 아담 미츠키에비츠Adam Mickiewicz는 민족감정을 자극하는 영웅서사시를 서술하였다. 프로이센인들이 개척하였다고 주장하는 포메른과 슐레지엔은 폴란드인들에게 '조국의 요람을 형성하는 지역Polskie ziemie macierzyste'으로 인식되었다.[17]

라이테마이어의 민족주의 사관에 경도된 일방향적인 문화전파론은 1863년 바텐바흐Wilhelm Wattenbach의 기고문에서 더욱 강한 호소력을 띠었고,[18] 문화 전파를 위해서는 무력 사용조차도 정당화되었다.[19] 19세기 중반 이후 독일 학계와 정치적 담론 구조에 정착된 문화전파론[20]은 바이마르 시대에 와서 중세 독일 왕들의 동방정책을 야만에 맞서는 "문명 수호자", 독일의 "웅대한 기획"으로 칭송하였다. 슐레지엔 지역을 "독일 정신의 최전방Grenzmark des Deutschtums"로 규정한 20세기 독일의 대표적인 아우빈H. Aubin과 같은 학자도 국경 지역의 배타적 전유를 위한 전투에 동참하였다. 그는 자신의 저서에서도 문화 부재의 공간인 슬라브 지역의 개척을 독일 민족의 위업으로 해석하였다.[21] 독일인이 슬라브인들보다 우월하다는 배타적 민족주의 사상에 근거한 문화전파론은 19세기와 20세기 초반의 정치적 슬로건으로 변모하였다.[22]

3) 슬라브 절멸론

에른스트^{Heinrich Ernst}와 같은 19세기의 역사가들은 우월한 군사력을 구비한 독일인들이 "새로운 순혈 독일 국가"를 건설하기 위해서 슬라브 원주민들을 말살시켰고 그나마 살아남은 자들은 도망갈 수밖에 없었다는 '선행문화 말살론'을 제기한다.[23] 국경 지역의 배타적 전유를 위한 문화적 순수성을 강조하는 영토순결주의가 기획된 것이다. 이들은 영토 내의 모든 역사를 '독일화'하기 위한 전초작업으로 이민족의 역사를 철저히 배제시켰다.

슬라브 절멸론^{Ausrottungs-bzw. Vertreibungstheorie}은 19세기에 폴란드와 체코슬로바키아의 독일 점령 지역에 대한 고토회복의 이론적 토대를 박탈하기 위해 고안된 이론이었다. "오데르강 서쪽의 슬라브인들은 십자군 시기에 사실상 멸종되었다"고 주장한 역사학의 아버지 랑케^{Leopold von Ranke}도 슬라브인 집단학살을 초래한 군사작전을 "성공적인 역사"로 치켜세운바 있다. 슬라브인들이 "절멸된^{so gut wie völlig ausgerottet}" 멕클렌부르크^{Mecklenburg}, 포메른^{Pommern}, 브란덴부르크^{Brandenburg}, 슐레지엔^{Schlesien} 지역으로 이주한 독일의 귀족, 시민, 농민은 이곳에서 새로운 종족^{Stamm}을 형성하였다.[24] 비록 슬라브 말살 이론은 이미 20세기 초에 부정된 학설이지만, 이후에도 슬라브 원주민들이 독일 이주민들에 끼친 영향력은 학계에서 최소화되었다.[25] 그 결과, 슬라브 원주민과 독일 이주민의 혼거와 혼혈은 부정되고, 이들의 지속적인 상호 교류와 공존에 대한 역사적 인식은 지극히 부족하였다.

중세의 동유럽 진출이 국경선 확장으로 이해되면서 위에서 언급한 다양한 이데올로기적 기제를 활용하여 주권의 날카로운 모서리인 국경은 '발명'되었다. 근대국가의 욕망이 만들어 낸 표상인 국경은 역사부도의 색구분 지도에서 이웃나라와 대비되는 색깔로 표기되는 국가의 최전방으로 그려졌다. 국가의 주권이 미치는 영토는 단일한 색채로 칠해졌고 국경은 국가의 통일성을 보호하는 방어선으로 상징화된다. 국가의 순혈성과 국경의 신성성을 훼손하는 이질적 요소는 우월한 민족의 색깔로 덧칠되어야만 했다. 이 과정에서 약육강식과 적자생존의 원칙에 입각한 사회진화론은 국경 연구의 또 다른 이데올로기적 자양분을 제공하였다.

이처럼 20세기 중반까지의 전통적인 국경 연구는 '국경은 변할 줄 모르는 정적靜的인 개념이 아니라 끊임없이 팽창한다'는 진화론적 신념에 근거한다. 이러한 맥락에서 국경 연구의 선구자인 독일의 프리드리히 라첼Friedrich Ratzel이 그의 저서 『정치지리학Politische Geographie』(1897)에서 '영토가 국력의 원천이며, 생명을 갖는 유기체인 국가는 생존을 위한 적절한 공간Lebensraum을 필요로 한다'고 주장하면서 진화론적 국경관을 피력한 바 있다.[26] 고전적인 국경 연구는 국경을 국가와 국가를 분리하는 지리적 경계선이자 국가의 주권, 영토, 국민의 존립을 보존하는 방패막으로 이해한다. 하지만 이러한 국경의 단절적·배타적 기능을 강조했던 근대의 분화론적 국경모델은 전근대의 국경이 갖는 이음과 접촉의 역할을 설명하는 데 한계가 있다. 또한 19세기 이후의 국경사 연구는 외경外境에 치우친 나머지 내경內境이 빚어내는 역동성과 혼종성에 무관심하였고, '국경'을 넘는 탈국가적·노마드적 요소들을 등한시하는 문제점을 보였다.

3. 접경 연구

1) 게르마니아 슬라비카 Germania Slavica

오랫동안 학계의 관심을 받지 못했던 '중세 독일인의 동유럽 이주' 현상이 19세기에 와서야 '발견되고entdeckt', 20세기에 '확산되었다'는 사실은 자못 흥미롭다. 중세 연대기 작가들조차도 십자군 원정과 달리 동유럽 이주에 대해 별다른 주목을 하지 않았기 때문이다. 그래서 비퍼만W. Wippermann의 지적과 같이 19세기에 독일과 폴란드민족 갈등이 없었다면, 아마도 이 주제는 역사 연구의 영역으로 편입되지 않았을지도 모른다.[27]

"동부 국경 지대의 게르만화"는 20세기 중후반에 와서 사료적 근거 부족이 지적되었고, 그나마 수집된 사료들도 민족주의 열풍 속에서 "독일과 슬라브의 국경지대에서 민족 감정의 각성"[28]을 위해 의도적으로 수집되었음이 밝혀졌다. 이는 역사가 과거를 정당화하는 '정치적 무기'[29]였음을 자각하고, 자국사 중심의 칸막이 속에 갇혀 있는 분절된 역사인식을 극복하여 역사를 신화와 이데올로기로부터 해방하려는 노력의 결과였다.

오데르-나이세 국경선의 승인을 거부했던 아데나우어Konrad Adenauer 정권이 끝나고 양국의 국경을 인정하는 바르샤바조약(1970)으로 폴란드와 독일(서독)의 관계는 정상화되었다. 동서화해의 이러한 분위기 속에서 서독 학계는 특정 지역의 사회적·정치적 변화를 초국가적 차원에서 해석하는 작업을 본격화하였고, 기존의 분석틀인 일국사와 국경의 경계를 넘어서 독일과 폴란드 사이의 연결고리를 찾고자 하였다.

1976년 베를린 자유대학Freie Universität Berlin에서 역사학자 프릿체Wolfgang H. Fritze 교수를 중심으로 학제 간 연구단Interdisziplinäre Arbeitsgruppe, IAG이 구성되고 역사학, 고고학, 성, 도시, 마을, 강 등의 이름과 그 기원을 연구하는 명칭과학을 전공한 20여 명의 연구자들이 1991년까지 독일-폴란드 접경 공간을 연구하였다.[30] 이때 엘베와 잘레 강 동쪽에 위치한 중세에 개간된 지역, 즉 게르만화된 슬라브인의 거주 지역이라는 게르마니아 슬라비카Germania Slavica라는 용어가 본격적으로 사용되기 시작했다.[31]

프릿체는 특히 국경을 둘러싼 역사전쟁의 발단이 된 원시 게르만론의 허구성을 지적하고 이제는 슬라브인들에 대한 독일의 오해와 편견을 극복할 때가 되었음을 역설하면서 "슬라브주의에 대한 독일주의의 편협한 우월성"에 대한 비판적인 검토를 제안하였다.[32] 슬라브인들이 "우리들의 선조unsere Vorfahren"[33]임을 과감하게 천명했던 그는 독일 역사에서 슬라브인의 역할에 주목하기 시작했다. 제2차 세계대전 당시 동유럽에서 자행된 나치 독일의 만행을 체험했던 그는 자국사 서술에서 독일-슬라브의 역사적 관계를 재해석하고, 학문적 재정립을 시도하였다. 이들의 연구는 독일 통일 이후인 1995년부터 라이프치히Leipzig대학 소속의 '동유럽역사와문화센터Geisteswissenschaftliches Zentrum Geschichte und Kultur Ostmitteleuropas, GWZO'에서 지속되었다.[34] 이제 독일 동부국경 지방은 독일 문화와 슬라브문화가 조우와 충돌, 잡거와 혼종, 융합과 공존하는 접경 지역으로 초국가적 측면에서 학계로부터 새롭게 주목받기 시작했다.

수십 년간의 지속적인 연구를 통해 중세 전성기 서유럽의 '동유럽 이주'는 '식민지화'를 통한 야만주의의 극복 과정이라기보다는, 독일과 슬라브

두 문화가 조우, 잡거, 혼인 등으로 경제, 제도, 문화의 영역에서 삼투현상이 발생했던 시기였음이 밝혀지게 되었다. 특히, 늦게 도래한 독일인에게 영향을 준 슬라브의 언어, 법, 관습, 정치제도, 경제 조직의 중요성이 새롭게 인정되었다. 이주민에 의한 일방적인 문화 전파의 서사구조가 해체되고 문화융합 중심으로 재서술되면서, 국경은 이질적인 다양한 문화가 조우하고 타협하는 '혼종의 공간'이자 '얽힌 역사histoire croisée, entangled history'가 전개되는 곳으로 이해되기 시작했다.

물론 게르마니아 슬라비카 연구단은 조우 과정에서 발생하는 갈등과 충돌을 간과하지 않았고 이와 관련된 중세 기록에 대한 정밀한 분석도 진행하였다.[35] 하지만 이보다 더욱 중요한 사실은 이러한 갈등은 종교, 사회, 경제, 정치적 요인에 의한 것이지, 독일과 폴란드의 민족 감정과는 무관하다는 점이다.[36] 또한 랑케의 주장과는 달리, 슬라브 출신의 귀족들이 발트 해 연안의 포메른, 멕클렌부르크 지역을 계속해서 통치할 수 있었고, 슬라브 귀족들은 마쟈르 족에 대항했던 955년의 레히펠트Lechfeld전투에서 '독일군대'와 공조하기도 하였다. 1960년대 독일-슬라브 관계를 새롭게 조망함으로써 이 분야의 연구에서 획기적인 전기를 마련했던 슐레징어Walter Schlesinger조차도 옹호했던 말살론, 즉 독일 측의 "조직적 말살과 제거"에 의해서 "근절Entwurzelung"과 "말살Ausrottung"에 희생된 것으로 알려진 슬라브 상층부가 여전히 존속되었고 이후 독일 국가 형성의 기틀을 마련했다는 것이다.[37] 중세 게르마니아 슬라비카 접경 지역의 조우와 충돌, 잡거와 혼종에 대한 연구는 랑케식의 자문화 중심적 텍스트 해석에 반기를 들고 초국가적 접근을 시도하였다.

기존 사료에 대한 새로운 접근과 재해석, 자료의 발굴은 이러한 시각전환을 가능하게 하였다. 10세기 비두킨트Widukind von Corvey의 기록,[38] 즉 변경 백comes orientalium 게로Gero가 군사적 저항을 하던 슬라브 우두머리 30명을 학살한 사건은 후대 학계에서 슬라브 "인종청소ethnische Entmischung"의 대표적인 사례로 기억되었다. 하지만 베테니키Vethenici로 불리던 슬라브인들이 엘베와 잘레강 인근의 가장 중요한 거점인 마이센Meißen 지역에서 독일인들을 위해 방어 임무를 수행하고 이후 독일 측의 군사조직에 흡수되었던 사실,[39] 그리고 1015년 폴란드의 마이센 침략 당시에 이들이 가족과 함께 독일 지역으로 도피할 수 있었다는 티트마르Thietmar von Merseburg의 기록[40]은 슬라브 귀족 절멸론을 부정한다.

레히펠트전투에 '독일군'과 함께 참전했고 이후 'senior'라는 호칭을 하사받았던 쿠카비쿠스Cuchavicus 역시 말살의 반증 사례이다.[41] 황제 오토 2세가 잘레 강 동부의 비덴도르프Biedendorf 지역을 친히 하사했던 슬라브의 장군 리우보Liuvo는 오토 왕가로부터 고위관직을 하사받았다.[42] 이러한 독일과 슬라브 상층부의 군사·정치적 협력 관계는 종교적 교류를 통해서 더욱 강화되었다. 대다수의 슬라브인들이 새로운 종교인 그리스도교에 매력을 느끼지 못했지만, 상층부 귀족들은 세례를 기회로 서유럽 정치 세력과의 정치적 연대와 경제적 교류를 원했다.[43] 개종한 슬라브 통치자들은 게르마니아 슬라비카 지역에서 선교활동이 안전하게 진행될 수 있도록 편의를 제공했고, 특히 개간 초기에는 친독일적 성향의 슬라브 귀족 집단에 대한 교회의 의존도가 높았는데, 이는 개간으로 가장 많은 이득을 보았던 집단이 바로 세속 귀족 집단이었기 때문이다. 이들의 입장에서는 외부로부터 가급적 많은 이주민을 받아들여, 최대한의 생산 수입을 얻고자 했을 것이다. 개종은 이러한 현실적 방편의

하나였다.[44]

사망자와 함께 매장된 풍부한 무덤 부장품에 대한 고고학적 연구 역시 독일 지배하에서도 슬라브 상층부가 존속했음을 대변한다. 브란덴부르크 성에 거주하던 슬라브 귀족 가문은 오토 왕가가 이 지역을 차지했던 10세기에도 계속해서 지배권을 행사할 수 있었고,[45] 11·12세기에는 독일 왕실의 재정적 후원을 받았던 슬라브 출신의 기사가 등장하면서 독일 귀족들과 함께 공동통치를 하였다.[46] 슬라브의 정치 엘리트들이 새로운 지배 집단과 쉽게 공조할 수 있었던 이유 중의 하나는 이들이 오랜 시간 "다종족적cosmopolitan" 공간 속에서 활동했기 때문이다.[47] 생존을 위해 종족 간 이합집산이 일상적이었던 정치적 환경에서, 다른 집단으로부터 위협을 받던 슬라브인들은 독일 기사들과의 '접촉을 통해서in concionem'[48] 군사적 도움을 받기도 하였다. 그 결과 독일 기사들과 슬라브 귀족 사이에 '지역에 대한 자율적 통치권dominatio regionis'을 인정하는 정치·군사적 봉건 관계가 형성된다.

이들은 새로이 도래한 지배 집단과 슬라브 원주민 사이의 중개 역할을 수행하면서 조세 징수 등의 임무를 부여받았다. 일부의 경우이지만 독일 귀족 가문과 결혼을 통해 자신의 특권적 신분을 유지할 수도 있었다.[49] 이처럼 문헌사료와 고고학적 조사 성과를 면밀하게 비교 분석한 게르마니아 슬라비카의 연구는 슬라브 지배계층의 연속성을 입증하면서 이 지역에서 슬라브 역사의 연속성을 재구성할 수 있었다.

2) 접경의 일상성

서유럽의 여러 집단이 게르마니아 슬라비카 지역으로 이주한 뒤에도 이곳에서는 게르만어와 슬라브어가 동시에 공용어로 사용되는, 이중 언어 사용bilingualism이 일반적이었다. 앞에서 언급한 슬라브 귀족 곳샬크는 어린 시절을 볼모로 독일에서 보냈기 때문에 양측의 언어 모두를 자유롭게 사용했고 슬라브어에 익숙하지 않은 독일 선교사들을 위해 활동하다가 순교한다.[50] 곳샬크와 다른 슬라브 귀족들의 사례는 이중 언어 구사자가 월경자homines transmigracionis로서 경계를 넘나들었음을 의미한다.[51] 12세기부터 슬라브 지배층 내부에서는 독일어를 이용한 의사소통이 일반화되었으나,[52] 일부 독일 귀족들도 슬라브어 사용에 불편이 없었다Slavicae nichilominus linguae gnarus erat.[53] 물론 언어적인 측면에서 혼종적인 결합도 증가하여 많은 지역에서 슬라브 백성들이 독일어를 수용하기도 했으며, 상부 슐레지엔과 동부 포메른으로 들어온 독일인들은 슬라브어를 사용하였다. 반면에 일반 슬라브인들은 독일어를 자유자재로 구사하지 못했기 때문에 통역을 필요로 했고, 그래서 독일 귀족들이 하층 슬라브 전사들과 대화를 할 경우 통역사가 있어야만 했다.[54]

접경 지역의 거주자들은 접경 공간을 정합整合하는 실용적인 노선을 걸었고, 종교와 언어의 동화 역시 실용적인 이유가 더 강하게 작용을 하였다.[55] 때로는 강요된, 원치 않는 공존이었지만 편견과 배타적 감정은 "현실적인 타협"[56]으로 풀어야 했다. 현상유지를 위해 실용적 노선을 취한 접경 지역의 일상은 단절보다 교류가 일상적이었고, 그래서 그곳은 분절된 지역이 아니라 조우와 소통의 공간이었다.

게르마니아 슬라비카의 또 다른 탁월한 연구 성과는 독일-슬라브 접경 지역의 여러 도시와 농촌을 조사해서 그 일상적 관계성을 복원하였다는 점이다. 정치, 종교, 경제 엘리트와 같은 상층부가 아닌 사회의 전반적 관계, 토지개간사업에 기여한 평범한 슬라브인의 업적과 이들의 사회경제적, 법적 지위가 새로운 연구 대상이 되었다는 사실은 연구 방법의 독창성을 보여준다. 폭넓은 횡적 연구로 인해서 "일상생활 속에서 광범위하게 진행된 직접적인 조우의 영역"[57]이 드러났다. 비록 사료 부족의 문제가 제기될 수 있지만 기존 사료의 면밀한 재검토와 고고학적 조사를 통해서 토지 개간, 도시 건설, 접경 지역 건설에서 슬라브인의 역할에 대한 새로운 결과가 도출되었다. 종족적 차이가 아닌 지형적 조건이 토지 개간 참여에 결정적 요인이었다는 것이다. 또한 자연환경 앞에서 게르만과 슬라브의 종족적 차이는 생존 문제보다 더 중요할 수 없었기에 종족 사이의 협력과 공조가 가능했다. 세속 귀족, 성직자, 도시민과 같이 특권계층의 경우 종족적 갈등이 유발되곤 했으나 평범한 일상적 삶에서는 이러한 갈등이 오히려 예외적이었다는 것이다.[58]

　교조주의적 성직자들은 전통 종교를 고수하던 이교도와 그리스도교인의 공존을 탐탁하게 여기지 않았기 때문에 잡거와 혼종의 일상을 기록으로 남기기 어려웠다. 따라서 중세 접경 공간이 경험한 공존의 다양한 모습을 문헌사료를 통해 복원하는 것은 쉽지 않은 일이다. 일부 성직자들은 이 문제에서 침묵과 묵인의 방법을 택했고, 세속 군주의 관용정책을 탐탁해하지 않으면서도 이를 도외시하였다.[59] 그러나 접경 지역의 평온한 혼종성을 기록하지 않은 중세 연대기 작가와 마찬가지로, '사료로 하여금 말하게 하라'는 역사주의 방법론에 친숙한 후대의 역사가들

역시 사료가 침묵하고 있는 공존과 융합의 혼종적 삶에 관심을 기울이지 않았다.[60]

이와 같이 게르마니아 슬라비카 연구단은 명칭과학에 의존해서 독일과 슬라브식 지명이 혼합된 지명을 찾아내었고, 그 결과 유입된 독일인들이 슬라브 노동력과의 협업을 통해 토지개간과 도시건설을 추진하였음을 밝혀냈다.[61] 이러한 협업 과정은 그동안 독일 학계에서 외면되거나 자문화 중심적으로 이해되었으나 게르만과 슬라브인의 협력과 공존은 도시건립 사업에서 그대로 드러난다. 11세기의 연대기 작가 아담Adam von Bremen은 대도시였던 볼린Wolin에는 슬라브인과 작센인들이 다른 종족들과 함께 거주했고 여러 지역에서 들어온 물자로 넘쳐났다고 서술한다. 독일인의 동유럽 이주 전부터 슬라브 지역에는 도시가 건설되었고,[62] 이는 기존의 "황무지에서aus wilder Wurzel", "원시적인 슬라브 마을과 장터",[63] "황무지 위에 설립된 도시Stadt aus wilder Wurzel"를 강조했던 슬라브 낙후론과 식민화론Kolonisationstheorie을 부정하는 진화론Evolutionstheorie을 제시한다. 슬라브인들이 건설한 도시가 없었다면 독일인들의 성공적인 도시생활도 불가능했다는 것이다.[64] 독일인들의 도래로 접경 지역에서 정복과 피정복의 대립항이 만들어진 것이 아니라 상호 교류와 의존이 심화되었다. 여기서 종족Ethikum은 부수적인 요인으로, 양측 주민들의 간헐적인 대립이 촉발되기는 하였으나 중세 후기 이전에 양측의 지속적인 갈등 상황을 찾기는 어렵다.[65]

4. 새로운 공간 담론

1) 탈국가적 접경 연구

정복과 피정복의 이원대립의 논리를 벗어난 초민족적 접경 지역 연구의 결과 국경의 의미가 새롭게 정립될 수 있었다. 게르마니아 슬라비카 지역을 둘러싼 기존의 국경 연구가 국경 팽창의 필요성과 당위성, 획득한 지역에 대한 영토주권을 뒷받침하는 역사적 명분 찾기에 급급했다면, 1970년대 이후의 국경 연구는 상호 교류성의 역사성을 연구 대상으로 삼았다.[66] 국경을 고정적이고 방어적인 근대적 개념으로 파악하는 것이 아니라 유동적 경계로서 이해하기 시작하였다. 방위선이자 이익선이라는 국경 개념, 팽창은 곧 생존권 확장이라는 고정관념도 비판되었다. 게르마니아 슬라비카 연구단은 '전근대의 국경선은 그 경계 안팎의 내용물들이 언제든지 한쪽에서 다른 쪽으로 옮겨가는 삼투현상이 일어나던 곳'으로 파악함으로써, 국경의 가변적 역사성에 주목하고 국가 중심적으로 고정된 국경 개념의 한계를 지적하였다.

기존의 국경 연구의 논지에 따르면 국경은 문명과 야만의 경계선으로 문명의 승리를 위해서 팽창되어야만 하고, 야만의 시대로 회귀하지 않기 위해서 한번 확립된 국경선은 지켜져야만 했다. 즉 국경은 문명의 도래를 기다리는 "처녀지Wildnisse"로 이곳에 정착한 독일인들은 문명의 전파자라는 것이다. 슬라브문화를 야만으로 폄훼하고 서유럽 그리스도교의 문명과 대비시키는 이분법적 서술구도는 국경선을 문명 대 야만

의 전투적 공간Kampfland으로 만들었다.[67]

베를린에서 시작된 게르마니아 슬라비카 연구는 이러한 민족과 국가 중심의 국경 개념을 재고하면서, 국경은 "문명과 야만의 도가니"라는 길항적 구도가 아닌 다양한 종족, 종교, 세력의 조우, 경쟁, 갈등, 공존으로 변화하는 접경지대라는 대안적 해석을 모색한다. 전통적인 해석은 독일인들의 이주가 있기 오래전부터 거주하던 슬라브인들의 존재를 무시하는 '무주지 선점론'을 내세우면서 이 지역의 이산과 이주로 인한 다종족적 혼종성의 역사를 부정하였다. 이에 맞서서 게르마니아 슬라비카 연구단은 기존의 민족주의적인 사고와 편견을 해체하고 국경 연구에서 정치이데올로기적 시각을 제거하고자 하였다.

이처럼 게르마니아 슬라비카 연구단은 다양한 인종과 종교가 조우하고 충돌하면서 공생하는 공간으로서의 독일 동부 지역Ostdeutschland을 강조한다. 또한 근대국가의 민족주의 신화가 만들어낸 허위성을 파헤치고 접경지대의 상호 의존적 관계성을 복원함으로써, 뒤늦게 이 지역으로 들어온 독일인과 슬라브 원주민들 사이의 일상적 교류를 드러냈다. 접경 지역에서 신참자는 인구학적, 정치적 이유로 다수 피지배자의 관습과 제도를 존속시켰으며, 수적 약세로 인해서 무리한 사회정치적 재편을 시도하지 않았다. 대신에 이들은 인종-종교적 중재자를 대리인으로 내세워 과도기를 극복하였다. 이 과정에서 쌍방향의 문화수용이 이루어지고 문화 수용에는 어느 정도의 문화적 동질화나 수렴의 결과가 뒤따르게 된다. 이처럼 독일 동부 지역의 새로운 역사쓰기는 엘베강과 오데르강 사이의 지역을 다양한 종족과 문화가 가로지르는 접경 공간으로 바라봄으로써 국경에 대한 새로운 이론적 패러다임을 제시한다.

전근대의 경계란 오늘날과 같은 '선線'으로 이루어진 국경이 아니라 다양한 이질적 문화가 접촉하던 혼종적 공간이므로 가변적인 중세의 접경 공간을 근대의 부동적인 국경 개념으로 이해하려는 시도 자체가 비역사적이다. 독일, 폴란드, 체코 왕국의 통치자들은 토착 슬라브인들과 타협해서 "우호적인 세력권"[68]을 조성하고 이러한 협력 관계를 이용해 각자의 외경을 수호하고자 하였다. 게르마니아 슬라비카 접경 공간에 거주했던 독일인들과 슬라브인들은 다중적 정체성에서 혼란을 느끼기보다는 스스로를 독일인 혹은 폴란드인이 아닌 슐레지엔 혹은 포메른 지역민으로 인식하면서 지역 정체성을 강화하였다.

2) 종족 형성론ethnogenesis

물론 게르마니아 슬라비카 연구는 접경 공간에서 화합과 공존만을 강조하지 않고 국경의 팽창으로 벌어지는 정치·경제·종족적 갈등과 변화를 동시에 고려하였다. 이질적 문명 간의 접촉 과정에서 종족 이산과 문화 이동, 갈등과 충돌, 낯선 것에 대한 소원함뿐 아니라 이방인advenas에 대한 편견과 증오라는 역사적 경험을 부정하지 않았다.[69] 사료 부족의 문제가 지적될 수 있으나, 이는 중세 사료를 독점적으로 작성한 성직자들이 이교도와의 공존을 탐탁하게 여기지 않았고 이를 기록하지 않았기 때문이다. 반면에 지리학, 고고학, 지명학, 주거 형태 연구는 이러한 사료의 공백을 채워준다. 발굴 유물들은 근대 민족주의의 그림자를 걷어내고 흥미롭지만 당혹스러운 사실들을 드러낸다. 여타의 접경 지역과 마찬가지로 게르마니아 슬라비카에서도 일방적인 침략과 약탈은 일시적인 현상이었을 뿐이라는 것이다. 본래 다양한 슬라브 종족들이 거주하던 땅으로 이주한 독일 출신의 '손님들'은 현지인들과 협력해 도시를 건설하고, 점차 잡거雜居와 혼종의 독일-슬라브 접경deutsch-slawische Kontaktzone을 형성하였다. 요컨대 국경선은 충돌의 공간이라기보다는 창조적 장소에 가까웠다.

여러 세력이 조우하고 충돌했던 접경은 권력과 물질적 이익을 우선시하는 현실정치에 대한 자각을 갖게 하였다. 당시의 과도기적 상황을 감안하면 게르마니아 슬라비카의 접경 공간에서 형성된 복합적이고 다중적인 정체성은 어쩌면 불가피한 현상이었을지도 모른다. 원주민과 신참자 모두 서로 필요한 존재임을 인정하면서 광범위한 조우와 공존이 점차 일상이 되자 이곳의 주민들은 현실과의 타협에 나날이 익숙해졌다.

그들이 마주한 현실이 복잡다단했기 때문에 접경 공간은 모순의 장소이기도 하였다. 그곳은 이념적 증오가 판을 치는 공간인 동시에 인간의 이성과 합리성을 실험하는 공간이었다. 배제와 관용, 전쟁과 상호 의존, 편견과 실용주의가 혼재한 장소이자, 양자택일의 논리 대신 양자병합의 논리가 제시되는 뒤엉킨 역사의 공간이기도 하였다. 이러한 아슬아슬하면서도 기묘한 중세적 공존은 단종론, 균질론과 통합론 등으로 규정되는 근대 민족국가nation-state가 대두될 때까지 면면히 이어졌다.

메클렌부르크, 포메른, 브란덴부르크, 오버작센, 슐레지엔 등에서 독일인과 슬라브인이 결합하여 '새로운 종족Neustämme'이 등장했다는 '종족 형성론ethnogenesis'이 제기되었다.[70] 새로운 종족gens이 탄생하고 독자적인 지역문화가 형성된 독일 동부 지역은 19세기 독일 통일을 주도한 프로이센이 유럽의 강국으로 부상하는 발판을 마련한 장소이기도 하다.

비스마르크에서 제3제국으로 이어지는 독일 근현대사의 중심이 "슬라브-게르만 혼혈성Blutmischung"[71]이 뿌리내린 접경 공간으로부터 비롯된 것을 보면 역사에 영원한 중심과 주변은 없는 법이다. 게르마니아 슬라비카 연구는 국가란 급작스럽게 형성된 조직이 아니라 지역적 관계성을 차곡차곡 정교하게 짜깁기한 결과물임을 드러낸다.

"나라의 백성은 바이에른인, 슬라브인 구분 없이 상행위를 하는 데 Bawari vel Sclavi istius patriae, ibi ementes vel vendentes" 어떠한 차별도 받지 않는다는 10세기 초반의 기록[72]은 이미 이 시기에 종족 간의 신분차별 없는 잡거와 혼효 현상이 일상적이었음을 암시한다. 중세 초기의 성직자들조차도 독일 동부 지역에 거주하던 슬라브인들을 다른 종족들과 동등하게 바라보았고, 이들 사이의 이주, 결혼에 의한 "혼종과 융합"을 묵인하였다.[73] 이와 같은 독일 동부국경에 대한 새로운 공간 담론을 통해 전근대 독일의 종족 정체성과 국가 형성 과정에 기여한 슬라브 종족의 역할에 대한 재해석이 가능해졌다.

5. 접경사 연구

19세기와 20세기 전반기의 전통적인 국경 연구에 의하면, 국경은 보호, 단절, 통제, 차단의 기능을 갖는 배타적 선線의 개념이다. 독일 동부 국경은 게르만의 고유 영토이자 중세 이후로 선진문화가 전파된 문명화된 영토의 보루이자 경계선으로 이해되었다. 폄훼될 수 없는 존엄성과 항구성을 내재한 국경선의 상실은 야만에 대한 문명의 패배였기에 국경은 반드시 수호되어야만 하는 신성한 방어선이었다.

20세기 후반에 진행된 새로운 국경 연구는 전근대의 국경을 명확한 하나의 선線의 개념으로 인식하기보다는 광범위한 지역, 곧 공간이었음에 주목한다. 중세의 독일과 슬라브문화가 만났던 접경 지역인 게르마니아 슬라비카는 문명과 야만이 충돌하는 단층선이 아닌 다양한 사고와 경험이 조우하는 혼종적인 완충지대로서 이는 기존 중심-주변의 역사구도를 새롭게 바라보게 한다. 접경적 시각은 중심에서 구축된 지배질서가 주변에 미치는 양상을 보여주고, 역으로 중심이 주변의 공간적 재구성을 수용하는 과정을 보여준다. 이는 곧 주변의 정치·사회적 영향을 받은 중심 스스로의 정체성을 재구성하는 작업으로 이어진다. 주변과 중심의 관계는 길항적이기도 하지만 상호 의존적이기도 하다.

게르마니아 슬라비카에서는 후대의 학자들이 상상했던 '민족'적 대립 감정은 존재하지 않았으며, 그래서 중세 독일-폴란드 관계사에 19세기 이후의 민족 간 갈등 관계를 투영시키면 안 된다. 19세기와 20세기 전반기의 역사가들은 민족이라는 개념을 중세까지 확대하는 시대착오를 범했고 이는 결국 무리한 역사해석을 초래하였다. 1795년 이후 폴란드의 민족 독립 운동에 대항해 독일-프로이센은 일방향적인 문화 전파론을 내세웠지만, 이주와 이산, 결혼과 교류를 통해 한 곳에 모인 이질적 문화들이 상호 교류하고 뒤섞인 까닭에 순수한 피와 문화는 더이상 존재하지 않게 된다. 게르마니아 슬라비카 연구는 독일-폴란드 국경 지역이 다종족적 공간이었음을 밝혀냄으로써 전통적인 국경의 의미를 '탈민족화denationalism'하였다.

　전반적으로 게르마니아 슬라비카 연구는 새로운 혼종 문화의 '조화로운' 탄생을 강조한 나머지, 이질적 요소들이 뒤섞이면서 나타나는 갈등과 배제의 논리를 상대적으로 등한시했다는 문제점도 지적받을 수 있을 것이다. 동시에 정복과 지배의 흑백 논리를 해체하려는 연구목적으로 국경지대를 혼종적인 회색지대로 변모시키면서 상층부의 혼종성과 하층부의 독자적 생존전략을 구분하여 인지하지 못하는 한계를 드러내었다고 할 수 있다. 무엇보다도 중앙core에서는 멀고 상대방 국가와는 가까운 곳에 거주하는 접경 지역 거주민은 동일 국가 내 다른 지역 주민보다 근접한 국가의 주민과 더욱 밀접한 정치적·사회적 네트워크를 창출하고 혼종화된 새로운 지역 정체성을 형성한다는 '접경 지역 환경borderlands milieu'을 향후의 연구 과제로 남겼다. 접경 지역에서 중앙정부의 정책적 개입과 무관하게 자연발생적으로 이루어지는 초국경적 협력과 통합의 과정은 미완의 연구 주제이다.

주석

1 Ohmae Kenichi, *The Borderless World : Power and Strategy in the Interlinked Economy*, Harper Business, 1990.
2 한운석·김용덕·차용구·김승렬, 『가해와 피해의 구분을 넘어서 – 독일·폴란드 역사 화해의 길』, 동북아역사재단, 2008.
3 Jerzy Lukowski, *The Partitions of Poland, 1772, 1793, 1795*, Longman, 1999; Norman Davies, *God's Playground, A History of Poland, Vol.2 : 1795 to the Present*, Oxford University Press, 2005, pp.60~119; 정병권, 『폴란드사』, 대한교과서, 1997, 161~177쪽; 김용덕, 『이야기 폴란드사』, HUEBOOKs, 2013, 290~315쪽 참조.
4 이용일, 「독일-폴란드 관계정상화를 위한'감정의 정치 – 바르샤바조약과 브란트의 크니팔」, 『역사비평』 111, 역사비평사, 2015, 10~39쪽.
5 Christian Lübke, "Germania Slavica und Polonia Ruthenica : Religiöse Divergenz in ethno-kulturellen Grenz-und Kontaktzonen des mittelalterlichen Osteuropa(8-16. Jahrhundert)", *Grenzräume und Grenzüberschreitungen im Vergleich : Der Osten und der Westen des mittelalterlichen Lateineuropa*, Oldenbourg Verlag, 2007, p.179.
6 Karl Hampe, *Der Zug nach dem Osten : Die kolonisatorische Großtat des deutschen Volkes im Mittelalter*, Teubner, 1921.
7 Walter Schlesinger, "Die geschichtliche Stellung der mittelalterlichen deutschen Ostbewegung", *Historische Zeitschrift* 183, 1957, pp.517~542; Walter Schlesinger, "Zur Problematik der Erforschung der deutschen Ostsiedlung", *Die deutsche Ostsiedlung des Mittelalters als Problem der europäischen Geschichte*, Jan Thorbecke, 1975, pp.11~30.
8 Christian Lübke, "Ostkolonisation, Ostsiedlung, Landesausbau im Mittelalter. Der ethnische und strukturelle Wandel östlich von Saale und Elbe im Blick der Neuzeit", *Ostsiedlung und Landesausbau in Sachsen. Die Kührener Urkunde von 1154 und ihr historisches Umfeld*, 2008, Leipziger Universitätsverlag, pp.467~484. 중세의 독일 측 사료도'토지 개간(edificatio terrae)'이라는 객관적인 용어를 사용하였다. 관련해서는 Christian Lübke, "Germania Slavica und Polonia Ruthenica : Religiöse Divergenz in ethno-kulturellen Grenz-und Kontaktzonen des mittelalterlichen Osteuropa(8-16. Jahrhundert)", p.181 참조.
9 서양 중세의 접경 연구와 관련해서 최근의 연구 성과로는 대표적으로 Dieter Berg, *Deutschland und seine Nachbarn 1200~1500*, Oldenbourg Verlag, 1997; Outi Merisalo(ed.), *Frontiers in the Middle Ages*, Brepols Pub, 2006; Klaus Herbers(ed.), *Grenzräume und Grenzüberschreitungen im Vergleich*(위의 각주 5 참조).
10 폴란드의 학자들은 포메른과 슐레지엔을'조국의 요람'으로, 독일 측의 국경수정 압력을'독일의 위험'으로 규정하였다. 이에 대해서는 차용구, 「독일과 폴란드의 역사 화해. 접경 지역의 탈민족주의적 해석을 중심으로」(『동서양 역사 속의 소통과 화해』, 학고방,

2011, 325~329쪽)와 「탄넨베르크/그룬발트전투(1410) - 기억과 망각의 이중주」(『사총』 92, 역사연구소, 2017, 280~282쪽)를 참고

11 동부 국경 지역을 둘러싼 독일과 폴란드의 역사 논쟁에 대해서는 차용구, 「독일과 폴란드의 역사 대화 - 접경 지역 역사 서술을 중심으로」, 317~348쪽을 참조.

12 Heinrich Ehl, *Norddeutsche Feldsteinkirchen*, Westermann Verlag, 1926, p.5.

13 차용구, 「독일과 폴란드의 역사 대화 - 접경 지역 역사 서술을 중심으로」, 334~335쪽.

14 Winfried Schich, "Zur Rolle des Handels in der Wirtschaft der Zisterzienserklöster im nordöstlichen Mitteleuropa in der zweiten Hälfte des 12. und der ersten Hälfte des 13. Jahrhunderts", *Zisterzienser-Studien* 4, Colloquium Verlag, 1979, p.134.

15 한운석·김용덕·차용구·김승렬, 앞의 책, 223~272쪽.

16 Johann Friedrich Reitermeier, *Geschichte der Preußischen Staaten vor und nach ihrer Vereinigung in eine Monarchie*, Bd.1~2, Akademische Buchhandlung, 1801~1805. 헝가리 지역의 식민화와 문화전파에 대해서는 August Ludwig von Schlözer, *Kritische Sammlung zur Geschichte der Deutschen in Siebenbürgen*, Vandenhoek-Ruprecht, 1795.

17 Wolfgang Wippermann, "Die Ostsiedlung in der deutschen Historiographie und Publizistik. Problem, Methoden und Grundlinien der Entwicklung bis zum Ersten Weltkrieg", *Germania Slavica* I, Duncker&Humblot, 1980, p.57; 차용구, 「독일과 폴란드의 역사대화 - 접경 지역 역사 서술을 중심으로」, 『전북사학』 33, 전북사학회, 2007, 327쪽.

18 Wilhelm Wattenbach, "Die Germanisierung der östlichen Grenzmarken des Deutschen Reiches", *Historische Zeitschrift* 9, 1863, pp.386~417.

19 Heinrich von Treischke, "Das Deutsche Ordensland Preußen", *Preußische Jahrbücher* 10, 1863, pp.95~151.

20 Gustav Höfken, *Deutsche Auswanderung und Kolonisation mit Hinblick auf Ungarn*, Gerold und Sohn, 1850, p.13, "고귀한 문화의 전파자(Träger einer schon gewonnenen edleren Cultur)".

21 차용구, 앞의 글, 319~322쪽.

22 Wolfgang Wippermann, op. cit., p.59. 토착문화에 대한 문화적 우월성을 기저에 깔고 있던 19세기 후반과 20세기 초반의 서구 제국주의적 문화전파론은 동 지중해에 건립된 중세 십자군 원정국가에 이식된 우월한 서유럽 문화를 부각시켰던("la domination francaise en Syrie durant le moyen age") 프랑스의 연구자들에게서도 발견된다. 이에 대해서는 James G. Schryver, "Colonialism or Conviviencia in Frankish Cyprus?", *Understanding life in the borderlands : boundaries in depth and in motion*, University of Georgia Press, 2010, pp.133~159.

23 Heinrich Ernst, *Die Colonisation Mecklenburgs im 12. und 13. Jahrhundert*, Werther, 1875, pp.23~60, 인용구는 p.24. "독일인(die Deutschen)"이 건설한 도시에서 "추방된(verdrängt)" 슬라브인들에 대해서는 Gustav Adolf Harald Stenzel, *Geschichte des preussischen Staats. Theil 1 : Vom Jahre 1191 bis 1640*, F. Perthes, 1830, pp.73~82, 특히 p.79 참조.

24 Leopold von Ranke, *Geschichten der romanischen und germanischen Völker : von 1494 bis 1535* 1, Duncker&Humblot, 1824, p.27.

25 슬라브 절멸론은 슐레징어(Walter Schlesinger)와 같은 20세기 후반 서독의 대표적인 역사가에 의해서 계속해서 옹호되었다. 관련 내용은 Walter Schlesinger, "Die geschichtliche Stellung der mittelalterlichen deutschen Ostbewegung", *Mitteldeutsche Beiträge zur deutschen*

Verfassungsgeschichte des Mittelalters, Vandenhoeck&Ruprecht, 1961, p.454 참조.

26 Friedrich Ratzel, *Politische Geographie*, R. Oldenbourg, 1897.

27 Wippermann, op. cit., pp.49·52·55.

28 Erich Maschke, *Das Erwachen des Nationalbewußtseins im deutsch-slawischen Grenzraum*, Hinrichs, 1933.

29 Edgar Wolfrum, *Geschichte als Waffe. Vom Kaiserreich bis zur Wiedervereinigung*, Isd, 2001; 에드가 볼프룸, 이병련 외역, 『무기가 된 역사 - 독일사로 읽은 역사전쟁』, 역사비평사, 2007.

30 이 지역은 강제 추방 등으로 양국 관계의 정상화에 가장 큰 부담이 되었던 장소로 민족적 감정이 첨예하게 대립하고 있었다. 이용일, 앞의 글, 19쪽.

31 Wolfgang H. Fritze, "Germania Slavica. Zielsetzung und Arbeitsprogramm einer interdisziplinären Arbeitsgruppe", *Germania Slavica I*, Duncker&Humblot, 1980, pp.11~40. 프릿체의 연구단 활동은 빌리 브란트의 신동방정책과 관련이 있으며, 이러한 시대적 분위기가 연구단의 결성과 정부 차원의 지원을 가능하게 하였다. 이에 대해서는 차용구, 「독일과 폴란드의 역사대화 - 접경 지역 역사 서술을 중심으로」, 『전북사학』 33, 전북사학회, 2007, 332~333쪽 참조.

32 Wolfgang H. Fritze, "Slawomanie oder Germanomanie? Bemerkungen zu W. Stellers neuer Lehre von der älteren Bevölkerungsgeschichte Ostdeutschlands", *Frühzeit zwischen Ostsee und Donau*, Duncker&Humblot, 1982, pp.31~46.

33 Ibid., p.45.

34 동유럽 지역 연구를 목적으로 설립된 이 연구기관에는 현재 50여 명의 연구원들이 있으며, 역사학·고고학·명칭과학·문학·예술사 전공자들이 근무 중이다. GWZO(http://research.uni-leipzig.de/gwzo/)는 독일연방교육연구부(BMBF) 등의 지원을 받아 체코, 폴란드 등 동유럽 국가의 연구기관과 공동 연구를 추진하면서, 연구서와 학술지 발간 외에도 국내외에서 다양한 전시회를 개최하고 있다. 현재는 Germania Slavica 연구 전문가인 륍케(Christian Lübke) 교수가 원장으로 재직 중이다.

35 대표적으로 Felix Biermann, "Konfrontation zwischen Einheimischen und Zuwanderern bei der deutschen Ostsiedlung des Mittelalters", *Bereit zum Konflikt. Strategien und Medien der Konflikterzeugung und Konfliktbewältigung im europäischen Mittelalter*, Jan Thorbecke, 2008, pp.131~172. 일상적 삶 속에서는 잘 드러나지 않았으나 전쟁 등의 긴박한 상황에서 팽배해진 타자에 대한 적개심 내지는 불신의 사례에 대해서는 보사우(Bosau)의 사제 헬몰트(Helmold)가 작성한 *Cronica Slavorum*(MG SS rer. Germ. 32) 2.98, pp.192~194 참조.

36 Winfried Schich, "Zum Ausschluss der Wenden aus den Zünften nord- und ostdeutscher Städte im späten Mittelalter", *Mit Fremden leben. Eine Kulturgeschichte von der Antike bis zur Gegenwart*, C. H. Beck, 1995, pp.122~136.

37 그 대표적인 사례가 하인리히 사자공과의 봉건적 결속을 통해서 가문의 연속성을 보장받고 이후 그 후손들이 메클렌부르크 대공으로 성장할 수 있었던 프리비스라브(Pribislav) 가문이다. 이에 대해서는 Lübke, "Germania Slavica und Polonia Ruthenica", p.182.

38 Widukind von Corvey, *Res Gestae Saxonicae*(MG SS rer. Germ. 60) II, p.20.

39 잘레 강 동부의 마이센 지역을 통치하던 슬라브의 지배권이 10세기 후반 이후 서서히 종식되었을지라도, 슬라브 귀족의 이름이 토지양도와 같은 독일 측 사료에 간헐적이지

만 계속해서 등장하였다는 사실은 슬라브 귀족이 새로운 지배 집단과 공조했음을 보여준다. 이에 대해서는 Gertraud Eva Schrage, "Zur Siedlungspolitik der Ottonen. Untersuchungen zur Integration der Gebiete östlich der Saale im 10. Jahrhundert", *Blätter für deutsche Landesgeschichte* 135, 1999, p.197.

40 Thietmar von Merseburg, *Chronicon*(MG SS rer. Germ. N.S. 9) VII, 23. 일로브(Ilow) 성에서 슬라브 군인들이 독일인들과 함께 군사적 임무를 공동으로 수행했다는 기록에 대해서는 *Cronica Slavorum* 2.98, pp.192~194. 10세기 전반기에 동 프랑크 왕국에 군사적으로 복속되었던 오버라우지츠(Oberlausitz)의 슬라브인들은 조세 납부를 통해서 정치적 독립성을 보장받을 수 있었다는 티트마르의 기록(Thietmar, *Chronicon* I, 16 : Ex ea [scil. Misni] Milzenos suae subactos dicioni censum persolvere coegit)은 슬라브 절멸론을 부정한다. 슬라브인들이 납부했던 꿀, 곡물, 가축, 의복 등 다양한 공납품(MG DO I, no. 406 : in melle, crusinis, solucione argenti, mancipiis, vestimentis, porcis, frumento et in inquirendis rebus quod vulgo ueberchoufunga vocatur)은 정치적 독립성 인정에 대한 반대급부로 정복 세력에게도 상당한 경제적 이익이 되었을 것이다.

41 Christian Lübke, *Regesten zur Geschichte der Slaven an Elbe und Oder (vom Jahr 900 an)* II, 1985, no.99. 엘베와 오데르강 사이에서 상당한 영향력을 행사했던 또 다른 슬라브 고위 귀족들(Dobromir, Erwin, Erp)에게 정치적 독립성을 보장했던 'senior'의 관직이 부여되었다는 사실(Thietmar, *Chronicon* I, 5; IV, 58; VI, 75)은 이 지역에 대한 작센 왕조의 지배권이 강화된 뒤에도 슬라브 귀족 집단의 영향력이 지속되었음을 보여준다. 작센 왕가의 봉신으로 오늘날 체코 지역으로 통하는 국경 지역을 통치했던 슬라브 귀족은 "*subregulus*"라는 칭호를 얻었다 (Lübke, *Regesten zur Geschichte der Slaven II*, no. 48).

42 MG DO II, no. 91 : qualiter nos ob interventum fidelissimi nepotis nostri Ottonis ducis cuidam pincernae nostro Liuuoni quandam proprietatis nostrae partem, id est villam quam vulgo vocant Biendorp in pago Seremode et in comitatu Thiemonis comitis sitam. 구체적으로 Christian Lübke, "Von der Sclavinia zur Germania Slavica; Akkulturation und Transformation", *Vorträge und Forschungen* 78, 2014, pp.207~233, 여기서는 p.224 참조.

43 Christian Lübke, "Slaven und Deutsche um das Jahr 1000", *Mediaevalia historica Bohemica* 3, 1993, pp.59~90, 여기서는 pp.75~80. 헬몰트의 기록에 의하면 1066년에 사망한 아보드리테족(Abodrite)의 지도자 곳샬크(Gottschalk)는 독일인 사제의 설교를 동료 슬라브인들을 위해서 슬라브어로 통역하는 일을 마다하지 않았고(Cronica Slavorum 1.20, 42), 그의 아들은 자신의 주거지 내에 독일 선교사들이 교회를 건립하는 것을 흔쾌히 허락했다 (Sébastian Rossignol, "Bilingualism in Medieval Europe : Germans and Slavs in Helmold of Bosau's Chronicle", *Central European History* 47, 2014, pp.523~543, 여기서는 p.536). 12세기에 프리비스라브와 그의 신하들은 참석했던 미사가 끝나자 사제를 자신의 주거지로 초대했다(*Cronica Slavorum* 1.84, pp.159~160). 그리스도교로 개종한 슬라브 통치자들의 주거지에 독일 상인들이 집중적으로 거주했다는 사실(Sébastian Rossignol, "Bilingualism in Medieval Europe", p.537)은 개종과 경제적 번영과의 연관성을 보여준다.

44 세 가지 유일신교인 유대교와 그리스도교, 이슬람교가 조우하던 접경 지역인 이베리아 반도보다 슬라브인들이 거주했던 동유럽 지역에서 상대적으로 종교적 갈등이 적었던 이유는 다신론적인 슬라브의 전통 종교가 그리스도교의 신을 받아들이는 데 큰 어려움이

없었기 때문이다. 이에 대해서는 Lübke, "Germania Slavica und Polonia Ruthenica", p.179.

45 Lübke, *Regesten zur Geschichte der Slaven II*, no.66.

46 Gertraud Eva Schrage, "Zur Herkunft des Adels im Umfeld des Zisterzienserklosters Altzella. Ein Beitrag zur Assimilation der slawischen Oberschicht in der südlichen Germania Slavica in der Zeit um 1200", *Zeitschrift für Ostmitteleuropa-Forschung* 49/1, 2000, pp.1~18.

47 Rossignol, "Bilingualism in Medieval Europe", p.524.

48 *Cronica Slavorum* 1.38, pp.74~75.

49 Lübke, "Slaven und Deutsche um das Jahr 1000", p.72. 위에서 언급된 슬라브 귀족 에르빈은 자신의 딸(*filia Ervini senioris*)을 동프랑크 왕국의 왕으로 등극하게 될 하인리히 1세와 정략결혼시켰고, "*nobilis vir*"로 불리던 슬라브 귀족 에르프(Erp)는 작센의 백작 가문과 혼인을 통해서 아들을 얻는데 그는 훗날 마그데부르크의 대주교가 된다(Thietmar, *Chronicon* I, 5; VI, 75). 결혼과 경작지 개간, 토지 거래 등으로 축적된 부는 에르프를 잘레 강 유역에서 가장 막강한 인물로 만들었다(Schrage, "Zur Siedlungspolitik der Ottonen", pp.248~249).

50 Rossignol, "Bilingualism in Medieval Europe", p.531.

51 *Cronica Slavorum* 1.75, pp.143~144.

52 Rossignol, "Bilingualism in Medieval Europe", p.534.

53 *Cronica Slavorum* 1.49, 98. 9세기에 잘레 강 인근을 통치하던 변경백작의 슬라브어 실력은 접경 지역에서 이중 언어 사용이 확산되었음을 보여준다(Lübke, "Germania Slavica und Polonia Ruthenica", p.178 각주 15 참조).

54 Rossignol, "Bilingualism in Medieval Europe", pp.525 · 540.

55 접경 공간의 실용주의적 성향에 대해서는 Charles J. Halperin, "The Ideology of Silence : Prejudice and Pragmatism on the Medieval Religious Frontier", *Comparative Studies in Society and History* 26/3, 1984, pp.442~466.

56 Lübke, "Slawen und Deutsche um das Jahr 1000", p.75.

57 Ibid.

58 Benedykt Zientara, "Nationality Conflicts in the German-Slavic Borderland in the 13th-14th Centuries and Their Social Scope" *Acta Poloniae Historica* 22, 1970, pp.224~225.

59 Halperin, "The Ideology of Silence", pp.442~466.

60 차용구, 「독일과 폴란드의 역사대화 – 접경 지역 역사 서술을 중심으로」, 『전북사학』 33, 전북사학회, 2007, 336쪽.

61 잡거와 혼종의 사례는 10세기 후반 멤레벤(Memleben) 수도원이 엘베강 중부에서 개간 사업을 진행하는 과정에서 마을(*villulae*)이 형성되고, 이중 6 곳의 마을은 독일어와 슬라브어가 섞인 혼종지명(Mischname)을 사용하고 있다(RI II,2 n.782). 혼종지명 연구 방법으로 독일-슬라브인의 평화로운 잡거를 조사한 *Germania Slavica*의 연구 성과에 대해서는 Helmut Walther, "Die Ausbreitung der slawischen Besiedlung westlich von Elbe/Saale und Böhmerwald", *Die Slawen in Deutschland und Kultur der slawischen Stämme westlich von Oder und Neiße vom 6. bis 12. Jahrhundert*, Akademie-Verlag, 1985, pp.25~32.

62 Jan M. Piskorski, "Stadtentstehung im westslawischen Raum : Zur Kolonisations-und Evolutionstheorie am Beispiel der Städte Pommerns", *Zeitschrift für Ostmitteleuropa-For-*

schung 44/1, 1995, pp.317~357.

63 Herbert Ludat, "Die Bezeichnung für "Stadt" im Slawischen", *Deutsch-slawische Frühzeit und modernes polnisches Geschichtsbewußtsein*, Böhlau, pp.82~96, 인용은 p.84.

64 Wolfgang H. Fritze, "Die Begegnung von deutschem und slawischem Ethnikum im Bereich der hochmittelalterlichen deutschen Ostsiedlung", *Siedlungsforschung. Archäologie-Geschichte - Geographie* 2, 1984, pp.187~219, 특히 p.217; Winfried Schich, "Stadtwerdung im Raum zwischen Elbe und Oder im Übergang von der slawischen zur deutschen Periode. Beobachtungen zum Verhältnis von Recht, Wirtschaft und Topographie am Beispiel von Städten in der Mark Brandenburg", *Germania Slavica I*, 1980, pp.191~238.

65 Benedykt Zientara, "Die deutschen Einwanderer in Polen vom 12. bis zum 14. Jahrhundert", *Die deutsche Ostsiedlung des Mittelalters als Problem der europäischen Geschichte*, Jan Thorbecke, 1975, pp.346~347. 치엔타라는 동방 이주가 안정화되고 중세 후기의 경제적 어려움으로 인해서 도시와 농촌에서 슬라브인들에 대한 차별이 강화되었음을 인정하였다 ("Nationality Conflicts in the German-Slavic Borderland", pp.214~216).

66 이는 마누엘 카스텔(Manuel Castells)의 공간 개념을 빌어 설명하면, 지역을 둘러싼 논의가 전통적인 '장소의 공간(space of place)'에서 '교류의 공간(space of flow)'으로 전환함을 의미한다. 마누엘 카스텔, 김묵환 외역, 『네트워크 사회의 도래』, 한울 아카데미, 2003.

67 차용구, 「독일과 폴란드의 역사대화 — 접경 지역 역사 서술을 중심으로」, 『전북사학』 33, 전북사학회, 2007, 322쪽.

68 Krzysztof Fokt, *Governance of a Distant Province in the Middle Ages. Case Study on Upper Lusatia*, De Gruyter, 2017, p.36.

69 *Cronica Slavorum* 1.63, p.120.

70 Hans-Werner Goetz, "Die deutschen Stämme als Forschungsproblem", *Zur Geschichte der Gleichung germanisch-deutsch*, De Gruyter, 2004, pp.229~253.

71 이미 1915년에 힌체(Otto Hintze)는 자신의 저서(*Die Hohenzollern und ihr Werk*, p.34)에서 프로이센 국가 건설의 토대가 된 슬라브-게르만 혼혈성은 "중요한 정치적 함의(politisch bedeutende Folgen)"를 지녔고 이는 "프로이센 인종(preußische Rasse)"을 형성하였고 국가 건설과 군사-정치적 규율 확립에 기여했다고 보았다.

72 MG Capitularia II, no. 253, c. 6. 10세기 잡기와 혼효의 다른 사례는 MG DO II, no. 64a : in aliisve villis et villarum partibus, quas Scalvanicae familiae inhabitant; MG DO II, no. 89 : servus Nezan cum ceteris utriusque sexus mancipiis.

73 Goetz, "Die deutschen Stämme als Forschungsproblem", p.245.

참고문헌

Helmold, Bosau, *Cronica Slavorum* (MG SS rer. Germ. 32), 1937.

Lübke, Christian, *Regesten zur Geschichte der Slaven an Elbe und Oder(vom Jahr 900 an) II*, 1985.

MG. *Capitularia regum Francorum II*, no. 253, 1897.

MG. *DO II*, no. 64a, 89, 91, 177, 1893.

Thietmar, Merseburg, *Chronicon* (MG SS rer. Germ. N.S. 9), 1935.

Widukind, Corvey, *Res Gestae Saxonicae* (MG SS rer. Germ. 60), 1839.

김용덕, 『이야기 폴란드사』, HUEBOOKs, 2013.

마누엘 카스텔, 김묵한 외역, 『네트워크 사회의 도래』, 한울 아카데미, 2003.

이용일, 「독일-폴란드 관계정상화를 위한 '감정의 정치 – 바르샤바조약과 브란트의 크니팔」, 『역사비평』 111, 역사비평사, 2015.

정병권, 『폴란드사』, 대한교과서, 1997.

차용구, 「독일과 폴란드의 역사대화 – 접경 지역 역사 서술을 중심으로」, 『전북사학』 33, 전북사학회. 2007.

_____, 「독일과 폴란드의 역사 화해. 접경 지역의 탈민족주의적 해석을 중심으로」, 『동서양 역사속의 소통과 화해』, 학고방, 2011.

_____, 「탄넨베르크/그룬발트전투(1410) – 기억과 망각의 이중주」, 『사총』 92, 역사연구소, 2017.

한운석·김용덕·차용구·김승렬, 『가해와 피해의 구분을 넘어서 – 독일·폴란드 역사 화해의 길』, 동북아역사재단, 2008.

Berg, Dieter, *Deutschland und seine Nachbarn 1200~1500*, Oldenbourg Verlag, 1997.

Biermann, Felix, "Konfrontation zwischen Einheimischen und Zuwanderern bei der deutschen Ostsiedlung des Mittelalters", *Bereit zum Konflikt. Strategien und Medien der Konflikterzeugung und Konfliktbewältigung im europäischen Mittelalter*, Jan Thorbecke, 2008.

Davies, Norman, *God's Playground, A History of Poland, Vol.2 : 1795 to the Present*, Oxford University Press, 2005.

Ehl, Heinrich, *Norddeutsche Feldsteinkirchen*, Westermann Verlag, 1926.

Ernst, Heinrich, *Die Colonisation Mecklenburgs im 12. und 13. Jahrhundert*, Werther, 1875.

Fokt, Krzysztof, *Governance of a Distant Province in the Middle Ages. Case Study on Upper Lusatia*, De Gruyter, 2017.

Fritze, Wolfgang H., "Germania Slavica. Zielsetzung und Arbeitsprogramm einer interdisziplinären Arbeitsgruppe", *Germania Slavica I*, 1980.

_____, "Slawomanie oder Germanomanie? Bemerkungen zu W. Stellers neuer Lehre von der älteren Bevölkerungsgeschichte Ostdeutschlands", *Frühzeit zwischen Ostsee und Donau*, Duncker&Humblot, 1982.

_____, "Die Begegnung von deutschem und slawischem Ethnikum im Bereich der hochmittelalterlichen deutschen Ostsiedlung", *Siedlungsforschung. Archäologie-Geschichte- Geographie 2*, 1984.

Goetz, Hans-Werner, "Die deutschen Stämme als Forschungsproblem", *Zur Geschichte der Gleichung germanisch-deutsch*, De Gruyter, 2004.

Halperin, Charles J., "The Ideology of Silence : Prejudice and Pragmatism on the Medieval Religious Frontier", *Comparative Studies in Society and History* 26/3, 1984.

Hampe, Karl, *Der Zug nach dem Osten. Die kolonisatorische Großtat des deutschen Volkes im Mittelalter*, Teubner, 1921.

Herbers, Klaus(ed.), *Grenzräume und Grenzüberschreitungen im Vergleich. Der Osten und der Westen des mittelalterlichen Lateineuropa*, Oldenbourg Verlag, 2007.

Hintze, Otto, *Die Hohenzollern und ihr Werk*, 1915.

Höfken, Gustav, *Deutsche Auswanderung und Kolonisation mit Hinblick auf Ungarn*, Gerold und Sohn, 1850.

Kenichi, Ohmae, *The Borderless World : Power and Strategy in the Interlinked Economy*, Harper Business, 1990.

Ludat, Herbert, "Die Bezeichnung für "Stadt" im Slawischen", *Deutsch-slawische Frühzeit und modernes polnisches Geschichtsbewußtsein*, Böhlau.

Lübke, Christian, "Slaven und Deutsche um das Jahr 1000", *Mediaevalia historica Bohemica* 3, 1993.

_____, "Germania Slavica und Polonia Ruthenica : Religiöse Divergenz in ethno-kulturellen Grenz- und Kontaktzonen des mittelalterlichen Osteuropa(8.-16. Jahrhundert)", *Grenzräume und Grenzüberschreitungen im Vergleich. Der Osten und der Westen des mittelalterlichen Lateineuropa*, 2007.

_____, "Ostkolonisation, Ostsiedlung, Landesausbau im Mittelalter. Der ethnische und strukturelle Wandel östlich von Saale und Elbe im Blick der Neuzeit", *Ostsiedlung und Landesausbau in Sachsen. Die Kührener Urkunde von 1154 und ihr historisches Umfeld*, 2008.

Lukowski, Jerzy, *The Partitions of Poland, 1772, 1793, 1795*, Longman, 1999.

Maschke, Erich, *Das Erwachen des Nationalbewußtseins im deutsch-slawischen Grenzraum*, Hinrichs, 1933.

Merisalo, Outi(ed.), *Frontiers in the Middle Ages*, Brepols Pub, 2006.

Piskorski, Jan M., "Stadtentstehung im westslawischen Raum : Zur Kolonisations- und Evolutionstheorie am Beispiel der Städte Pommerns", *Zeitschrift für Ostmitteleuropa-Forschung* 44/1, 1995.

Ranke, Leopold von, *Geschichten der romanischen und germanischen Völker : von 1494 bis 1535* 1, 1824.

Reitermeier, Johann Friedrich, *Geschichte der Preußischen Staaten vor und nach ihrer Vereinigung in eine Monarchie*, Bd.1-2, 1801～1805.

Rossignol, Sébastian, "Bilingualism in Medieval Europe : Germans and Slavs in Helmold of Bosau's Chronicle" *Central European History* 47, 2014.

Schich, Winfried, "Zur Rolle des Handels in der Wirtschaft der Zisterzienserklöster im nordöstlichen Mitteleuropa in der zweiten Hälfte des 12. und der ersten Hälfte des 13. Jahrhunderts", *Zisterzienser-Studien* 4, 1979.

_____, "Stadtwerdung im Raum zwischen Elbe und Oder im Übergang von der slawischen zur deutschen Periode. Beobachtungen zum Verhältnis von Recht, Wirtschaft und Topographie am Beispiel von Städten in der Mark Brandenburg", *Germania Slavica I*, 1980.

_____, "Zum Ausschluss der Wenden aus den Zünften nord- und ostdeutscher Städte im späten Mittelalter", *Mit Fremden leben. Eine Kulturgeschichte von der Antike bis zur Gegenwart*, C. H. Beck, 1995.

Schlesinger, Walter, "Die geschichtliche Stellung der mittelalterlichen deutschen Ostbewegung", *Historische Zeitschrift* 183, 1957.

_____, Walter, "Die geschichtliche Stellung der mittelalterlichen deutschen Ostbewegung", *Mittelde utsche Beiträge zur deutschen Verfassungsgeschichte des Mittelalters*, Vandenhoeck&Ruprecht, 1961.

_____, Walter, "Zur Problematik der Erforschung der deutschen Ostsiedlung", *Die deutsche Ostsiedlung des Mittelalters als Problem der europäischen Geschichte*, Jan Thorbecke, 1975.

Schlözer, August Ludwig von, *Kritische Sammlung zur Geschichte der Deutschen in Siebenbürgen*, Vandenhoek-Ruprecht, 1795.

Schrage, Gertraud Eva, "Zur Siedlungspolitik der Ottonen. Untersuchungen zur Integration der Gebiete östlich der Saale im 10. Jahrhundert", *Blätter für deutsche Landesgeschichte* 135, 1999.

_____, "Zur Herkunft des Adels im Umfeld des Zisterzienserklosters Altzella. Ein Beitrag zur Assimilation der slawischen Oberschicht in der südlichen Germania Slavica in der Zeit um 1200", *Zeitschrift für Ostmitteleuropa-Forschung* 49/1, 2000.

Schryver, James G., "Colonialism or Conviviencia in Frankish Cyprus?", *Understanding Life in the Borderlands : Boundaries in Depth and in Motion*, University of Georgia Press, 2010.

Stenzel, Gustav Adolf Harald, *Geschichte des preussischen Staats. Theil 1 : Vom Jahre 1191 bis 1640*, 1830.

Treischke, Heinrich von, "Das Deutsche Ordensland Preußen", *Preußische Jahrbücher* 10, 1863.

Walther, Helmut, "Die Ausbreitung der Besiedlung westlich von Elbe/Saale und Böhmerwald", *Die Slawen in Deutschland und Kultur der slawischen Stämme westlich von Oder und Neiße vom 6. bis 12. Jahrhundert. Ein Handbuch*, 1985.

Wattenbach, Wilhelm, "Die Germanisierung der östlichen Grenzmarken des Deutschen Reiches", *Historische Zeitschrift* 9, 1863.

Wippermann, Wolfgang, "Die Ostsiedlung in der deutschen Historiographie und Publizistik. Problem, Methoden und Grundlinien der Entwicklung bis zum Ersten Weltkrieg", *Germania Slavica I*, 1980.

Wolfrum, Edgar, *Geschichte als Waffe. Vom Kaiserreich bis zur Wiedervereinigung*, 2001; 이병련 외역, 『무기가 된 역사. 독일사로 읽은 역사전쟁』, 역사비평사, 2007.

Zientara, Benedykt, "Nationality Conflicts in the German-Slavic Borderland in the 13 ~ 14th Centuries and Their Social Scope" *Acta Poloniae Historica* 22, 1970.

―――――――, "Die deutschen Einwanderer in Polen vom 12. bis zum 14. Jahrhundert", *Die deutsche Ostsiedlung des Mittelalters als Problem der europäischen Geschichte*, Jan Thorbecke, 1975.

제1부

역사의 접경
동북아 공간에서의 조우와 충돌

5세기 후반 고구려·물길^{勿吉}의 충돌과 북방 접경 공간의 변화

여호규

1. 물길의 흥기와 정세 변화

물길^{勿吉}은 5세기 후반 만주 동부 지역에서 흥기하여 고구려의 변경을 공격하는 한편, 475년에는 북위^{北魏}에 사신을 파견하며 국제무대에 등장했다. 또한 494년에는 후부여^{後扶餘}가 물길의 압박을 견디지 못하고, 고구려에 투항했다. 물길의 흥기와 후부여의 멸망은 고구려 북방 경역^{境域}의 축소, 나아가 주변 세력에 대한 영향력 약화로 이어졌다. 때문에 많은 연구자들이 물길의 흥기에 따른 고구려의 북쪽 국경 변천 및 국제정세의 변화 양상을 다각도로 고찰해 왔다.

물길은 본래 만주 동부 지역에 거주했는데, 5세기 후반 이후 동류^{東流}

송화강松花江 상류와 북류 송화강 방면으로 진출했다. 물길의 흥기는 주민 집단의 대규모 이주라는 양상을 띠며 전개되었던 것이다. 이로 인해 물길의 흥기는 고구려의 국경선을 축소하는 데 그치지 않고, 북류 송화강 일대에 이전의 부여인이나 고구려인과 함께 물길인이 혼거하는 양상을 초래했다. 또한 고구려가 북류 송화강 일대를 거점으로 삼아 북방北方 제족諸族과 교섭했다는 점에서 물길의 흥기는 고구려와 북방 제족의 관계도 변화시켰을 것이다.

이러한 주민 구성의 다원화나 북방 제족과의 관계 변화는 국경선 축소에 비해 더욱 장기적으로 고구려사에 영향을 미쳤을 것이다. 이에 이 글에서는 문헌사료와 고고자료를 종합해 5세기 후반 물길의 흥기 및 고구려와의 충돌 양상을 검토한 다음, 고구려 북방 접경 공간의 변화 및 북방 제족과의 관계 변화를 고찰하고자 한다. 다만 주민 구성의 다원화 양상을 파악하려면 문헌사료와 함께 고고자료를 면밀하게 분석할 필요가 있는데, 지면 관계상 이 글에서는 개략적인 양상만 살피고 후고를 통해 상세히 고찰하고자 한다.

2. 북위와의 교섭로를 통해 본 물길의 중심지

1) 475년 물길과 북위의 교섭로

5세기 후반 물길의 흥기 과정을 고찰하려면, 그 중심지부터 검토할 필요가 있다. 그래야 물길의 진출 루트나 고구려와의 충돌 양상을 정확하게 파악할 수 있기 때문이다. 이와 관련해 물길과 북위의 교섭로가 주목된다.

①-㉠

물길국(勿吉國)은 고구려 북쪽에 있는데 옛날 숙신국이다. (…중략…) 낙양에서 5천 리 거리이다. 화룡(和龍)에서 북쪽 2백여 리에 선옥산(善玉山)이 있고, 그 산에서 북쪽으로 13일 가면 기려산(祁黎山)에 이르며, 또 북쪽으로 7일 가면 여락괴수(如洛瓌水)에 이르는데 강의 너비가 1리 남짓이다. 또 북쪽으로 15일 가면 태로수(太魯水)에 이르고, 또 동북으로 18일 가면 그 나라에 이른다. 나라에 큰 강이 있는데, 너비가 3리 남짓이고 속말수(速末水)라 일컫는다.

─『위서(魏書)』 권100 「물길국전(勿吉國傳)」

①-㉡

지난 연흥(延興) 연간에 사신 을력지(乙力支)를 보내 조헌(朝獻)했다. 太和 연간 초에 또 말 5백 필을 바쳤다. 을력지가 말하기를 "처음 그 나라를 출발해 배를 타고 난하(難河)를 거슬러 서쪽으로 올라와 태니하(太㳽河)에 도착해 배를 강에 가라앉힌 다음, 남쪽으로 육로로 나아가 낙고수(洛孤水)를 건너고, 거란(契丹)의 서쪽 경계를 따라 화룡(和龍)에 도착했다"고 했다. 또 스스로 말하기를 "그 나라가 앞서 고구려 10락(落)을 격파했으며, 몰래 백제와 함께 모의해 수도(水道)를 따라 힘을 합쳐 고구려를 공취하려는데, 을력지를 대국 (大國)에 사신으로 보내 가부(可否)를 청합니다"라고 했다. 조칙을 내려 "3 국은 모두 번부(藩附)했으니, 마땅히 함께 화순(和順)하고 침요(侵擾)하지 말라"고 했다. 을력지가 이에 귀환했는데, 왔던 길을 따라 본래의 배를 취득 해 타고서 그 나라에 도착했다.

— 『위서(魏書)』 권100 「물길국전(勿吉國傳)」

사료 ①-㉠에서 보듯이 북위의 화룡和龍(조양朝陽을 의미)에서 물길로 갈 때는 "화룡 북쪽 2백리의 선옥산 → 북쪽 13일 거리의 기려산 → 북쪽 7 일 거리의 여락괴수 → 북쪽 15일 거리의 태로수 → 동북東北 18일 거리 의 물길 중심지其國" 등의 순서로 경유했다. 또한 475년에[1] 물길의 을력 지는 "물길 중심지 → 배를 타고 난하를 거슬러 서행西行 → 태니하 → 육 로로 남행南行 → 낙고수洛孤水 도하 → 거란 서쪽 경계" 등을 경유해 화룡 에 도착했다(①-㉡).[2]

양자의 루트를 비교하면 여락괴수如洛瓌水와 낙고수, 태로수太魯水와 태니 하太濔河는 같은 하천임을 알 수 있다. 이 가운데 여락괴수=낙고수는 『위 서』「고막해전庫莫奚傳」의 약락수弱洛水로,[3] 서요하西遼河 상류의 시라무렌하, 태로수=태니하는 눈강嫩江 가장 남쪽 지류인 조아하洮兒河로[4] 각각 비정된 다. 두 기사는 같은 하천의 명칭을 다르게 표기했으므로 전거가 달랐겠지 만,[5] 전체 루트는 기본적으로 동일하다.

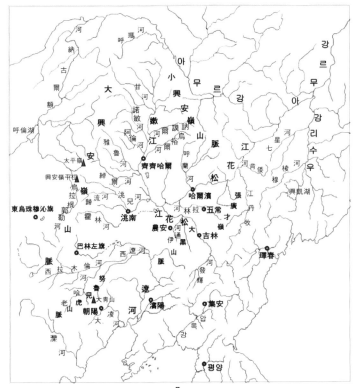

〈지도 1〉 만주 지역의 주요 지형과 지명[7]

    난하는 『위서』 「오락후전烏洛侯傳」에는 '난수難水', 「실위전室韋傳」에는 '내
수㴡水'로 나온다. 후술하겠지만, 오락후는 눈강 중상류 서쪽의 대흥안령산
맥大興安嶺山脈 동록東麓에 위치했는데, "그 나라 서북에 완수㴡水가 있는데 동북
으로 흘러 난수와 합류하며, 그 지역의 작은 하천은 모두 난수에 흘러들어
동으로 바다로 유입된다"고 한다.[6] 완수는 흑룡강黑龍江 즉 아무르강의 상류
구간을 지칭하는데, 포물선을 그리며 흐르다가 동류 송화강과 합류하는
상황을 묘사한 것이다. 또한 "그 지역의 작은 하천이 모두 난수에 흘러들어

동으로 바다로 유입된다"는 것은 대흥안령산맥 동록의 하천들이 눈강과 합류하여 동류 송화강과 흑룡강 하류를 거쳐 바다로 유입되는 상황을 묘사한 것이다.

완수가 흑룡강 상류를 지칭한다면, 난수(난하難河)는 눈강, 동류 송화강, 흑룡강 하류를 아우른 명칭이다.[8] 따라서 을력지는 "난하를 거슬러 서쪽으로 올라왔다"고 하므로, 동류 송화강과 눈강 하류를 경유해 조아하(태니하)로 진입했다고 파악된다. 을력지가 배를 타고 '동류 송화강→눈강 하류→조아하'로 이어지는 수로를 경유한 다음, 조아하에서[9] 육로로 남하해 시라무렌하를 건너 조양, 즉 화룡에 도착했던 것이다.

그럼 을력지가 출발한 물길의 중심지는 어디일까? 이와 관련해 ①-㉠의 속말수速末水를 둘러싸고 논란이 분분했다. 이 기사의 속말수는『신당서』「흑수말갈전」에는 '속말수粟末水'로 표기되어 있는데, "도태산徒太山(태백산太白山을 의미) 서쪽에서 발원해 북쪽으로 흘러 타루하它漏河로 유입한다"고 한다.[10] 타루하는 태로수=태니하에서 유래한 명칭인데, 당대唐代에는 나하那河 혹은 難河의 별칭으로[11] 눈강과 동류 송화강을 지칭했다.[12] 『신당서』의 '속말수粟末水'는 북쪽으로 흘러 동류 송화강과 합류하는 북류 송화강으로 비정되는 것이다.[13]

그런데 ①-㉠의 속말수를 북류 송화강, 물길 중심지를 속말수 유역으로 각기 상정하면, 사료 자체에 모순이 발생한다. 태로수(조아하)에서 동북 방향으로 18일 정도를 가면 물길의 중심지에 도착한다고 했는데, 북류 송화강은 조아하의 동남 방향에 해당하기 때문이다. 이에 ①-㉠의 속말수를 동류 송화강으로 비정하기도 하지만,[14] 명확한 논거를 제시하지는 못했다.

이러한 모순은 ①-㉠의 "又東北行十八日到其國"기사와 그에 이어지는 "國有大水, 闊三里餘, 名速末水"기사를 같은 시기로 상정했기 때문에 발생한 것이다. 그렇지만 후술하듯이 물길은 동류 송화강 중하류에서 흥기해 북류 송화강 방면으로 진출했다. "又東北行十八日到其國"이 물길이 동류 송화강 중하류에 중심지를 둔 초기 상황이라면, "國有大水, 闊三里餘, 名速末水"은 북류 송화강 진출 이후의 상황을 기술한 것으로 볼 수 있다.[15]

북위와 교섭하던 초기에 물길의 중심지는 조아하(태로수)에서 동북 방향의 동류 송화강을[16] 따라 18일 거리에 위치했다고 볼 수 있는 것이다. 따라서 ①-㉡의 "初發其國, 乘船泝難河西上, 至太瀰河"라는 기사가 물길 중심지를 출발해 동류 송화강 상류 방면을 거슬러 조아하로 올라온 행로라면, ①-㉠의 "又東北行十八日到其國"은 조아하에서 동류 송화강 하류 방면으로 내려간 행로라 할 수 있다. 양자는 방향만 다를 뿐 같은 노선인 것이다.

그런데 ①-㉡에는 을력지가 배를 이용했다고 기술한 반면, ①-㉠에는 교통수단이 명시되어 있지 않다. 이 때문에 ①-㉠은 북위 사신이 물길을 방문했던 루트로 육로를 이용했다고 보기도 한다. 또한 시라무렌하如洛瓌水-태로수(조아하) 구간이 15일 가량 소요된 사실을 고려해 조아하에서 육로로 18일 정도 걸렸을 납림하拉林河 유역의 석두성자石頭城子나[17] 아십하阿什河 유역의 아성阿城 일대를[18] 물길의 중심지로 비정하기도 한다.

그렇지만 조아하 하류와 눈강 하류 일대는 크고 작은 호소湖沼가 발달해 육로로 통행하기 쉽지 않다. 반면 눈강과 동류 송화강은 하천의 폭이 넓고 유량이 풍부해 수로 교통이 크게 발달했다. 475년 을력지가 북위를 방문할 때뿐 아니라 귀국할 때도 "왔던 길을 따라 배를 타고 그 나라에 도착했다"는 ①-ⓒ 기사는 이를 잘 보여준다. 그러므로 ①-㉠의 "又東北行十八日到其國"이라는 기사는 조아하(태로수)에서 배를 타고 눈강 하류와 동류 송화강을 따라 내려간 수로상의 거리로, 육로를 이용할 때보다 훨씬 멀었다고 추정된다.[19]

이에 여러 연구자들이 조아하에서 수로로 18일 거리에 물길의 중심부가 위치했을 것으로 보아 하얼빈보다 하류의 송화강 유역,[20] 통하通河-의란依蘭 일대,[21] 장광재령張廣才嶺을 지나지 못한 송화강 중류나 장광재령을 지난 소흥안령산맥小興安嶺山脈 일대의 하류[22] 등으로 비정했다. 이와 같은 다양한 견해들이 있으나 북위와 교섭하던 초창기 물길의 중심지가 정확히 어느 곳이라고 단정하기는 쉽지 않다. 다만 장광재령보다 동쪽의 동류 송화강 중하류일 가능성이 높은데, 이와 관련해 이 지역의 고고문화 전개 양상은 중요한 시사점을 던져 준다.

2) 동류 송화강 중하류의 고고문화와 물길의 중심지

최근 연구 성과를 종합하면, 동류 송화강 중하류의 고고문화는 송화강 본류를 경계로 남북 두 구역으로 양분되어 전개되었다고 한다.[23] 가령 기원전 2세기~기원후 3세기 전반의 경우, 송화강 남쪽 지역에서는 곤토령滾兎嶺문화와 동흥東興 유형이 전개된 반면, 흑룡강 유역을 포함한 북쪽 지역에서는 완연하蜿蜒河-폴체(파이채波爾采)문화가 전개되었다.[24]

곤토령문화는 안방하安邦河나[25] 안방하-칠성하七星河 상류-왜긍하倭肯河

를[26] 중심으로 발달했는데, 대각상파수관帶角狀把手罐(또는 단파관單把罐)이 가장 특징적 유물로 꼽힌다. 또한 반지하식 수혈주거지竪穴住居址로 구성된 취락과 산성 유적이 많이 발견되는데, 분포 범위는 북쪽으로 송화강 본류, 동쪽으로 우수리강, 남쪽으로 목릉하穆棱河 등으로 설정된다. 서쪽 경계는 대체로 장광재령으로 상정되지만,[27] 목단강牧丹江 중하류에 별도로 동흥 유형을 설정하기도 한다. 다만 이 경우에도 동흥 유형은 곤토령문화의 지방 유형[28] 또는 단결團結문화와 곤토령문화의 영향을 많이 받았을 것으로[29] 상정된다.

완연하-폴체문화는 흑룡강 남쪽의 완연하문화와 러시아 경내인 흑룡강 북쪽의 폴체문화를 합친 명칭인데, 나팔구구복관喇叭口球腹罐(또는 고복관鼓腹罐)이 가장 특징적 유물로 꼽힌다. 완연하-폴체문화는 곤토령문화와 공통점도 있지만, 대표적인 토기가 다른 데서 보듯이 차이점도 많다. 이에 공통점에 주목해 양자 모두 1~3세기의 읍루挹婁에 해당한다고 보기도 하지만,[30] 곤토령문화(동흥 유형 포함)나[31] 완연하-폴체문화[32] 가운데 어느 하나만 읍루로 상정하기도 한다.[33]

한편 동류 송화강 남쪽 지역에서는 3세기 후반 이후 칠성하 유역을 중심으로 봉림鳳林문화가 새롭게 형성되었다. 봉림문화의 가장 중요한 특징은 다수의 성곽을 축조한 것인데, 1998년에 조사한 유적 426곳 가운데 성곽이 113곳에 달했다.[34] 봉림문화가 확인된 초기에는 곤토령문화와의 계승 관계를 강조했지만,[35] 점차 양자의 계승 관계를 인정하면서도 단결문화의 영향[36] 또는 단결문화와 완연하-폴체문화 요소를[37] 강조하는 견해가 제기되었다. 최근에는 연해주의 올가문화 담당자들이 곤토령문화 지구로 침입해 구축한 정복문화로 보기도 한다.[38]

5세기 남북조 이후 송화강 북쪽 지역에서는 완연하-폴체문화가 동인 同仁 1기 문화로[39] 전환되었다. 동인 1기 문화는 완연하-폴체문화를 계승 하였는데, 특징적인 유물도 종전의 나팔구구복관을 이은 반구고복관盤口 鼓腹罐을 비롯해 심복관深腹罐과 통형관筒形罐 등이 꼽힌다.[40] 분포 범위도 크 게 확장되어 서쪽으로 하얼빈-구태九台, 남쪽으로 수분하綏芬河-돈화敦化- 길림吉林 일대나[41] 백두산에[42] 이른 것으로 파악된다. 특히 목단강 중하류 에서는 동강東康 유형과 유사한 하구유존河口遺存이 출현했다가,[43] 남북조 시기에 동인 1기 문화와 유사한 하구 4기-진흥振興 4기 유형으로 전환되 었다고 한다.[44]

이에 비해 봉림문화는 분포 범위가 칠성하 유역에 국한될 뿐 아니라, 5세기 초반(위진魏晉 시기)[45] 또는 6세기 중반(남북조南北朝 시기)을[46] 하한으 로 단절되었다. 송화강 북쪽 지구의 동인 1기 문화가 점차 송화강 중하 류 전역으로 확산된 반면,[47] 봉림문화는 소멸되었던 것이다.[48] 이에 따 라 토기문화도 남쪽 지구의 대표 유물이었던 대각상파수관(단파관)은 소 멸하고, 남북 모두 흔히 말갈관靺鞨罐이라 불리는 반구고복관, 심복관, 통 형관 등으로 통일되었다.[49]

이로 인해 물길-말갈靺鞨의 실체와 관련해 다양한 견해가 제기되었 다. 가령 봉림문화를 읍루에서 물길로 이어지는 문화로 파악하고[50] 봉 림성지鳳林城址를 읍루·물길의 왕성 유적으로 비정하는 견해가 있는 반 면,[51] 봉림문화와 함께 동인 1기 문화를 물길-말갈에 포함시키기도 한 다.[52] 또한 봉림문화의 단절 현상에 주목해 봉림문화는 물길-말갈 발전 의 초기 단계, 동인 1기 문화는 장기간 존속한 물길-말갈문화로 상정하 기도 한다.[53] 물길문화의 담당자가 교체되었다는 것인데, 봉림문화는

494년 부여를 몰아내기 이전의 초기 물길에 해당하며, 이들은 북방에서 남하한 또 다른 물길 곧 동인 1기 문화 담당자에 의해 소멸되었다고 파악하기도 한다.[54]

특히 최근에는 봉림문화의 존속 기간은 짧았던 반면 목단강, 동류 송화강 상류, 북류 송화강의 물길-말갈 유적이 모두 이주민에 의해 조영된 사실에 주목해, 봉림문화는 물길-말갈문화로 볼 수 없고, 완연하-폴체문화를 물길-말갈문화의 내원來源으로 상정하기도 한다.[55] 또한 동인 1기 문화의 담당자들이 5세기 전반에 동류 송화강 상류 방면으로 남하를 개시했고, 두막루豆莫婁와의 충돌 과정에서 동류 송화강 중류에 사회 통합 역량을 가진 집단이 출현했는데, 이들이 475년 북위에 사신을 파견한 물길이라고 보기도 한다.[56]

이상을 종합하면 두 가지 가능성을 상정해볼 수 있다. 첫째, 물길-말갈의 초기 단계 문화는 봉림문화였는데, 점차 동인 1기 문화로 교체되었을 가능성이다. 둘째, 곤토령-봉림문화는 물길-말갈문화와 직접 관련이 없고, 송화강 북쪽의 완연하-폴체문화나 동인 1기 문화에서 물길-말갈이 유래했을 가능성이다. 어느 경우라 단정하기는 쉽지 않은데, 봉림문화의 하한 및 동인 1기 문화의 확산 시기를 어떻게 설정하느냐에 따라 달라질 수 있다.

가령 봉림문화의 하한을 6세기 중반(남북조 시기)으로 상정한다면,[57] 전자일 가능성이 높다. 반면 봉림문화의 하한과 동인 1기 문화의 확산 시기를 5세기 전반(위진 시기)으로 상정한다면,[58] 후자일 가능성이 더 높다. 다만 물길은 '축성혈거築城穴居'했다고 하는데,[59] 곤토령-봉림문화에서는 성곽 유적이 다수 확인되지만,[60] 완연하-동인 1기 문화에서는 성곽 유적이 많이 확인되지 않는다. 이 점에 주목한다면 초기 단계의 물길 문화는 송화강 남쪽의 봉림문화이며, 그 뒤 북쪽의 동인 1기 문화로 교체되었다고 파악할 수 있다.

그런데 북류 송화강 유역에서 확인된 물길-말갈 유적인 유수楡樹 노하심老河深 유적 상층, 영길永吉 대해맹大海猛 유적 상층(제3기), 영길 사리파査里巴 유적 등에서는 반구고복관, 심복관, 통형관 등이 출토되었는데, 이러한 토기는 봉림문화가 아니라 동인 1기 문화 계통에 속한다.[61] 북류 송화강 일대로 진출한 물길의 실체는 동인 1기 문화 계통의 주민 집단으로 추정되는 것이다.

그러므로 물길이 '축성혈거'했다는 사실에 주목한다면, 5세기 후반 물길의 중심지는 봉림문화의 분포 구역인 칠성하 유역으로 비정할 수 있다. 반면 5세기 후반 북위에 사신을 파견한 물길과 북류 송화강 일대에 물길-말갈 계통의 유적을 남긴 주민 집단이 동일한 실체라면, 물길의 중심지는 동인 1기 문화나 하구河口 4기-진흥 4기 유형의 유적이 분포하는 장광재령 동쪽의 동류 송화강 중하류 일대나 목단강 중하류 일대로 비정할 수 있다. 어느 경우이든 5세기 후반 물길의 중심지는 장광재령보다 동쪽에 위치했다고 상정된다.[62] 이는 물길이 조아하에서 수로로 18일 거리의 동류 송화강 중하류에 위치했다는 앞의 검토 결과와 부합한다.

3. 고구려와 물길의 충돌과 각축전의 전개

1) 대북위 교섭로에 나타난 고구려와 물길의 충돌 양상

이상과 같이 5세기 후반 물길의 중심지는 동류 송화강 중하류 일대로 비정되는데, 이는 5세기 후반 고구려와 물길의 충돌 양상을 이해하는 데 중요한 시사점을 던져 준다.

②-㉠

지난 연흥(延興) 연간에 사신 을력지를 보내 조헌(朝獻)했다. 태화(太和) 초에 또 말 500필을 바쳤다. 을력지가 일컫기를 (…중략…) 스스로 말하기를 "그 나라가 앞서 고구려 10락(落)을 격파했고, 몰래 백제와 함께 모의해 수도(水道)를 따라 힘을 합쳐 고구려를 공취하려는데, 을력지를 보내 대국(大國)을 받들어 그 가부(可否)를 청합니다"라고 했다.

─『魏書』 권100 「물길국전(勿吉國傳)」

②-㉡

3년 2월, 부여왕(扶餘王)과 처자가 나라를 들어 내항(來降)했다.

─『삼국사기(三國史記)』 권19 「문자명왕(文咨明王) 3년」

②-㉢

정시(正始) 연간에 세종(世宗)이 동당(東堂)에서 그 사신 예실불(芮悉弗)

을 접견했는데, 예실불이 나아가 "고구려는 하늘과 같은 성심으로 여러 대에 걸쳐 정성을 다해 땅에서 나는 토모(土毛)를 조공에 빠뜨린 바가 없습니다. 다만 황금은 부여에서 나고, 마노[珂]는 섭라(涉羅)에서 생산됩니다. 지금 부여는 물길에게 쫓겨났고, 섭라는 백제에게 병합되었는데, 고구려 왕 신(臣) 운(雲)이 멸망한 나라를 계승하는 의리를 생각해 모두 (고구려) 경내로 옮겼습니다. 두 물품이 왕부(王府)에 오르지 못한 까닭은 실로 두 적 때문입니다"라고 했다.

—『위서(魏書)』 권100 「고구려전(高句麗傳)」

사료 ②-㉠의 '연흥 중延興中'은 연흥 5년(475) 10월, '태화초太和初'는 태화 2년(478) 8월에 해당한다.[63] 물길이 475년 이전에 고구려 10락落을 격파한 다음, 475년 10월 을력지를 북위에 파견해 "백제와 모의하여 수도를 따라 고구려를 공취하겠다"며 북위의 의향을 물었다는 것이다. ②-㉡·㉢의 부여는 후술하겠지만, 4세기 전반 고구려의 공격을 받아 서쪽으로 중심지를 옮긴 후부여를 지칭한다. ②-㉢의 "지금 부여가 물길에게 쫓겨났다"는 표현에서 보듯이 후부여는 물길의 공격(압박) 때문에 494년 고구려에 투항했다.

상기 사료를 종합하면, 물길이 475년 이전에 고구려 10락을 격파했고, 494년 이후 후부여 지역을 장악했다고 파악된다. 그러므로 물길이 격파한 고구려 10락은 물길의 중심부에서 후부여 방면으로 나아가는 루트에 위치하고 있었다고 추정된다. 물길의 중심부와 후부여의 위치를 어떻게 비정하느냐에 따라 물길이 격파한 고구려 10락의 위치가 결정되는 것이다.[64]

종래 쓰다 소키치津田左右吉는 물길의 중심지를 동류 송화강 지류인 납림하 유역의 석두성자, 후부여를 북류 송화강 상류로 비정한 다음, 물길이 475년경에 북류 송화강 유역 대부분을 장악했다고 보았다.[65] 이케우치 히로시池內宏는 물길의 초기 중심지를 길림 지역으로 상정한 다음, 475년 이전에 물길이 북류 송화강 상류인 휘발하輝發河 유역의 고구려 10락을 공격했다고 상정했다.[66] 또한 히노 가이사부로日野開三郎는 물길의 중심지를 납림하 유역의 오상五常, 후부여의 위치를 농안農安 일대로 비정한 다음, 물길이 공략한 고구려 10락을 북류 송화강 하류에서 농안 일대로 비정했다.[67]

초창기 연구자들은 물길의 중심지를 동류 송화강 상류나 북류 송화강의 길림 지역으로 비정한 다음, 물길이 475년 이전에 북류 송화강 유역의 대부분을 영유하거나 휘발하 유역까지 진격했다고 보았던 것이다. 그렇지만 5세기 후반 물길의 중심지는 북류 송화강에서 멀리 떨어진 동류 송화강의 중하류 일대로 비정된다. 이러한 상황에서 물길이 494년 후부여를 장악하기 이전에 북류 송화강 유역을 대부분 점거했다고 보기는 힘들다.

이와 관련해 475년 북위에 파견되었던 물길의 사신 을력지의 사행로使行路와 언설은 중요한 시사를 준다. 전술했듯이 을력지는 475년 동류 송화강 상류를 거슬러 조아하(태니하)에 도착한 다음, 육로로 남하해 시라무렌하(낙고수)를 건너 조양(화룡)에 도착했다. 이때 을력지는 거란의 거주 구역을 통과하지 못하고 '거란의 서쪽 경계를 따라' 화룡으로 나아갔다고 한다.

5세기에 거란은 고막해와 함께 화룡의 북방 지역에 거주하고 있었다.

고막해는 388년에 시라무렌하로 비정되는 약락수 남쪽에 거주했고, 500년경에는 노로아호산맥努魯兒虎山脈 서북쪽으로 비정되는 '새표塞表'에 거주한 사실이 확인된다.[68] 또한 당대唐代에는 토호진수土護眞水에 거주했는데,[69] 토호진수는 시라무렌하 남쪽 지류인 노합하老哈河로 비정된다.[70] 고막해의 분포 구역은 노로아호산맥과 시라무렌하 사이의 노합하 일대로 비정되는 것이다.[71]

거란은 고막해의 동쪽에 위치했는데,[72] 노합하 동쪽의 노로아호산맥을 경계로 고막해와 접하며 노합하 하류와 시라무렌하 일대에 분포했다.[73] 따라서 475년 을력지는 시라무렌하를 건넌 다음, 고막해와 경계를 이루는 거란 서쪽의 노로아호산맥을 따라 남하했다고 파악된다. 을력지가 평탄한 루트를 선택하지 못하고, 험준한 산간 루트를 경유했던 것이다.

사료 ①-㉠에 따르면 화룡(조양)-시라무렌하 구간은 20일 이상 소요된 반면, 여락괴수-태로수(조아하) 구간은 15일 소요되었다고 한다. 그런데 〈지도 1〉에서 보듯이 조양-시라무렌하 구간은 시라무렌하-조아하 구간보다 거리가 더 짧다. 조양-시라무렌하의 거리가 시라무렌하-조아하보다 짧았음에도 5일 이상 더 소요된 이유는 무엇일까?

①-㉠에는 화룡에서 여락괴수(시라무렌하)로 나아갈 때 선옥산과 기려산 등을 경유했다고 나오는데, 선옥산은 조양 서북쪽의 대청산大靑山, 기려산은 노로아호산맥에 위치한 산으로[74] 비정된다.[75] 화룡에서 여락괴수로 나아갈 때 평탄한 루트가 아니라 대청산에서 노로아호산맥으로 이어지는 산간 루트를 경유했던 것이다. 이로 인해 화룡-여락괴수 구간의 거리가 여락괴수-태로수 구간보다 짧음에도 불구하고 5일 이상

더 소요되었던 것이다.

①-㉠의 '화룡→선옥산→기려산→여락괴수' 루트는 을력지가 거란 서쪽 경계의 노로아호산맥을 따라 화룡으로 나아갔던 루트를 역행한 것이다. 이로 보아 ①-㉠의 북위·물길 교섭로는 을력지 등 물길 사신의 귀환 루트를 따라 물길을 방문했던 북위 사신의 기록으로 추정된다.[76] 그럼 물길과 북위는 왜 거란 서쪽 경계의 산간 루트를 통해 교섭했을까?

물길은 475년에 북위와 처음 교섭했을 뿐 아니라, 이때까지 거란과 교류한 적이 없다. 물길이 교류한 적도 없는 거란의 거주 구역을 통과하기는 쉽지 않았을 것이다. 그렇지만 단순히 교류한 적이 없기 때문에 거란의 거주 구역을 통과하기가 힘이 들었다면, 북위에 협조를 요청할 수도 있었을 것이다. 특히 ①-㉠은 북위 사신의 기록으로 추정되는데, 북위가 거란의 협조를 요청하지 않고 물길 사신과 함께 노로아호산맥의 산간 루트를 경유했던 것이다.

이로 보아 물길과 북위가 거란의 거주 구역을 피해 교섭한 데는 또 다른 이유가 있었다고 추정된다. 이와 관련해 고구려가 460~470년대에 거란이나 고막해 등과 동시에 북위에 사신을 파견한 사례가 많다는 사실이 주목된다.[77] 특히 고구려는 467~470년 및 476~479년 사이에는 거의 매년 거란이나 고막해와 함께 북위에 사신을 파견했다. 이는 고구려가 거란이나 고막해와 긴밀하게 교류했을 가능성을 시사한다.

이러한 상황에서 물길과 북위가 거란이나 고막해의 거주 구역을 통과해 교섭을 전개했다면, 곧바로 고구려에 알려졌을 것이다. "고구려의 10락을 격파했다"는 을력지의 언설에서 보이듯이 당시 고구려와 물길은 상쟁 중이었다. 고구려가 물길과 북위의 교섭을 인지한다면, 이를 차단하기 위해 다양한 대응책을 모색했을 것이다.[78] 이에 물길과 북위는 양자의 교섭 사실이 거란이나 고막해를 통해 고구려에 알려지는 것을 방지하기 위해 노로아호산맥 산간 루트를 통해 교섭을 전개했을 것으로 파악된다.

을력지가 475년 배를 타고 동류 송화강과 눈강 하류를 거슬러 조아하(태니하)까지 나아간 이유도 이 때문이다. 요대遼代의 경우, 서요하 상류의 상경上京에서 동류 송화강 하류의 오국부五國部로 나아갈 때 서요하 지류인 신개하新開河를 따라 내려온 다음, 송료분수령松遼分水嶺 일대(이수梨樹·회덕懷德·농안)를 가로질러 송화강 하류로 나아갔다.[79] 북위의 화룡(조양)에서 동류 송화강 중하류에 이르는 최단 코스는 시라무렌하나 서요하를 건넌 다음 송료분수령을 가로질러 이통하伊通河 유역의 농안 일대를 경유하는 루트인 것이다.[80]

그러므로 물길이 이 루트를 이용할 수 있었다면, 을력지도 동류 송화강 상류와 북류 송화강 하류를 거슬러 농안 일대까지 온 다음, 서요하 방면으로 나아갔을 것이다. 그런데 을력지는 조아하(태니하)까지 나아간 다음, 육로로 시라무렌하 방면으로 남하했다. 475년경 물길은 북류 송화강 하류의 수로를 이용할 수 있는 상황이 아니었던 것이다. 이에 물길은 상쟁 중인 고구려의 감시망을 피해 조아하까지 나아가는 우회로를 선택할 수밖에 없었다.[81]

2) 후부여의 멸망과 북류 송화강 하류를 둘러싼 각축전

물길이 475년 이전에 고구려 10락을 격파했지만, 아직 북류 송화강 하류로 진출하지 못했던 것이다. 이러한 상황에서 물길이 북류 송화강 유역을 대부분 장악했다거나 휘발하까지 진격했다고 보기는 어렵다. 후부여를 둘러싼 고구려와 물길의 각축전도 이를 잘 보여준다.

부여의 본거지는 녹산鹿山이었는데, 4세기 전반 고구려의[82] 공격을 받아 그 중심지를 서쪽으로 전연前燕 가까이 옮겼다.[83] 사료 ②의 부여는 "서쪽으로 전연 가까이 옮긴" 후부여인데, 457년에는 북위에 사신을 파견하기도 했다.[84] 다만 "고구려가 부여의 황금을 북위에 조공했다"는 ②-ⓒ 기사에서 보이듯이 5세기에 후부여는 고구려에 강하게 예속된 상태였다.

전기 부여의 중심지인 녹산은 북류 송화강 중류의 길림 지역으로 비정된다.[85] 후부여의 중심지에 대해서는 혼강渾江 유역,[86] 함흥 지역,[87] 창도昌圖 일대,[88] 서풍西豊 성자산산성城子山山城,[89] 농안 일대[90] 등 다양한 견해가 제기되었는데, 문헌사료를 통해 개략적인 위치를 추정할 수 있다. 발해의 부여부는 고구려 옛 땅에 설치되었다고 하는데,[91] 요대遼代의 용주龍州 황룡부黃龍府,[92] 또는 농안 서남쪽 일대로[93] 비정된다. 고구려 후기 부여성 곧 후부여의 중심지는 북류 송화강 하류의 지류인 이통하 유역의 농안 일대로 비정되는 것이다.[94]

전술했듯이 물길은 475년 "백제와 함께 수도水道를 통해 고구려를 공격하겠다"고 공언했다.[95] 물길의 중심지가 동류 송화강 중하류 일대임을 고려하면, 고구려를 공격할 때 이용하겠다는 수로는 동류 송화강 상류에서 북류 송화강으로 이어지는 수로로 파악된다.[96] 물길은 수로를 이용하여 동류 송화강 상류를 경유해 북류 송화강 하류 방면으로 진출하려 했던 것이다.

그런데 475년경 북류 송화강 하류의 농안 일대에는 고구려에 강하게 예속된 후부여가 자리 잡고 있었다. 이러한 상황에서 물길이 북류 송화강 하류 일대를 장악했다고 보기는 어렵다. 물길은 후부여가 고구려에 투항한 494년 이후에야 비로소 북류 송화강 하류로 진출할 수 있었고, 나아가 북류 송화강 중류의 길림 방면 진출도 시도할 수 있었을 것이다.[97]

그러므로 물길이 475년 이전에 격파한 '고구려 10락'은 동류 송화강 상류 일대로[98] 비정할 수밖에 없다. 그럼 당시 동류 송화강 상류 일대가 고구려의 영역이었다고 볼 수 있을까? 5세기 고구려의 영역은 북쪽으로 구舊부여에 이르렀는데(사료 ③-㉠), 구부여는 길림 지역에 중심지를 두었던 전기 부여로 비정된다. 고구려는 이곳에 '영북부여수사領北夫餘守事'를 파견했는데(모두루묘지牟頭婁墓誌), 길림 용담산성龍潭山城을 지배거점으로 삼아 이 지역을 다스린 것으로 파악된다.

현재 길림 지역 북방의 북류 송화강 하류나 동류 송화강 상류에서는 고구려 성곽이 확인되지 않고 있다. 다만 이 지역은 전기 부여의 영역에 속했다.[99] 고구려가 전기 부여의 중심지를 장악한 이후, 후부여가 농안 일대에서 명맥을 유지하고 있었지만, 고구려에 강하게 예속된 상태였다. 또한 후부여를 제외하면 이 지역에서 다른 정치 세력은 확인되지 않는다.[100] 고구려가 전기 부여의 중심지로 진출한 다음, 동류 송화강 상류 연안까지 완전히 영역 내로 포섭했다고 단정하기는 어렵지만, 최소한 예속시켜 영향력 아래 두었다고 파악된다.[101]

이에 물길은 동류 송화강 상류 방면으로 진출하면서 그 연변의 취락을 격파한 다음, 이들이 고구려에 예속되어 있었기 때문에 '고구려 10 락落'이라 표현한 것으로 파악된다. '락'이라는 표현도 이러한 가능성을 시사한다. '락'은 촌락을 뜻하는 '취聚'보다 규모가 작은 거주 집단을 지칭하는데, 성곽이 조영되어 있거나 다수 인구가 집주集住한 대규모 취락은 '국國', '성城', '도都', '읍邑' 등으로 표기한다.[102] '고구려 10락'은 소규모 취락을 지칭하는 것이다.

전술했듯이 북류 송화강 하류 방면의 농안 일대에는 후부여의 중심지가 있었고, 길림 지역에는 고구려가 용담산성 등의 지배거점을 구축한 상태였다. 만약 물길이 475년 이전에 후부여의 중심지나 고구려의 지배거점을 점령했다면, '락'이 아니라 '국', '성', '도', '읍' 등의 표현을 사용해 전과戰果를 과시했을 것이다.[103] 물길이 이러한 지역을 점령하지 못했기 때문에 소규모 취락을 뜻하는 '落'이라는 한자를 사용했던 것이다.

결국 물길이 격파한 '고구려 10락'은 고구려에 예속된 동류 송화강 상류 연변의 소규모 취락을 지칭한다고 볼 수 있다. 물길은 '고구려 10락'을 격파하며 동류 송화강 상류로 진출한 후, 475년 북위와의 교섭을 개시했다. 이와 함께 물길은 동류 송화강 상류에서 북류 송화강 하류로 이어지는 수로를 통해 고구려 방면으로 진출을 시도했다. 물길의 첫 번째 공격 목표는 농안 일대의 후부여였을 것이다. 후부여를 점령해야 북류 송화강 중류 방면으로 진격할 교두보를 마련하고, 서요하 방면으로 나아가는 최단 교통로도 확보할 수 있기 때문이다.

후부여는 494년 고구려에 투항했는데(②-ⓛ), "지금 부여가 물길에게

〈표 1〉 물길의 북위 사신 파견 현황

시기	기사 내용	전거
475.10	延興中, 遣使乙力支朝獻.	『魏書』 권100
	延興五年 十月 勿吉國遣使朝獻.	『冊府元龜』 권969
478.8	太和二年 八月 丁亥, 勿吉國遣使朝獻.	『魏書』 권7 상
	太和初, 又貢馬五百匹.	『魏書』 권100
485	太和九年, 復遣使侯尼支朝獻.	『魏書』 권100
486.12	太和十年 十有二月 癸未, 勿吉國遣使朝貢.	『魏書』 권7 하
	明年 復入貢.	『魏書』 권100
488.8	太和十有二年 八月 甲子, 勿吉國貢楛矢·石砮.	『魏書』 권7 하
	太和十二年, 勿吉復遣使貢楛矢方物於京師.	『魏書』 권100
493.1	太和十七年 春正月 乙亥, 勿吉國遣使朝獻.	『魏書』 권7 하
	十七年, 又遣使人婆非等五百餘人朝獻.	『魏書』 권100
503.8	景明四年 八月 庚子, 勿吉國貢楛矢.	『魏書』 권8
	景明四年, 復遣使俟力歸等朝貢	『魏書』 권100
507.2	正始四年 春二月 己未, 勿吉國貢楛矢.	『魏書』 권8
508.2	永平元年 二月 辛未, 勿吉·南天竺國並遣使朝獻.	『魏書』 권8
509.8	永平二年 八月 戊申, 高昌·勿吉·庫莫奚諸國並遣使朝獻.	『魏書』 권8
510.8	永平三年 八月 己卯, 勿吉國遣使朝貢.	『魏書』 권8
511.8	永平四年 八月 癸巳, 勿吉國獻楛矢.	『魏書』 권8
512.8	延昌元年 八月 丁亥, 勿吉國貢楛矢.	『魏書』 권8
513.9	延昌二年 九月 是月, 勿吉·吐谷渾·鄧至國並遣使朝貢.	『魏書』 권8
514.7	延昌三年 秋七月 丙子, 勿吉國遣使朝貢.	『魏書』 권8
514.9	延昌三年 九月, 吐谷渾·契丹·勿吉諸國並遣使朝貢.	『魏書』 권8
515.1	延昌四年 春正月 己巳, 勿吉·達槃·地豆和·尼步伽·拔但·佐越費實等諸國遣使朝獻.	『魏書』 권8
515.10	延昌四年 冬十月 庚午朔, 勿吉國貢楛矢.	『魏書』 권9
517.1	熙平二年 春正月 戊子, 勿吉國遣使朝貢.	『魏書』 권9
517.10	熙平二年 冬十月 丁酉, 勿吉國 貢楛矢.	『魏書』 권9
518.2	神龜元年 二月戊申, 嚈噠·高麗·勿吉·吐谷渾·宕昌·疏勒·久末陀·末久半諸國, 並遣使朝獻.	『魏書』 권9
518.8	神龜元年 秋八月 甲子, 勿吉國遣使朝貢.	『魏書』 권9
519.6	神龜二年 六月, 高昌國勿吉國.	『冊府元龜』 권969
521.6	正光二年 六月 癸巳, 勿吉國遣使朝貢.	『魏書』 권9

쫓겨났다"는 기사에서 볼 수 있듯이(②-ⓒ) 후부여 지역은 최종적으로 물길에 의해 점령되었다. 물론 고구려가 물길의 남하를 방치하지만은 않았을 것이다. 고구려와 물길은 후부여를 둘러싸고 치열한 각축전을 전개했을 텐데, 물길의 북위 사신 파견 현황을 통해 그 추이를 가늠해 볼 수 있다.[104]

〈표 1〉에서 보이듯이 물길의 북위 사신 파견은 475년에서 521년까지 총 24회 확인된다. 507년 이후에는 물길이 거의 매년 북위에 사신을 파견했지만, 그 이전에는 7회만 확인된다. 더욱이 478~485년, 488~493년, 493~503년에는 물길의 북위 사신 파견이 장기간 중단되기도 했다. 이중 478~485년의 사신 파견 중단은 후술하겠지만, 고구려와 유연의 지두우地豆于 분할 모의와 연관되어 있다. 그럼 488~493년과 493~503년에는 왜 사신 파견이 중단되었을까?

이와 관련해 494년 후부여가 고구려에 투항한 사건이 주목된다. 고구려는 494년 후부여의 투항을 전후해 물길의 남진을 저지하기 위해 총력을 기울였을 것이다. 이로 인해 북류 송화강 하류 일대에서 고구려와 물길 사이에 치열한 각축전이 전개되었을 것이다. 물길이 고구려와의 공방전에 치중하느라 북위에 사신을 파견하지 못했을 가능성이 있는 것이다. 다만 물길은 북위와의 교섭을 통해 고구려를 견제할 수도 있었다는 점에서 단순히 고구려와의 공방전에 치중하느라 사신 파견을 중단했다고 보기는 어렵다.

물길은 475년에 동류 송화강 상류 방면의 수로를 통해 북위에 사신을 파견했다. 그런데 후부여를 둘러싼 고구려와 물길의 공방전이 치열해지면서 동류 송화강 상류에서 북류 송화강 하류로 이어지는 수로도 전장戰場으로 변모했을 것이다. 물길이 동류 송화강 상류의 수로를 이용해 안전하게 사신을 파견하기 힘들어진 것이다. 이로 인해 물길은 488~493년과 493~503년의 시기에 북위에 사신을 파견하지 못했던 것이다.[105]

그런데 고구려는 정시正始 연간(504~508)에 북위에 사신을 파견해 "지금 부여가 물길에게 쫓겨났다"고 알렸다(②-ⓒ). 물길도 503년 북위에 대한 사신 파견을 재개했다. 이로 보아 후부여를 둘러싼 고구려와 물길의 각축전이 503~504년 직전 물길의 승리로 일단락된 것으로 보인다. 물길이 농안 일대 등 북류 송화강 하류 일대까지 진출한 것이다.[106]

이에 물길은 503년부터 북위에 대한 사신 파견을 재개했다. 특히 물길은 농안 일대를 점령함으로써 송료분수령을 가로질러 서요하로 나아가는 최단 교통로를 확보했다. 물길이 안정적으로 북위와 교섭할 기반을 마련한 것이다. 실제로 물길은 507년부터 521년까지 거의 매년 사신을 파견했고, 514~518년에는 연간 두 차례나 견시遣使하기도 했다(<표 1> 참조).[107]

4. 고구려의 북방 접경 공간 및 제족諸族과의 관계 변화

1) 고구려 북방 접경 공간의 변화

이상과 같이 물길은 동류 송화강 상류로 진출하며 고구려 10락을 격파한 다음, 475년에 송화강-눈강 수로를 통해 북위에 사신을 파견했다. 475년 이후에는 동류 송화강 상류에서 북류 송화강 하류로 이어지는 수로를 통해 고구려 방면으로 진출을 시도하였으며, 494년에는 후부여를 고구려에 투항하도록 했다. 그리고 503~504년 직전에 북류 송화강 하류 일대를 점령했다. 고구려가 북류 송화강 하류나 동류 송화강 상류에 대한 통제권이나 영향력을 상실한 것이다.

또한 북류 송화강에서 동류 송화강 하류 방면이나 눈강 상류로 이어지는 수로도 자유롭게 이용하기 힘들어졌을 것이다. 이로 인해 고구려의 북방 경역이 줄어들고, 북방 지역에 대한 영향력도 약화되었을 것이다. 이에 많은 연구자들이 물길의 남하로 인해 고구려가 길림 지역을 상실했다고 보기도 하지만,[108] 이를 입증할 만한 명확한 논거는 없다.

북류 송화강 하류 일대에서는 고구려 성곽이 확인되지 않았지만, 길림 지역에는 용담산성, 동단산성東團山城, 삼도령자산성三道嶺子山城 등이 분포하고 있다.[109] 이들 성곽은 송화강 연안을 따라 분포하는데, 용담산성과 동단산성은 길림 지역 중심부에 위치하며, 삼도령자산성은 하류 방면에서 길림 지역으로 진입하는 길목에 자리 잡고 있다. 고구려가 구부여 지역에 대한 지방지배와 함께 북류 송화강 하류 방면에 대한 군사방어를 고려해 성곽을 축조했던 것이다.

그런데 이들 성곽에서는 아직 물길과 관련한 유물이나 유적이 발견된 적이 없다. 만약 물길이 5세기 후반에 길림 지역까지 진격했다면, 이들 성곽을 점거하여 사용했을 것이다. 성곽 전체에 대한 조사가 충분히 진행되지 않은 상태에서 단정하기는 쉽지 않지만, 현재까지 확인된 자료만 놓고 본다면 물길이 길림 지역까지 진출해 이들 성곽을 점거했을 가능성은 낮다. 오히려 고구려가 이들 성곽을 바탕으로 물길의 남진을 저지했을 가능성이 더 높다.

길림 지역 서북방에는 대흑산맥大黑山脈이 동북에서 서남으로 뻗어 있다. 대흑산맥은 북류 송화강 동안東岸의 서란舒蘭에서 시작해 송화강 본류와 그 지류인 음마하欽馬河·이통하 상류, 동요하東遼河 상류를 가로질러 요하 동안東岸의 창도-개원開原에 이르는데, 당·송대에 금산산령金山山嶺이라 불릴 정도로 길림 지역과 농안-장춘長春 일대를 가르는 자연경계로 인식되었다. 고구려가 길림 지역의 성곽과 함께 천연장벽인 대흑산맥을 활용해 물길의 남진을 저지했을 가능성이 높은 것이다.

이렇게 본다면 5세기 후반 이후 고구려와 물길은 길림 지역 서북방의 대흑산맥을 경계로 접경을 이루었다고 추정된다.[110] 고구려의 북방 경역이나 세력권이 동류 송화강 상류 연안에서 대흑산맥 남쪽 일대로 후퇴한 것이다. 반면 물길은 동류 송화강 중하류에서 북류 송화강 하류에 이르기까지 동서로 기다랗게 분포하며 고구려의 북방 접경 공간을 에워싸는 형세를 이루었다. 고구려의 북방 접경 공간이 물길에 의해 가로막힌 것이다.

2) 고구려 북방 제족의 분포 양상

북방 접경 공간의 변화로 인해 고구려는 북방 제족과 원활하게 교섭하기 힘들어졌을 것이다. 또한 물길 주민이 대거 이주하면서 북류 송화강 하류 일대는 부여인, 고구려인, 물길인 등이 혼거하는 지역으로 변모했을 것이다. 물길의 진출로 인해 고구려의 북방 경역이 축소되었을 뿐 아니라, 주변 제족과의 관계 및 접경 공간의 주민 구성이 크게 변모한 것이다. 이 가운데 북방 제족과의 관계 변화와 관련해 다음 사료들이 주목된다.

③-㉠

이오(李敖)가 그 도성 평양성에 이르러 그 나라 일을 탐방하여 일컫기를 "요동(遼東)의 남쪽 1천여 리에 있는데, 동으로 책성(柵城)에 이르고, 남으로 소해(小海)에 이르고, 북으로 옛 부여에 이르며, 민호(民戶)는 전위(前魏, 조위(曹魏))때보다 3배 많다. 그 지역은 동서가 2천 리, 남북이 2천여 리이다"라고 했다.

③-㉡

물길국(勿吉國)은 고구려의 북쪽에 있는데, 옛날 숙신국(肅愼國)이다.

③-㉢

실위국(失韋國)은 물길 북쪽 천리에 있는데, 낙양(洛陽)에서 6천 리 거리이다. 그 행로(行路)는 화룡(和龍)을 출발해 북쪽 1천여 리에서 거란국으로 들어가며, 또 북쪽으로 10일 가면 철수(啜水)에 이르고, 또 북으로 3일 가면 개수(蓋水)가 있고, 또 북으로 3일 가면 독요산(犢了山)이 있는데 그 산은 고대(高大)하여 둘레가 3백여 리에 이른다. 또 북으로 3일 가면 대수(大水)가 있는데 굴리(屈利)라 일컫고, 또 북으로 3일 가면 인수(刃水)에 이르고, 또 북으로 5일 가면 그 나라에 도착한다. 큰 강이 있어 북쪽으로부터 흘러오는데 너비가 4리 남짓으로 내수(㮮水)라 부른다.

③-㉣

두막루국(豆莫婁國)은 물길국 북쪽 천리에 있는데, 낙양에서 6천 리 거리로 옛날 북부여(北夫餘)이다. 실위(失韋)의 동쪽이며, 동으로는 바다에 이르고, 둘레가 2천 리다.

③-㉤

지두우국(地豆于國)은 실위(失韋) 서쪽 1천 리 정도에 있다.

③-㉥

오락후국(烏洛侯國)은 지두우(地豆于) 북쪽에 있는데 대도(代都)에서 4,500여 리 거리이다. (…중략…) 그 나라 서북쪽에 완수(完水)가 있는데, 동북으로 흘러 난수(難水)에 합류하며, 그 지역의 작은 강은 모두 난수로 흘러들어 동으로 바다로 유입된다. 또 서북으로 20일 가면 우사니대수(于巳尼大水)가 있는데 이른바 북해(北海)이다. 세조(世祖) 진국(眞君) 4년에 내조(來朝)하여 일컫기를 "그 나라 서북에 북위 선제(先帝)의 구허(舊墟)가 있는데, 석실(石室)은 남북 90보 동서 40보로 높이는 70척이며, 석실에 신령(神靈)이 있어서 주민들이 소망을 많이 기원한다"라고 했다. 세조가 중서시랑

(中書侍郎) 이창(李敞)을 보내 제사를 지내고, 석실 벽면에 축문(祝文)을 새기고 돌아왔다.

—이상, 『위서(魏書)』 권100 「동이전(東夷傳)」

사료 ③은 『위서』 「동이전」 가운데 만주 일대 국가나 족속의 지리 정보를 간추린 것이다. ③-㉠은 435년 고구려를 방문했던 북위 사신 이오李敖의 전문傳聞인데, 고구려가 옛 부여 지역까지 진출한 양상을 잘 보여준다. 이 시기는 물길이 북류 송화강 하류로 진출하기 이전으로, 고구려가 구부여의 영역이었던 동류 송화강 상류 연안까지 영향력을 미쳤을 것으로 짐작된다. 관련 사료가 없어 구체적인 양상을 파악하기는 힘들지만, 이 무렵 고구려가 구부여의 중심지였던 길림 지역을 거점으로 삼아 북방의 여러 족속과 다양한 교섭을 진행했을 것으로 추정된다.

그런데 ③-㉠을 제외한 다른 사료를 종합하면, 고구려 북쪽에 물길이 위치했지만(③-㉡), 실위와 두막루는 모두 물길의 북쪽 천리에 위치했다고 한다(③-㉢, ③-㉣). 또한 지두우는 실위의 서쪽 천리에 위치했고(③-㉤), 오락후는 지두우의 북쪽에 위치했다(③-㉥). 각 족속의 위치를 고구려를 시발로 연쇄적으로 표기했다는 점에서 북위가 고구려의 중심적 위상을 인정했다고 볼 수 있다.[111] 그렇지만 각 족속의 실제 위치를 보면, 〈지도 2〉에서 보듯이 물길을 제외하면 고구려와 접경을 이룬 경우가 없다.

사료 ③에서 위치가 가장 명확한 것은 오락후이다. 오락후의 위치는 눈강 중상류의 서쪽 지역으로 비정되는데,[112] 분포 구역에 대해서는 조아하 유역,[113] 조아하-작이하綽爾河 유역,[114] 작이하 하류 유역,[115] 작이하

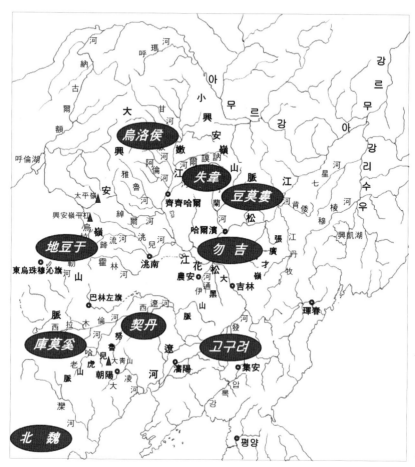

〈지도 2〉 6세기 전반 고구려 북방 제족의 분포 양상

-감하^{甘河} 유역,[116] 아로하^{阿魯河}(또는 낙민하)-감하 유역,[117] 낙민하-감하 유역,[118] 감하 하류 유역,[119] 눈강현^{嫩江縣} 일대[120] 등 다양한 견해가 제기되었다.[121]

오락후의 서북쪽에는 '북위^{北魏} 선제^{先帝}의 구허^{舊墟}'가 있는데(③-ⓑ),

눈강 지류인 감하 상류의 악륜춘기^{鄂倫春旗} 아리하진^{阿里河鎭}에서 북위 태무제가 443년에 이창^{李敞}을 보내 탁발부^{拓拔部} 선조^{先祖}에게 제사지낸 알선동^{嘎仙洞} 유적이 발견되었다.[122] 또한 오락후 지역의 작은 하천은 모두 난수, 곧 눈강으로 유입된다. 양자를 종합하면 오락후는 감하를 중심으로 눈강 중상류의 서쪽 지역에 위치했다고 파악된다.

오락후전에는 대흥안령산맥 동록뿐 아니라 서북방의 하천이나 호수도 나온다. 가령 오락후 서북쪽에 있는 완수는 동북으로 흘러 난수(눈강-송화강)와 합류한다고 하는데, 흑룡강 상류의 아르군강^{額爾古納河}으로 비정된다.[123] 오락후의 서북쪽 20일 거리에 있다는 '우사니대수^{于巳尼大水}'는 아르군강 상류와 연결된 호륜호^{呼倫湖}로 비정된다.[124] 그럼 대흥안령산맥의 동록에 위치한 오락후전에 대흥안령산맥 서북방의 지명이 명기된 이유는 무엇일까?

이와 관련해 북위 대도^{代都}에서 오락후까지의 거리는 4천 5백 리인 반면(③-ⓗ), 알선동 유적까지의 거리는 4천 리라고 기술한 사실이[125] 주목된다. 대도에서 알선동 유적까지의 거리가 오락후보다 가깝다고 기술한 것이다. 대도에서 대흥안령산맥 동록을 경유하면 알선동 유적이 오락후보다 멀지만, 서록을 경유하면 알선동 유적이 오락후보다 가깝다. 이는 오락후와 북위가 대흥안령산맥 서록을 경유해 교섭했을 가능성을 시사한다. 이에 오락후전에 양자의 교섭로인 대흥안령산맥 서북방의 호륜호(우사니대수)나 아르군강(완수) 등을 기재한 것이다.

실위의 위치는 흑룡강 유역,[126] 흑룡강-눈강 상류,[127] 눈강 유역[128] 등으로 비정되는데,[129] ③-ⓒ의 여러 하천과 산 특히 내수의 위치가 논쟁의 핵심 대상이다. 실위는 물길의 북쪽 천리에 위치했다고 하므로 동류 송화강보다 북쪽으로 비정할 수 있다. 내수㳫水는 『위서』「물길전」의 난하나 오락후전의 난수와 같은 하천으로 당대唐代에는 나하로도 불렸는데,[130] 북위 시기의 내수=난하=난수는 눈강, 동류 송화강, 흑룡강 하류 등을 아우른 명칭이다. 다만 실위전의 내수는 북쪽에서 남쪽으로 흐른다고 하므로 지금의 눈강에 해당한다.

실위의 위치는 동류 송화강 북쪽의 눈강 일대로 비정되는 것이다. 실위의 구체적인 위치는 ③-ⓒ에 나오는 화룡-실위의 행로를 통해 파악할 수 있다. 거란 북쪽 10일 거리의 철수㤞水는 조아하 지류나[131] 작이하로[132] 비정하기도 한다.[133] 그런데 물길전의 태로수=태니하는 여낙괴수(낙고수=시라무렌하)에서 15일 거리인데(①-㉠), 눈강 가장 남쪽 지류인 조아하로 비정된다. 소요 시간을 비교하면, 철수는 조아하보다 남쪽에 위치했다고 보아야 하며, 이러한 조건에 가장 부합하는 하천은 곽림하霍林河(호림하呼林河)이다.[134]

철수 이후의 산과 하천은 철수=곽림하를 기준으로 비정할 수 있다. 철수 북쪽 3일 거리의 개수蓋水는 조아하의 남쪽 지류인 귀류하歸流河로 비정된다. 개수 북쪽 3일 거리의 독료산犢了山은 고대高大하고 둘레가 300여 리에 이른다고 하는데, 대흥안령산맥 중단中段에서 가장 험준한 태평령太平嶺-흥안령평강興安嶺平杠 일대로 비정된다. 독료산 북쪽 3일 거리에 위치한 대수大水인 굴리수屈利水는 작이하, 굴리수 북쪽 3일 거리의 인수刃水는 아로하雅魯河로 각각 비정할 수 있다.[135]

실위의 중심지는 인수(아로하) 북쪽 5일 거리에 위치했다고 하는데, 감하 등 눈강 중상류의 서쪽에는 오락후가 위치했으므로 실위는 눈강 동쪽의 오유이하烏裕爾河-눌모이하訥謨爾河 유역에 위치했다고 볼 수 있다.

그러므로 인수(아로하) 북쪽의 치치하르 부근에서 눈강을 건넌 다음 실위 중심부로 진입했다고 파악된다.[136] 시라무렌하에서 대흥안령산맥 동록을 따라 북상하다가 아로하 북쪽의 치치하르 부근에서 눈강을 건너 실위 중심부에 당도했던 것이다.[137]

오락후전에는 실위전에 나오는 눈강의 서쪽 지류가 나오지 않는다. 이는 오락후가 실위전에 나오는 눈강 지류보다 북쪽에 위치했을 가능성을 시사한다. 오락후는 아로하보다 북쪽의 아륜하阿倫河(또는 낙민하)에서 감하에 이르는 눈강 서쪽의 지류 유역에 위치했다고 추정된다. 오락후와 실위가 눈강을 경계로 그 동서에 분포한 것이다.[138] 다만 오락후가 대흥안령산맥 서록을 따라 북위와 교섭한 반면, 실위는 동록을 따라 교섭했다. 이로 인해 눈강으로 비정되는 난수나 내수를 제외하면, 양자가 북위와 교섭하며 공통으로 경유했던 하천이나 산이 없었다.

두막루는 실위와 함께 물길의 북쪽 천리에 위치했는데, 실위의 동쪽에 해당하며, 동쪽으로는 바다에 이르렀다고 한다(③-ⓔ). 두막루국은 '옛날의 북부여'라고 하는데,『신당서』「유귀流鬼전」에는 "달말루達末婁는 스스로 북부여의 후예라 말하는데, 고구려가 그 나라를 멸망시킨 다음 유인遺人들이 나하를 건너 그곳에 거주하게 되었다"는 기사가 나온다.[139] 사료 ③-ⓔ과 비교하면 당대唐代의 달말루는 북위 시기의 두막루와 동일한 실체임을 알 수 있다.[140]

당대唐代의 나하는 눈강과 동류 송화강으로 비정되며,[141] 두막루(달말루)의 전신이라는 북부여는 전기 부여를 지칭한다.[142] 상기 사료처럼 두막루(달말루)가 전기 부여의 후예라고 단정하기는 쉽지 않지만, 두막루가 나하 곧 동류 송화강 북쪽에 위치했음은 명확하다.[143] 또한 두막루가 실위 동쪽에 위치했다고 하므로 실위의 분포 구역인 오유이하-눌모이하 동쪽의 호란하呼蘭河 유역과 소흥안령산맥 일대로 비정할 수 있다.[144]

지두우는 실위의 서쪽 천리에 위치했는데, 오락후의 남쪽에 해당한다 (③-⑭). 479년 고구려와 유연의 지두우 분할 모의 사건을 통해 지두우가 양국 사이에 위치하며, 고막해나 거란과도 인접했음을 알 수 있다(사료④ 참조). 이러한 지리 조건에 부합하는 지역은 시라무렌하와 조아하 사이인데,[145] 파림부巴林部 일대,[146] 대흥안령산맥 중단中段 산지,[147] 오주목심기烏珠穆沁旗의 오랍근곽륵하烏拉根郭勒河(오랍개고륵하烏拉蓋高勒河) 유역[148] 등으로 비정하는 견해가 있다.

지두우의 위치와 관련해 "오락후가 지두우의 북쪽에 위치했다(③-⑭)"는 사실이 주목된다. 전술했듯이 오락후는 대흥안령산맥 동록인 눈강 상류의 서쪽에 위치했는데, 북위와 교섭할 때는 대흥안령산맥 서록을 따라 남하했다. 이때 지두우를 경유했기 때문에 오락후의 위치를 지두우 북쪽이라고 표기한 것으로 보인다. 지두우는 눈강 서안과 시라무렌하 사이 지역 가운데, 대흥안령산맥 서록을 따라 북위의 대도代都(또는 평성平城, 대동大同)로 갈 때 경유하는 지역에 해당하는 것이다. 이 조건에 가장 부합하는 지역은 오주목심기의 오랍근곽륵하 일대이다.[149]

지두우의 중심 지역은 오주목심기의 오랍근곽륵하 일대이며, 그 동쪽의 귀류하나 곽립하(호림하) 유역도 일부 포함했다고 추정된다. 이 지역은 고구려와 유연의 중간 지대로 동남쪽으로 통료通遼-사평四平을 거쳐 고구려 경내로 진입할 수 있고, 서쪽으로는 유연 경내로 나아갈 수 있다. 또한 이 지역은 실위의 서남쪽으로 실위가 북위와 교섭할 때 경유했던 대흥안령산맥 동록 루트의 서쪽에 해당하기도 한다. 이에 "지두우는 실위의 서쪽 천 여리에 위치했다"고 표기한 것으로 짐작된다.

이상을 통해 고구려 북방 제족의 분포 지역을 파악했다. 두막루는 동류 송화강 북쪽의 호란하와 소흥안령산맥 일대, 오락후는 눈강 서쪽의 아륜하(또는 낙민하)-감하 일대, 실위는 눈강 동쪽의 오유이하-눌모이하 유역으로 각기 비정된다. 지두우는 오주목심기의 오랍근곽륵하 일대를 중심으로 귀류하나 곽림하(호림하) 유역을 일부 포함했다고 추정된다 (<지도 2> 참조).

3) 고구려와 북방 제족의 관계 변화

이상과 같이 두막루, 오락후, 실위 등은 동류 송화강이나 눈강의 지류 연안에 분포했다. 그러므로 물길이 북류 송화강 하류로 진출하기 이전에는 고구려가 송화강-눈강 수로를 통해 이들과 교섭했을 가능성이 높다.[150] 특히 실위의 분포 구역인 오유이하-눌막이하 유역이나 두막루의 거주 구역인 호란하-소흥안령산맥 일대는 고구려의 북방에 해당한다. 만약 이러한 상황에 의거한다면, 두막루나 실위는 고구려 북쪽에 위치했다고 기술했을 것이다.

그런데 물길이 북류 송화강 하류 일대까지 진출함에 따라 고구려와 실위·두막루 사이에 물길이 위치하게 되었다. 이러한 점에서 "물길은 고구려 북쪽에 위치했지만, 실위와 두막루는 물길 북쪽 천리에 위치했다"는 사료 ③의 기술 내용은 물길이 북류 송화강 하류 일대까지 진출한 이후의 상황을 반영한다고 파악된다. 이처럼 물길이 북류 송화강 하류까지 진출해 고구려의 북방 접경 공간을 에워싸고, 고구려와 북방 제족 사이에 위치함에 따라 고구려는 북방 제족과 활발하게 교섭하기 힘들어졌을 것이다. 이러한 점에서 5세기 후반 고구려와 물길의 각축전은 북방 제족과의 교섭로를 둘러싼 공방전의 성격도 지녔다고 할 수 있다.

이와 관련해 479년 고구려와 유연의 지두우 분할 모의 사건이 주목된다.

④-㉠

태화(太和) 3년(479), 고구려가 몰래 유연[蠕蠕]과 모의하여 지두우(地豆于)를 공취해 분할하려 했다. 거란이 침공을 두려워해 막불하(莫弗賀) 물우(勿于)가 부락의 수레 3천승(乘)과 무리 만 여명을 거느리고 가축을 몰아서, 내부(內附)하기를 구하며 백랑수(白狼水) 동쪽에 머물렀다. 이해부터 늘 조공했다.

―『위서(魏書)』 권100 「거란전(契丹傳)」

④-㉡

후위(後魏, 북위) 시기에 고구려의 침략을 받았는데, 부락 1만 여명이 내부(內附)하기를 구하며 백비하(白貔河)에 머물렀다.

―『수서(隋書)』 권84 「거란전(契丹傳)」

④-㉢

태화(太和) 4년(480), 문득 새내(塞內)로 들어왔는데, 지두우가 초략(鈔掠)할까 두렵다고 말했다. 조서를 내려 책망했다.

④-㉠에서 보듯이 고구려는 479년에 유연蠕蠕과 모의해 지두우를 분할하려고 했다. 이에 거란의 막불하莫弗賀 물우勿于가 북위에 내부內附를 구하며 대릉하大凌河 상류의 백랑수白狼水로 이주했는데, 이때 고구려가 거란을 공격했다고 전하기도 한다(④-㉡). 고막해도 480년 지두우의 침략을 우려해 북위의 영역 내부塞內로 들어갔다(④-㉢). 고구려와 유연의 지두우 분할瓜分 모의로 인해 이 일대의 정세가 크게 동요했던 것이다.[151]

그럼 고구려와 유연은 왜 지두우를 분할하려고 모의했을까? 470년대 유연과 북위의 관계는 전체적으로 유연이 우위를 점한 상황이었다. 특히 유연은 472년경부터 북위를 거세게 공격했는데, 동방 지역에서는 436년 북위의 요서 진출로 상실했던 거란과 고막해에 대한 영향력을 회복하려 했다.[152] 한편 이 무렵 북위는 472년 백제의 사신을 받아들이고, 475년에는 물길과 교섭을 진행하며 고구려와 주변국의 관계에 간섭하려 했다.[153] 고구려로서는 주변국과 북위의 연계를 차단할 필요가 있었던 것이다.

특히 물길이 475년 송화강-눈강 수로와 대흥안령산맥 동록의 육로를 우회하여 북위와 교섭을 전개했다. 물길과 북위의 교섭을 방치한다면, 고구려로서는 송화강-눈강 수로 연변이나 대흥안령산맥 동록 일대에 대한 영향력을 상실할 수 있었다. 이에 고구려는 479년에 유연과 함께 지두우를 분할해 물길과 북위의 교섭로를 차단하려 했다고 파악된다.[154]

이러한 고구려의 시도는 상당한 성과를 거두었다. 〈표 1〉에서 보듯이 물길은 478년부터 485년까지 북위에 사신을 파견하지 못했다. 이러한 사신 파견 중단은 물길 내부의 사정에서 기인했을 수도 있겠지만, 고구려와 유연의 지두우 분할 모의로 대흥안령산맥 동록 일대가 혼란에 빠져 북위와의 교섭로를 확보하기 힘들어진 결과일 가능성이 높다. 고구려와 물길이 대북위 교섭로 나아가 주변 족속과의 관계를 둘러싸고 치열한 외교전을 전개한 것이다.[155]

⑤-㉠

태화(太和) 9년(485), 다시 후니지(侯尼支)를 사신으로 보내 조헌(朝獻)했다. 이듬해에 다시 입공(入貢)했다. 그 곁에 대막로국(大莫盧國), 복종국(覆鍾國), 막다회국(莫多回國), 고루국(庫婁國), 소화국(素和國), 구불복국(具弗伏國), 필려이국(匹黎介國), 발대하국(拔大何國), 욱우릉국(郁羽陵國), 고복진국(庫伏眞國), 노루국(魯婁國), 우진후국(羽眞侯國) 등이 있는데, 전후로 각기 사신을 보내 조헌(朝獻)했다. 태화 12년(488)에 물길이 다시 사신을 보내 경사(京師)에 호시(楛矢)와 방물(方物)을 공헌했다.

―『위서(魏書)』 권100 「물길전(勿吉傳)」

⑤-㉡

태화(太和) 연간에 저작좌랑(著作佐郎)에 임명되었다가 곧 상서의조랑중(尚書儀曹郎中)으로 옮겼는데, 겸원외산기상시(兼員外散騎常侍)로 황명을 받들어 고구려에 갔다. 고구려왕 운(雲)이 멀리 있음을 믿고 병을 핑계로 친히 조서(詔書)를 받지 않으려 했다. 봉궤(封軌)가 정색하여 꾸짖고 대의(大義)로 깨우치자, 운(雲)이 북면(北面)하여 조서를 받았다. 이에 앞서 거란이 변민(邊民) 60여 명을 노략(虜掠)했는데, 또 고구려를 위해 (변민을) 옹

략(擴掠)하여 동쪽으로 돌아갔다. 봉궤가 진상을 듣고 글을 보내 변민을 요
구하자, 운(雲)이 모두 물자를 공급해 귀환시켰다.

— 『위서(魏書)』 권32 「봉궤전(封軌傳)」

⑤-㉠에 따르면 물길이 485년과 486년에 잇따라 북위에 사신을 파견
했고, 이를 전후해 물길 주변의 대막로국^{大莫盧國} 등 12국이 북위에 사신
을 파견했고, 488년에 물길이 다시 사신을 파견했다고 한다. 기술 순서
로 보아 대막로국 등 12국은 486~488년을 전후해 물길과 함께 북위에
사신을 파견한 것으로 파악된다. 이에 대막로국을 두막루로 추정하는
한편,[156] 나머지 12국도 물길과 인접한 아십하-납림하 유역으로 비정하
거나[157] 목단강 중류의 하구유존을 12국의 하나로 상정하기도 한다.[158]

그런데 12국 가운데 구불복국^{具弗伏國}, 욱우릉국^{郁羽陵國}, 필려이국^{匹黎尒國}
등은 거란 8부를 이루는 복불욱부^{伏弗郁部}, 우릉부^{羽陵部}, 필혈부^{匹絜部}, 여부
^{黎部} 등과[159] 명칭이 비슷하다. 이들 3국은 467년(황흥^{皇興} 원년)과 468년
에 북위에 사신을 파견한 거란 부족인 구복불^{具伏弗}, 울우릉^{鬱羽陵}, 필려이
^{匹黎尒} 등과 명칭이 거의 같다. 12국의 하나인 우진후국^{羽眞侯國}도 468년에
북위에 사신을 파견한 우진후^{羽眞侯}와 동일한 실체로 짐작되는데, 기재
순서로 보아 거란이나 그 주변 족속으로 추정된다. 발대하국^{拔大何國}도
거란 8부의 하나인 아대아^{阿大阿}일 가능성이 높은데, 468년에 아대아부
가 북위에 사신을 파견했다.[160]

이렇게 본다면 486~488년을 전후해 물길과 함께 북위에 사신을 파
견한 12국 가운데 상당수는 거란이나 그 주변 족속으로 추정된다.[161] 이
는 물길이 북위와의 교섭로를 안정적으로 확보하기 위해 거란을 비롯

해 고막해, 지두우 등과 긴밀한 관계를 맺었을 가능성을 시사한다. 물길의 이러한 외교적 조치는 고구려가 유연과 함께 지두우 분할을 모의해 물길-북위의 교섭로를 차단하려 했던 것에 대한 대응책이기도 하다.

특히 고구려가 유연과 함께 지두우를 분할한다고 공언하면서 실제로는 거란을 공격했을 가능성이 높은데(④-ⓒ), 이에 거란의 일부 부족이 대릉하 방면으로 피난했다. 이로 인해 460~470년대에 고구려와 긴밀하게 교류하던 거란 부족 가운데 상당수가 고구려에 강력하게 반발했을 것으로 추정된다. 전술했듯이 467~479년에는 고구려와 거란이 같은 시기에 북위에 사신을 파견할 정도로 긴밀한 관계를 유지했지만, 479년을 끝으로 약 30년간 양국이 같은 시기에 견사遣使한 사례가 확인되지 않는다.[162]

그러므로 479년 고구려와 유연의 지두우 분할 모의 사건을 계기로 고구려와 거란의 관계가 악화되자, 물길이 이를 틈타 거란에 접근해 밀접한 관계를 형성했을 것으로 파악된다. 486~488년을 전후해 물길이 거란8부를 이루는 구불복국, 욱우릉국, 필려이국 등 12국과 함께 북위에 사신을 파견했다는 사료 ⑤-㉠은 이러한 가능성을 잘 보여준다.

물론 고구려도 물길과의 외교전에서 순순히 물러나지는 않았다. ⑤-ⓒ에서 보듯이 북위의 봉궤封軌가 492~499년에[163] 고구려에 사신으로 파견되었는데, "그 직전에 거란이 (북위의) 변민邊民 60여 명을 노략했고, 또 고구려를 위해 (북위 변민을) 옹략擁掠하여 동쪽으로 귀환했다"고 한다. 거란의 일부 부족이 고구려와 밀접한 관계를 유지하며 북위의 변경을 공격했던 것이다.

고구려와 물길의 외교전은 거란 이외에 다른 북방 제족과의 관계에서도 전개되었을 가능성이 높지만, 사료를 통해 확인할 방법은 없다. 다만 고구려와 유연의 지두우 분할 모의가 479년에 이루어졌고, 거란을 둘러싼 고구려와 물길의 외교전이 480년대에 지속적으로 이루어졌다는 점에서 475년 이후 북류 송화강 하류 일대를 둘러싼 각축전과 더불어 북방 제족을 둘러싼 외교전도 치열하게 전개되었다고 추정된다.

그렇지만 물길이 북류 송화강 하류 일대의 각축전에서 승리해 고구려의 북방 접경 공간을 에워쌈에 따라 북방 제족을 둘러싼 외교전도 물길의 승리로 귀착되었을 것이다. "실위와 두막루가 모두 물길의 북쪽 천리에 위치했다"라는 사료 ③은 고구려와 북방 제족이 지리적으로 물길에 의해 차단된 상황을 잘 보여준다. 이에 따라 고구려는 송화강-눈강 수로를 다시 장악하거나 우회로를 개척해야 이들과 교섭할 수 있게 되었다.

결국 5세기 후반 물길의 북류 송화강 하류 일대 진출로 고구려의 북방 경역이 크게 축소되었을 뿐 아니라, 북방 접경 공간을 통해 이루어졌던 주변 제족과의 교섭도 단절될 위기에 처한 것이다. 고구려로서는 특단의 대책을 수립할 필요가 있었다. 그렇지만 종전과 유사한 대응책으로는 상황을 타개하기가 쉽지 않았다. 물길이 대거 이주함에 따라 북류 송화강 하류 일대가 점차 여러 족속이 혼거하는 다중족 사회로 변모했기 때문이다. 고구려로서는 종전과 다른 새로운 대응책을 모색할 필요가 있었던 것이다.

5. 물길의 흥기에 대한 고구려의 대응과 그 여파

이상에서 검토한 것처럼 5세기 후반 물길의 중심지는 동류 송화강 중하류에 위치했다. 물길은 475년 직전에 고구려와의 상쟁을 통해 동류 송화강 상류로 진출한 다음, 475년에 송화강-눈강 수로와 대흥안령 산맥 동록의 육로를 우회하여 북위에 사신을 파견했다. 이와 함께 북류 송화강 하류를 통해 고구려 방면 진출을 시도했다. 이로 인해 고구려와 물길이 북류 송화강 하류 일대에서 치열한 각축전을 벌였는데, 494년 농안 일대의 후부여가 고구려에 투항하고, 503~504년 직전에는 물길이 북류 송화강 하류 일대를 점령했다.

고구려와 물길은 북방 제족을 둘러싼 외교전도 치열하게 전개했다. 고구려는 물길과 북위의 교섭로를 차단하기 위해 479년 유연과 함께 지두우 분할을 모의했다. 이러한 고구려의 조치는 상당한 성과를 거두었는데, 물길이 478년 이후 485년까지 북위에 사신을 파견하지 못했다. 다만 이 과정에서 고구려와 거란의 관계가 악화되자, 물길이 이를 역이용해 거란과 긴밀한 관계를 구축한 다음 거란 부족과 함께 북위에 사신을 파견했다.

그렇지만 고구려는 북류 송화강 하류를 둘러싼 각축전에서 패배함에 따라 북방 제족을 둘러싼 외교전에서도 불리한 상황에 몰렸다. 물길이 북류 송화강 하류까지 진출함에 따라 고구려는 대흥산맥을 경계로 물길과 접경을 이루게 되었다. 물길이 동류 송화강 중하류에서 북류 송화강 하류까지 동서로 길게 분포하며 고구려의 북방 접경 공간을 에워싸는 한편, 북방 제족과의 교섭로도 차단한 것이다. 고구려로서는 송화강-눈강 수로를 다시 장악하거나 우회로를 개척해야 이들과의 교섭을 재개할 수 있었다.

더욱이 물길 주민이 대거 이주하면서 북류 송화강 하류 일대는 점차 부여인, 고구려인, 물길인 등이 혼거하는 다종족 사회로 변모했다. 다종족 사회로의 변모 양상은 유수 노하심 유적 상층, 서란 황어권주산黃魚圈珠山 유적, 영길 양둔楊屯 대해맹 유적 상층(3기), 영길 사리파 유적 등 물길-말갈 계통의 유적을 통해 파악할 수 있다. 물론 이들 유적이 물길이 흥기하던 5세기 후반부터 조성되었다고 보기도 하지만, 그렇게 단정하기는 쉽지 않다.

노하심 유적 상층의 M33에서는 북주의 화폐인 오대행포五大行布가, 대해맹 유적 상층의 M17과 사리파 유적의 M27에서는 당 중기의 개원통보開元通寶가 출토되었다.[164] 이들 유적은 시기를 달리하며 장기간에 걸쳐 조영되었을 가능성이 높은 것이다. 때문에 북류 송화강 하류 일대가 다종족 사회로 변모해 가는 양상을 고찰하려면 물길-말갈과 관련한 여러 시기의 문헌사료를 종합적으로 검토할 필요가 있다. 물길의 진출로 인해 이 지역이 다종족사회로 변모하는 양상과 고구려의 대응책 수립 양상 등은 후고를 통해 고찰하고자 한다.

주석

1 '延興中'은 연흥 5년(475) 10월이며(『冊府元龜』卷969「外臣部」「朝貢 2」), '太和初'는 태화 2년(478) 8월이다(『魏書』卷7 고조기 太和 2년 8월조). 478년의 사신 이름이 적혀 있지 않지만, 을력지일 가능성도 있다.

2 물길 – 북위 교섭로를 분석한 주요 논저는 다음과 같다.
白鳥庫吉,「東胡民族考」(『史學雜志』21-4~24-7, 1910~1912),『塞外民族史研究』(上), 1970, 岩波書店; 白鳥庫吉,「室韋考」(『史學雜志』30-1~30-8, 1919), 위의 책; 白鳥庫吉, 「塞外民族」(『東洋思潮』12, 1935), 위의 책.
津田左右吉,「勿吉考」,『滿洲地理歷史研究報告』(一), 1915;『津田左右吉全集』12, 岩波書店, 1964; 池內宏,「勿吉考」,『滿洲地理歷史研究報告』15, 1934;『滿鮮史研究』(上世 제1책), 吉川弘文館, 1951; 日野開三郎,「勿吉考」,『史淵』35, 1946; 日野開三郎, ,『日野開三郎 東洋史學論集 – 東北アジア民族史』(上), 三一書房, 1988; 孫進己 · 干志耿 · 孫秀仁,「松花江沿革考」(『北方論叢』1982-1, 1982),『東北歷史地理論著匯編』1, 1987; 楊保隆,「勿吉地域西南部邊至考」,『北方文物』1985-4, 1985; 賈敬顔,「東北古地理古民族叢考」,『文史』12; 賈敬顔,『東北古代民族古代地理叢考』, 中國社會科學出版社, 1993; 賈敬顔,「東北古地理古民族叢考(續)」,『北方文物』1983-2, 1983; 潭其驤 主編,『中國歷史地圖集』釋文匯 編(東北券), 中央民族學園出版社, 1988; 孫進己 · 王綿厚,『東北歷史地理』2, 黑龍江人民出版社, 1989; 王綿厚 · 李健才,『東北古代交通』, 瀋陽出版社, 1990; 李健才,「勿吉 · 豆莫婁 · 烏洛侯 · 失韋的地理位置」,『東北史地考略』3, 吉林文史出版社, 2001; 范恩實,「勿吉興亡史探微」,『北方論叢』2010-1, 2010; 송기호,「5세기 후반 고구려의 북방 경계선」,『한국 고대 사국의 국경선』, 서경문화사, 2008; 김락기,『高句麗의 東北方 境域과 勿吉 靺鞨』, 경인문화사, 2013.

3 『魏書』卷100「列傳 88」「庫莫奚傳」. "登國三年, 太祖親自出討, 至弱洛水南, 大破之, 獲其四部落."

4 20세기 초만 하더라도 조아하 중하류는 두 개의 지류로 나뉘었다면서 태로수＝태니하를 조아하보다 남쪽에 위치했다는 구하(漚河)로 비정하기도 한다. 구하는 조아하보다 넓었고, 서쪽으로 곽륵하(霍勒河)(호림하(呼林河))와 연결되며, 동쪽으로 차고요포자(叉沽撓泡子)사간박(査干泊))을 거쳐 대유수(大楡樹) 남쪽에서 북류 송화강으로 흘러들었다고 한다(賈敬顔,『東北古代民族古代地理叢考』, 38~40쪽).

5 ⓛ-ⓛ은 물길의 사신 을력지가 북위로 올 때 경유한 루트이다. 이에 비해 ⓛ-ⓗ은 북위의 화룡을 출발해 물길로 가는 루트로 북위 사신이 남긴 기록일 가능성이 높다. 그 시기에 대해서는 을력지를 따라 475~476년경에 물길을 방문했다고 보거나(日野開三郎, 앞의 책, 484쪽), 494년 물길이 부여를 점령한 이후 방문했다고 보는(池內宏,『滿鮮史研究』(上世 제1책), 478~482쪽) 등의 견해가 있다.

6 『魏書』卷100「列傳 88」「烏洛侯傳」. "其國西北有完水, 東北流合于難水, 其地小水皆注

於難, 東入于海."

7 본문의 논지 전개와 관련된 주요 하천과 산, 현재 지명 등을 중심으로 표기했다.

8 孫進己·干志耿·孫秀仁,「松花江沿革考」, 270~271쪽; 王綿厚·李健才,『東北古代交通』, 106~110쪽; 李健才,「勿吉·豆莫婁·烏洛侯·失韋的地理位置」,『東北史地考略』3, 吉林文史出版社, 2001, 183~186쪽. 다만 당대(唐代)에는 난하(難河)＝난수(難水)를 '나하(那河)＝내수(捺水)'라 불렀는데, 눈강과 동류 송화강만 지칭하며, 흑룡강 하류는 '흑수'라 불리었다.『新唐書』卷220「流鬼傳」; 李健才,「松花江名稱的演變」,『學習與探索』1982-2, 1982, 135~136쪽.

9 을력지가 조아하에서 하선(下船)한 지점은 백성시(白城市) 남쪽의 조남 일대로 비정된다 (津田左右吉,『津田左右吉 全集』12, 26~29쪽; 池內宏, 앞의 책, 480쪽).

10 『新唐書』卷219「黑水靺鞨傳」.

11 『新唐書』卷220「流鬼傳」.

12 李健才,「松花江名稱的演變」,『學習與探索』1982-2, 1982, 135~136쪽.

13 譚其驤 主編,『中國歷史地圖集』釋文匯 編(東北券), 59~60쪽.

14 楊保隆,「勿吉地域西南部邊至考」, 69쪽; 손영종,『고구려사의 제문제』, 사회과학출판사, 2000, 98쪽; 魏存成,「靺鞨族起源發展的考古學觀察」,『史學集刊』2007-4, 2007, 63쪽; 范恩實, 2010, 75쪽.

15 李健才,「松花江名稱的演變」,『學習與探索』1982-2, 1982, 135~136쪽. 지내굉(池內宏)도 속말수(速末水)가 북류 송화강이므로 '東北'이 '東南'의 오기일까 자문한 다음, "又東北行十八日到其國"과 "國有大水, 闊三里餘, 名速末水"는 다른 시기의 상황을 반영하므로 그럴 가능성이 없다고 보았다. 다만 475년경 물길의 중심지는 북류 송화강의 길림 지역이었지만, 494년에 부여의 본거지인 하얼빈-아성 일대를 점령해 중심지를 옮겼다고 파악했다(池內宏,『滿鮮史研究』(上世 제1 책), 478~509쪽).

16 津田左右吉은 조아하에서 동류 송화강은 동쪽 방향이라며 '동북'은 '동'의 착오라고 보았지만(津田左右吉,『津田左右吉 全集』12, 26~29쪽), 조아하에서 동류 송화강은 대체로 동북 방향에 위치했다고 할 수 있다.

17 津田左右吉,『津田左右吉 全集』12, 26~29쪽.

18 池內宏,『滿鮮史研究』(上世 제1책), 478~482쪽.

19 津田左右吉도 배로 갔다면 아무리 미개한 족속이라도 '三姓[依蘭]' 동쪽에 도달했을 것이라 했다(津田左右吉,『津田左右吉 全集』(제12권), 33쪽). 다만 김락기는 수로를 이용했다고 보면서도 물길의 중심부를 납림하 유역의 오상(五常)으로 비정했다(김락기, 앞의 책, 52~69쪽). 日野開三郎도 북위 사신이 을력지를 따라 물길에 간 것이라 했으므로 수로를 이용했다고 보아야 하는데, 물길의 중심지를 오상 일대로 비정했다(日野開三郎,『日野開三郎 東洋史學論集－東北アジア民族史』(上), 484~502쪽).

20 楊保隆,「勿吉地域西南部邊至考」, 68~69쪽.

21 賈敬顔,「東北古地理古民族叢考(續)」, 10쪽; 王綿厚·李健才, 앞의 책, 106~110쪽; 손영종, 앞의 책, 98쪽; 李健才,「勿吉·豆莫婁·烏洛侯·失韋的地理位置」,『東北史地考略』3, 吉林文史出版社, 2001, 183~186쪽; 송기호,「5세기 후반 고구려의 북방 경계선」, 229~332쪽.

22 范恩實, 앞의 글, 75쪽.

23 동류 송화강 중하류 유역의 고고문화에 대해서는 다음 논고를 참조했다.
　張泰湘,「從最新考古學成就看歷史上的肅愼·挹婁人」,『東北師範大學學報』1982-5, 1982;
　賈偉明·魏國忠,「論挹婁的考古學文化」,『北方文物』1989-3, 1989; 田禾,「鳳林文化淺
　析」,『北方文物』2004-1, 2004; 趙永軍,「試論滾兎嶺文化」,『北方文物』2006-1, 2006; 張
　國强·霍東峰·華陽,「鳳林文化當議」,『北方文物』2006-2, 2006; 魏存成,「靺鞨族起源發
　展的考古學觀察」,『史學集刊』2007-4, 2007; 黃星坤,「淺談滾兎嶺文化」,『牡丹江大學學
　報』2007-5, 2007; 張兆國,「三江平原七星河流域的古代民族」,『黑龍江史志』2008-11,
　2008; 王樂文,「挹婁·勿吉·靺鞨三族關係的考古學觀察」,『民族研究』2009-4, 2009; 陳
　曉寧,「從東康文化看挹婁的社會性質」,『黑龍江史志』2009-14, 2009; 范恩實,「勿吉興亡
　史探微」,『北方論叢』2010-1, 2010; 王樂文,「試論滾兎嶺文化的兩個問題」,『北方文物』
　2011-1, 2011; 馮恩學,「奈費爾德類型的文化來源」,『北方文物』2011-1, 2011; 張少珊·
　蘆會影,「東北亞視域中的鳳林文化」,『北方文物』2012-1, 2012; 劉曉東,「挹婁·靺鞨關
　係的考古學討論」,『北方文物』2013-1, 2013; 王禹浪·劉加明,「三江平原地域族體考古
　文化硏究綜述」,『黑龍江民族叢刊』2013-2, 2013; 喬梁,「關于靺鞨族源的考古學觀察與
　思考」,『吉林大學社會科學學報』2014-2, 2014; 劉曉東,「靺鞨文化的考古學硏究」, 吉林
　大學 博士論文, 2014; 王禹浪·王俊錚,「近百年來國內外勿吉硏究綜述」,『哈爾濱學院學
　報』2015-11, 2015; 張偉·田禾·趙永軍,「滾兎嶺文化與鳳林文化關係當議」,『北方文物』
　2016-4, 2016; 강인욱,「말갈문화의 형성과 2~4세기 읍루·선비·부여계 문화의 관계」,
　『고구려발해연구』33, 고구려발해학회, 2009; 이종수,「三江平原地域 초기 철기문화의
　특징과 사용 집단 분석 – 挹婁·勿吉과의 관련성을 중심으로」,『고구려발해연구』41, 고
　구려발해학회, 2011; 강인욱,「三江平原 滾兎嶺·鳳林문화의 형성과 勿吉·豆莫婁·靺鞨
　의 출현」,『고구려발해연구』52, 고구려발해학회, 2015; 유은식,「고고학자료로 본 옥저
　와 읍루」,『한국상고사학보』100, 한국상고사학회, 2018.
24 王樂文,「挹婁·勿吉·靺鞨三族關係的考古學觀察」; 劉曉東,「挹婁·靺鞨關係的考古學
　討論」; 王禹浪·王俊錚,「近百年來國內外勿吉硏究綜述」.
25 王禹浪·王俊錚,「近百年來國內外勿吉硏究綜述」, 8쪽.
26 趙永軍,「試論滾兎嶺文化」, 17쪽; 黃星坤, 앞의 글, 6쪽; 張偉·田禾·趙永軍, 앞의 글, 28쪽.
27 趙永軍,「試論滾兎嶺文化」, 17쪽; 黃星坤, 앞의 글, 6쪽; 賈偉明·魏國忠, 앞의 글, 27쪽.
28 王樂文,「挹婁·勿吉·靺鞨三族關係的考古學觀察」, 70~73쪽.
29 劉曉東,「挹婁·靺鞨關係的考古學討論」, 34~35쪽.
30 賈偉明·魏國忠, 앞의 글, 26~28쪽; 趙永軍, 앞의 글, 22쪽; 黃星坤, 앞의 글, 6~7쪽; 이종
　수, 앞의 글, 25~28쪽; 유은식, 앞의 글, 98~101쪽. 다만 賈偉明·魏國忠은 고고학적으
　로는 곤토령문화와 완연하-폴체문화가 모두 읍루에 해당하지만, 문헌의 읍루에 해당하
　는 것은 곤토령문화라고 보았다. 유은식은 위진대의 읍루는 폴체문화 3기에 해당한다
　고 파악했다(유은식, 앞의 글, 101~103쪽).
31 王樂文,「挹婁·勿吉·靺鞨三族關係的考古學觀察」, 75쪽; 王樂文,「試論滾兎嶺文化的
　兩個問題」, 28~31쪽; 王禹浪·劉加明, 앞의 글, 86쪽; 王禹浪·王俊錚,「近百年來國內
　外勿吉硏究綜述」,『哈爾濱學院學報』2015-11, 2015, 8쪽. 王樂文은 완연하-폴체문화는
　고고학적으로 읍루라 보기 어렵지만, 문헌에서 읍루의 북쪽 경계를 알 수 없다 했으므로
　문헌상의 읍루에 포함시킬 수도 있다고 보았다.

32 張泰湘,「從最新考古學成就看歷史上的肅愼·挹婁人」, 27~29쪽; 劉曉東,「挹婁·靺鞨
　關係的考古學討論」, 34~35쪽; 강인욱,「말갈문화의 형성과 2~4세기 읍루·선비·부여
　계 문화의 관계」, 18~34쪽; 강인욱,「三江平原 滾兎嶺·鳳林문화의 형성과 勿吉·豆莫婁·靺
　鞨의 출현」, 121~135쪽. 다만 劉曉東은 문헌사료의 읍루와 가장 부합하는 것은 완연하-폴체
　문화이지만, 곤토령문화와 동흥 유형도 읍루에 포함시킬 수 있다고 보았다.

33 목단강 중상류의 동강문화는 조두(俎豆, 두류(豆類)토기)가 발견된다는 점을 근거로 대
　체로 읍루에서 제외하거나(王樂文,「挹婁·勿吉·靺鞨三族關係的考古學觀察」, 75쪽; 劉
　曉東,「挹婁·靺鞨關係的考古學討論」, 34~35쪽) 단결문화 계통으로 분류하는데(賈偉
　明·魏國忠, 앞의 글, 27쪽), 동강문화를 읍루로 상정하기도 한다(陳曉寧, 앞의 글, 109~
　110쪽).

34 王禹浪·王俊錚,「近百年來國內外勿吉研究綜述」, 8쪽.

35 田禾, 앞의 글, 30쪽; 趙永軍, 앞의 글, 22쪽; 張偉·田禾·趙永軍, 앞의 글, 29~30쪽.

36 魏存成,「靺鞨族起源發展的考古學觀察」, 64쪽; 王樂文,「挹婁·勿吉·靺鞨三族關係的考古
　學觀察」, 71~72쪽. 단결문화와 함께 고구려문화의 영향도 받았다고 보기도 한다
　(張國強·霍東峰·華陽, 앞의 글, 18쪽).

37 劉曉東,「挹婁·靺鞨關係的考古學討論」, 36~37쪽.

38 張偉·田禾·趙永軍, 앞의 글, 30~33쪽

39 동인 1기 문화에 상응하는 러시아 경내 문화는 나이펠드[奈伊費爾德] 문화이다(王樂文,
　「挹婁·勿吉·靺鞨三族關係的考古學觀察」, 73쪽).

40 王樂文,「挹婁·勿吉·靺鞨三族關係的考古學觀察」, 73~74쪽; 馮恩學, 앞의 글, 32~36
　쪽; 劉曉東,「挹婁·靺鞨關係的考古學討論」, 36~37쪽; 王禹浪·王俊錚,「近百年來國內
　外勿吉研究綜述」, 9쪽.

41 張泰湘,「從最新考古學成就看歷史上的肅愼·挹婁人」, 28쪽.

42 劉曉東,「挹婁·靺鞨關係的考古學討論」, 36~37쪽.

43 하구유존은 남쪽의 동강(東康) 유형이 북쪽으로 확장해 종전의 동흥 유형을 파괴하며
　생겨났다고 파악해 읍루-물길 계통에서 제외하기도 한다(위의 글, 36~37쪽).

44 王樂文,「挹婁·勿吉·靺鞨三族關係的考古學觀察」, 72~73쪽.

45 王樂文,「挹婁·勿吉·靺鞨三族關係的考古學觀察」, 71~72쪽. 봉림성지의 연대를 215
　~450년으로 비정하기도 한다(黃星坤, 앞의 글, 8쪽).

46 喬梁, 앞의 글, 134쪽; 張偉·田禾·趙永軍, 앞의 글, 29쪽.

47 張泰湘,「從最新考古學成就看歷史上的肅愼·挹婁人」, 28~29쪽.

48 范恩實, 앞의 글, 77쪽; 劉曉東,「挹婁·靺鞨關係的考古學討論」, 36~37쪽.

49 王樂文,「挹婁·勿吉·靺鞨三族關係的考古學觀察」, 75쪽.

50 곤토령-봉림문화는 읍루-물길문화, 완연하-동인 1기 문화는 말갈-여진문화로 각각 구
　분하여 파악한다(王禹浪·劉加明, 앞의 글, 86~88쪽).

51 黃星坤, 앞의 글, 7~8쪽; 張兆國,「三江平原七星河流域的古代民族」, 22쪽; 張少冊·蘆
　會影, 앞의 글, 27~29쪽.

52 魏存成,「靺鞨族起源發展的考古學觀察」, 62~65쪽; 王禹浪·王俊錚,「近百年來國內外
　勿吉研究綜述」, 10쪽; 이종수, 앞의 글, 28~31쪽. 다만 이종수는 봉림문화는 속말말갈
　계통, 동인 1기 문화는 흑수말갈 계통으로 파악한다.

53 劉曉東,「挹婁·靺鞨關係的考古學討論」, 36〜37쪽.

54 王樂文,「挹婁·勿吉·靺鞨三族關係的考古學觀察」, 76〜77쪽.

55 喬梁, 앞의 글, 131〜136쪽. 張泰湘도 일찍이 곤토령문화나 봉림문화가 확인되기 이전에 완연하-폴체문화와 동인 1기 문화를 읍루-물길-말갈에 해당한다고 파악한 바 있다(張泰湘,「從最新考古學成就看歷史上的肅愼·挹婁人」, 27〜28쪽). 최근 강인욱도 張泰湘과 비슷한 견해를 제시한 바 있다(강인욱,「말갈문화의 형성과 2〜4세기 읍루·선비·부여계 문화의 관계」, 18〜33쪽;「三江平原 滾兎嶺·鳳林文化의 형성과 勿吉·豆莫婁·靺鞨의 출현」, 121〜139쪽).

56 范恩實, 앞의 글, 75〜77쪽.

57 喬梁, 앞의 글, 134쪽; 張偉·田禾·趙永軍, 앞의 글, 29쪽.

58 張國强·霍東峰·華陽, 앞의 글, 16쪽; 王樂文,「挹婁·勿吉·靺鞨三族關係的考古學觀察」, 71〜72쪽; 范恩實, 앞의 글, 75〜77쪽; 劉曉東, 앞의 글, 160〜161쪽. 다만 王樂文은 봉림문화의 하한을 위진 대로 설정하면서도 봉림문화는 494년 부여를 몰아내기 이전인 초기 물길에 해당한다고 보았다(王樂文, 挹婁·勿吉·靺鞨三族關係的考古學觀察, 76〜77쪽).

59 『魏書』卷100「列傳88」「勿吉傳」.

60 魏存成,「靺鞨族起源發展的考古學觀察」, 64쪽; 王樂文,「挹婁·勿吉·靺鞨三族關係的考古學觀察」, 76〜77쪽; 이종수, 앞의 글, 30〜31쪽.

61 송기호,「粟末靺鞨의 원류와 부여계 집단 문제」,『한반도와 만주의 역사문화』, 서울대출판부, 2003, 84〜86쪽; 劉曉東,『靺鞨文化的考古學研究』, 86〜116쪽; 喬梁, 앞의 글, 131〜136쪽. 많은 중국학자들이 이들 유적을 다각도로 검토한 바 있다(王禹浪·王俊錚,「近百年來國內外勿吉研究綜述」, 10쪽). 한국학자로는 송기호,「육정산 고분군의 성격과 발해 건국 집단」,『汕耘史學』8, 고려학술문화재단, 1998 및 김현숙,「말갈에 대한 지배방식」,『고구려의 영역지배방식 연구』, 모시는사람들, 2005 등에서 상세하게 분석했다. 이들 유적에 대해서는 물길-말갈의 남하에 따라 북류 송화강 유역에 다종족 사회가 형성되는 양상을 다룰 후고에서 고찰하고자 한다.

62 魏存成,「靺鞨族起源發展的考古學觀察」, 66쪽.

63 『冊府元龜』卷969 外臣部 朝貢2 및『魏書』卷7 고조기 太和 2년 8월조.

64 물길이 격파한 고구려 10락을 혼춘-연길 일대의 북옥저로 비정하거나(楊保隆, 앞의 글, 70〜71쪽) 물길이 286〜486년에는 주로 두만강-수분하 등 북옥저 방면으로 진출했다고 보기도 한다(梁玉多,「簡析勿吉的對外擴張」,『北方文物』2012-1, 2012, 45〜48쪽).

65 津田左右吉,『津田左右吉 全集』(제12권), 26〜30쪽.

66 池內宏,『滿鮮史研究』(上世 제1책), 506〜509쪽. 다만 池內宏은 부여의 본거지를 아성(阿城) 일대로 상정한 다음, 물길이 494년 부여 본거지를 점령하고 중심지도 아성 일대로 옮겨졌다고 보았다. ①-㉠의 "又東北行十八日到其國"도 494년 이후 북위 사신이 육로를 통해 물길의 새로운 중심지인 阿城 일대를 방문한 것을 기록한 것이라고 파악했다.

67 日野開三郎,『日野開三郎 東洋史學論集 - 東北アジア民族史』(上), 460〜489쪽. 다만 일야개삼랑은 물길이 공취한 10락은 실제로는 부여의 영역인데, 당시 부여가 고구려의 속국으로 고구려가 구원했기 때문에 고구려 10락으로 기재했다고 보았다.

68 『魏書』卷100「列傳88」「庫莫奚國傳」; 孫進己·王綿厚, 앞의 책, 151쪽.

69 『新唐書』卷219「列傳144」「奚傳」.

70 白鳥庫吉,『塞外民族史研究』(上)(白鳥庫吉全集 4), 236～237쪽.

71 張博泉・蘇金源・董玉瑛,『東北歷代彊域史』, 長春 : 吉林人民出版社, 1983, 71쪽.

72 『魏書』卷100「列傳 88」「契丹國傳」.

73 白鳥庫吉,『塞外民族史研究』(上)(白鳥庫吉全集 4), 241～243쪽; 孫進己・王綿厚, 앞의 책, 149～151쪽. 이재성은 거란과 고막해가 시라무렌하 하류의 개로와 조양을 잇는 선을 경계로 동서로 분포했다고 파악했다(이재성,『고대 동몽고사 연구』, 법인문화사, 1996, 72～90쪽).

74 당 태종이 해(奚) 지역에 설치한 요락도독부에 '기려주(祁黎州)'가 나오는데, 기려산이 고막해와 연관된 산임을 시사한다.『新唐書』卷219「列傳 144」「奚傳」.

75 賈敬顔,『東北古代民族古代地理叢考』, 15～16쪽; 김락기, 앞의 책, 78～79쪽.

76 日野開三郎,『日野開三郎 東洋史學論集－東北アジア民族史』(上), 484쪽. 올력지의 귀국 모습을 묘사한 ㉠-㉡의 "從其來道, 取得本船, 汎達其國"은 북위 사신의 전언으로 보이는데, 북위 사신이 올력지를 따라 물길을 방문했을 가능성을 시사한다.

77 『冊府元龜』卷969 外臣部 朝貢2에서 관련 사례를 추출하면 다음과 같다.

　　皇興元年(467) 二月 高麗・庫莫奚・具伏弗・鬱羽陵・日連・匹黎爾・于闐諸國.

　　皇興二年(468) 四月 高麗・庫莫奚・契丹・具伏弗・鬱羽陵・日連・匹黎爾・叱力六手・悉萬斤・阿大阿・羽真侯・于闐・波斯等國.

　　皇興三年(469) 二月 蠕蠕・高麗・庫莫奚・契丹國.

　　皇興四年(470) 二月 高麗・庫莫奚・契丹各遣使朝貢.

　　延興三年(473) 二月 高麗・契丹國 八月高麗・庫莫奚國.

　　承明元年(476) 二月 蠕蠕・高麗・庫莫奚・波斯諸國 七月 高麗・庫莫奚 九月 高麗・庫莫奚・契丹・宕昌・悉萬斤.

　　太和元年(477) 二月 高麗・契丹・庫莫奚國.

　　太和三年(479) 九月 高麗・吐谷渾國・地豆于・契丹・庫莫奚・龜茲諸國各遣使朝獻.

78 고구려는 472년 직후 백제 사신과 함께 고구려 경내를 경유하려던 북위 사절의 통행을 거부한 바 있다.『魏書』卷100「列傳 88」「百濟傳」.

79 項春松,「遼國交通驛道及驛館述略」,『內蒙古東部地區考古學文化研究文集』, 海洋出版社, 1991.

80 日野開三郎,『日野開三郎 東洋史學論集－東北アジア民族史』(上), 490～492쪽.

81 津田左右吉,『津田左右吉 全集』12, 29쪽 및 송기호,「5세기 후반 고구려의 북방 경계선」, 230쪽. 일야개삼랑은 고구려가 부여로 하여금 물길의 교섭로를 방해하도록 했기 때문에 우회로를 이용했다고 보았다(日野開三郎,『日野開三郎 東洋史學論集－東北アジア民族史』(上), 490～492쪽).

82 『資治通鑑』卷97 晋紀 19 穆帝 永和 2년 정월조의 원문에는 '百濟'로 나오지만, '高句麗'의 오기로 파악된다(池內宏,『滿鮮史研究』(上世 제1책), 463～465쪽; 李丙燾,「夫餘考」,『韓國古代史研究』, 博英社, 1975, 221～222쪽; 金毓黻,「夫餘勿吉等東北部族」,『東北通史』, 洪氏出版社, 1976, 258～259쪽).

83 『晉書』卷97 東夷傳 扶餘傳 및『資治通鑑』卷97 晋紀19 穆帝 永和 2년 정월조

84 『魏書』卷5 고종기 태안 3년 12월조

85 李健才,「扶餘的彊域和王城」,『社會科學戰線』1982-4, 1982; 武國勛,「扶餘王城新考」,

『黑龍江文物叢刊』1983-4, 1983; 노태돈, 「扶餘國의 境域과 그 變遷」, 『國史館論叢』4, 국사편찬위원회, 1989(『고구려사연구』, 사계절, 1999).

86 津田左右吉, 『津田左右吉 全集』12, 37～42쪽.

87 池內宏, 「高句麗討滅の役に於ける唐軍の行動」, 『滿鮮地理歷史硏究報告』16, 1941 : 『滿鮮史硏究』(上世 제2책), 吉川弘文館, 1960, 354～376쪽.

88 金毓黻, 앞의 책, 259쪽.

89 王綿厚, 「東北古代夫餘部的興衰及王城變遷」, 『遼海文物學刊』1990-2, 1990.

90 松井等, 「隋唐二朝高句麗遠征の地理」, 『滿洲歷史地理』(一), 南滿洲鐵道株式會社, 1913, 366쪽; 日野開三郞, 「夫餘國考」, 『史淵』34, 1946, 20～24쪽; 李健才, 「扶餘的疆域和王城」, 『社會科學戰線』1982-4, 1982; 노태돈, 「扶餘國의 境域과 그 變遷」, 1989.

91 『三國史記』「지리지 4」. "渤海國南海·鴨淥·扶餘·柵城四府, 並是高句麗舊地也."

92 『遼史』「地理志」「東京道」「通州」와 「龍州」「黃龍府조」. "扶餘國王城 渤海號扶餘城."

93 요는 발해 부여부에 용주 황룡부를 설치했다가, 발해인 연파(燕頗)가 반란을 일으키자 부를 폐지하고 반란에 연루된 발해인을 서남쪽으로 옮겨 통주(지금의 창도 부근)를 설치하였다. 1013년에 황룡부를 복치하였는데, 치성(治城)은 원위치에서 동북쪽으로 약간 옮겨 지금의 농안에 신축했다. 황룡부의 원위치 곧 고구려 후기의 부여성은 농안 서남쪽으로 비정할 수 있다. 요 태조의 사망 기록을 보면 대체로 이통하와 신개하 사이로 비정된다(日野開三郞, 「渤海の扶餘府と契丹の龍州·黃龍府」 『史淵』49～52, 1951·52 : 『日野開三郞 東洋史學論集 : 東北アジア民族史』(中), 三一書房, 1991, 423～437쪽 및 노태돈, 「扶餘國의 境域과 그 變遷」, 1989; 노태돈, 『고구려사연구』, 사계절, 1999, 496～500쪽).

94 여호규, 「고구려 천리장성의 경로와 축성 배경」, 『국사관논총』91, 국사편찬위원회, 2000, 166～170쪽 참조.

95 물길과 백제의 모의 여부는 알 수 없다. 북위에 파견되었던 백제 사신은 475년 북위 사절과 함께 산동반도의 동래를 출발해 귀국하려다가 풍랑을 만나 북위로 되돌아왔다. 물길의 을력지가 북위를 방문했을 때 백제 사신도 체류하고 있었을 가능성이 높은데, 이때 모의했을 수도 있지만 이를 뒷받침할 만한 사료는 없다.

96 송기호, 「粟末靺鞨의 원류와 부여계 집단 문제」, 『한반도와 만주의 역사문화』, 서울대출판부, 2003, 335～336쪽.

97 물길(勿吉)이 장광재령을 넘어 서진(西進)했다고 상정해, 475년 이전에 길림 지역의 '고구려 10락'을 격파했고, 그 뒤 더 서진하여 농안 일대의 후부여를 점령했다고 보기도 한다(송기호, 「粟末靺鞨의 원류와 부여계 집단 문제」, 335～336쪽). 그렇지만 동류 송화강 중하류에 중심지를 둔 물길은 험준한 장광재령보다 평탄한 동류 송화강(松花江) 연변(沿邊)을 따라 서진(西進)했을 가능성이 더 높다.

98 물론 동류 송화강 상류의 지류인 납림하 유역과 함께 북류 송화강의 하구 일대는 포함될 가능성이 높다.

99 『三國志』卷30「魏書」「東夷傳」「夫餘조」; 송호정, 『처음 읽는 부여사』, 사계절, 2015, 69～72쪽.

100 후술하듯이 두막루도 구부여(북부여)의 후예라고 하는데(『魏書』卷100「豆莫婁國傳」; 『新唐書』卷220「流鬼傳」), 동류 송화강 북쪽의 호란하·소흥안령산맥 일대로 비정된다.

101 노태돈, 앞의 책, 418～420쪽.

102 『史記』卷1「五帝本紀」「帝堯」. "一年而所居成聚, 二年成邑, 三年成都."; 『古列女傳』卷 2「楚老萊妻」. "老萊子乃隨其妻而居之, 民從而家者, 一年成落, 三年成聚."; 斯波義信, 『中國都市史』, 東京大學 出版會, 2002, 3～6쪽.

103 504년 북위 세종과 예실불의 대화에서 (후)부여와 섭라를 '읍'이라 지칭했다. 『魏書』卷 100「高句麗傳」.

104 이 표는 『위서』권7～9와 권100, 『책부원귀』권969를 참조해 작성했다. 『책부원귀』기 사는 『위서』 본기에 나오지 않는 것만 표기했다.

105 물길이 493년 후부여에 대한 공세를 마무리하고 대규모 사절단을 북위에 보냈다고 보 기도 하지만(김락기, 앞의 책, 102～103쪽), 이 경우 물길이 493～503년까지 북위에 사 신을 파견하지 못한 이유를 설명하기 어려워진다.

106 노태돈, 앞의 책, 523쪽.

107 日野開三郎, 『日野開三郎 東洋史學論集 - 東北アジア民族史』(上), 490～492쪽; 김락 기, 앞의 책, 83～89쪽.

108 津田左右吉, 『津田左右吉 全集』 12, 26～30쪽; 池内宏, 『滿鮮史研究』(上世 제1책), 506 ～509쪽; 楊保隆, 앞의 글, 71～73쪽; 李健才, 「松花江名稱的演變」, 135～136쪽; 張雲 樵, 「吉林滿族的淵源及衍變略」, 『社會科學戰線』 1992-2, 1992, 212～213쪽; 송기호, 「粟末靺鞨의 원류와 부여계 집단 문제」, 335～336쪽; 范恩實, 앞의 글, 75～76쪽; 梁玉 多, 앞의 글, 48～49쪽.

109 董學增, 「吉林市龍潭山高句麗山城及其附近衛城調查報告」, 『北方文物』 1986-4, 1986; 李健才, 「吉林市龍潭山山城考」, 『博物館研究』 1995-2, 1995.

110 日野開三郎, 『日野開三郎 東洋史學論集 - 東北アジア民族史』(上), 494～497쪽; 김락 기, 앞의 책, 89～94쪽. 고구려는 6세기 후반에 농안 일대의 부여성을 재장악한 다음, 그 서북쪽의 속말말갈을 예속시키고, 납립하 유역의 백돌말갈까지 귀속시키는데(노태돈, 『고구려사 연구』, 523～524쪽), 이러한 작전은 길림 지역을 확보하고 있었기 때문에 가 능했다고 파악된다.

111 여호규, 「고구려와 중국왕조의 만주 지역에 대한 공간인식」, 『한국고대사연구』 88, 한 국고대사학회, 2017, 197～201쪽.

112 烏洛侯 위치에 대한 견해는 張久和, 「關于烏洛侯的幾個問題」, 『黑龍江民族叢刊』 1998-2, 1998, 60쪽 각주 25 참조.

113 白鳥庫吉, 『塞外民族史研究』(上)(白鳥庫吉全集 4), 343쪽; 方壯猷, 「室韋考」, 『輔仁學 志』 2-2, 1931; 『東北歷史地理論著匯編』 2, 1987, 294～295쪽.

114 張博泉·蘇金源·董玉瑛, 앞의 책, 71～72쪽.

115 孫進己·王綿厚, 앞의 책, 155～157쪽.

116 潭其驤 主編, 『中國歷史地圖集』 釋文匯 編(東北券), 56～58쪽.

117 張久和, 「關于烏洛侯的幾個問題」, 『黑龍江民族叢刊』 1998-2, 1998, 59쪽.

118 鄭英德, 「烏洛侯地理位置再探」, 『黑龍江文物叢刊』 1983-1, 1983, 69～72쪽.

119 王德厚, 「烏羅渾與烏羅護辨釋」, 『民族研究』 1987-4, 1987, 69～70쪽; 王綿厚·李健才, 앞의 책, 112～113쪽; 李健才, 「勿吉·豆莫婁·烏洛侯·失韋的地理位置」, 『東北史地考略』 3, 吉林文史出版社, 2001, 189～190쪽.

120 干志耿·李士良, 「烏洛侯與黑龍江歷史地理諸問題」, 『求是學刊』 1981-4, 1981, 120～

121쪽.

121 눈강(嫩江) 중상류의 동쪽 유역까지 오락후 지역으로 파악하거나(張泰湘, 「從北魏祖廟石室看烏洛侯的位置及其他」, 『求是學刊』1981-3, 1981, 38~40쪽), 눈강 서남쪽의 歸流河-霍林河 일대로 비정하기도 한다(干志耿·孫進己, 「室韋地理考述」, 『社會科學戰線』 1983-3, 1983, 174~176쪽).

122 米文平, 「鮮卑石室的發現與初步研究」, 『文物』1981-2, 1981.

123 丁謙, 『魏書各外國傳地理考證』(浙江圖書館叢書 제1집), 浙江圖書館, 1915, 7쪽; 干志耿·李士良, 앞의 글, 121쪽; 李健才, 「松花江名稱的演變」, 『學習與探索』1982-2, 1982, 135쪽; 譚其驤 主編, 『中國歷史地圖集』釋文匯 編(東北券), 56~58쪽. 완수에 대한 여러 견해는 張久和, 「室韋地理再考辨」, 『中國邊疆史地研究』1998-1, 1998, 90쪽 각주 3 참조

124 孫進己·王綿厚, 앞의 책, 155~157쪽. 우사니대수를 바이칼호로 비정하기도 하지만 (譚其驤 主編, 『中國歷史地圖集』釋文匯 編(東北券), 56~58쪽), 거리상 너무 멀다.

125 『魏書』卷108 「예지」. "魏先之居幽都也, 鑿石為祖宗之廟於烏洛侯國西北. 自後南遷, 其地隔遠. 真君中, 烏洛侯國遣使朝獻, 云石廟如故, (…中略…) 遣中書侍郎李敞詣石室, 告祭天地, 以皇祖先妣配. (…中略…) 石室南距代京可四千餘里."

126 張泰湘, 「從北魏祖廟石室看烏洛侯的位置及其他」, 39~40쪽. 구체적으로 흑룡강 상류의 애혼 일대(白鳥庫吉, 「東胡民族考」, 205~215쪽), 액이고납하 유역(譚其驤 主編, 『中國歷史地圖集』釋文匯 編(東北券), 54~56쪽), 호마하 유역(王綿厚·李健才, 앞의 책, 114~117쪽; 李健才, 「勿吉·豆莫婁·烏洛侯·失韋的地理位置」, 『東北史地考略』3, 吉林文史出版社, 2001, 190~192쪽) 등으로 비정한다.

127 張博泉·蘇金源·董玉瑛, 앞의 책, 72쪽.

128 丁謙, 앞의 책, 5쪽. 실위(失韋)의 중심지는 치치하르(津田左右吉, 『津田左右吉 全集』 12, 43~45쪽; 方壯猷, 앞의 책, 284~288쪽; 干志耿·孫進己, 앞의 글, 175쪽) 또는 눈강현(孫進己·王綿厚, 앞의 책, 158~160쪽) 일대로 파악한다.

129 실위(失韋)의 위치에 대한 여러 견해는 張久和, 「室韋地理再考辨」, 『中國邊疆史地研究』 1998-1, 1998, 92쪽 각주 6 참조

130 『新唐書』卷220 「流鬼傳」.

131 交流河나 歸流河로 비정된다(孫進己·王綿厚, 앞의 책, 158~160쪽).

132 譚其驤 主編, 『中國歷史地圖集』釋文匯 編(東北券), 57·60~61쪽.

133 철수(啜水)의 위치에 대한 여러 견해는 張久和, 「室韋地理再考辨」, 『中國邊疆史地研究』1998-1, 1998, 91쪽 각주 3 참조

134 丁謙, 앞의 책, 5쪽; 賈敬顔, 『東北古代民族古代地理叢考』, 17쪽; 干志耿·孫進己, 앞의 글, 175쪽; 張柏忠, 「霍林河名稱沿革考」, 『黑龍江文物叢刊』1984-2, 1984, 47~48쪽; 王德厚, 「室韋地理考補」, 『北方文物』1989-1, 1989, 71쪽; 張久和, 「南北朝隋唐時期室韋地域考」, 『內蒙古社會科學』1991-5, 1991, 57쪽; 戴順·李俊義, 「霍林郭勒」名稱小考」, 『赤峰學院學報(漢文哲學社會科學版)』2012-4, 2012, 22쪽.

135 철수=곽림하 논자도 대부분 蓋水, 犢了山, 屈利水, 刃水 등의 위치를 필자와 다르게 비정했다(張久和, 「室韋地理再考辨」, 『中國邊疆史地研究』1998-1, 1998, 92쪽의 각주 1 참조). 다만 王德厚, 「室韋地理考補」, 71~72쪽의 견해는 필자와 거의 같다.

136 내수(㮺水)의 너비는 4리라고 하는데, 수많은 소택과 포자가 형성된 치치하르 부근의 눈

강 모습을 묘사한 것으로 추정된다(郝思德, 「嫩江名稱考略」, 『東北歷史地理論著匯編』 1, 1987, 290쪽). 특히 오유이하 하류는 소택지로 이루어져 하구를 확인하기도 힘든데, '오유이(烏裕爾)'은 여진어(女眞語)로 '노와지(澇洼地)'를 뜻한다(張泰湘, 「從北魏祖廟石室看烏洛侯的位置及其他」, 38쪽).

137 ③-ⓒ에서 보듯이 거란(契丹)에서 실위(失韋)까지 총 27일이 소요되었는데, 1693년 러시아인 Isbrants Ides는 지금의 치치하르에서 喜峰口(灤河 중류의 唐山市 遷西)까지 27일, 1736년 러시아인 Bretsch Neider는 치치하르에서 시라무렌까지 29일, 독일 지리학자 Ritter는 치치하르에서 시라무렌하까지 18일 소요되었다고 한다(白鳥庫吉, 『塞外民族史研究』(上)(白鳥庫吉全集 4), 340~341쪽; 方壯猷, 앞의 책, 285~286쪽).

138 눈강(嫩江) 중하류의 서쪽 지역까지 失韋의 분포 범위로 설정하기도 한다(張久和, 「室韋地理再考辨」, 89~92쪽).

139 『新唐書』 卷220 「流鬼傳」.

140 김정배, 「두막루국 연구」, 『국사관논총』 29, 국사편찬위원회, 1991, 72~74쪽.

141 李健才, 「松花江名稱的演變」, 『學習與探索』 1982-2, 1982, 135~136쪽.

142 노태돈, 『고구려사 연구』, 518~519쪽.

143 이에 동류 송화강 북쪽의 송눈평원 일대로 비정하기도 한다. 김정배, 앞의 글, 77~80쪽.

144 譚其驤 主編, 『中國歷史地圖集』 釋文匯 編(東北券), 56쪽; 孫進己·王綿厚, 앞의 책, 147~148쪽. 한편 나하(那河)를 흑룡강으로 상정한 다음 두막루를 흑룡강 유역으로 비정하거나(白鳥庫吉, 『塞外民族史研究』(上)(白鳥庫吉全集 4), 223~224쪽), 실위를 흑룡강 상류의 호마하 유역으로 상정한 다음 두막루를 흑룡강 중류-하류로 비정하기도 한다(王綿厚·李健才, 앞의 책, 112~113쪽). 최근에는 두막루를 삼강평원 일대로 비정하는 견해도 제시되었다(강인욱, 앞의 글, 136~137쪽).

145 張博泉·蘇金源·董玉瑛, 앞의 책, 71쪽; 송기호, 「5세기 후반 고구려의 북방 경계선」, 223쪽.

146 白鳥庫吉, 『塞外民族史研究』(上)(白鳥庫吉全集 4), 184~197쪽.

147 鄭英德, 앞의 글, 72쪽.

148 丁謙, 앞의 책, 6쪽; 孫進己·王綿厚, 앞의 책, 154쪽.

149 지두우는 당대(唐代)의 습(霫)에 해당하는데(白鳥庫吉, 『塞外民族史研究』(上)(白鳥庫吉全集 4), 185쪽), 오주목심기의 오랍근곽륵하 일대는 사면이 산으로 둘러싸였다는 습의 지리환경과도 부합한다. 『舊唐書』 卷199 하 「霫傳」.

150 6세기 말경 고구려가 남실위(南室韋)에 철을 수출했는데(『隋書』 卷84 「室韋傳」), 송화강-눈강 수로를 이용했을 것이다.

151 노태돈, 「5~6세기 동아시아의 국제정세와 고구려의 대외 관계」, 『동방학지』 44, 연세대 국학연구원, 1984, 17~18쪽.

152 박원길, 「고구려와 유연·돌궐의 관계」, 『고구려발해연구』 14, 고구려발해학회, 2002, 13~15쪽; 이재성, 「4-5세기 고구려와 거란」, 36~38쪽.

153 이성제, 「고구려의 서방정책과 대북위관계의 정립」, 『고구려의 서방정책 연구』, 국학자료원, 2005, 121~129쪽.

154 이재성, 『고대 동몽고사 연구』, 164~176쪽; 김락기, 앞의 책, 83쪽. 물론 거시적으로 본다면 지두우 분할 모의 사건은 동방 지역에 대한 북위의 간섭을 차단하려는 목적도 내포

하고 있었다(이성제,『고구려의 서방정책 연구』, 132~136쪽).

155 고구려도 479년 9월 이후 484년 2월까지 약 3년 반 가까이 북위에 견사하지 않았다(김종 완,『중국남북조사연구』, 일조각, 1995, 81쪽의 표 5). 유송에서 남제로의 교체라는 중국 대륙의 정세변화와 지두우 분할 모의에 따른 북위와의 갈등 등이 영향을 미쳤을 가능성 이 있는데, 별고를 통해 상론하도록 하겠다.

156 日野開三郎,『日野開三郎 東洋史學論集 – 東北アジア民族史』(上), 524~526쪽; 王綿 厚·李健才, 앞의 책, 112~113쪽.

157 日野開三郎,『日野開三郎 東洋史學論集 – 東北アジア民族史』(上), 487쪽.

158 劉曉東,「挹婁·靺鞨關係的考古學討論」, 36~37쪽.

159 『魏書』卷100「契丹國傳」. "契丹國 (…中略…) 悉萬丹部·何大何部·伏弗郁部·羽陵 部·日連部·匹絜部·黎部·吐六于部等, 各以其名馬文皮入獻天府, 遂求爲常."

160 『冊府元龜』卷969「外臣部」「朝貢 2」.
　皇興元年(467) 二月 高麗·庫莫奚·具伏弗·鬱羽陵·日連·匹黎爾·于闐諸國.
　皇興二年(468) 四月 高麗·庫莫奚·契丹·具伏弗·鬱羽陵·日連·匹黎爾·叱六手·悉 萬斤·阿大阿·羽眞侯·于闐·波斯等國.

161 이재성,『고대 동몽고사 연구』, 177~178쪽.

162 『冊府元龜』卷969「外臣部」「朝貢 2」에 따르면 479~510년에 고구려와 거란은 각기 다 른 시기에 북위에 사신을 파견했고, 510년(영평 3년) 6월부터 같은 시기에 견사 사실이 확인되기 시작한다. 다만 그 뒤에도 고구려와 거란이 같은 시기에 견사한 것은 513년(연 창 2년) 5월, 532년(태창 원년) 6월 두 차례만 확인된다.

163 북위의 태화 연간은 477~499년이며, 고구려 문자명왕의 재위 기간은 492~518년이다. 봉궤는 양자가 겹치는 492~499년에 고구려에 사신으로 파견되었다고 파악된다(이재 성,『고대 동몽고사 연구』, 178~179쪽).

164 송기호,『발해사회문화사연구』, 서울대 출판문화원, 2011, 17~18쪽; 喬梁, 앞의 글, 131~132쪽.

참고문헌

강인욱, 「말갈문화의 형성과 2~4세기 읍루·선비·부여계 문화의 관계」, 『고구려발해연구』 33, 고구려발해학회, 2009.

_____, 「三江平原 滾兎嶺·봉림문화의 형성과 勿吉·豆莫婁·靺鞨의 출현」, 『고구려발해연구』 52, 고구려발해학회, 2015.

김락기, 『高句麗의 東北方 境域과 勿吉 靺鞨』, 경인문화사, 2013.

김정배, 「두막루국 연구」, 『국사관논총』 29, 국사편찬위원회, 1991.

김종완, 『중국남북조사연구』, 일조각, 1995.

김현숙, 「말갈에 대한 지배방식」, 『고구려의 영역지배장식 연구』, 모시는사람들, 2005.

노태돈, 「5~6세기 동아시아의 국제정세와 고구려의 대외 관계」, 『동방학지』 44, 연세대 국학연구원, 1984.

_____, 「扶餘國의 境域과 그 變遷」, 『국사관논총』 4, 국사편찬위원회, 1989.

_____, 『고구려사 연구』, 사계절, 1999.

_____, 「삼국사기에 등장하는 말갈의 실체」, 『한반도와 만주의 역사문화』, 서울대 출판부, 2003

박원길, 「고구려와 유연·돌궐의 관계」, 『고구려발해연구』 14, 고구려발해학회, 2002.

손영종, 『고구려사의 제문제』, 사회과학출판사, 2000.

송기호, 「육정산 고분군의 성격과 발해 건국 집단」, 『汕耘史學』 8, 고려학술문화재단, 1998.

_____, 「粟末靺鞨의 원류와 부여계 집단 문제」, 『한반도와 만주의 역사문화』, 서울대 출판부, 2003.

_____, 「5세기 후반 고구려의 북방 경계선」, 『한국 고대 사국의 국경선』, 서경문화사, 2008.

_____, 『발해사회문화사연구』, 서울대 출판문화원, 2011.

송호정, 『처음 읽는 부여사』, 사계절, 2015.

여호규, 「고구려 천리장성의 경로와 축성 배경」, 『국사관논총』 91, 국사편찬위원외, 2000.

_____, 「고구려와 중국왕조의 만주 지역에 대한 공간인식」, 『한국고대사연구』 88, 한국고대사학회, 2017.

유은식, 「고고학자료로 본 옥저와 읍루」, 『한국상고사학보』 100, 한국상고사학회, 2018.

이병도, 「夫餘考」, 『韓國古代史研究』, 博英社, 1975.

이성제, 『고구려의 서방정책 연구』, 국학자료원, 2005.

이재성, 『고대 동몽고사 연구』, 법인문화사, 1996.

_____, 「4~5세기 고구려와 거란」, 『고구려발해연구』 14, 고구려발해학회, 2002.

이종수, 「三江平原地域 초기철기문화의 특징과 사용 집단 분석 – 挹婁·勿吉과의 관련성을 중심으로」, 『고구려발해연구』 41, 고구려발해학회, 2011.

賈敬顏, 「東北古地理古民族叢考(續)」, 『北方文物』 1983-2, 1983.

_____, 「東北古地理古民族叢考」, 『文史』 12.

賈敬顏, 『東北古代民族古代地理叢考』, 中國社會科學出版社, 1993.

賈偉明·魏國忠, 「論挹婁的考古學文化」, 『北方文物』 1989-3, 1989.

干志耿·孫進己, 「室韋地理考述」, 『社會科學戰線』 1983-3, 1983.

干志耿·李士良, 「烏洛侯與黑龍江歷史地理諸問題」, 『求是學刊』 1981-4, 1981.

喬梁, 「關于靺鞨族源的考古學觀察與思考」, 『吉林大學社會科學學報』 2014-2, 2014.

金毓紱, 「夫餘勿吉等東北部族」, 『東北通史』, 洪氏出版社, 1976.

潭其驤 主編, 『中國歷史地圖集』 釋文匯編(東北券), 中央民族學院出版社, 1988.

戴順·李俊義, 「'霍林郭勒'名稱小考」, 『赤峰學院學報(漢文哲學社會科學版)』 2012-4, 2012.

董學增, 「吉林市龍潭山高句麗山城及其附近衛城調查報告」, 『北方文物』 1986-4, 1986.

梁玉多, 「簡析勿吉的對外擴張」, 『北方文物』 2012-1, 2012.

劉曉東, 「挹婁·靺鞨關係的考古學討論」, 『北方文物』 2013-1, 2013.

_____, 『靺鞨文化的考古學研究』, 吉林大學 博士論文, 2014.

武國勛, 「扶餘王城新考」, 『黑龍江文物叢刊』 1983-4, 1983.

米文平, 「鮮卑石室的發現與初步研究」, 『文物』 1981-2, 1981.

方壯猷, 「室韋考」, 『輔仁學志』 2-2, 1931; 『東北歷史地理論著匯編』 2 수록, 1987.

范恩實, 「勿吉興亡史探微」, 『北方論叢』 2010-1, 2010.

孫進己·干志耿·孫秀仁, 「松花江沿革考」, 『北方論叢』 1982-1, 1982; 『東北歷史地理論著匯編』 1 수록, 1987.

孫進己·王綿厚, 『東北歷史地理』 2, 黑龍江人民出版社, 1989.

楊保隆, 「勿吉地域西南部邊至考」, 『北方文物』 1985-4, 1985.

王德厚, 「烏羅渾與烏羅護辨釋」, 『民族研究』 1987-4, 1987.

_____, 「室韋地理考補」, 『北方文物』 1989-1, 1989.

_____, 「東北古代夫餘部的興衰及王城變遷」, 『遼海文物學刊』 1990-2, 1990.

王綿厚·李健才, 『東北古代交通』, 瀋陽出版社, 1990.

王樂文, 「挹婁·勿吉·靺鞨三族關係的考古學觀察」, 『民族研究』 2009-4, 2009.

_____, 「試論滾兎嶺文化的兩個問題」, 『北方文物』 2011-1, 2011.

王禹浪·劉加明, 「三江平原地域族體考古文化研究綜述」, 『黑龍江民族叢刊』 2013-2, 2013.

王禹浪·王俊錚, 「近百年來國內外勿吉研究綜述」, 『哈爾濱學院學報』 2015-11, 2015.

_____·_____, 「我國肅慎研究概述」, 『哈爾濱學院學報』 2015-7, 2015.

魏存成, 「靺鞨族起源發展的考古學觀察」, 『史學集刊』 2007-4, 2007.

李健才, 「松花江名稱的演變」, 『學習與探索』 1982-2, 1982.

_____, 「扶餘的疆域和王城」, 『社會科學戰線』 1982-4, 1982.

_____, 「吉林市龍潭山山城考」, 『博物館研究』 1995-2, 1995.

_____, 「三論北夫餘·東夫餘卽夫餘的問題」, 『東北史地考略』 3, 吉林文史出版社, 2001.

_____,「勿吉・豆莫婁・烏洛侯・失韋的地理位置」,『東北史地考略』3, 吉林文史出版社, 2001.

張久和,「南北朝隋唐時期室韋地域考」,『內蒙古社會科學』1991-5, 1991.

_____,「室韋地理再考辨」,『中國邊疆史地研究』1998-1, 1998.

_____,「關于烏洛侯的幾個問題」,『黑龍江民族叢刊』1998-2, 1998.

張國强・霍東峰・華陽,「鳳林文化芻議」,『北方文物』2006-2, 2006.

張博泉,『夫餘與高句麗論集』, 吉林文史出版社, 2011.

張博泉・蘇金源・董玉瑛,『東北歷代疆域史』, 長春 : 吉林人民出版社, 1983.

張柏忠,「霍林河名稱沿革考」,『黑龍江文物叢刊』1984-2, 1984.

張少珊・蘆會影,「東北亞視域中的鳳林文化」,『北方文物』2012-1, 2012.

張雲樵,「吉林滿族的淵源及衍變考略」,『社會科學戰線』1992-2, 1992.

張偉・田禾・趙永軍,「滾兎嶺文化與鳳林文化關係芻議」,『北方文物』2016-4, 2016.

張兆國,「三江平原七星河流域的古代民族」,『黑龍江史志』2008-11, 2008.

張泰湘,「從北魏祖廟石室看烏洛侯的位置及其他」,『求是學刊』1981-3, 1981.

_____,「從最新考古學成就看歷史上的肅慎・挹婁人」,『東北師範大學學報』1982-5, 1982.

田禾,「鳳林文化淺析」,『北方文物』2004-1, 2004.

丁謙,『魏書各外國傳地理考證』(浙江圖書館叢書 第1集), 浙江圖書館, 1915.

鄭英德,「烏洛侯地理位置再探」,『黑龍江文物叢刊』1983-1, 1983.

趙永軍,「試論滾兎嶺文化」,『北方文物』2006-1, 2006.

陳曉寧,「從東康文化看挹婁的社會性質」,『黑龍江史志』2009-14, 2009.

馮恩學,「奈費爾德類型的文化來源」,『北方文物』2011-1, 2011.

郝思德,「嫩江名稱考略」,『東北歷史地理論著匯編』1, 1987.

項春松,「遼國交通驛道及驛館述略」,『內蒙古東部地區考古學文化研究文集』, 海洋出版社, 1991.

黃星坤,「淺談滾兎嶺文化」,『牡丹江大學學報』2007-5, 2007.

白鳥庫吉,「東胡民族考」,『史學雜志』21-4〜24-7, 1910〜1912.

_____,「室韋考」,『史學雜志』30-1〜30-8, 1919.

_____,「塞外民族」,『東洋思潮』12, 1935.

_____,『塞外民族史研究』(上) 白鳥庫吉全集 第4卷, 岩波書店, 1970.

斯波義信,『中國都市史』, 東京大學 出版會, 2002.

松井等,「隋唐二朝高句麗遠征の地理」,『滿洲歷史地理』(一), 南滿洲鐵道株式會社, 1913.

日野開三郎,「夫餘國考」,『史淵』34, 1946.

_____,「勿吉考」,『史淵』35, 1946.

_____,「渤海の扶餘府と契丹の龍州・黃龍府」,『史淵』49-52, 1951・1952.

_____,『日野開三郎 東洋史學論集 – 東北アジア民族史』(上), 三一書房, 1988.

_____,『日野開三郎 東洋史學論集 – 東北アジア民族史』(中), 三一書房, 1991.

池內宏,「夫餘考」,『滿鮮地理歷史研究報告』13, 1930.

_____, 「勿吉考」, 『滿鮮地理歷史硏究報告』 15, 1934.

_____, 「高句麗討滅の役に於ける唐軍の行動」, 『滿鮮地理歷史硏究報告』 16, 1941.

_____, 『滿鮮史硏究(上世 第1冊)』, 吉川弘文館, 1951.

_____, 『滿鮮史硏究(上世 第2冊)』, 吉川弘文館, 1960.

津田左右吉, 「勿吉考」, 『滿洲地理歷史硏究報告』 1, 1915.

_____, 「室韋考」, 『滿洲地理歷史硏究報告』 1, 1915.

_____, 『津田左右吉全集』 12, 岩波書店, 1964.

요서遼西를 둘러싼 충돌,
598년 고구려高句麗-수隋 전쟁

정동민

1. 동북아 국제 질서의 재편 속 고구려-수 전쟁과 요서

기원 전후한 시기 압록강 중상류 지역에 거주하고 있었던 예맥족濊貊族은 한군현漢郡縣을 축출하고 고구려高句麗를 건국했다. 고구려는 활발한 정복활동을 전개하면서 5세기 대에 이르러서는 만주 중남부 지역과 한반도 중북부 지역에 걸친 광대한 영토를 영유하고 독자적인 천하관을 확립하는 등, 동북아시아에서 중국 대륙의 남조南朝와 북조北朝 그리고 북방 세력인 유연柔然과 더불어 다원적인 세력의 한 축으로 자리 잡았다.

그런데 6세기 중반에 이르러 동북아시아의 국제 질서는 급변하게 된다. 북중국에서는 534년에 북위北魏가 동위東魏와 서위西魏로 분열되었고, 550년에는 북제北齊, 557년에는 북주北周가 성립되었다. 그리고 남중국에서는 556년에 양梁을 대신하여 진陳이 성립되었다. 또한 북방에서는 552년에 유연이 쇠퇴하고 돌궐突厥이 대두되었다. 한편 북주는 577년에 북제를 멸망시킴으로써 북중국을 통일하지만, 581년 좌대승상左大丞相 양견楊堅(후에 수 문제隋文帝)이 외손자인 정제靜帝로부터 황위를 탈취하고 수隋를 건국하였다. 이후 수는 589년에 진을 멸망시키고 중국 대륙을 통일함으로써 초강대국으로 변모하였다. 고구려와 수는 우호와 갈등의 관계를 반복하는 과정 속에서 598년, 612년, 613년, 614년 모두 4차례에 걸쳐 전쟁을 벌이게 된다. 이 가운데 598년 고구려-수 전쟁은 4차례 전쟁의 시초로서, 이에 대한 연구는 고구려-수 전쟁 전체의 맥락을 이해하거나 혹은 612년, 613년, 614년 전쟁의 발발 배경 및 전략·전술의 변화 등을 파악하는 데 매우 중요하다고 볼 수 있다.

주지하듯이 598년 고구려-수 전쟁은 고구려가 요서遼西를 공격하면서 시작되었다. 요서는 고구려와 수의 접경이라고 할 수 있는데, 중국 요령성 서쪽 일부와 내몽고자치구 남부 일대에 걸쳐 있는 지역으로, 동으로는 요하遼河와 서요하西遼河 그리고 시라무렌하西拉木倫河, 서쪽으로는 연산산맥燕山山脈과 칠로도하七老圖河에서 흘러 내려오는 난하灤河에 이르렀다.[1] 요서는 동북평원, 화북평원, 몽골고원과 이어져 있어서 동아시아 주요 세력의 결절지대가 되었는데, 특히 북중국 국가, 북방 유목 세력, 그리고 고구려가 조우·대립하기도 하였다. 그리고 또 한편으로는 유목·수렵사회를 이루는 제諸종족이 거주하는 공간이기도 하였다.[2] 즉 요서는 그 지역을 둘러싸고 있는 여러 나라는 물론 그 지역에 살고 있는 여러 종족의 이해관계가 서로 맞물리는 공간이었던 것이다. 그렇기 때문에 요서는 국제정세의 변동을 가장 뚜렷하게 보여주는 공간이었다.[3]

고구려가 첫 공격지점으로 위와 같은 요서를 선택하였다는 점은 전쟁 발발의 배경을 이해하는 데 시사하는 바가 매우 크다고 할 수 있고, 학계에서도 전쟁 발발 배경의 한 요인으로 요서를 주목하였다.[4] 이에 이 글에서는 598년 고구려-수 전쟁의 발발 직전이라고 할 수 있는 580~590년대의 동북아시아 국제 정세 속 요서의 상황, 그리고 고구려와 수의 요서 정책 등을 주시하면서 598년 전쟁의 발발 배경을 규명해 보고자 한다.

이와 더불어 군사사적 관점에서 598년 고구려-수 전쟁에 보이는 구체적인 충돌 및 전개 양상, 그리고 수군隋軍이 전쟁에서 패배한 요인에 대해서도 살펴보고자 한다. 군사사적 관점에서 바라본 고구려-수 전쟁에 대한 기존의 연구는 가장 많은 병력이 동원되었고 상대적으로 기록이 풍부한 612년 전쟁에 집중되어 있는 경향이 강하다.[5] 반면 598년 전쟁은 직접적인 전투가 벌어지지 않았고, 주요 지휘관 및 병력 수 그리고 대략적인 전개 상황만이 기록되어 있는 등 관련 사료가 소략하여 고구려-수 전쟁 전반을 다룬 연구에서 간단하게 언급되는 경우가 대부분이다.[6] 사료의 한계 속에서 598년 전쟁의 전개 양상을 자세히 파악하기는 쉽지 않겠지만, 『수서隋書』「본기本紀」나 『자치통감資治通鑑』 그리고 『삼국사기三國史記』 등 널리 알려진 문헌사료에서 벗어나, 전쟁과 관련된 인물의 행적이 담겨 있는 「열전列傳」 등 사료의 범위를 좀 더 확대하고 사료에 나름 의미를 부여할 수 있다면, 군사사적 관점에서도 보다 면밀한 검토가 이루어질 수 있을 것으로 생각된다.

위와 같은 측면에서 접근한 본 연구가 598년 고구려-수 전쟁의 발발 배경과 요서가 가지는 의미, 그리고 전쟁의 전개 양상에 대해 보다 폭넓게 바라보는 데 도움이 되기를 바란다.

2. 580~590년대 동북아 국제정세와 고구려의 요서 공격

1) 수의 돌궐 공략과 요서를 둘러싼 고구려와 수의 갈등

북주의 좌대승상 양견은 황위를 탈취하고 581년에 수를 건국하였는데, 이 당시 동아시아에서 가장 강력한 세력은 돌궐이었다. 유연에 복속되어 있다가 540년대부터 발흥한 돌궐은 555년 유연을 멸망시키면서 본격적으로 세력을 키워갔다. 이후 북제와 북주의 대립을 교묘히 이용하고[7] 요서에 거주하고 있던 제종족을 자신의 통제 아래에 두면서 세력을 넓혀 갔다.[8] 이러한 돌궐에 대해 북주는 북제를 통합한 577년 이후에도 천금공주千金公主를 타스파르 카간他鉢可汗에게 시집보내는 등 우호관계를 맺는데 급급했다. 그런데 수가 북중국을 통일하자, 돌궐의 으쉬바라 카간沙鉢略可汗은 북중국을 통일한 수의 안정이 자신에 대한 압박으로 이어질 것을 우려하면서 토욕혼吐谷渾, 북제의 부흥 세력이었던 고보령高寶寧, 그리고 진과 연계를 도모하여[9] 수를 압박하고자 하였다.

이와 같은 돌궐의 압박에 대해서 수는 그동안의 수세적인 입장에서 벗어나 돌궐에 보냈던 세공歲貢을 끊고, 장성을 구축하며 유주幽州와 병주并州에 군사를 주둔시키는 등 강경하게 대응하였다. 그렇다면 수 문제는 왜 이전과 달리 강경책으로 대응하였을까. 먼저 그는 583년 공포한 돌궐 토벌 조서에 보이는 것처럼 민民들로부터 거두어들인 조세를 돌궐로 보내는 것에 대해 불만과 부담을 가지고 있었다.[10] 그리고 북중국을 통일하면서 군사적 자신감을 가지고 있었다. 한편 당시 돌궐 내부에서는 자연재해로 인해 생산 기반이 약화되는 문제점이 야기되었다.[11] 아마 이러한 요인들로 인하여 수 문제는 돌궐에 대해 강경책을 구사한 것으로 추정된다.

수의 강경한 자세를 목도한 타스파르 카간은 고보령과 연합하여 582년과 583년 두 차례에 걸쳐 수를 공격하였지만 패배하고 만다. 이후 수가 돌궐 내부의 분열을 이용해 이간책을 구사하면서, 돌궐은 583년에 타스파르 카간의 동돌궐과 타르두쉬 카간達頭可汗의 서돌궐로 분열되었다. 그리고 타스파르 카간은 아바 카간阿波可汗과 연합한 타르두쉬 카간의 공격을 받게 되는데, 그 압박을 이기지 못하고 585년 수에 신속臣屬하고 조공을 바침으로써 결국 수의 영향력하에 편입되고 말았다. 수는 타스파르 카간에 이어 즉위한 바가 카간莫何可汗을 지원하여 아바 카간을 사로잡게 하는 등 계속해서 돌궐의 약화를 꾀하였다.

한편 고구려는 581년 수에 처음 사신을 보냈는데, 수가 건국된 해에 사신을 보냈다는 것은 고구려가 중국 대륙의 상황을 주시하면서 민감하게 반응하고 있었음을 보여준다.[12] 고구려는 수와 외교 관계를 맺으면서 '대장군 요동군공 고려왕大將軍 遼東郡公 高麗王'이라는 책봉호를 받았다.[13] 이와 같은 책봉호에 대해 고구려는 북주 무제武帝 시기에 받은 '상개부의동대장군 요동군개국공 요동왕上開府儀同大將軍 遼東郡開國公 遼東王'보다 품계가 높았고, 또한 주변국에 비해서도 상대적으로 높았기 때문에 어느 정도 만족하였던 것으로 보인다.

고구려는 외교 관계를 맺은 581년부터 584년까지 사신을 8차례나 파견하는 등[14] 수와 우호적인 관계를 형성하고자 노력하였다. 그런데 585년 이후부터 590년 수의 새서璽書(옥새가 찍혀 있는 문서)를 받기 전까지 수에 사신을 파견하지 않고, 오히려 585년 진에 사신을 보냈다. 고구려와 수의 관계가 비우호적으로 돌변한 것이다.[15] 그렇다면 당시 고구려와 수 사이에 있었던 갈등 요소는 무엇이었을까.

이와 관련하여 고구려와 수의 접경이었던 요서의 상황을 주목할 필요가 있다. 당시 요서에는 거란契丹과 말갈靺鞨 등 유목·수렵사회를 이루던 여러 종족이 거주하고 있었다(<지도 1>).

고구려는 6세기 중반 이후 거란·말갈을 놓고 돌궐 및 고보령 세력과 각축전을 벌였다. 특히 552년에는 흥안령興安嶺을 넘어 요하 유역으로 진출한 돌궐이 고구려의 서북방을 위협하여 고구려 휘하의 거란과 말갈 세력을 부식시키려는 시도를 하였는데,[16] 고구려가 돌궐의 압박을 이겨내고 거란·말갈을 자신의 영향력하에 둠으로써 요서에서 어느 정도 우위를 점할 수 있었다.

한편 수는 583년 돌궐과 고보령 연합 세력을 격파하면서 영주營州(지금의 중국 요령성遼寧省 조양朝陽)를 회복하게 된다. 요서에서 영향력을 키워나갈 수 있는 거점을 마련하게 된 것이다. 이러한 상황에서 오랜 기간 고구려와 돌궐의 영향력하에 있었던 거란이 심상치 않은 움직임을 보였다. 돌궐의 지배하에 있던 거란 주부主部의 막하불莫賀弗이 584년 5월 수에 사신을 보낸 이래로,[17] 584년 9월에는 수에 내부內附하였고,[18] 585년 4월에는 수에 사신을 파견하여 공물을 바쳤으며,[19] 587년에는 수에 입조入朝하였다. 또한 586년에는 고구려의 지배하에 있던 출복出伏 등 일부 거란 세력이 수에 내부하였다.[20] 즉 거란이 수의 세력을 업고 돌궐과 고구려의 예속을 벗어나려는 시도를 감행한 것이다.[21]

수는 584년 5월 거란이 사신을 파견하였을 때 막하불에게 고구려왕

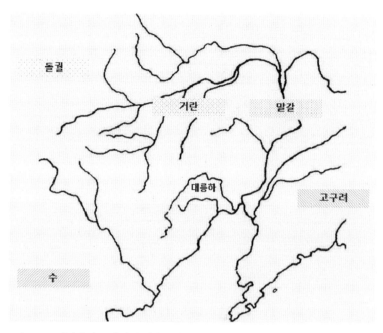

〈지도 1〉 6세기 후반 요서 지역 세력 동향

과 같은 '대장군大將軍'이라는 책봉호를 내려준 바 있다. 이러한 상황을
볼 때 수는 영주 지역 회복과 거란의 내부를 계기로 요서에서의 고구려
의 상대적 우위를 인정하지 않으면서 요서로의 본격적인 진출을 꾀하
려고 했던 것으로 여겨진다. 바로 이러한 수의 움직임이 고구려가 585
년 이후부터 590년까지 수에 사신을 파견하지 않고 외교를 단절한 배
경이 되었던 것으로 추정된다. 즉 고구려의 사신 파견 거부 및 외교 단
절은, 요서에서의 거점 마련을 토대로 거란에 영향력을 행사함으로써
요서에서 우위를 점하고자 했던 수의 움직임에 대한 반발이라고 볼 수
있는 것이다.

　고구려는 수와의 외교를 단절한 후 요서에서의 거란과 말갈에 대한

영향력을 더욱 확대하고자 하였다. 584년 5월 이후 수와 긴밀하게 연결되어 있었던 거란에 대해서는 '고립固禁'정책을 펴서 거란과 수의 연계를 차단하는 데 주력하였다. 반면 수의 영향력이 미치지 못했던 말갈에 대해서는 대대적인 군사작전을 펴서 자신의 영향력하에 확고하게 두고자 하였다. 한편으로는 583년에 부여성扶餘城 일대~송화강松花江 유역에 대한 세력 부식을 꾀하면서 속말말갈粟末靺鞨 지역으로 진출하였다.[22] 고구려가 거란과 말갈에 대해 영향력을 확대하려는 과정 속에서 586년에 거란의 일부, 584~586년에 속말말갈의 돌지계突地稽 집단 등이 수에 귀부歸附하기도 하였다. 하지만 고구려는 소기의 성과를 거두면서 요서에 대한 상대적인 우위를 유지할 수 있었다.[23]

2) 고구려-수 관계의 악화와 고구려의 요서 공격

전술하였듯이 수는 585년에 최대 위협이었던 돌궐을 자신의 영향력하에 두게 되는데, 그 이후 본격적인 진 원정에 나섰다. 588년 수 문제는 둘째 아들인 양광楊廣(후에 수 양제隋煬帝)을 행군원수行軍元帥로 삼고 52만 명의 대군을 보내 진을 공격하였다. 결국 수는 589년에 진을 멸망시키고 중국을 통일하면서 동북아시아 최대 강국으로 부상하였다.

돌궐에 이어 진이 수에 복속되자,[24] 수와의 외교 관계를 단절하고 있었던 고구려는 수의 다음 복속대상이 자신이 될 수 있음을 인식하고 대비책을 강구하게 된다. 먼저 중단하였던 사신 파견을 재개하여 수 내부의 정세를 파악하고자 하였다. 반대로 고구려를 방문한 수 사신에 대해서는 엄격하게 감시하여 자국의 사정을 알지 못하게 하였다. 한편으로는 군사 훈련 및 군량 비축과 더불어 수의 노수弩手를 몰래 들여오는 등 군사적인 충돌에 대비하였다. 이와 같은 고구려의 대비를 목도한 수 문제는 590년 고구려에 새서를 보내는데, 그 내용은 아래와 같다.

A

"(고구려의) 왕은 이미 남의 신하가 되었으니, 짐[朕, 수 문제]과 함께 덕을 베풀어야 할 건만, 도리어 말갈을 못 견디게 괴롭히고 거란을 고립시켰다. (…중략…) 여러 해 전에는 몰래 재물을 써서 소인(小人)을 움직여, 사사로이 노수(弩手)를 데리고 그대의 나라로 도망갔다. 병기를 수리하는 의도가 좋지 못했기 때문에 바깥 소문이 두려워 도둑질한 것이 아니겠는가. (…중략…) 왕은 (사신을) 빈 객관에 앉혀두고 엄하게 막아 지키면서 눈귀를 막아 영영 듣고 보지 못하게 하였다. 어떠한 음흉한 계획이 있어 남들이 알지 못하게 하고, 관사를 통제하여 탐방을 두려워하는가. 또한 자주 기병을 보내 변경 사람을 살해하고, 여러 차례 간사한 모의를 꾸며 종종 사설(邪說)을 지어 내니, 마음에 복종함이 없다. (…중략…) 왕은 오로지 불신감을 품어 항상 스스로 시기하고 의심하여 항상 사신을 보낼 때마다 소식을 밀탐하여 가니, 순수한 신하의 뜻이 어찌 이와 같을 수 있겠는가. 이는 모두 짐의 가르침과 인도함이 명확하지 못했기 때문이므로, 왕의 허물을 모두 너그러이 용서하겠으니, 금일 이후로는 반드시 고치기 바란다. (…중략…) 짐에게 만약 포용하고 길러주려는 생각이 없고, 왕의 지난 허물을 문책하고자 하면 한 명의 장수에게 명을 내리면 그만이지, 어찌 많은 힘이 필요하겠는가. 정중하게 타일러서 왕이 스스로 새롭게 할 기회를 허락하니, 마땅히 짐의 마음을 얻어 스스로 많은 복을 구하기 바란다."

—『수서(隋書)』 권81 「열전(列傳) 46」 「동이(東夷)」 「고려(高麗)」[25]

사료 A의 내용을 보면 수 문제는 고구려의 수에 대한 일련의 대비를 자국에 대한 적대 행위로 간주하면서 비난하고 있다. 또한 수의 진 통일 이전 고구려의 행위, 즉 말갈과 거란에 대해 영향력을 미치려한 행위 또한 비난하고 있는데, 이는 요서에 대한 고구려의 세력 확장을 용인하지 않겠다는 입장을 명확히 표명한 것이라고 볼 수 있다.

고구려 입장에서는 새서 내용에 대해 당연히 불만을 가질 수밖에 없었을 것이다. 하지만 수가 자국에 대한 침공 가능성을 제기하고,[26] "왕의 허물을 모두 너그러이 용서하겠으니 금일 이후로는 반드시 고치기 바란다"는 표현에서 볼 수 있듯이 수가 새서를 보내기 이전에 이루어진 말갈과 거란에 대한 세력 확장에 대해서는 인정하겠다는 태도를 보이자, 수의 요구를 받아들이고 사죄를 표하는 유화책을 선택하였다. 이로써 양국 간에 우호적인 관계가 다시 형성되었다.[27]

그런데 고구려는 592년 1월에 사신 파견을 재개한 후 597년 5월을 제외하고 598년 2월 요서를 공격하기 전까지 또 다시 사신을 파견하지 않았다. 양국 간의 우호적인 관계가 그리 오래가지 않았던 것이다. 그렇다면 당시 양국 사이에 또 어떠한 갈등 요소가 있었던 것일까.

이와 관련하여 590년 수의 영주총관부營州總管府 설치가 주목된다. 영주는 요서에 위치한 대표적인 도시로, 중국 왕조와 동북아시아 제종족 간, 혹은 동북아시아 제종족 간의 교역 중심지면서 교통의 요지였다.[28] 수는 영주총관부를 통해 화이무역華夷貿易을 활발하게 전개하여 이종족을 통제하고 말갈과 거란을 회유·위무하였는데, 이는 요서 일대의 여러 세력을 수의 국제 질서 안으로 포섭하기 위함이었다.[29] 한편 593년 1월에는 거란, 해奚, 습霫, 실위室韋 등이 수에 사신을 보낸 것이 확인되는데, 이는 서요하~대흥안령산맥大興安嶺山脈 일대에 대한 수의 영향력이 본격적으로 부식되고 있음을 보여준다.[30]

고구려는 590년 수 문제가 보낸 새서의 내용을 받아들여 요서에서의 세력 확장을 중단하고 있었다. 반면 수는 영주총관부를 통해 요서에 대한 영향력을 더욱 확대하였다. 고구려 입장에서는 수가 견제 세력들을 통합하여 외부 위협을 줄이고 내부적으로 힘을 축적하는 모습을 보면서 위협감을 받았을 것이 분명하다.[31] 이러한 상황에서 더 이상의 사신 파견은 무의미하다고 여겼을 가능성이 크다. 고구려와 수는 위와 같은 두 번의 외교 단절 끝에 전쟁을 벌이게 된다. 결론적으로 고구려와 수 사이 두 번의 외교 관계 단절과 전쟁은 양국의 접경이면서 거란과 말갈 등 제종족이 자리 잡고 있던 요서에 대해 서로 우위를 점하려고 했던 세력 다툼 속에서 일어났다고 볼 수 있다.

고구려와 수는 598년 2월에 전쟁을 벌이게 되는데, 그 전쟁의 서막은 고구려의 요서 공격이었다. 이와 관련된 기록은 아래 사료에서 확인할 수 있다.

B

[개황(開皇) 18년 2월] 고(구)려왕 원[高元 - 영양왕]이 말갈의 무리 만여 명을 이끌고 요서를 침략하였는데, 영주총관(營州總管) 위충(韋沖)이 이들을 공격하여 도망가게 하였다. 황제[수 문제]가 듣고 대노하여 을사(乙巳)

일에 한왕(漢王) 량[楊諒]과 왕세적(王世積)을 나란히 행군원수(行軍元帥)
로 삼아, 수륙 30만을 거느리고 고(구)려를 정벌하게 하였는데, 상서좌복야
(尙書左仆射) 고경(高熲)을 한왕(漢王)의 장사(長史)로 삼고, 주라후(周羅
睺)를 수군총관(水軍總管)으로 삼았다. (…중략…) 6월 병인(丙寅)일에 조
서를 내려서 고(구)려왕 원[高元]의 관작을 박탈하였다.

—『자치통감(資治通鑑)』 권178 「수기(隋紀) 2」 문제(文帝) 개황(開皇) 18년[32]

　사료 B에서는 598년 고구려가 말갈 기병을 동원해 요서를 공격하고,
고구려의 공격을 격퇴한 수가 고구려 원정을 준비하고 있는 상황이 담
겨 있다. 그런데 이 기록을 보면 몇 가지 의문점이 생긴다. 당시 고구려
의 병력은 수에 비해 절대적인 열세였는데, 왜 위험을 무릅쓰고 선제 공
격을 감행하였을까. 그리고 왜 자국의 군대가 아닌 말갈 기병을 동원해
요서를 공격하였을까.

　이러한 의문점을 해결하기 위해서는 먼저 수 내부 상황을 주목할 필
요가 있다고 여겨진다. 고구려가 요서를 공격하기 전에 수 조정에서는
이미 고구려 정벌에 대한 논의가 있었다.[33] 그런데 당시에는 정벌 논의
만 있었을 뿐, 구체적인 원정 준비는 하지 않았던 것으로 보인다. 그렇게
본 이유는 다음과 같다. 첫째, 598년 2월 이전에 고구려 원정 준비와 관
련한 기록을 어디에서도 찾아볼 수 없다. 둘째, 사료 B를 보면 598년 수
원정군의 지휘관인 양량楊諒과 왕세적王世積이 고구려의 요서 공격 이후에
임명되었던 것으로 기록되어 있는데, 지휘관을 임명하지 않은 채 전쟁
준비를 하고 있었다고 보기 어렵다. 셋째, 수는 고구려가 요서를 공격하
기 한 해 전인 597년에 동돌궐의 일릭 퀸뒤 카간啓民可汗과 혼인 관계를

맺고 그를 지원하는 과정에서 투란 카간都藍可汗과 타르두쉬 카간 세력의 침략을 받고 있었기 때문에 고구려 원정 준비를 할 여력이 없었다. 넷째, 수가 원정 준비를 하고 있는 상황에서 수에 선제 공격을 한다면 곧 전면전을 의미함을 고구려가 모를 리가 없는데, 후술하겠지만 고구려는 전면전을 할 생각도, 그리고 예상도 하지 못했다. 이로 보아 수의 고구려 원정 준비는 598년 고구려의 요서 공격 직후인 2월부터 진행된 것으로 추정된다.

고구려는 597년 5월, 수에 보낸 사신을 통해 수의 내부에서 전쟁 논의가 있기는 했지만 아직 전쟁 준비를 하지 않고 있음을 확인한 후, 수가 본격적으로 전쟁 준비를 하기 전에 대책을 세워야만 했을 것이다. 그리고 그 대책이 바로 요서 공격이었던 것으로 보인다. 그런데 염두해야 할 점은 고구려가 요서 공격을 통해 위기를 타파하고자 하였지만, 전면전으로의 확대는 원치 않았다는 것이다. 그렇기 때문에 수가 전쟁 준비를 하지 않은 상황에서 공격하였고, 병력은 말갈 기병 1만 기만 동원하였으며, 후속 공격을 가하지 않았고, 요서 일부라도 점령하려는 시도를 하지 않았다. 한편으로는 수가 요서 공격에 대한 반격은 할 수 있어도 돌궐의 침입 가능성 때문에 고구려의 존망을 위협할 정도의 대규모 침공은 하지 않으리라 예상했던 것으로 보인다.[34] 바로 이러한 계획과 예상 하에 고구려는 요서 공격을 감행하였던 것으로 추정된다.

한편 전술한 것처럼 고구려는 요서 공격 때 말갈 기병 1만 기를 동원하였다. 이때 동원한 말갈 기병에 대해서 돌지계 이탈 이후 고구려에 복속된 속말말갈로 보는 견해와[35] 백산부白山部가 중심이 된 말갈 제부로 보는 견해가 있다.[36] 그런데 고구려의 요서 공격에서 주목해야 할 또 한

가지 부분은 고구려의 왕인 영양왕이 직접 지휘하였다는 것이다. 그렇
다면 영양왕은 왜 요서 공격에 직접 참전하였을까. 혹 왕의 참전을 부각
시킴으로써 수의 주목을 끌려는 의도가 아니었을까. 그렇다면 말갈 기
병 동원에도 수에게 보여주겠다는 의도가 담겨 있었던 것으로 보인다.
백산부 등의 여러 부족은 이미 고구려에 복속된 존재였으므로, 이들을
수에 보여 부각시키는 것은 큰 의미가 없다고 여겨진다. 반면 속말말갈
은 580년 초반경 고구려에 새롭게 복속된 존재이므로, 이들을 수에게
보여주는 것은 큰 의미가 있다. 즉 요서 공격을 통해 영양왕이 속말말갈
을 지휘하는 모습을 부각시킴으로써, 속말말갈이 고구려에 귀부하였음
을 수에게 상징적으로 보여주고자 했다는 것이다.

결론적으로 고구려가 요서를 선제 공격한 이유는 요서에서의 수의
세력 확대를 더 이상 용납하지 않겠다는 의사를 보이는 한편,[37] 그동안
고구려에 적대적인 모습을 보여 주었던 속말말갈의 복속을 수에 보여
줌으로써 수가 고구려 원정을 준비하기 전에 고구려 원정이 만만치 않
음을 인식시켜 전면적인 전쟁을 막기 위해서라고 볼 수 있다.[38]

수는 고구려의 치밀한 계산 아래 이루어진 요서 공격을 영주총관營州總管
위충韋沖의 활약으로 막아내는 데 성공했다. 그리고 전면전으로는 이어지
지 않을 것이라는 고구려의 예상과 달리, 수는 598년 2월에 군대를 편성하
고 고구려 원정에 나섰다. 수 문제는 고구려의 요서 공격으로 인하여 요서
에 대한 영향력 확대에 제동이 걸리고, 갈등 관계에 있었던 돌궐과 고구려
의 연계 가능성을 확인하면서[39] 결국 원정으로 결론을 내린 것이다.[40]

3. 598년 고구려-수 전쟁의 발발과 전개

1) 수 원정군의 군단 편성과 조직 체계

수는 고구려의 요서 공격을 격파한 후, 2월 신사일辛巳日(4일) 수 문제의 다섯 번째 아들인 양량과 왕세적을 행군원수로 삼아 고구려 원정에 나섰다. 『수서』「본기」 및 「열전」 그리고 묘지명 등의 기록에 의하면, 이들 이외에 원수장사元帥長史로 상서좌복야尙書左仆射 고경高熲, 요동행군총관사마遼東行軍總管司馬로 당직唐直, 원수한왕부사마元帥漢王府司馬로 우문필宇文弼, 군마총관軍馬總管으로 이경李景, 행군총관行軍總管으로 원포元褒·한승수韓僧壽·두언杜彦·장윤張玧, 수군총관水軍總管으로 주라후周羅睺 등이 원정에 참전하였다. 그리고 육군과 수군水軍을 합쳐 모두 30만 병력을 투입하였다.

참전한 인물의 관명官名과 병력 수를 토대로 수군의 군단 편성 양상을 어느 정도 확인할 수 있다. 598년 고구려 원정에 참전한 주요 인물의 관명을 보면 행군원수와 행군총관이 있다. 수 건국 이전 북주 후기에는 대외 원정에 나설 때 행영行營을 편성하여 파견하였는데, 행영의 최고 지휘관으로는 병력 규모 혹은 지휘관의 신분에 따라 행군원수 혹은 행군총관이 임명되었다. 병력 규모가 비교적 크거나 친왕親王, 권신權臣 등 중신重臣이 참전하는 경우에는 최고 지휘관으로 행군원수를 임명하였고, 그 휘하에 여러 행군총관을 임명하였다. 반면 병력 규모가 적은 출정에는 최고 지휘관으로 행군총관을 임명하였다. 전쟁에 참전한 인물의 관명을 통해 북주의 행군行軍 조직이 수 문제 시기에도 그대로 계승되었음

을 알 수 있다.[41]

한편 588년 진 원정 때 편성된 원정군은 598년 수 원정군의 부대 편성을 검토하는 데 많은 시사점을 준다고 할 수 있다. 진 원정 당시 행군원수로 진왕晉王 양광, 진왕秦王 양준楊俊, 청하공淸河公 양소楊素 등이 임명되었는데, 그 가운데에서도 최고 지휘관은 양광이었다. 그리고 90명의 총관總管이 있었고, 총 병력은 518,000명에 달하였다.[42] 이를 토대로 계산해보면 진 원정 때 각 행군원수 휘하에 약 30명의 총관이 있었고, 각 총관은 약 5~6천 명의 병력을 거느린 것으로 파악할 수 있다.[43] 588년 수 원정군의 상황을 참고해 본다면, 598년 고구려 원정 당시 2명의 행군원수가 있었고 총병력이 30만 명이었으므로 약 60명의 총관이 임명되었던 것으로 추정할 수 있다.[44] 그리고 진 원정 때 행군원수는 친왕(양광, 왕준)과 조신(양소)으로 구성되어 있었는데, 598년 고구려 원정 때에도 이와 동일하게 친왕(양량)과 조신(왕세적)으로 구성되어 있었다. 그런데 진 원정 때 친왕인 양광이 최고 지휘관이었다는 점을 감안하면, 598년 고구려 원정 때에도 조신인 왕세적보다는 친왕인 양량의 지휘권이 높았을 것으로 여겨진다.[45]

전술하였듯이 양량은 수 문제의 다섯 번째 아들로, 591년 한왕漢王에 봉해진 후, 592년 옹주목雍州牧을 거쳐 597년 병주총관幷州總管이 되었다.[46] 당시 병주총관부幷州總管府는 양주揚州·익주益州·형주荊州 총관부와 더불어 4개의 대진大鎭 가운데 하나였는데,[47] 다른 총관부가 장강長江 유역에 위치하였던 것과 달리 북방에 위치하여 돌궐을 방어하는 역할을 하였다.[48] 병주총관부는 52주州가 예속되어 있는 등 다른 총관부에 비해 관할 구역이 훨씬 광범위하였다. 또한 병주총관은 특별히 편의종사권便

宜從事權을 허락받고 율령律令에 구애받지 않는 등 그 권한도 막강하였다.[49] 이러한 병주총관에 양량이 임명되었다는 것을 통해, 그에 대한 수 문제의 신임이 두터웠음을 알 수 있다.

양량과 더불어 행군원수로 참전한 왕세적은 580년 위형尉迥이 양견에 반대하여 반란을 일으켰을 때 위효관韋孝寬을 따라 반란을 진압하는 등 북주 시기부터 두각을 나타냈다. 그는 수 건국 이후에 의양군공宜陽郡公과 기주총관蘄州總管을 거쳐, 진 정벌에 대한 공으로 형주총관荊州總管으로 임명되었다. 또한 이광사李光仕가 반란을 일으켰을 때에도 행군총관이 되어 진압에 나서는 등 수 문제의 총애를 받았다.[50]

한편 이들 이외에 주목되는 인물은 원수장사로 참전한 고경이다. 고경은 북주 시기부터 명민하고, 재주와 도량이 있으며, 병사兵事를 익히고, 계략을 잘 세우기로 유명했던 인물로 수 문제가 직접 발탁하였다. 고경은 위형이 반란을 일으켰을 때 감군監軍으로 파견되어 어수선한 군 분위기를 수습하고, 군사작전에도 개입하며 반란 진압에 큰 공을 세웠다.[51] 수 건국 후에는 상서좌복야겸납언尚書左僕射兼納言과 발해군공渤海郡公에 임명되는 등 조신 가운데 최고의 지위에 오르기도 하였다.[52]

고경은 두 차례 진 원정에 나선 바 있는데, 582년에는 장손람長孫覽과 원경산元景山, 589년에는 양광과 함께 참전하였다. 아래의 사료는 진 원정 당시 그의 역할을 보여준다.

C-①
개황(開皇) 2년, 장손람(長孫覽)과 원경산(元景山) 등이 진(陳)을 정벌하였다. 경[高熲]이 제군(諸軍)을 절도하였다. 마침 진선제(陳宣帝)가 죽었는데, 경(潁)이 예의상 장례 시기에 정벌해서는 안 된다고 하면서, (수 문제에게) 아뢰어 군대를 돌릴 것을 청하였다.

—『수서(隋書)』권41「열전(列傳) 6」「고경(高潁)」[53]

C-②

[개황(開皇)] 9년, 진왕(晉王) 광[楊廣]이 진(陳)을 정벌하였는데, 고경(高潁)이 원수장사(元帥長史)가 되었다. 삼군(三軍)의 자문과 보고는 모두 경[高潁]에게 취하여 결정하게 하였다. 진(陳)이 평정되자, 진왕(晉王)이 진주(陳主)의 총애를 받았던 아름다운 장려화(張麗華)를 첩으로 들이고자 하였는데, 경[高潁]이 "무왕(武王)은 은(殷)을 멸망시키고 달기(妲己)를 베었습니다. 지금 진국(陳國)을 평정하였으니, 마땅히 려화(麗華)를 취해서는 안 됩니다"라고 말하고, 곧 명을 내려 그녀를 참하였다. 왕은 매우 기뻐하지 않았다.

—『수서(隋書)』권41「열전(列傳) 6」「고경(高潁)」[54]

사료 C-①을 보면 582년 진 원정 때 장손람과 원경산은 진선제의 죽음을 틈 타 진을 멸망시키고자 하였으나, 고경은 "상중에 있는 진을 치는 것은 예의가 아니다"라고 하면서 반대하였다. 결국 고경은 수 문제에게 회군을 청하였고, 수 문제가 이를 받아들임으로써 수군은 회군하고 만다. 582년 진 원정 때 장손람은 동남도행군원수東南道行軍元帥,[55] 원경산은 행군원수였다.[56] 반면 고경은 행군원수를 보조하면서 조언을 하거나 군을 관리·감독·감시·통제하는 역할을 하였던 감군이었다.[57] 고경은 감군으로 참전하였음에도 불구하고, 군의 최고 지휘관인 행군원수에 맞먹는 군 통수권을 가지고 군사 행동을 결정하였던 것이다.

사료 C-②를 보면 588년 진 원정 때 양광이 승리를 거둔 후, 진 황제의 비인 장려화張麗華를 첩으로 들이고자 하였는데, 고경이 주 무왕周武王의 예를 들면서 이를 허용하지 않고 장려화의 목을 베었다고 한다. 이미 서술했듯이 이 당시 진 원정 때 군의 최고 지휘관은 행군원수인 양광이었다. 반면 고경은 행군원수를 보필하는 원수장사였지만,[58] 그에게 군의 자문과 보고가 집중되는 등 군사적 권한이 막강하였다. 그렇기 때문에 직책이 자신보다 높았던 양광의 의지를 꺾을 수 있었던 것이다.

위의 사료를 보면 582년과 588년 진 원정 때 고경은 비록 감군과 원수장사를 맡고 있었지만, 군 최고 지휘관인 행군원수 못지않은 강력한 군 통수권을 가지고 있었음을 알 수 있다. 이를 감안하면 고경은 비록 598년 고구려 원정에서도 원수장사로 참전하였지만, 행군원수인 양량과 맞먹는 군 통수권을 가지고 있었을 것으로 추정된다. 한편 사료 E를 보면, 수 문제는 양량의 나이가 어렸고[59] 전쟁 경험도 부족했기 때문에 군사 업무를 고경에게 맡겼다고 한다. 그렇다면 고경이 양량보다 강한 군 통수권을 가지고 있었을 가능성도 있다고 여겨진다.

2) 수 원정군의 진군 경로와 내부 갈등

고구려 원정에 나선 수군은 수륙 양면으로 고구려를 압박하였다. 수 육군은 6월에 임유관臨榆關을 출발하여 유성柳城(지금의 중국 요령성 조양)[60]을 지나 요수遼水(요하)를 건너 고구려의 수도인 평양성으로 진군하고자 하였다. 거리상으로만 본다면 임유관에서 금주錦州를 지나 유성을 거쳐 요수로 가기보다는 금주에서 바로 요수로 가는 것이 훨씬 가깝다. 그런데 수군은 왜 유성을 거쳐 요수로 진군하고자 하였을까.

전술하였듯이 행군원수 가운데 한 명인 양량은 병주총관이었다. 그러므로 고구려 원정 때 병주총관부 소속 군사들이 대거 원정군에 차출되었을 것으로 추정된다. 한편 유성은 병주총관부 관할로 돌궐 견제의 거점이었다. 그렇기 때문에 많은 병주총관부 소속 군사들이 유성에 주둔하였을 것으로 보인다. 즉 양량을 따라 고구려 원정에 나설 군사들이 대거 유성에 머무르고 있었을 가능성이 높은 것이다. 그렇다면 임유관에서 출발하였다는 군대는 왕세적이 이끌었던 군대였고, 왕세적의 군대가 유성으로 간 이유는 유성에 머물고 있었던 양량의 군대와 합류하기 위해서라고 추정된다.

양량이 이끄는 군대와 왕세적이 이끄는 군대는 유성에서 만나 함께 고구려로 진군할 계획을 가지고 있었다. 그런데 왕세적이 이끄는 군대가 유성에 도착한 후, 두 군대는 다른 행보를 보여주었다.

D-①

[개황(開皇)] 18년, 요동[고구려]과의 전쟁 때 량[楊諒]을 행군원수(行軍元帥)로 삼았는데, 무리를 이끌고 요수(遼水)에 이르러 전염병을 만나 이기지 못하고 돌아왔다.

—『(수서)隋書』 권45 「열전(列傳) 10」 「문사자(文四子) 한왕 양량(漢王 楊諒)」[61]

D-②

수 문제 대에 (고구려가) 말갈의 무리 1만 여기로 요동을 침략하자, 황제

가 한왕 량(漢王 諒)을 파견하여 고구려를 토벌하게 했는데, 요수(遼水)에
이르러 크게 전염병을 만났고, 식량도 부족하였다.

―『태평환우기(太平寰宇記)』권173「사이(四夷) 2」「동이(東夷) 2」「고구려국(高句麗國)」[62]

D-③
요동[고구려]과의 전쟁 때 세적[王世績]은 한왕(漢王)과 함께 나란히 행군
원수(行軍元帥)가 되었는데, 유성(柳城)에 이르러 전염병을 만나 돌아왔다.

―『수서(隋書)』권40「열전(列傳) 5」「왕세적(王世積)」[63]

사료 D는 왕세적의 군대가 유성에 도착한 후 홍수로 인한 군량 운반
의 어려움으로 인해 원정군 내에 식량이 부족하고 전염병이 유행하는
상황에서 양량과 왕세적의 행보를 담고 있다. 양량은 사료 D-①과 D-
②에서 보듯이 유성에서 요수로 진군한 반면, 왕세적은 사료 D-③에서
보듯이 요수로 이동하지 않고 유성에서 회군하였다(<지도 2>).[64]

왕세적 이외에 원포[65] 등 그 휘하의 행군총관도 유성에서 회군한 것으
로 보이는데, 이를 통해 수의 30만 병력 모두가 요수로 이동한 것은 아님
을 알 수 있다. 그렇다면 왜 양량의 군대만 요수로 이동하고, 왕세적의
군대는 회군하였을까.

이와 관련하여 양량과 고경의 갈등, 그리고 고경과 왕세적의 관계가
주목된다.

E
요[遼, 고구려]를 정벌하는 전쟁 때 경[高熲]이 (고구려 원정은 불가하다

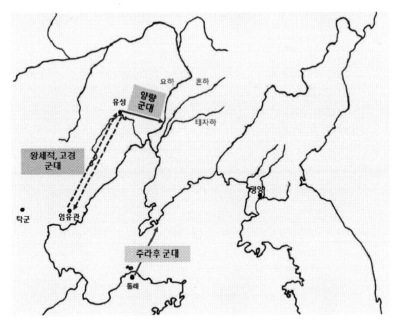

〈지도 2〉 598년 고구려-수 전쟁 당시 수군의 진군로

고) 굳게 간하였으나, (수 문제가) 따르지 않았다. 군대가 공이 없자, (독고) 황후가 황제에게 이르기를 "경(穎)은 처음부터 가고 싶어 하지 않았는데, 폐하가 강제로 그를 보내니, 첩은 진실로 공이 없을 것임을 알고 있었습니다"라고 말하였다. 또한 황제는 한왕(漢王)이 나이가 어리다고 여겨 고경(高穎)에게 군사를 맡겼는데, 경(穎)은 임무가 크고 무거워, 매번 지극히 공정해야 함을 품었고, 스스로 의심하는 마음이 없었으며, 량[楊諒]이 하는 말을 대부분 받아들이지 않았다. 량(諒)이 이를 심하게 원망하여 돌아오자마자 울면서 황후에게 이르기를 "저는 다행스럽게도 겨우 고경(高穎)에게 죽는 것을 면했습니다"라고 말하였다.

사료 E에 의하면, 수 문제는 598년 수 원정군의 행군원수로 양량을 임명하였는데, 양량의 나이가 어리고 전쟁 경험이 부족했기 때문에 군사 업무를 고경에게 맡겼다고 한다. 그런데 원정 중에 고경은 양량이 하는 말을 대부분 수용하지 않았다고 한다. 이를 통해 고경과 양량 사이에 의견 대립이 있었음을 알 수 있는데, 양량이 독고황후에게 "겨우 고경에게 죽는 것을 모면하였다"라고 울면서 말할 만큼 심각하였던 것으로 추정된다.

그들 사이에 있었던 의견 대립에 대해서는 기록이 남아 있지 않아 자세히 알 수는 없다. 다만 그들이 처한 입장이나 보여준 행동을 보면, 원정군 내 식량이 부족하고 전염병이 유행하는 상황에서 '계속해서 고구려로 진군할 것인가' 아니면 '회군할 것인가'에 대한 의견 대립이 분명히 있었을 것이라고 생각된다.

양량은 고구려 원정에 대한 의욕이 매우 컸다. 598년 이전까지 태자인 양용楊勇을 제외한 양량의 다른 형제들의 행보를 살펴보면, 먼저 양광은 581년 병주총관이 되었고 588년 진 원정에서는 행군원수로 참전하였다.[67] 그리고 양준은 582년에 하남도행대상서령河南道行臺尙書令·낙주자사洛州刺史가 되었고 588년 진 원정에서는 행군원수로 참전하였다.[68] 또한 양수楊秀는 581년에 익주총관益州總管이 되었다.[69] 즉 양량의 형제들은 수 건국 초기부터 전공을 세우거나 관직에 임명되는 등 일찌감치 두각을 나타내고 있었던 것이다. 반면 양량은 그들에 비해 나이가 어렸기 때문에 592년에 옹주목雍州牧이 되는 등[70] 다른 형제보다 늦게 관직에 올랐고 전공도 전무하였다. 이러한 양량에게 고구려 원정은 행군원수가 된 후 처음으로 전공을 세울 수 있는 절호의 기회였다. 한편으로는 전염병이 유행하고 있었던 왕세적의 군대와 달리, 양량 자신이 이끄는 군대는 아직 건재하였다. 아마 이러한 요인들로 인하여 양량은 고구려로의 진군을 주장하였을 가능성이 높다.

반면 고경은 회군을 주장하였을 가능성이 높다. 사료 E의 기록에서도 알 수 있듯이 그는 애초에 고구려 원정을 반대하였지만, 수 문제의 명령으로 인해 어쩔 수 없이 고구려 원정에 참전하였다. 고구려 원정에 대해 반대하고 있었던 그에게 진군 도중에 발생한 군량 부족과 전염병의 유행은 회군을 주장할 수 있는 결정적인 명분이 되었을 것이다.

그렇다면 왕세적은 고경의 주장을 받아들여 회군한 것일까. 그럴 가능성이 매우 높다고 여겨진다. 다음의 사료는 고경과 왕세적의 관계를 보여주는 기록이다.

F-①

고경(高熲)은 그[왕세적]의 재능을 아름답게 여기고, 그를 매우 좋아하였다. 일찍이 (왕세적이) 은밀히 고경(高熲)에게 "우리는 모두 주[북주]의 신하들인데, 사직(社稷)이 없어졌으니 어떻게 되겠습니까"라고 말하자, 고경(高熲)이 그 말을 심하게 막았다.

—『수서(隋書)』 권40 「열전(列傳) 5」 「왕세적(王世積)」[71]

F-②

(왕세적이) 가까이하고 신임하는 안정(安定)사람 황보효해(皇甫孝諧)에

게 죄가 있었다. 관리가 그를 잡으려고 하자 세적[王世績]에게 도망갔다. 세적(世績)이 받아들이지 않으니, (황보효해는) 섭섭한 마음이 생겼다. (…중략…) (황보효해는) "세적(世績)이 일찌기 도인(道人)으로 하여금 귀하게 될 것인지 아닌지 점을 치게 하였는데, 도인(道人)이 "공은 마땅히 국주(國主)가 된다"라고 말하고, 그 부인에게는 "부인(夫人)은 마땅히 황후가 된다"라고 말하였습니다. (…후략…)"라고 하였다. 이에 (왕세적은) 소집되어 입조하였고, 그 일을 심리하였다. 유사(有司)가 아뢰기를 "좌위대장군(左衛大將軍) 원민(元旻), 우위대장군(右衛大將軍) 원주(元胄), 좌복야(左僕射) 고경(高熲) 등이 모두 세적(世績)과 교통하였고, 명마(名馬)를 선물로 받았다"고 하였다. 세적(世績)은 마침내 죄를 받아 목이 베였고, 민(旻)과 주(胄) 등은 면직되었으며, 효해(孝諧)는 대장군(大將軍)에 제수되었다.

—『수서(隋書)』권40 「열전(列傳) 5」 「왕세적(王世積)」[72]

사료 F-①을 통해서는 고경이 왕세적에 대해 호감을 가지고 있었음을 알 수 있다. 한편 왕세적이 북주와 관련하여 고경에게 건넨 말은 수에 대한 반역에 해당할 수 있는 매우 위험한 발언이었다. 그럼에도 왕세적이 고경에게 이러한 말을 할 수 있었던 것은 양자 사이에 두터운 신뢰 관계가 형성되어 있었기 때문이라고 볼 수 있다.

사료 F-②는 왕세적이 자신의 측근인 황보효해皇甫孝諧의 무고로 인해 죽음을 당했음을 보여주는 기록인데, 왕세적의 사건을 심리한 유사有司가 "왕세적이 고경과 서로 왕래하면서 명마名馬를 선물로 주었다"고 보고하고 있다. 유사의 보고에서도 고경과 왕세적의 긴밀한 관계를 확인할 수 있는 것이다. 이 두 사료를 통해 고경과 왕세적이 두터운 친분을 바탕으로 긴밀한 관계를 맺고 있었음을 알 수 있다.

즉 왕세적은 고경과의 긴밀한 관계를 바탕으로 고경의 회군 주장에 적극 동조하였을 가능성이 매우 높은 것이다. 한편으로는 양량보다 고경이 전쟁에 대한 경험이 훨씬 많았으므로, 고경의 결정을 상당히 신뢰하면서 회군을 결정하였을 것이다. 물론 왕세적의 입장에서는 명목상 최고 지휘관인 양량의 명령을 거부하는 것에 대해 어느 정도 부담이 있었을 것이다. 하지만 고경도 양량에 못지않은 혹은 더 강한 군 통수권을 가지고 있었으므로, 양량의 명령을 거부하는 데 따르는 부담감은 그리 크지 않았을 것으로 추정된다.

양량과 고경의 의견 충돌 속에서 왕세적의 군대는 고경의 의견을 받아들여 유성에서 회군하였지만, 양량의 군대는 기존의 계획대로 고구려로 진군하였다. 그런데 요수에 이르렀을 때, 군량 부족 및 전염병의 유행이라는 위기에 봉착하고 말았다. 이런 상황에서 양량은 고구려로의 진군 여부를 고민할 수밖에 없었을 것으로 여겨진다.

한편 수의 수군水軍은 동래東萊에서 출발해 산동반도 북쪽 해안인 액현掖縣에서 묘도열도를 따라 북상하여 요동반도에 이르고, 남쪽 연안을 따라 동진하면서 한반도 서해안을 끼고 남하하여 대동강 하구에 이른 후, 이를 거슬러 평양성으로 진입하려 했던 것으로 추정된다.[73] 그러나 거센 바람에 부딪혀 대부분 표류하거나 침몰하는 등 어려운 상황을 맞이했다.

이렇게 수 원정군이 수륙 양면에서 진퇴양난에 빠져 있을 때, 고구려는 수에 사죄하는 표문을 올리는 유화책을 선택했다. 그리고 수는 이를 명분으로 9월에 철군을 결정함으로써,[74] 598년 수의 고구려 원정은 막을 내리게 되었다.

이와 같이 598년 수의 고구려 원정은 대실패로 귀결되었다. 그렇다면 수는 왜 원정에 실패하였을까. 먼저, 전쟁 준비 부족을 들 수 있다. 수는 불과 3개월 만에 전쟁 준비를 마치고 고구려 원정에 나섰다. 612년 고구려-수 전쟁 당시 최소 2년 동안 준비를 한 것과 비교하면 무척 짧은 기간이라고 볼 수 있다. 수는 조세 물자를 저장하는 창고가 가득 차서 물자를 처마 밑에 두고, 한시적으로 세금 징수를 그만둘 만큼 경제력이 풍부하였다.[75] 또한 돌궐을 신복시키고 진을 평정하여 중국 대륙을 통일하는 등 군사력에 대한 자신감이 충만하였다. 아마도 이러한 상황은 고구려를 가볍게 여기는 오만함을 불러 일으켰을 것이다. 이로 인해 정보 수집 등 전쟁 준비를 치밀하게 하지 않고 야욕만으로 원정에 나섬으로써 패배로 이어졌다고 볼 수 있다.

다음으로, 원정 시기를 잘못 택했다. 수가 고구려 원정에 나섰던 기간은 6~9월이었다. 그런데 임유관을 넘었던 6월은 만주 서남부 일대가 우기로 접어드는 시기였고,[76] 이후 9월까지는 폭염기였다. 수는 고구려 진군로 상에 군수 보급을 위한 군사 기지를 두지 않았기 때문에 애초부터 군수 보급의 어려움을 감수해야만 했다.[77] 여기에 더불어 장마로 인해 물이 불어나 도로 사정이 어려워지자 행군 속도는 더욱 느려지고 물자 수송도 원활하게 이루어지지 못했다. 그러면서 애초에 계획했던 원정 일정보다 길어졌고, 그에 따라 군량미 등의 물자가 많이 필요해졌는데, 짧은 시간 동안 전쟁을 준비하면서 필요한 물자를 충분히 확보하지 못하였기 때문에 군사들은 군량 부족으로 인한 굶주림에 허덕이게 되었다. 이러한 상황 속에서 장마가 끝나고 바로 폭염기가 시작되면서 군사들은 더욱 힘들어졌고, 군의 사기 저하로 이어지면서 패배할 수밖에 없었던 것이다.

한편 수군의 원정 실패 요인에 대해서 원정 시기를 잘못 택한 것이 아니라, '날씨' 그 자체가 문제였다고 보는 견해가 있다. 그러나 전쟁은 기본적으로 당사자가 판단하고 수행하는 행위이다. 그러므로 전쟁 수행 과정에서 나올 수 있는 '날씨'라고 하는 변수 또한 당사자가 판단하여 대처해야 한다. 즉 전쟁에 대한 책임은 궁극적으로 수행하는 당사자에게 있는 것이지 날씨로 돌려서는 안 된다.

598년 수의 고구려 원정 실패 요인으로 앞서 제기했던 것과 같이 전쟁 준비 부족 및 원정 시기의 오판 등을 들 수 있지만, 원정 실패의 피해를 키운 요인으로는 지휘관인 양량의 무능함과 욕심을 들 수 있다. 앞서 검토한 바와 같이 양량은 나이가 어리고 전투 경험도 없는 등 군사적 능력이 떨어졌다.[78] 하지만 그는 지휘관으로서의 공을 세우겠다는 목적으로, 군사적 능력이 뛰어나고 전투에 익숙했던 고경과 왕세적의 의견을 무시하고 무리하게 원정을 감행했다. 이로 인해 더 많은 사상자가 발생되었던 것이다.

4. 요서를 통한 접경 연구의 새로운 이해

이상의 내용을 요약하면 아래와 같다.

598년 고구려-수 전쟁은 양국의 접경이면서 거란과 말갈 등 여러 종족들이 자리 잡고 있던 요서를 둘러싸고 서로 우위를 점하려고 했던 세력 다툼 속에서 일어났다. 고구려는 598년 2월 요서를 선제 공격함으로써 요서에서의 수의 세력 확대를 용납하지 않겠다는 의사를 보였다. 그리고 속말말갈 기병을 동원하여 속말말갈이 고구려에 복속되었음을 수에 보여줌으로써, 수가 고구려 원정을 준비하기 전에 고구려 원정이 만만치 않음을 인식시켜 수와의 전면적인 전쟁을 막고자 하였다. 반면 수 문제는 고구려의 요서 공격으로 인하여 요서에 대한 영향력 확대에 제동이 걸리고, 돌궐과 고구려의 연계 가능성을 확인하면서 고구려 원정을 결심하였다.

수는 행군원수로 한왕 양량과 왕세적, 원수장사로 고경, 그리고 수군총관으로 주라후 등을 임명하고, 30만 병력을 동원하여 고구려 원정에 나섰다. 원정군의 최고 지휘관은 명목상 행군원수인 양량이었다. 그러나 원수장사였던 고경 또한 양량 못지않은 강력한 군 통수권을 가지고 있었다. 왕세적이 이끄는 군대는 6월에 임유관을 출발해 유성에서 양량의 군대와 만나 함께 요수 및 평양성으로 진군하고자 하였다. 그러나 유성에 이르렀을 때 군량 부족과 전염병의 유행 등 심각한 문제에 봉착하였다. 이 때 고경은 회군을, 양량은 원래 계획대로 진군을 주장하였는데, 고경과 두터운 친분을 바탕으로 긴밀한 관계를 맺고 있던 왕세적이 고경의 주장에 동조함으로써 왕세적의 군대는 회군하였다. 왕세적의 군대와 달리 계속 고구려로 진군한 양량의 군대는 요수에 이르렀을 때 군량 부족과 전염병에 시달렸다. 그리고 수군水軍 또한 거센 바람에 표류하고 침몰하는 등 어려운 상황을 맞이했다. 이와 같이 수군이 진퇴양난에 빠져 있을 때 고구려는 수에 사죄하는 표문을 올렸고, 수가 이를 명분으로 철군하면서 598년 고구려-수 전쟁은 막을 내리게 되었다. 수의 고구려 원정 실패 요인으로는 전쟁 준비 부족, 원정 시기 선택의 오판 등을 들 수 있지만, 원정 실패의 피해를 키운 요인은 지휘관인 양량의 무능함과 욕심이었다.

이 글에서는 580~590년대 고구려와 수의 접경이라고 할 수 있는 요서의 상황 그리고 양국의 요서정책 속에서 598년 고구려-수 전쟁의 발발 배경을 규명하고자 하였다. 고대 동북아시아에서 요서는 당시 국제질서를 형성하고 있었던 여러 세력에 둘러싸여 있었다. 그리고 각 세력들은 요서에 대한 세력 범위를 유지·확장하려는 시도 속에서 서로 간 혹은 요서 내 여러 종족과 직간접적으로 충돌하였다. 그런데 여러 세력의 요서정책에서 주목할만한 점은, 이들은 각자 요서에서 강한 영향력을 행사하고자 하였지만, 요서를 영역화하는 데에는 소극적이었다고 보여진다는 것이다.

정말로 고대 동북아의 여러 세력들이 요서를 영역화하는 데 소극적이었다면 왜 그러한 모습을 보여주었을까. 혹 요서를 서로 간의 접경 공간이라고 생각했기 때문이 아닐까. 즉 각 세력 간의 경계를 '선線'이 아닌 요서라는 면으로 설정하였다는 것이다. 주지하듯이 선으로 이해되는 국경선은 영토와 일체화된 국민국가가 등장한 근대 이후의 산물이다. 그러므로 근대적 의미의 국경을 전근대에 그대로 적용할 수 없다.[79] 그렇다면 전근대 시기 국경선이 아닌 접경 공간의 존재를 상정할 수 있는데, 요서가 바로 이에 해당한다고 볼 수 있다.

기존에는 접경에 대해 선으로 파악함으로써 대립이나 갈등의 산물로 보는 경향이 강하였다. 이와 같은 경향 속에서 전근대 시기의 접경을 면·공간으로 설정함으로써 새로운 연구 방향을 제시할 수 있다면, 다양한 접경 공간의 존재 양태와 그 성격을 새로운 시각에서 이해하고 조망할 수 있을 것이다. 이와 같은 견지에서 한국 고대사를 재조명한다면, 고대사 분야의 중요한 연구 주제 가운데 하나라고 할 수 있는 강역, 국경, 변경 등에 대한 연구도 다각도의 관점에서 보다 활발하게 이루어질 수 있을 것이다.

주석

1   윤병모,『高句麗의 遼西進出 硏究』, 경인문화사, 2011, 15쪽; 이정빈,『고구려-수 전쟁 -
    변경 요서에서 시작된 동아시아 大戰』, 주류성, 2018, 12~13쪽. 요서의 범위 및 연원과
    관련해서는 윤병모, 앞의 책, 15~25쪽을 참조하기 바란다.
2   이정빈, 앞의 책, 10~11쪽.
3   김진한,「평원왕대 고구려의 대외 관계 - 요해 지역의 동향을 중심으로」,『국학연구』11,
    한국국학진흥원, 2007, 217쪽.
4   고구려-수 전쟁의 발발 배경에 대한 연구는 다음을 참조하길 바란다. 여호규,「6세기 말
    ~7세기 초 동아시아 국제 질서와 고구려 대외정책의 변화」,『역사와 현실』46, 한국역
    사연구회, 2002, 2~4쪽; 윤용구,「隋唐의 對外政策과 高句麗 遠征 - 裴矩의 郡縣回復論
    을 중심으로」,『북방사논총』5, 동북아역사재단, 2005, 47~49쪽; 이동준,「隋煬帝의 高
    句麗 원정과 군사전략」,『學林』30, 연세사학회, 2009, 135~137쪽; 임기환,「7세기 동
    북아 전쟁에 대한 연구 동향과 과제 - 고구려와 수, 당의 전쟁을 중심으로」,『역사문화논
    총』8, 신구문화사, 2014, 18~24쪽.
5   임용한,『전쟁과 역사 - 삼국편』, 혜안, 2001; 김선민,「隋煬帝의 軍制改革과 高句麗遠
    征」,『東方學志』119, 국학연구원, 2003; 김성남,『전쟁으로 보는 한국사』, 수막새, 2005;
    김영수,「612년 여·수 전쟁과 고구려의 첩보전」,『민족문화』30, 한국고전번역원, 2007;
    이동준, 앞의 글; 楊秀祖,「隋煬帝征高句麗的幾個問題」,『通化師院學報』1996-1, 1996;
    韓昇,「隋煬帝伐高麗之謎」,『滾川師院學報』1996-1, 1996; 劉心銘,「隋煬帝·唐太宗征高
    麗論略」,『解放軍外國語學院學報』2000-2, 2000; 熊義民,「隋煬帝第一次東征高句麗兵
    力新探」,『暨南學報』2002-4, 2002; 寧志新·喬鳳岐,「隋煬帝首征高句麗軍隊人數考」,
    『河北師範大學學報』2004-1, 2004; 侯波,「隋煬帝攻伐高句麗」,『世界博覽』2008-10,
    2008; 楊秀曹,『高句麗軍隊與戰爭研究』, 吉林大學出版社, 2010; 馮永謙,「武厲邏新考
    (上)」,『東北史地』2012-1, 2012; 馮永謙,「武厲邏新考(下)」,『東北史地』2012-2, 2012;
    曹柳麗,「隋煬帝唐太宗征高句麗的軍事後勤建設比較研究」, 江西師範大學 碩士論文,
    2013; 呂蕾,「隋煬帝征伐高句麗失敗原因及其影響探析」,『蘭台世界』15, 2014; 孫煒冉,
    「乙支文德考」,『通化師範學院學報』2015-7, 2015; 淺見直一郎,「煬帝の第一次高句麗遠
    征軍-その規模と兵種」,『東洋史研究』44-1, 1985.
6   김복순,「고구려 대·수당 항쟁전략 고찰」,『군사』12, 국방부전사편찬위원회, 1986; 서
    인한,『高句麗 對隋·唐戰爭史』, 국방부군사편찬위원회, 1991; 온창일,『한민족전쟁
    사』, 집문당, 2001; 서인한,『한국고대군사전략』, 국방부 군사편찬연구소, 2006; 김창석,
    「고구려-수 전쟁의 배경과 전개」,『동북아역사논총』15, 동북아역사재단, 2007; 임기환,
    「국제 질서의 변동과 수·당과의 전쟁」,『고구려의 정치와 사회』, 동북아역사재단, 2007;
    서인한,『동북아의 왕자를 꿈꾸다』, 플래닛미디어, 2009; 이종학,『한국군사사연구』, 충
    남대 출판부, 2010; 임용한,『한국고대전쟁사』2, 혜안, 2012; 김택민,「麗·隋 力學關係와

戰爭의 樣相」, 『東洋史學研究』 127, 동양사학회, 2014; 董明勝, 「隋唐餘高句爭原因及影向探析」, 延邊大學 碩士論文, 2008. 이러한 연구 동향 속에서 598년 고구려-수 전쟁 당시 수의 패배 요인을 분석한 董健, 「楊諒東征高句麗失敗原因探析」, 『東北史地』 2015-4, 2015가 주목되지만, 내용 자체가 짧고 치밀한 분석이 이루어졌다고 보기 힘들다.

7 임기환, 「7세기 동북아시아 국제 질서의 변동과 전쟁」, 『전쟁과 동북아의 국제 질서』, 일조각, 2006, 55쪽.
8 김진한, 앞의 글, 232쪽.
9 정재훈, 『돌궐유목제국사』, 사계절, 2016, 236쪽.
10 『隋書』 卷84 「列傳 49」 「北狄」.
11 정재훈, 앞의 책, 241~244쪽.
12 金子修一, 「高句麗와 隋의 關係」, 『고구려발해연구』 14, 고구려발해학회, 2002, 382쪽.
13 『周書』 卷49 「列傳 41」 「異域上」 「高麗」.
14 고구려가 중원의 정세를 파악하기 위해 사신을 빈번하게 파견한 것이라는 견해가 있다. 김택민, 앞의 글, 242쪽.
15 여호규, 앞의 글, 5쪽.
16 노태돈, 『고구려사연구』, 사계절, 2004, 349·408쪽.
17 『隋書』 卷1 「高祖上 1」 開皇 4年 5月.
18 『隋書』 卷1 「高祖上 1」 開皇 4年 9月.
19 『隋書』 卷1 「高祖上 1」 開皇 5年 4月.
20 『冊府元龜』 卷977 「外臣部 降附門」.
21 여호규, 앞의 글, 11쪽.
22 임기환, 「7세기 동북아시아 국제 질서의 변동과 전쟁」, 60쪽.
23 여호규, 앞의 글, 25쪽. 한편 이들의 수 귀부를 수의 영향력 증대와 연관시키는 견해가 있다(임기환, 앞의 글, 61쪽).
24 수는 중국대륙 통일 이후에도 계속해서 돌궐을 견제·약화시키고자 하였다. 당시 동돌궐 은 투란 카간과 일릭 퀸뒤 카간이 부족의 무리를 나누어 지배하고 있었는데, 수는 597년 상대적으로 세력이 미약한 일릭 퀸뒤 카간과 혼인 관계를 맺고 그를 지원하면서 돌궐의 통합을 가로막아 적대 세력으로 발전할 기회를 차단하였다(이성제, 「高句麗와 투르크계 北方勢力의 관계 – 이해의 방향과 연구 방법에 대한 모색」, 『고구려발해연구』 52, 고구려 발해학회, 2015, 152·155쪽). 이에 분노한 투란 카간은 서돌궐의 타르두쉬 카간과 연합 하여 598~599년에 수를 공격하기도 하였다. 이후 599년 투란 카간이 살해되고 일릭 퀸뒤 카간이 수에 투항하면서 동돌궐은 여전히 수의 영향력에서 벗어나지 못하였다.
25 『隋書』 卷81 「列傳 46」 「東夷」 「高麗」. "王旣人臣, 須同朕德, 而乃驅逼靺鞨, 固禁契丹. (…中略…) 昔年潛行財貨, 利動小人, 私將弩手逃竄下國. 豈非修理兵器, 意欲不臧, 恐有 外聞, 故爲盜竊. (…中略…) 王乃坐之空館, 嚴加防守, 使其閉目塞耳, 永無聞見. 有何陰 惡, 弗欲人知, 禁制官司, 畏其訪察. 又數遣馬騎, 殺害邊人, 屢騁姦謀, 動作邪說, 心在不 賓. (…中略…) 王專懷不信, 恒自猜疑, 常遣使人密覘消息, 純臣之義豈若是也. 蓋當由朕 訓導不明, 王之愆違, 一已寬恕, 今日以後, 必須改革. (…中略…) 朕若不存含育, 責王前 愆, 命一將軍, 何待多力. 慇懃曉示, 許王自新耳, 宜得朕懷, 自求多福."
26 이성제, 『高句麗의 西方政策 研究』, 국학자료원, 2005, 177쪽.

27 수는 평원왕에 이어 즉위한 영양왕에게 '상개부의동삼사 요동군공(上開府儀同三司遼東郡公)'이라는 책봉호를 수여하였는데, 거란 막하불(莫賀弗)에게 수여한 대장군(大將軍)보다는 낮고 백제 위덕왕과는 같았다. 이는 수가 고구려의 우위를 인정하지 않겠다는 의사를 재표명한 것이라고 볼 수 있다. 여호규, 앞의 글, 26쪽.

28 노태돈, 앞의 책, 427쪽.

29 이성제, 앞의 책, 189~191쪽.

30 여호규, 앞의 글, 27쪽.

31 김지영, 「7세기 고구려의 대외 관계 연구」, 숙명여대 박사논문, 2014, 22쪽.

32 『資治通鑑』卷178 「隋紀 2」 文帝 開皇 18年. "高麗王元帥靺鞨之衆萬餘寇遼西, 營州總管韋沖擊走之. (…中略…) 乙巳, 上聞而大怒, 以漢王諒·王世積並爲行軍元帥, 將水陸三十萬伐高麗, 以尚書左仆射高熲爲漢王長史, 周羅睺爲水軍總管. (…中略…) 六月 丙寅, 下詔黜高麗王元官爵."

33 『資治通鑑』卷182 「隋紀 6」 煬帝 大業 10年. "開皇之末, 國家殷盛, 朝野皆以高麗爲意. 劉炫獨以爲不可, 作撫夷論以刺之." 이 사료는 598년 즈음의 수 조정 분위기를 전해주는 기록인데, 고구려의 요서 공격 이전으로 보는 견해(이성제, 앞의 책, 194쪽)와 요서 공격 이후로 보는 견해(김진한, 「고구려 후기 대외 관계사 연구」, 한국학중앙연구원 박사논문, 2010, 142쪽)가 있다.

34 이성제, 앞의 책, 200쪽.

35 임기환, 「7세기 동북아시아 국제 질서의 변동과 전쟁」, 62쪽.

36 이정빈, 「고구려-수 전쟁의 배경연구」, 경희대 박사논문, 2013, 64쪽.

37 이성제, 앞의 책, 203쪽.

38 영양왕이 말갈 기병을 이끌고 온 것에 대하여 수와의 대립을 반대한 일부 귀족들의 정치적 압력에서 자유로울 수 있고, 만약 수에서 요서 공격을 외교적 문제로 삼았을 때 말갈과 거란의 상쟁으로 문제의 소재를 돌림으로써 수와의 전면전을 회피할 구실로 삼기 위해서라는 견해가 있다(이정빈, 앞의 글, 66쪽).

39 이성제, 앞의 책, 203쪽.

40 거란과 말갈에 대한 영향력 확대 혹은 영주총관부 설치가 고구려-수 전쟁의 발발 원인이 되었다는 견해는 오래전부터 제기되었다(末松保和, 「高句麗攻守の形勢」, 『靑丘學叢』 5, 1931; 이용범, 「高句麗의 遼西進出 企圖와 突厥」, 『史學硏究』 4, 한국사학회, 1959; 노태돈, 「高句麗의 漢江流域喪失의 原因에 대하여」, 『한국사연구』 13, 한국사연구회, 1976; 김선민, 「高句麗의 隋唐關係硏究-靺鞨을 中心으로」, 『백제연구』 26, 백제연구소, 1985; 韓昇, 「隋と高句麗の國際政治關係をめぐって」, 『堀敏一先生古稀紀念論叢』, 汲古書院, 1995; 이성제, 앞의 책, 203쪽).

41 李德源, 「隋朝軍事機構與職官設置」, 『軍事歷史』 1987-6, 1987, 46쪽; 孫繼民, 『唐代行軍制度研究』, 文津出版社, 1995, 68쪽. 수는 북주의 군사제도를 계승하면서 부병제(府兵制) 또한 계승·발전시켰다. 수 문제 시기에는 중앙과 지방에 표기부(驃騎府), 거기부(車騎府) 등의 군부(軍府)를 두어 부병을 관리하였는데, 표기부장군이 주관, 거기장군이 부관이 되었다. 군부에 소속된 부병은 각기 좌익위(左翊衛), 우익위(右翊衛), 좌효위(左驍衛), 우효위(右驍衛), 좌무위(左武衛), 우무위(右武衛), 좌둔위(左屯衛), 우둔위(右屯衛), 좌어위(左禦衛), 우어위(右禦衛), 좌후위(左候衛), 우후위(右候衛) 등 중앙 12위

부(衛府)에 분속되었다. 수 양제 시기에는 중앙 12위에 각각 정3품 대장군(大將軍) 1인, 종3품 장군(將軍) 2인, 정4품 무분낭장(武賁郎將) 4인, 종4품 무아낭장(武牙郎將) 6인, 정5품 장사(長史) 1인 등을 배속하였다. 한편 일부 지방에는 북주 이래 대외 방비를 주목적으로 하는 총관부(總管府)가 설치되었는데, 총관(總管)이 독자적으로 지방 군사를 담당했다(季德源, 앞의 글, 1987, 45쪽).

42 『隋書』卷2「高祖下2」開皇 8年 10月. "命晉王廣·秦王俊·淸河公楊素並爲行軍元帥, 以伐陳. (…中略…) 合總管九十, 兵五十一萬八千, 皆受晉王節度."

43 북주의 예를 들면서 총관이 약5천 명의 병력을 거느렸다는 견해(김선민, 앞의 글, 146쪽)와 보병 4천 명, 기병 2천 명을 거느렸다는 견해가 있다(서인한, 『高句麗 對隋·唐戰爭史』, 59쪽).

44 50명의 행군총관이 있었다는 견해가 있다(위의 책, 59쪽).

45 孫繼民, 앞의 책, 69쪽.

46 『隋書』卷45「列傳 10」「文四子 楊諒」.

47 『資治通鑑』卷177「隋紀 1」文帝 開皇 15年 10月.

48 孫繼民, 앞의 책, 72쪽.

49 『隋書』卷45「列傳 10」「楊諒」. "自山以東, 至於滄海, 南拒黃河, 五十一州盡隸焉. 特許以便宜, 不拘律令."

50 『隋書』卷40「列傳 5」「王世積」.

51 『隋書』卷41「列傳 6」「高熲」; 『隋書』卷37「列傳 2」「李穆兄子詢」.

52 『隋書』卷41「列傳 6」「高熲」.

53 『隋書』卷41「列傳 6」「高熲」. "開皇二年, 長孫覽·元景山等伐陳. 令熲節度諸軍. 會陳宣帝薨, 熲以禮不伐喪, 奏請班師."

54 『隋書』卷41「列傳 6」「高熲」. "(開皇) 九年, 晉王廣大擧伐陳, 以熲為元帥長史. 三軍諮稟, 皆取斷於熲. 及陳平, 晉王欲納陳主寵姬張麗華, 熲曰, "武王滅殷, 戮妲己. 今平陳國, 不宜取麗華. 乃命斬之, 王甚不悅."

55 『隋書』卷51「列傳 16」「長孫覽」.

56 『隋書』卷39「列傳 4」「元景山」.

57 『隋書』卷51「列傳 16」「長孫覽」.

58 북주 시기 위형(尉迥)의 반란 때 위효관(韋孝寬)이 행군원수로 파견되고 이순(李詢)이 원수장사가 되어 '심려(心膂)'를 맡았다는 기록을 볼 때(『隋書』卷37「列傳 2」「李穆兄子詢」), 원수장사는 행군원수를 보필하는 역할이었던 것으로 추정된다.

59 수 문제의 둘째 아들인 양광(楊廣)이 598년 당시 30세였다는 점을 감안하면서, 양량(楊諒)의 나이를 20세 전후로 추정하기도 한다. 김택민, 앞의 글, 253쪽, 각주76.

60 『隋書』卷50「列傳 15」「元褒」; 『隋書』卷55「列傳 20」「杜彦」.

61 『隋書』卷45「列傳 10」「文四子 漢王 楊諒」. "十八年, 起遼東之役, 以諒爲行軍元帥, 率眾至遼水, 遇疾疫, 不利而還."

62 『太平寰宇記』卷173「四夷 2」「東夷 2」「高勾麗國」. "隋文帝時, 以靺鞨之衆萬餘騎, 寇遼東, 帝遣漢王諒討之, 次遼水大遭疾疫, 又乏粮."

63 『隋書』卷40「列傳 5」「王世積」. "及起遼東之役, 世積與漢王並爲行軍元帥, 至柳城, 遇疾疫而還."

64 왕세적이 행군원수로 임명되기 전에 병 치료를 이유로 집에서 쉬고 있었다는 점을 들어 왕세적 개인이 돌아온 것이라는 견해가 있다(김택민, 앞의 글, 253쪽). 그런데 왕세적이 원정에 참전하기 전에 집에서 쉬고 있었던 이유는 술병 때문이었다. 그리고 전염병은 D-①과 D-② 등의 기록에서 보듯 원정군 사이에서 유행하고 있었다. 이로 볼 때 D-③에서 전염병에 걸려 돌아온 주체는 왕세적 개인이 아닌 그 휘하의 군대라고 추정된다.

65 『隋書』卷50「列傳15」「元褎」. "遼東之役, 複以行軍總管從漢王至柳城而還." 한편 이 기록을 보면 원포가 한왕을 따라나섰다가 유성에서 돌아왔다고 하므로, 그가 양량 휘하의 행군총관이며 요수에 따라가지 않고 후미(柳城)에 남았던 것으로도 생각할 수도 있다. 그러나 원포가 왕세적과 같은 행보를 보였다는 점에서 왕세적 휘하의 행군총관이라고 파악된다. 그렇다면 기록에 나오는 한왕의 부대는 양량의 군대만이 아닌 왕세적의 군대를 포함한 수 원정군 전체를 의미한다고 여겨진다. 598년 수 원정군의 명목상 최고 지휘관이 양량이었기 때문에 원정군 전체를 한왕의 군대로 일컬어졌다고 볼 수 있다는 것이다.

66 『資治通鑑』卷178「隋紀2」文帝 開皇 19年 6月. "伐遼之役, 潁固諫, 不從. 及師無功, 后言於上曰, 潁初不欲行, 陛下強遣之, 妾固知其無功矣. 又上以漢王年少, 專委軍事於潁, 潁以任寄隆重, 每懷至公, 無自疑之意, 諒所言多不用. 諒甚銜之, 及還, 泣言於后曰, 兒幸免高潁所殺."

67 『資治通鑑』卷175「陳紀9」宣帝 太建 13年 2月; 『資治通鑑』卷176「陳紀10」長城公 禎明 2年 10月.

68 『隋書』卷45「列傳10」「文四子 楊俊」.

69 『隋書』卷45「列傳10」「文四子 楊秀」.

70 『隋書』卷45「列傳10」「文四子 楊諒」.

71 『隋書』卷40「列傳5」「王世積」. "高潁美其才能, 甚善之, 嘗密謂潁曰, 吾輩俱周之臣子, 社稷淪滅, 其若之何, 潁深拒其言."

72 『隋書』卷40「列傳5」「王世積」. "其親信安定皇甫孝諧有罪. 吏捕之, 亡抵世積. 世積不納, 由是有憾. (…中略…) 稱, 世積嘗令道人相其貴不, 道人答曰, 公當為國主. 謂其妻曰, 夫人當為皇后. (…後略…) 由是被征入朝, 按其事. 有司奏, 左衛大將軍元旻·右衛大將軍元冑·左僕射高潁, 並與世積交通, 受其名馬之贈. 世積竟坐誅, 旻·冑等免官, 拜孝諧為上大將軍."

73 김창석, 앞의 글, 119쪽.

74 『資治通鑑』卷178「隋紀2」文帝 開皇 18年. 598년에 서돌궐과 동돌궐이 함께 수의 국경을 침범했기 때문에 군대를 돌릴 수밖에 없었다는 견해가 있다(김지영, 앞의 글, 23~24쪽). 한편 중국 사료의 기록과 달리 고구려군과 수 육군 사이에 실제 전투가 있었고, 수군이 참패하면서 철군하였다는 주장이 있다. 신채호는 『조선상고사』에 지금은 전해지지 않고 있는 『서곽잡록(西郭雜錄)』을 참고하였다고 하면서 병마원수(兵馬元帥) 강이식(姜以式)이 이끄는 고구려 수군(水軍)에 의해 수 수군(水軍)이 격파되면서 수 육군에 대한 보급이 끊겼고, 이에 퇴각할 수밖에 없었던 수 육군을 고구려군이 추격·격파하면서 섬멸된 것이라고 기록하였다. 그러면서 중국 사료에 수군이 스스로 철군하였다고 기록한 것은 중국의 체면을 위해 치욕을 숨기고자 하였던 춘추필법(春秋筆法) 때문이라고 주장하였다(신채호, 『조선상고사』, 단재신채호전집편찬위원회, 『단재 신채호 전집』1 - 역사, 독립기념관한국독립운동사연구소, 773쪽). 이러한 주장은 북한학계와 한국학계 일부에

서도 받아들여지고 있다(김복순, 앞의 글, 96쪽; 변희룡, 「第1次 高隋戰爭(臨渝關 戰捷)에서의 장마」, 『대기』 9, 한국기상학회, 1999; 이종학, 앞의 책, 159~160쪽. 중국학계는 이러한 주장을 거의 다루지 않았는데, 최근에 받아들이는 연구가 있었다(侯波, 앞의 글, 52~53쪽). 그리고 신채호의 주장을 소개하면서, 당의 입장에서 수의 패배 원인에 대해 수의 역량 때문이 아닌 기후 등의 요소 때문에 어쩔 수 없이 철군하였다고 감싸줄 이유가 없다는 점, 당시 원정에 참전했던 지휘관에 대한 처벌 기록이 없다는 점을 들어 전투 없이 철군하였다는 기록을 신빙할 수 있다는 연구도 있었다(董健, 앞의 글, 52쪽).

75 『隋書』卷24「志 19」「食貨」.

76 김택민, 앞의 글, 252쪽.

77 이정빈, 앞의 글, 95쪽.

78 양량은 604년 수 양제에 반대하여 30만 대군을 거느리고 반란을 일으켰는데, 정확한 결정을 내리지 못했고 유능한 신하의 건의도 받아들이지 않음으로 인하여 불과 1개월 여만에 양소의 군대에게 패배하였다(董健, 앞의 글, 53쪽). 양량의 무능함을 단적으로 보여주는 예라고 볼 수 있다.

79 박성현, 「한국 고대의 국경과 변경」, 『역사와 현실』 82, 한국역사연구회, 2011, 19쪽.

참고문헌

『三國史記』.
『周書』.
『隋書』.
『冊府元龜』.
『資治通鑑』.
『太平寰宇記』.
고구려연구재단,『중국소재 고구려관련 금석문자료집』, 2005.
한국학중앙연구원출판부 편집부,『중국 소재 한국 고대 금석문』, 2015.

김복순,「고구려 대·수당 항쟁전략 고찰」,『군사』 12, 국방부전사편찬위원회, 1986.
김선민,「高句麗의 隋唐關係硏究-靺鞨을 中心으로」,『백제연구』 26, 백제연구소, 1985.
_____,「隋 煬帝의 軍制改革과 高句麗遠征」,『東方學志』 119, 국학연구원, 2003.
김성남,『전쟁으로 보는 한국사』, 수막새, 2005.
김영수,「612년 여·수 전쟁과 고구려의 첩보전」,『민족문화』 30, 한국고전번역원, 2007.
金子修一,「高句麗와 隋의 關係」,『고구려발해연구』 14, 고구려발해학회, 2002.
김지영,「7세기 고구려의 대외 관계 연구」, 숙명여대 박사논문, 2014.
김진한,「고구려 후기 대외 관계사 연구」, 한국학중앙연구원 박사논문, 2010.
_____,「평원왕대 고구려의 대외 관계 – 요해 지역의 동향을 중심으로」,『국학연구』 11, 한국국
        학진흥원, 2007.
김창석,「고구려-수 전쟁의 배경과 전개」,『동북아역사논총』 15, 동북아역사재단, 2007.
김택민,「麗·隋 力學關係와 戰爭의 樣相」,『東洋史學研究』 127, 동양사학회, 2014.
노태돈,「高句麗의 漢江流域喪失의 原因에대하여」,『한국사연구』 13, 한국사연구회, 1976.
_____,『고구려사연구』, 사계절, 2004.
박성현,「한국 고대의 국경과 변경」,『역사와 현실』 82, 한국역사연구회, 2011.
변희룡,「第1次 高隋戰爭(臨渝關 戰捷)에서의 장마」,『대기』 9, 한국기상학회, 1999.
서인한,『高句麗 對隋·唐戰爭史』, 국방부군사편찬위원회, 1991.
_____,『한국고대군사전략』, 국방부군사편찬연구소, 2006.
_____,『동북아의 왕자를 꿈꾸다』, 플래닛미디어, 2009.
신채호,『조선상고사』, 단재신채호전집편찬위원회 편,『단재 신채호 전집』 1 – 역사, 독립기념관
        한국독립운동사연구소

여호규, 「6세기 말~7세기 초 동아시아 국제 질서와 고구려 대외정책의 변화」, 『역사와 현실』 46, 한국역사연구회, 2002.

온창일, 『한민족전쟁사』, 집문당, 2001.

윤병모, 『高句麗의 遼西進出 硏究』, 경인문화사, 2011.

윤용구, 「隋唐의 對外政策과 高句麗 遠征 – 裴矩의 郡縣回復論을 중심으로」, 『북방사논총』 5, 동북아역사재단, 2005.

이동준, 「隋煬帝의 高句麗 원정과 군사전략」, 『學林』 30, 연세사학회, 2009.

이성제, 『高句麗의 西方政策 硏究』, 국학자료원, 2005.

_____, 「高句麗와 투르크계 北方勢力의 관계 – 이해의 방향과 연구 방법에 대한 모색」, 『고구려발해연구』 52, 고구려발해학회, 2015.

이용범, 「高句麗의 遼西進出 企圖와 突厥」, 『史學硏究』 4, 한국사학회, 1959.

이정빈, 「고구려-수 전쟁의 배경연구」, 경희대 박사논문, 2013.

_____, 『고구려-수 전쟁 – 변경 요서에서 시작된 동아시아 大戰』, 주류성, 2018.

이종학, 『한국군사사연구』, 충남대 출판부, 2010.

임기환, 「7세기 동북아시아 국제 질서의 변동과 전쟁」, 『전쟁과 동북아의 국제 질서』, 일조각, 2006.

_____, 「국제 질서의 변동과 수·당과의 전쟁」, 『고구려의 정치와 사회』, 동북아역사재단, 2007.

_____, 「7세기 동북아 전쟁에 대한 연구동향과 과제 – 고구려와 수, 당의 전쟁을 중심으로」, 『역사문화논총』 8, 신구문화사, 2014.

임용한, 『전쟁과 역사 – 삼국편』, 혜안, 2001.

_____, 『한국고대전쟁사』 2, 혜안, 2012.

정재훈, 『돌궐유목제국사』, 사계절, 2016.

薑明勝, 「隋唐餘高句爭原因及影向探析」, 延邊大學 碩士論文, 2008.

季德源, 「隋朝軍事機構與職官設置」, 『軍事歷史』 1987-6, 1987.

董健, 「楊諒東征高句麗失敗原因探析」, 『東北史地』 2015-4, 2015.

劉心銘, 「隋煬帝·唐太宗征高麗論略」, 『解放軍外國語學院學報』 2000-2, 2000.

孫煒冉, 「乙支文德考」, 『通化師範學院學報』 2015-7, 2015.

楊秀祖, 「隋煬帝征高句麗的幾個問題」, 『通化師院學報』 1996-1, 1996.

呂蕾, 「隋煬帝征伐高句麗失敗原因及其影響探析」, 『蘭台世界』 15, 2014.

寧志新·喬鳳岐, 「隋煬帝首征高句麗軍隊人數考」, 『河北師大學學報』 2004-1, 2004.

熊義民, 「隋煬帝第一次東征高句麗兵力新探」, 『暨南學報』 2002-4, 2002.

曹柳麗, 「隋煬帝唐太宗征高句麗的軍事後勤建設比較研究」, 江西師範大學 碩士論文, 2013.

馮永謙, 「武厲邏新考(上)」, 『東北史地』 2012-1, 2012.

_____, 「武厲邏新考(下)」, 『東北史地』 2012-2, 2012.

韓昇, 「隋煬帝伐高麗之謎」, 『滾川師院學報』 1996-1, 1996.

侯波, 「隋煬帝攻伐高句麗」, 『世界博覽』 2008-10, 2008.

末松保和, 「高句麗攻守の形勢」, 『青丘學叢』 5, 1931.

淺見直一郎, 「煬帝の第一次高句麗遠征軍-その規模と兵種」, 『東洋史硏究』 44-1, 1985.

韓昇, 「隋と高句麗の國際政治關係をめぐって」, 『堀敏一先生古稀紀念論叢』, 汲占書院, 1995.

11세기 중반 송宋-거란의 접경 지역을 둘러싼 충돌과 외교 교섭

이근명

1. 11세기 송-거란 사이 긴장의 고조

1040년대에 들어서며 북송北宋의 정치는 중대한 위기 국면에 처한다. 무엇보다 서하西夏의 이원호李元昊가 송에 대해 적대적인 자세를 취하면서 서쪽 변경지대에 군사적 긴장이 지속되었기 때문이다. 이 무렵 전연澶淵의 맹약으로 거란과 평화조약을 체결한 이래 송조宋朝는 북방의 군사적 위협으로부터 벗어나 비교적 오랫동안 평화를 구가하고 있었다. 이러한 상황에서 돌연 서하와 전쟁이 벌어지자 군비가 부실한 송조는 연패를 거듭하였다. 송 조정은 군사적 열세를 만회하기 위해 병력을 대대적으로 증강시켜갔다. 그러나 끝내 무력으로 서하를 제압하지는 못했다. 오히려 군대 숫자의 증대로 말미암아 재정 부족만 심화되어 갔을 뿐이었다.

1040년 무렵은 송나라 인종仁宗이 즉위하여 약 20년 정도가 경과한 시점이다. 또한 재상 여이간呂夷簡이 국정을 주도한지 10여 년이 흘러 그 세력이 정계에 두루 퍼져 있는 상태였다. 서하에 대한 전략 및 정책 역시 여이간 및 그에 동조하는 관료들에 의해 결정되었다.

서하와의 전쟁은 북송의 군사적 나약함을 여실히 드러냈다. 서방의 소국으로 쉽게 굴복시킬 수 있다고 판단했던 서하에 대해 북송의 군대는 제대로 대응다운 대응을 하지 못하였다. 특히 인종 강정康定 원년(1040)에 있었던 삼천구三川口전투와 이듬해 벌어진 호수천好水川전투에서의 참담한 패배는 북송 조야에 커다란 충격을 주었다. 이러한 상태에서 범중엄范仲淹과 한기韓琦 중심의 대對 서하정책이 채택되어 가까스로 전선의 붕괴를 막을 수 있었다. 특히 범중엄은 삼천구전투 직후인 1040년 8월 최전선에 위치한 연주延州 지주에 임명되었다. 그는 견벽청야堅壁淸野의 정책을 취하며 변경지구에 성채를 건설하고 군대 조련에 주력하는 방식을 견지하였다.

하지만 범중엄과 한기를 파견한 이후에도 송조의 군사적 열세는 지속되었다. 1041년(경력慶曆 원년)에는 호수천전투에서 크게 패하였고, 이듬해의 강천채定川寨전투에서도 참패를 당하였다. 이처럼 서하와의 전쟁으로 북송이 심각한 난관에 봉착해 있을 때, 북방의 거란이 관남의 땅의 關南之地 반환을 요구해 왔다. 관남이란 연운16주燕雲十六州 가운데 후주後周의 세종世宗에 의해 수복되었던 2주 10현 지역을 가리킨다. 거란의 요구에 북송은 곤경에 처했다. 이러한 곤경을 훌륭히 타개하여 북송 조정을 구해냈다고 평가받는 인물이 바로 부필富弼(1004~1083)이다. 그는 수차례나 거란에 사신으로 파견되어 거란의 무리한 요구를 적절히 차단하고, 송 측의 이해 관계와 위신을 잘 지켜냈다고 평가받는 인물이다.

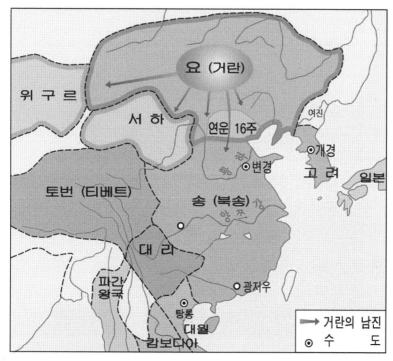

〈그림 1〉 11세기 중엽 송-거란의 형세

10세기 초 거란족의 부상으로 말미암아 동아시아 세계에 다원적 국제 질서가 형성되었다.

그런데 1040년경은 여이간 일파의 권세가 절정에 달했던 시점이다. 또 부필은 경력 3년(1043) 이후 전개된 이른바 '경력신정慶曆新政'의 주도 인물 가운데 하나였다. 경력신정이란 잘 알려져 있듯 십수 년 동안 재상 의 자리를 지키며 정국을 장악하고 있었던 여이간이 파직되고, 그 자리 를 대신할 신진 관료가 등장하여 국정 각 분야를 대대적으로 개혁하고 자 한 시도였다. 송-거란 사이 국경 분쟁이 결착된 직후 북송 정계에 대 대적인 개편이 발생하였던 것이다. 이러한 정국의 변화는 어떠한 배경 에서 비롯된 것일까? 1040년대 초반에 전개된 송-거란 사이의 국경 분쟁, 그리고 그 해결의 주역이었던 부필의 활약은, 이 시기 북송 정국의 급박한 굴곡과 긴밀한 연관이 있는 것이 아닐까? 부필의 거란 출사出使와 국경 분쟁 해결 노력에 대해 당시 북송의 정계, 그리고 각 정파는 어떠한 대응을 보였던 것일까?[1]

2. 거란의 관남의 땅關南之地 할양 요구

인종仁宗 경력 2년(1042) 2월 거란은 송에 사신을 파견하여 관남의 땅 10현의 반환을 요구하였다. 거란의 이러한 조치는 면밀한 사전 검토를 통해 취해진 것이었다. 당시 거란의 흥종興宗은 27세로, 즉위한지 11년이 된 상태였다. 또한 1034년(거란 흥종 중희重熙 3, 송 인종 경우景祐 원년)에 전횡을 일삼던 법천태후法天太后를 제거한 이래로 정권이 점차 공고해지고 있었다. 사회의 안정과 더불어 인구도 급속히 증가하는 추세였다. 흥종과 군신은 송이 서하와 전쟁으로 피폐해져 있다는 것을 이용하여, 송 측에 관남의 땅 반환을 요구하기로 결정하였다. 만일 이것이 받아들여지지 않는다면 다음 단계로 송에 대한 전면적 남침을 감행하기로 결정하였다. 거란은 송과의 전쟁에 자신감을 지니고 있었다. 당시 남원추밀사南院樞密使였던 소혜蕭惠는, "송과 우리 거란 양국의 군사력은 폐하께서 잘 아시는 바 대로입니다. 송인宋人은 근래 몇년 간 서하와의 전쟁으로 인해, 군대는 지쳐 있고 백성은 피폐해진 상태입니다. 폐하께서 친히 대군을 이끌고 출정하신다면 반드시 승리하실 것입니다"[2]라고 말하고 있을 정도였다.

거란의 동태가 심상치 않다는 사실은 이미 송도 간파하고 있었다. 1041년 10월, 변경에 위치한 웅주의 지방관은 거란의 동태를 탐지하고 "거란이 군대를 모집하여 장차 침범하려 한다"[3]고 보고하였다. 송 조정에서는 이 보고에 따라, 국경지대 21주에 배치된 군대를 증강하고 성채를 보수하였다.

여기서 검토가 필요한 사안이 한 가지 있다. 1042년 전후 거란의 할지증폐割地增幣 요구와 관련하여 송 측의 사서史書에서는, 이를 철저히 거란의 전연澶淵의 맹약에 대한 위약違約이라고 적고 있다. 그런데 거란은 할지割地의 명분 가운데 하나로 송 측의 변방邊防 강화, 군대의 증강과 성채 보수를 들고 있다. 전연의 맹약에서는 송-거란 간 국경의 군비를 당시 상태로 유지해야 한다고 규정하고 있다. 부득이하게 노후화된 시설을 보수할 때에도 사전에 통보하기로 되어 있었다. 하지만 송은 거란과의 변경지대에서 수시로 군비를 강화하는 조치를 취하였다. 송은 서하전쟁이 발발한 직후에도 거란의 남침을 대비한다는 명목으로 병력을 증강시켰다. 또한 성채 및 방어용 시설의 확장도 수시로 진행시켰다. 1041년의 방어 태세 정비 또한, 21주州라 하는 것으로부터 알 수 있듯이, 송-거란 접경 지역에서 대단히 광범위하게 단행되었다. 거란이 지적하는 송의 전연의 맹약 위약은 부정할 수 없는 사실이었다.[4]

이러한 송 측의 대비, 변방의 강화는 거란에게 송에 대한 압박의 명분으로 작용하였다. 거란은 송의 군대 증강과 성채 증설이 맹약의 위반이라 지적하고, 또한 송이 서하를 공격하기에 앞서 거란에 사전 통고하지 않았던 점을 질책하였다. 거란과 서하는 번속藩屬 관계에 있을뿐더러

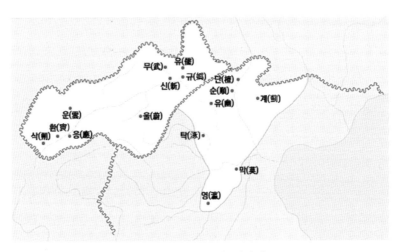

〈그림 2〉 송-거란의 접경 지역에 위치한 연운16주의 전체 지도
이 가운데 관남의 땅이란 제일 남쪽에 위치한 막주와 영주를 가리킨다.

생구甥舅 관계에 있으니 송은 서하 공격을 거란과 미리 상의했어야 했다
는 것이었다. 이러한 양국 사이의 분란과 오해를 종식시키기 위해, 거란
은 거란의 고지故地인 관남의 땅을 반환할 것을 송에 요구하였다.[5]

관남의 땅은 송-요간 국경지대 중에서도 최고의 전략적 요충지였다.
화북 평원의 북단에 위치하여 양변의 저지대를 굽어볼 수 있는 산지였
기 때문에, 송은 이곳을 거점으로 하여 거란의 기병대를 제지할 수 있는
방어 진지를 구축해 두고 있었다. 특히 그 남쪽 변방에는 태종太宗 연간
이래로 이하易河로부터 발해로 이르는 지점까지 제방을 수축하여 호당湖
塘을 연결시켰다. 이를 '수장성水長城'이라고 불렀다. 관남의 땅을 상실할
경우 수장성의 방위도 대단히 곤란한 상태였다. 송에게 관남의 땅은 군
사적으로 대단히 중요한 지역이었다. 결코 거란의 요구대로 순순히 넘
겨줄 수는 없었다.

3. 거란 사자의 도착과 북송 조정의 대응

거란의 사자인 남원선휘사南院宣徽使 소특림蕭特末과 한림학사 유육부劉六符는 1042년 3월 송의 동도東都에 도착하였다. 거란이 국서를 전달하자 송 조정은 전전긍긍하였다. 거란과의 교섭에 나설 사신을 구하였으나 아무도 나서지 않았다. 이러한 정황에 대해 당시의 사서史書에서는, "인종이 재상에게 명하여 보빙報聘할 인물을 선정하라 하였다. 하지만 당시 거란의 동태를 예측할 수 없어 군신群臣 가운데 누구도 감히 가려 나서는 자가 없었다"[6]고 전하고 있다. 외교적 절충의 귀추가 극히 불투명한 상태에서 위험한 역할을 떠맡으려 하지 않은 것이다. 이러한 상황에서 실권자 여이간이 부필을 추천하였고, 부필은 아무런 망설임 없이 거란과의 교섭 임무를 떠안았다.

당시 부필은 간관諫官으로서 범중엄, 구양수歐陽脩 등과 긴밀한 관계를 맺고 있었다. 여러 정치적 현안에 대해서도, "여이간이 집권한 이래 누구 한 사람 감히 대항하려 하지 않았다. 하지만 부필은 수차례나 여이간에 맞서 그 정치를 힐난하였다"[7]는 내용에서 볼 수 있듯 비판적 주장을 개진하며 집권자인 여이간과 마찰을 빚었다. 특히 1041년(경력 원년) 9월에는 개봉부開封府의 도첩度牒 위조 사건을 둘러싸고 여이간과 심각하게 대립각을 세운 바 있다. 여이간은 이때의 일로 '몹시 불쾌해했다'[8]고 한다. 여이간의 추천은, "일부러 부필을 거란에 사자로 추천하여 함정에 빠트리고자 한 것이었다"[9]는 표현에서 알 수 있듯이 부필을 곤경에 빠트리고자 하는 의도였다.

이러한 사정을 알기에 부필이 거란행 사신으로 결정되자 여기저기에서 비판의 목소리가 터져 나왔다. 특히 대간관臺諫官은 일치된 목소리로 여이간의 음험한 책략과 부필에 대한 위해 기도를 비판하였다. 이 무렵 인종은 대간직臺諫職을 서서히 강화시키는 방침을 채택하고 있었다. 인종의 치세에 들어와 대간관의 인원이 늘었을 뿐만 아니라 그 위상도 현저히 강화되었다.[10] 이러한 대간관들이 부필을 옹호하고 여이간을 비판했던 것에는, 부필 또한 우정언右正言으로서 간관의 직위에 있었다는 점도 약간의 영향을 미쳤을 것이다. 하지만 이보다는 손면孫沔, 장방평張方平 등의 대간관들이 대부분 여이간에 대해 비판적이면서 동시에 당시 현안에 개혁적인 입장을 취하고 있었다는 점이 크게 작용하였을 것이라고 판단된다.

잘 알려져 있듯 1033년(인종 명도 2년) 간관에 임용된 범중엄은 「구폐팔사救弊八事」란 상주문을 올려 국정의 전면적인 쇄신을 요구하였다. 이 주장은 수용되지 않았으나 이를 계기로 구양수, 여정余靖, 채양蔡襄, 윤수尹洙, 한기韓琦 등 개혁의 필요성에 공감하는 신진 관원들이 점차 결속하기 시작하였다. 1035년(인종 경우 2년) 범중엄이 「백관도百官圖」를 제출하여 여이간 중심의 파벌 형성을 공박하다가 폄관貶官될 때에는 구양수, 여정, 윤수 등이 하나된 목소리로 그를 옹호하였다. 이러한 과정을 거쳐 1040년 전후가 되면 여이간의 국정 농단에 반대하여 개혁을 부르짖는 일군의 관원들이 점차 명확한 모습을 갖추게 되었다.

여이간이 부필을 곤경에 빠트리기 위해 그를 거란행 사자로 추천하자, 대간관뿐만 아니라 윤수, 구양수 등 평소 부필과 긴밀한 관계를 유지하고 있던 인사들도 강력한 목소리로 여이간의 행태를 비판하고 나

〈그림 3〉 부필과 여이간.
1040년 거란이 관남의 땅을 요구해 왔을 때, 부필(1004~1083)은 37살, 여이간(979~1044)은 62살이었다.

섰다. 특히 구양수는 당 후반기에 안진경顔眞卿이 이희열李希烈에게 사자로 갔다가 생환하지 못했던 사실을 들며, 여이간이 자신에게 비판적인 부필을 추천한 것에 대해 신랄하게 공박하였다.[11] 이러한 비판과 반대는 받아들여지지 않았지만, 이러한 논란은 점차 여이간의 정국 운영방식과 외교정책에 대한 논란으로 비화하였다. 서하와의 외교를 주도한 장득상章得象, 안수晏殊에 대한 비판도 제기되었으며, 대간관들은 거란과의 교섭에서 다시 그 실패의 전철을 밟아서는 안 된다고 주장하였다.

부필의 거란 사절행使節行을 둘러싼 논란은 북송 정계에 커다란 파장을 불러 일으켰다. 이를 계기로 여이간의 독선적이면서도 부당한 정책이 부각되었고, 더불어 여이간에 대한 반대 세력도 점차 결집되기에 이르렀다. 하지만 이러한 논란에도 불구하고 부필의 거란 파견은 명쾌하게 매듭지어졌다. 부필 자신이 거란행 사자의 직임을 흔쾌히 수용하고, 그것을 황제 인종 앞에서 명언하였기 때문이다. 그는 "주군主君이 근심에 빠지는 것은 신하된 자의 굴욕입니다. 신臣은 감히 죽음을 아까워하지 않겠나이다"[12]라고 말하며 인종을 감동시켰다.

4. 송-거란 사이 외교적 절충의 진행

1042년(인종 경력 2년) 4월 부필은 거란에 국신사國信使로 파견되었다. 부필은 송 조정에서 거란 측에 전달하는 국서를 휴대하고 갔다. 여기에는 거란이 제기한 문제들, 즉 관남의 땅 환수를 요구하며 그 명분으로 들었던 세 가지 사항에 대한 답변이 적혀 있었다. 첫째, 관남關南이 거란의 고지故地라 주장하는 것에 대해서는, 전연澶淵의 화의 당시 이전의 세고細故는 모두 불문에 붙이기로 했던 사실로 반박하였다. 둘째, 서하에 대한 공격을 미리 거란 측에 통고하지 않은 것에 대해서는, 서하가 이전부터 거란뿐만 아니라 송에 대해서도 칭번稱藩하고 있었다는 점을 들었다. 또한 거란 측의 말과는 달리 송의 서하에 대한 정벌에 앞서 거란에 통고하였음도 지적하였다. 실제로 북송은 1040년(인종 강정 원년) 거란에 사신을 파견하여 서하에 대한 공격을 통지한 바 있다.[13] 마지막으로 성채 및 도로의 보수, 병졸의 훈련은 변신邊臣의 일상적인 직무 이행일 뿐이라 해명하였다.

이러한 국서의 내용은 당시 국정을 주도하고 있던 여이간의 의사가 크게 반영된 것이었다. 여이간은 여타 재집宰執들과 협의하여 거란에 대한 대처의 방향을 확정하고 이를 국서에 담아 부필에게 전달하게 하였다.

아울러 송조는 거란의 관남의 땅 반환 요구에 대해 그것을 수용할 수 없음을 분명히 하고, 그 대신 두 가지 대안을 제시하였다. 거란 황실과의 혼인 및 세폐歲幣의 증액이었다. 양국 황실 간의 결혼은 거란이 화호和好의 공고화를 위해 고지의 반환을 요구하는 것에 대한 새로운 제안이었다. 송 종실의 여인을 거란 황자皇子와 결혼시킴으로써 양국의 우호를 증진시키자는 논리였다. 다음으로 세폐의 증액은, 거란이 반환을 요구하는 관남의 땅의 세수稅收를 현물로 보전해 주겠다는 답변이었다.

그런데 거란에 제시한 두 가지 대안을 둘러싸고 송조 내부에서는 여러가지 논의가 대립하고 있었던 것으로 보인다. 우선 사신으로 파견된 부필 자신도 거란과 절충할 때에 원칙적으로는 혼인과 세폐의 증액 가운데 하나를 택하라고 하면서도, 가능한 한 양국 황실 사이의 혼인은 기피하고자 하는 자세를 보였다. 또한 송조 내부에서도 여이간에 대해 비판적인 대간관을 중심으로 혼인이 세폐의 증액보다 훨씬 국체國體를 손상시킨다는 주장이 제기되었다.

당시 거란은 송에 관남의 땅을 분할하여 줄 것을 요구하며, 국경 지대에 대군을 집결시켜 송을 위협하고 있었다. 이로 인해 하북河北 및 경동京東 일대의 변경에서는 큰 위기감이 감돌았다. 뿐만 아니라 조정에서도 거란의 남침에 대비하여 낙양성洛陽城을 증축해야 된다는 논의도 일어났다.

이러한 상황에서 부필은 거란에 갔다. 그는 거란 조정에 도착하여 수

차에 걸쳐 거란 군신과 담판하였다. 그 내용은 송대 전적典籍을 통해 상세히 전해지고 있거니와, 공히 부필이 거란의 압박에 굴하지 않고 당당하게 의리義理로 논변하였다고 기록되어 있다. 부필의 발언은 여이간 중심의 송 조정에서 내린 지침을 충실하게 거란에 전하는 것이었다. 당시 송이 거란에 제시한 두 번째 대안, 즉 세폐의 증액에는 약간의 조건이 부가되어 있었다. 관남의 땅의 세수에 대한 보전으로 고정액 10만을 추가하되, 만일 거란이 서하에 영향력을 미쳐 송에 칭신稱臣하게 한다면 10만을 더 추가로 제공하겠다는 것이었다. 부필은 거란에 종실 사이의 혼인보다는 세폐의 증액이 훨씬 유리하다는 점을 강조하였다.

하지만 당시 사적史籍에 기록된 내용이 부필의 발언을 얼마나 충실히 전하고 있는가 하는 점에 대해서는 다소 회의적이다. 송 황제 인종이 "짐은 양국의 생민生民을 애처롭게 생각한다. 그들의 육신이 길 위에서 죽어가는 것을 차마 보지 못하겠노라. 차라리 금백金帛을 내어 북조北朝 거란의 욕심에 맞춰 주련다"[14]라고 말하였다는 것은 전통 시대 중국 문헌의 상투적이고 고루한 수사라 치더라도, "북조 거란은 장성황제章聖皇帝 진종真宗의 대덕大德을 잊었는가? 전연의 전쟁 당시 만일 진종께서 제장의 말에 따라 거란을 공격하였다면, 북조의 병사는 사지에서 벗어나지 못했을 것이다"[15]라고 발언하였다는 것은 극히 신뢰하기 힘들다. 1004년 전연의 맹약이 있기 전, 송-거란 사이의 전쟁은 그 전황이 송 측에 결코 유리하지 않았다. 거란에서는 전연의 맹약을 송이 곤경에 처하여 굴욕적으로 요청한 성하지맹城下之盟이라 인식하였다. 이러한 거란의 조정에서 과연 부필이 송 측의 인식에만 입각하여 발언하였을지는 극히 의심스럽다. 만일 이렇게 발언하였다면 거란의 반발을 샀을 것이 분명하고, 따라서 거란은 결코 부필의 제안을 받아들이지 않았을 것이기 때문이다.

부필은 거란에 사절로 가서 나름대로 성공적인 절충을 끌어내었다. 이것이 가능했던 것은 철저히 실리적인 입장에서 거란을 설득하였기 때문일 것이다. 즉 할지割地와 세폐, 종실 여인과의 결혼 가운데 과연 어떠한 것이 거란 측 내지 거란의 황제에게 실익이 되는가를 차분히 설명했으리라고 판단된다. "북조 거란이 송과 통호通好한 즉 거란의 황제가 그 이익을 모두 누리고 신하는 아무 것도 얻는 것이 없게 된다. 만일 전쟁을 벌이면 이익은 신하에게 돌아가고 거란 군주는 오히려 피해만 볼 것이다. 그렇기 때문에 거란의 제신諸臣들이 전쟁을 권하는 것이다. 이는 모두 그들 자신을 위한 계략일 뿐 나라를 위한 말이 아니다"[16]라는 발언, 그리고 "만일 통호通好가 이어지면 세폐는 모두 거란의 군주에게 돌아간다. 신하가 얻는 이익은 단지 사신으로서 송에 가는 한두 사람에 그칠 따름이다. 군신에게 무슨 이익이 있으리오?"[17] 등과 같은 설득이야말로, 거란의 흥종興宗이 부필의 제안을 받아들인 이유를 잘 보여준다. 송대의 사적史籍에 적혀 있듯이 부필이 의리義理로써 논변論辨하여 거란을 설복했을 리는 없다. 다만 그의 냉철한 실리 분석과 이에 대한 거란 황제의 동의로 인해 경력 연간 증폐增幣 문제가 타결될 수 있었던 것이라 여겨진다.

부필이 다시 거란에 사신으로 파견된 것은 1042년 7월의 일이다. 이때 부필은 거란 측의 최종 답변을 듣고 그에 따른 국서 및 서서誓書를 전달하는 임무를 가지고 있었다. 그런데 이때 여이간은 부필을 곤경에 빠트리고자 문서의 내용과는 다른 지침을 구두로 부필에게 하달하였다.

〈그림 4〉 사냥을 준비하는 거란의 무사.
말을 자유자재로 타는 거란족은 송 측에 공포의 대상이었다.

부필은 변경 지역까지 도달하였다가 국서 및 서서의 내용이 미심쩍어 그 내용을 확인하고서야, 자신에게 전한 지침과 다르다는 사실을 알았다. 이후 그는 조정으로 돌아와 여이간에게 강력히 항의하고 새로이 작성한 문서를 지니고 거란으로 향하였다. 이때 부필은, "재상께서 끝내 이렇게 한 것은 신을 사지에 내몰고자 했기 때문이라 여겨집니다. 신은 죽어도 애석하지 않으나 국사는 장차 어찌할 것이오?"[18]라고 말하고 있다. 또한 안수晏殊가 "여이간은 결코 일부러 이렇게 하지 않았을 것이오. 착오가 있었을 뿐이었다고 여겨집니다"[19]라고 말한 것에 대해 부필은 분노하여 "안수는 간사합니다. 여이간에 들붙어 폐하를 기만하고 있습니다"[20]라고 공박하였다. 여이간 및 안수의 이러한 행태는 조야에 커다란 반향을 불러 일으켰다. 대간관들은 여이간의 음모에 대해 강력히 탄핵하였다. 나아가 이를 계기로 여이간이 주도한 거란과의 절충 내용, 즉 무력하게 20만이나 세폐를 증액하겠다고 제의한 것에 대해서까지 비판이 제기되었다.

거란은 송이 제시한 두 가지 대안 가운데 최종적으로 세폐의 증액을 선택하였다. 양측이 주고받은 문서에서는 증액된 20만 가운데 10만은 관남關南 10현의 조세에 대한 대체물이라고 명시되었다. 다만 거란은 송이 제공하는 세폐에 대해 '헌獻'이라고 표현할 것을 요구하였다. 이에 대해 부필이 강력히 반대하자, 대신 '납納'이란 용어를 쓸 것을 강요하였다. 부필은 양국이 대등한 적국敵國 관계인 것, 특히 송이 형국兄國이라는 사실을 들어 대의大義에 합치되지 않는다고 반박하였다. 그는 거란 측의 압박에 굴하지 않고 '납'이란 표현까지 거부한 것에 대해 상당한 자부심을 지녔던 듯하다. 이에 대해 그는, "그 두 글자를 신은 죽음으로써 막았습니다. 그 때문에 오랑캐의 기개가 꺾여 두 글자를 허용하지 않을 수 있었습니다"[21]라고까지 말하고 있다.

양국 사이 세폐의 증액 문제가 최종적으로 합의에 다다른 것은, 1042년 9월 거란 측의 사자 야율인선耶律仁善과 유육부劉六符가 송에 왔을 때였다. 이때 송이 거란에 대해 20만을 더하여 총액 50만을 세폐로 제공하며, 그것을 거란의 요구에 따라 '납'이라 표현하기로 하였다.[22] '납'이란 표현의 수용은, 많은 반대에도 불구하고 재집宰執의 합의와 건의를 인종이 받아들이는 형식으로 결정되었다. 증액된 20만 가운데 10만은 거란이 서하로 하여금 송에 칭신稱臣토록 하는 것에 대한 보상이었다. 이렇게 하여 거란은 군사적 위협만으로 송으로부터 비단 10만 필과 은 10만 냥의 세폐 증액을 얻어내게 되었다.

5. 여이간의 실각과 개혁 세력의 등장

거란의 관남의 땅 반환 요구를 둘러싼 북송-거란 사이의 외교 교섭은 1042년(인종 경력 2년) 9월에 일단 최종적인 합의에 도달하였다. 하지만 증액된 세폐 20만 가운데, 부대 조건이 달린 10만과 관련된 거란 측의 약속 이행은 완료되지 않은 상태였다. 송은 1042년 10월 거란에 사신을 파견하여 신속하게 조치를 취할 것을 요구하였다. 이에 대해 거란의 흥종興宗은 '곧 지시하여 그대로 하게 만들겠다'[23]고 하며 자신감을 보였다.

거란은 이듬해인 1043년 정월 서하에 사신을 파견하여 송에 투항하라고 권유하였다. 서하의 이원호李元昊는 거란의 권유를 받은 후 마지못해 송에 사신을 보내 강화를 요청하는 자세를 취하였다. 하지만 서하의 강화 요청은 극히 형식적인 것이었을 뿐, 송에 칭신하는 태도를 보이지도 않았다. 이에 송 조정에서는 많은 논의가 오갔다. 거란과의 부실한 합의를 질책하는 주장도 제기되었다. 한기韓琦는, "(서하와 거란이) 어쩌면 서로 연대하여 우리 중원을 협공해 올지도 모른다"[24]고 말하였다. 실제로 1043년 7월 서하는 거란에게 송에 대한 합동 작전의 의사를 타진하고 있었다. 1043년 서하의 강화 요청은 결국 칭신이 수반되지 않았다는 이유로 송 측에 의해 거절되었다.

거란의 서하에 대한 압박은 뜻대로 원활하게 진행되지 않았다. 서하는 오히려 거란의 권유대로 움직이기는커녕 국경지대에서 거란에 도발하는 모습까지 보였다. 1044년 5월에는 거란 경내 당항족黨項族이 거란에 대해 반란을 일으키고 서하에 투항해 오자 이를 수용하였다. 심지어 거란에 보내는 국서에서 스스로 '서조'라고 하며 거란을 북변北邊이라 지칭하기도 하였다. 이처럼 서하가 적대적인 태도를 취하자 1044년 9월 거란은 대군을 이끌고 서하를 침공하였다. 거란은 서하의 침공에 앞서 송에 사신을 파견하였다. 이를 통해 장차 서하를 정벌할 것이니, 서하가 송에 칭신하더라도 받아들이지 말 것을 요구하였다. 거란은 당시의 서하 정벌이 송에 대한 약속 이행을 위한 것이 아니라, 서하의 무례함을 징벌하기 위한 것임을 명확히 언명하고 있었다.

서하는 거란의 대군이 진군해 오자 송과 거란 양면으로부터의 공격을 피하기 위해 송에 사신을 보내 칭신하며 강화를 요청하였다. 당시 이미 참지정사參知政事로서 경력신정慶曆新政을 주도하고 있던 범중엄은 적극적으로 서하의 투항을 받아들이자고 주장하였다. 구양수와 여정, 부필 등도 범중엄의 주장에 동조하였다. 이에 따라 거란 측에서는, "만일 (거란의 서하 원정이) 이원호가 북조北朝에 대해 사대의 예를 갖추지 못한 것을 문제 삼는 것이라면 그 죄에 대한 질책을 진행토록 하라. 하지만 만일 이원호로 하여금 우리 송에 순종토록 하기 위한 것이라면 번거롭게 출사하지 않아도 좋다. 이미 변경의 연주延州로부터 이원호가 양수소楊守素를 파견하여 서문誓文을 들고 우리 송의 경내로 들어왔다는 보고를 받았다"[25]고 통지하였다. 송과 서하 사이의 화약和約, 이른바 '경력慶曆의 화의和議'는 1044년 10월에 최종 타결되었다. 경력의 화의는 송-거란 간에 합의된 내용, 즉 거란이 서하에 영향력을 미쳐 송에 신속시킨다는 형식과는 거리가 먼 형태로 체결된 것이었다.

거란의 관남의 땅 할지割地 요구에서 비롯된 송-거란 사이 외교적 절충과 교섭은 당시 국정을 장악하고 있던 여이간의 주도하에 진행되었다.

하지만 송의 거란 측 요구에 대한 일방적 수용 내지 굴복, 그리고 외교적 절충 과정의 파행은 대간관을 중심으로 한 신진 인사들에게 커다란 반발을 불러 일으켰다. 그러한 반발은 1042년 9월 양국 간 합의가 타결된 이후 더욱 거세어졌다. 이와 관련하여 윤수는 다음과 같이 말하고 있다.

> 지금 변경 문제만이 우환 거리가 아닙니다. 조정의 정치가 날로 피폐해지고 있으되 폐하께서는 깨닫지 못하고, 민심은 날로 동요하는데 폐하께서는 알지 못합니다. 원컨대 먼저 조정의 정치를 바로잡고 나서 외환(外患)에 대처하십시오. 그 다음 충직한 인사를 등용하십시오.[26]

그는 우회적으로 여이간의 퇴진을 주장하고 나선 것이다. 심지어 손면孫沔은 1043년 정월의 상주문에서 "지금의 정치를 살펴보건대 통탄스러운 상태입니다"[27]라고 하며, "여이간이 집권한 이래 충언忠言을 물리치고 직도直道를 가로막았습니다"[28]라고 주장하였다. 나아가 그는 다음과 같이 말하였다.

> 만일 (산적한 문제에 대해) 태평스레 돌아보지 않으며 편안하다 여긴다면, 토붕와해(土崩瓦解)되어 다시 돌이킬 수 없게 되지 않을까 걱정스럽습니다. 그럼에도 여이간은 사방에 근심이 없고 모든 것이 제대로 바로잡혀 있다고 말하고 있습니다. 문제가 있되 잠자코 지나치고 폐하께 단 한 마디도 직언하지 않으며, 현인(賢人)과 불초자(不肖者)를 가리려 하지 않는 것입니다. 이럴 진대 남산(南山)의 대나무를 모두 베어 종이를 만들고 거기에 그 죄를 적는다 해도 부족할 것입니다.[29]

이처럼 반발이 드세어지자 인종은 결국 1043년(경력3년) 3월 여이간을 파직시키고, 이어 4월에는 범중엄과 한기를 서변에서 불러 함께 추밀부사樞密副使에 임명하였다. 하지만 여이간이 재상에서 물러났다고 해도 그는 여전히 군국대사권軍國大事權을 장악하고 있는 상태였다. 이처럼 인종의 조치가 극히 미흡한 상태로 그치자, 대간관들의 비판은 계속되었다. 채양은, "여이간이 중서中書를 장악한 지 20여 년이나 됩니다.

〈그림 5〉 경력신정의 중심 인물 범중엄(989~1052)
1043년 재상 여이간의 퇴진과 범중엄의 중용을 계기로 경력신정이 시작된다.

그동안 폐하를 위해 이익을 일으키고 폐해를 제거하지 않았습니다. 고식적으로 일을 처리했을 뿐입니다. 그리하여 만사가 이처럼 무너졌습니다."[30]라고 말하며 여이간의 군국대사권 박탈을 요구하였다. 이러한 빗발치는 반발에 인종은 어쩔 수 없이 굴복하였다. 그리고 1043년 8월 범중엄을 부재상인 참지정사參知政事로 승진시키고 부필을 추밀부사로 발탁하였다. 이어 9월에는 "범중엄과 부필은 재신宰臣인 장득상과 더불어 마땅히 진심을 다해 국사를 처리하며 아무 거리낌 없이 조치하도록 하라. 당세當世의 급무로서 도입할 만한 것이 있으면 모두 짐에게 진언토록 하라"[31]고 지시하였다. 이에 따라 범중엄은 부필과 상의하여 유명한 「답수조조진십사答手詔條進十事」를 상주하게 된다. 이른바 경력신정이 개시되는 것이다.

인종은 이와 함께 1043년 9월 여이간을 치사致仕시켰다. 이 전후 간관인 구양수, 채양, 왕소王素, 여정 등은 분분히 상소하여 격렬한 어조로 여이간을 탄핵하였다. 특히 구양수는 다음과 같이 상주하였다.

여이간은 재상의 자리에 있으며, 밖으로는 사방 오랑캐의 입구(入寇)를
초래하고 안으로는 백성을 곤궁하게 만들었습니다. 현인(賢人)과 어리석은
자가 거꾸로 되고 기강은 흐트러졌습니다. 그 20년 동안 천하가 무너졌습니다.[32]

이어 그는 "여이간은 오랫동안 재상의 자리에 있었으되, 폐하를 위해
밖으로 사방을 평정하지 못하고 안으로는 백성을 편안하게 만들지 못
했습니다. 오히려 서하와 거란이 서로 결탁하여 우리 송을 우환과 근심
에 빠트리게 하였습니다. 군사와 백성은 피폐해지고 상하 모두 곤핍困乏
해졌습니다"라고 지적하고 있다.[33] 여이간의 실정은 허다하나 그중에서
도 이적夷狄의 외모外侮를 막지 못한 것을 특기特記하고 있는 것이다. 경력
신정을 주도하는 신진 개혁파에게 있어 북방 이적으로 말미암은 굴욕
이야말로, 여이간을 공격하고 실각시키는 데 있어 가장 설득력이 있으
며 동시에 가장 효과적인 명분이었다.

6. 송-거란 사이 충돌의 귀결

1042년(인종 경력 2년) 2월 거란은 송에 사신을 보내 관남의 땅 10현의
반환을 요구하였다. 관남의 땅은 전략적 요충지였다. 거란의 요구가 전

해지자 송 조정은 큰 충격을 받았다. 거란과의 교섭에 나설 사신을 찾았으나 아무도 나서지 않았다. 외교적 절충의 귀추가 극히 불투명한 상태에서 위험한 역할을 떠맡으려 하지 않은 것이다. 이러한 상황에서 재상여이간이 부필을 추천하였다. 여이간의 추천은 부필을 곤경에 빠트리고자 하는 의도였다. 부필이 거란행 사신으로 결정되자 여기저기서 비판의 목소리가 터져 나왔다. 특히 대간관은 일치된 목소리로 여이간의 음험한 책략 및 부필에 대한 위해 기도를 비판하였다. 부필의 거란 사절행을 둘러싼 논란은 북송 정계에 커다란 파장을 불러 있으킨 것이었다. 이를 계기로 여이간의 독선적이면서도 부당한 정책이 부각되었고, 더불어 여이간에 대한 반대 세력도 점차 결집되기에 이르렀다.

1042년(인종 경력 2년) 4월 부필은 거란에 사자로 파견되었다. 여이간은 여타 재집들과 협의하여 거란에 대한 대처의 방향을 확정하고 이를 국서에 담아 부필에게 전달시켰다. 아울러 거란의 관남의 땅 반환 요구에 대해 두 가지 대안을 제시하였다. 거란 황실과의 혼인 및 세폐의 증액이었다. 그런데 거란에 제시하는 두 가지 대안을 둘러싸고 송조 내부에서는 상당한 이론異論이 있었던 듯하다. 특히 여이간에 대해 비판적인 대간관을 중심으로 혼인이 세폐의 증액보다 훨씬 국체國體를 손상시킨다는 주장이 제기되었다.

거란은 송이 제시한 두 가지 대안 가운데 최종적으로 세폐의 증액을 선택하였다. 양국 사이 세폐의 증액 문제가 최종적으로 합의에 다다른 것은 1042년 9월이다. 송은 거란에 대해 20만을 더하여 총액 50만을 세폐로 제공하고, 그것을 거란의 요구에 따라 '납'이라 표현하기로 하였다. '납'이란 표현의 수용은, 많은 반대에도 불구하고 재집의 합의와 건의를 인종이 받아들이는 형식으로 결정되었다.

하지만 증액된 세폐 20만 가운데 부대 조건이 달린 10만과 관련된 거란 측의 약속 이행은 완료되지 않은 상태였다. 거란의 서하에 대한 압박은 뜻대로 원활하게 진행되지 않았다. 서하는 오히려 거란의 권유대로 움직이기는커녕 국경 지대에서 거란에 대해 도발하는 모습까지 보였다. 이처럼 서하가 적대적 태도를 취하자 1044년 9월 거란은 대군을 이끌고 침공하였다. 거란의 서하 정벌은 송에 대한 약속 이행을 위한 것이 아니라 서하의 무례함을 징벌하기 위한 것이었다.

서하는 거란의 대군이 진군해 오자 송과 거란 양면으로부터의 공격을 회피하기 위해 송에 사신을 보내 칭신하며 강화를 요청하였다. 송과 서하 사이의 화약, 이른바 '경력의 화의'는 1044년 10월에 최종 타결되었다. 경력의 화의는 송-거란 간에 합의된 내용, 즉 거란이 서하에 영향력을 미쳐 송에 신속시킨다는 형식과는 거리가 먼 형태로 체결된 것이었다.

거란의 관남의 땅 할지의 요구에서 비롯된 송-거란 사이 외교적 절충과 교섭은 당시 국정을 장악하고 있던 여이간의 주도하에 진행되었다. 하지만 송의 거란 측 요구에 대한 일방적 수용 내지 굴복, 그리고 외교적 절충 과정의 파행은 대간관을 중심으로 한 신진 인사들에게 커다란 반발을 불러 일으켰다. 이처럼 반발이 드세지자 인종은 결국 여이간을 파직시키고, 범중엄과 한기를 서변西邊에서 불러 함께 추밀부사에 임명하였다. 11세기 중반 송-거란 사이의 할지 교섭은 북송 정계의 개편에 결정적인 촉매제로 작용하였던 것이다.

주석

1. 인종 경력 연간 송-거란 사이 관남의 땅[關南之地]을 둘러싼 외교적 절충 및 부필의 출사와 관련한 연구로는 현재까지 陶晉生,「宋慶曆改革前後的外交政策」,『宋遼關係史研究』, 臺北 : 聯經出版事業公司, 1984; 朱小琴,「宋遼關南地之爭」,『西安教育學院學報』2000-6; 張顯運,「從出使契丹看富弼的外交才能」,『信陽師範學院學報(哲學社會科學版)』25-6, 2005 등이 발표되어 있다.
2. 『遼史』卷93「蕭惠傳」. "兩國彊弱, 聖慮所悉. 宋人西征有年, 師老民疲, 陛下親率六軍臨之, 其勝必矣."
3. 『長編』卷134 仁宗 慶曆 元年 10月 戊寅. "契丹調兵, 將謀入寇."
4. 경력 2년 당시 거란이 송에 영토 할양[割地]을 요구하며, "南朝違約, 塞雁門, 增塘水, 治城隍, 籍民兵, 此何意也?"(『長編』卷137 仁宗 慶曆 2年 7月 壬戌)라 말하는 것도 그러한 정황을 잘 보여준다.
5. 『長編』卷135 仁宗 慶曆 2年 3月 己巳.
6. 朱熹,『三朝名臣言行錄』卷2之1「丞相韓國富文忠公」. "仁宗命宰相擇報聘者, 時虜政不可測, 群臣皆莫敢行."
7. 『皇宋通鑑長編紀事本末』卷37「富弼出使」. "呂夷簡當國, 人莫敢抗, 弼旣數論事侵之."
8. 위의 글. "滋不悅."
9. 위의 글. "故薦公使契丹, 欲因事罪之."
10. 刁忠民,『宋代台諫制度研究』, 成都 : 巴蜀書社, 1999, 55〜56쪽.
11. 『宋史紀事本末』卷21「契丹盟好」.
12. 『宋史』卷313「富弼傳」. "主憂臣辱, 臣不敢愛其死."
13. 『長編』卷128 仁宗 康定 元年 7月 乙丑.
14. 『長編』卷137 仁宗 慶曆 2年 7月 壬戌. "朕念兩國生民, 不欲使之肝腦塗地, 不愛金帛以徇北朝之欲."
15. 위의 글. "北朝忘章聖皇帝之大德乎? 澶淵之役, 若從諸將之言, 北兵無得脫者."
16. 위의 글. "北朝與中國通好, 則人主專其利, 而臣下無所獲. 若用兵, 則利歸臣下, 而人主任其禍. 故北朝諸臣爭勸用兵者, 皆為其身謀, 非國計也."
17. 위의 글. "若通好不絶, 歲幣盡歸人主, 臣下所得止奉使者歲一二人耳, 羣臣何利焉?"
18. 『長編』卷137 仁宗 慶曆 2年 7月 癸亥. "執政固為此, 欲致臣於死, 臣死不足惜, 奈國事何?"
19. 위의 글. "夷簡決不肯為此, 真恐誤爾."
20. 위의 글. "殊姦邪, 黨夷簡, 以欺陛下."
21. 『宋史紀事本末』卷21「契丹和好」. "二字, 臣以死拒之, 虜氣折矣, 可勿許也."
22. 『遼史』에서는 이와 달리 송 측이 '貢'이라 표현하기로 했다고 적고 있다. 『遼史』卷19「興宗本紀 2」.
23. 田況,『儒林公議』. "可指麾立定"
24. 『長編』卷142 仁宗 慶曆 3年 7月 甲午. "亦恐有合從之策, 夾困中原."

25 『長編』卷151 仁宗 慶曆 4年 8月 戊戌. "若以元昊於北朝失事大之體, 則自宜問罪, 或謂元昊於本朝稽効順之故, 則無煩出師. 矧延州昨奏元昊已遣楊守素将誓文入界."

26 『長編』卷137 仁宗 慶曆 2年 閏9月 壬午. "方今非獨邊陲之為患, 朝政日敝而陛下不寤, 人心日危而陛下不知. 臣願先正於内, 以正於外, 然後忠謀漸進."

27 『長編』卷139 仁宗 慶曆 3年 正月 丙申. "觀今之政, 是可慟哭"

28 위의 글. "自呂夷簡當國, 黜忠言, 廢直道."

29 위의 글. "若恬然不顧, 遂以為安, 臣恐土崩瓦解, 不可復救. 而夷簡意謂四方已寧, 百度已正, 欲因病默默而去, 無一言啟沃上心, 別白賢不肖, 雖盡南山之竹, 不足書其罪也."

30 『長編』券140 仁宗 慶曆 3年 4月 壬戌. "夷簡出入中書, 且二十年, 不為陛下興利除害, 苟且姑息, 萬事隳壞如此."

31 『長編』券143 仁宗 慶曆 3年 9月 丁卯. "仲淹·弼宜與宰臣章得象盡心事國, 毋或有所顧避. 其當世急務有可建明者, 悉為朕陳之."

32 위의 글. "呂夷簡為陛下宰相, 而致四裔外侵, 百姓內困, 賢愚倒置, 紀綱大隳, 二十餘年間壞了天下."

33 위의 글. "夷簡身為大臣, 久在相位, 尚不能為陛下外平四方, 內安百姓, 致得二敵交結, 中國憂危, 兵民疲勞, 上下困乏."

참고문헌

鄧小南,『祖宗之法』, 北京 : 三聯書店, 2006.

楊果,『宋遼金史論稿』, 北京 : 商務印書館, 2010.

吳曉萍,『宋代外交制度研究』, 合肥 : 安徽人民出版社, 2006.

汪聖鐸,『宋代政教關係研究』, 北京 : 人民出版社, 2010.

李華瑞,『宋史論集』, 石家莊 : 河北教育出版社, 2001.

張其凡,『宋代人物論稿』, 上海人民出版社, 2009.

張其凡,『宋代政治軍事論稿』, 合肥, : 安徽人民出版社, 2009.

張希清 等,『澶淵之盟新論』, 上海人民出版社, 2007.

刁忠民,『宋代台諫制度研究』, 成都 : 巴蜀書社, 1999.

宋代史研究會 編,『宋代の知識－思想·制度·地域社會』, 東京 : 汲古書院, 1993.

王瑞來,『宋朝の皇帝勸力と士大夫政治』, 東京 : 汲古書院, 2001.

金成奎,『宋代の西北問題と異民族政策』, 東京 : 汲古書院, 2000.

遠藤隆俊·平田茂樹·淺見洋二 編,『日本宋史研究の現狀と課題－1980年代以降を中心に』, 東京 : 汲古書院, 2010.

陶玉坤,「也論遼宋間的兩屬地」,『宋史研究論叢』6, 2005.

陶晉生,「宋慶曆改革前後的外交政策」,『宋遼關係史研究』, 臺北 : 聯經出版事業公司, 1984.

羅繼祖,「關於"慶曆增幣"—讀史劄記」,『學習與探索』1986-12, 1986.

李成學,「呂夷簡罷相與慶曆新政」,『黑龍江史志』2013-11, 2013.

馬曉偉,「慶曆通寶與"慶曆增幣"淺議」,『華夏文化』2013-6, 2013.

穆朝慶,「從任子制度變遷透視"慶曆新政"夭折的深層社會原因」,『黃河科技大學學報』2017-7, 2017.

宋衍申,「慶曆新政時期的諫言」,『東北師大學報』1982-8, 1982.

張顯運,「從出使契丹看富弼的外交才能」,『信陽師範學院學報(哲學社會科學版)』25-6, 2005.

張希清,「范仲淹與富弼關系考」,『中州學刊』2010-5, 2010.

張希清,「士大夫與天子"共治天下"—范仲淹與慶曆新政」,『博覽群書』2010-10, 2010.

齊夫,「范仲淹的慶曆新政」,『學習月刊』2012-4, 2012.

朱瑞熙,「范仲淹"慶曆新政"行廢考實」,『學術月刊』1990-3, 1990.

朱瑞熙,「新興的官僚地主階級的首次全面改革嘗試—北宋范仲淹慶曆新政」,『浙江學刊』2014-1, 2014.

朱小琴,「宋遼關南地之爭」,『西安教育學院學報』, 2000-6, 2000.

陳良,「慶曆新政何以失敗—兼談北宋朋黨之爭」,『學習月刊』2014-4, 2014.

17세기 중반 러청 간 군사 충돌과 '나선정벌'

박지배

1. 러시아의 동진과 나선정벌의 의미 찾기

러시아의 동진東進은 청의 서진西進과 함께 근대 유라시아 역사에서 가장 중요한 사건 가운데 하나였다. 동진의 결과 러시아 영토는 추코트 반도와 연해주까지 확대되었고, 러시아는 몽골, 중국, 한국, 일본 등과 국경을 맞대는 동북아 문제의 주요 당사국 가운데 하나가 되었다.

이러한 러시아의 외교적 중요성에도 불구하고 16~17세기 러시아의 동진에 대한 한국의 연구는 아직 개설적인 수준이다.[1] 다만 한국역사 연구자들은 유독 러시아가 동북아 진출 과정에서 청나라와 벌인 '1654년 전투'와 '1658년 전투'에 대해 많은 관심을 기울였다. 이는 두 차례의 전투가 청의 요청으로 조선군이 참여한 '나선정벌'이라 부르는 해외파병 사건이었기 때문이다. 한국역사 연구자 대부분은 '나선정벌'을 러시아의 남하를 저지한 조선 조총병들의 빛나는 성과이며, 나아가 러시아의 남진을 저지한 결정적인 사건으로 기술하곤 한다.[2] 예를 들어 '나선정벌' 연구에서 가장 중요한 업적을 남긴 박태근은, 비록 자주적 출병은 아니나 "1658년 흑룡강 전투의 승리는 단순한 국지전의 승리가 아니고 신유 장군이 지휘한 조선군 화력부대의 주도적 역할로 러시아의 동아시아 출정을 처음으로 저지해 당시 동아시아 국제 질서의 도전자인 러시아 세력을 10년 만에 흑룡강·송화강에서 일소하는 세계사적 의의를 지니는 것"이라고 평했다.[3] 그리고 반윤홍은 "나선정벌은 동북 만주지방에서 러시아의 동진을 차단하여 더 이상 내려오지 못하게 했다는 점과 특히 (…중략…) 이 사건을 계기로 후일 러시아와 흑룡강을 경계로 한 네르친스크 국경조약을 체결한 결과를 가져오기도 하였다"고 주장했다.[4] 비교적 최근에 와서야 계승범은 '나선정벌'은 청이 러시아의 남하를 막기 위해 약 30년간에 걸쳐 수행한 숱한 전투 중의 하나였으며, '나선정벌'의 의미를 동아시아 정세의 틀에서 봐야 한다고 주장했다. 그러나 그 역시 구체적인 근거 없이 "만주로 남하하려는 러시아 세력"이라는 기존의 주장을 그대로 받아들이고 있으며, '나선정벌'을 이러한 남하를 저지하는 데 기여한 세계사적 차원의 사건으로 보고 있다.[5]

한편 러시아 학자들은 대개 '나선정벌' 사건에서 조선군의 역할을 중요시하지 않는다. 많은 러청 관계사 저술들이 '1654년 전투'(제1차 나선정벌)와 '1658년 전투'(제2차 나선정벌)를 중요하게 다루고 있지만, 조선군에 대한 언급은 좀처럼 찾아보기 힘들다.[6] 러시아의 몇몇 한국학 연구자들이 '나선정벌'에 대한 구체적인 연구 성과를 내 놓았지만, 대체로 조선군의 역할은 부차적인 것으로 치부하며 한국 연구자들의 민족주의적 연구 태도를 지적하기도 한다. 예를 들어 심비르체바는 한국에서 '나선정벌' 연구는 역사상의 사건에 대한 해석이 아니라 국가와 개별 학자들이 오랫동안 고수해 온 외교적·이념적 신조라고 생각한다고 지적했다.[7] 또한 2014년 서울에서 열린 '동아시아·슬라브 국제학술대회'에서 시베리아 출신의 한 연구자는 '1658년 전투'에서 조선군이 특별한 역할을 하지 않았다고 주장했다. 그녀는 조선군의 역할은 단지 만주군에게 부족했던 화력을 보충한 것에 불과했으며, 제2차 '나선정벌'에서 청군이 승리한 것은 일부 카자크들이 배에서 뛰쳐나오는 실수를 범했기 때문이었다고 보았다.[8] 다만 러시아의 전쟁사 연구자들 일부는 17세기 중엽 청과 러시아 사이의 전투에서 조선 총병들이 중요한 역할을 수행했을 것이라 생각한다.[9]

전반적으로 러시아 학자들의 '나선정벌' 연구는 단지 러청 간의 외교사적 측면에서만 다루거나, 조선 조총병의 우수함을 일부 인정하면서도 두 차례의 '나선정벌'에서 그들의 역할을 지나치게 과소평가하는 경향이 있다. 반면 한국의 '나선정벌' 연구는 동북아 정세를 단순히 추정하여 17세기 러시아의 의도적 남하를 기정사실로 받아들이고 있으며, 여기에 '나선정벌'을 대입해 조선군의 활약을 러시아의 남진을 저지한 세계사적 사건으로 본다. 비록 러시아 정부가 카자크의 동진을 지원하며 부족 단위의 아무르 원주민들을 복속하려 했지만, 그렇다고 해서 중국과의 대립을 감수하며 남하하려 했는지는 확정할 수 없다. 또한 한국에서의 '나선정벌' 연구는 민족주의적인 시각에서 조선군의 역할을 강조하면서도, 실제 '나선정벌'에서 조선군이 구체적으로 어떠한 기여를 했는지는 밝히지 못하고 있다.

이 글에서는 17세기 러시아 동방 진출의 성격과 러청 간 외교 관계의 추이를 고려하고, 최초 전투가 있었던 1652년부터 제2차 '나선정벌'이 벌어진 1658년까지 러청 간의 여러 전투들을 살펴봄으로써 러시아는 남하할 의도가 있었는지, 있었다면 이유는 무엇이었는지, 그리고 '나선정벌'에서 조선군의 역할은 어떠했는지를 고찰하고자 한다. 이를 위해서는 기존의 사료를 보다 정밀히 검토해야 하며, 새로운 러시아 외교 문서들을 추가해 당시 전황과 러시아의 입장을 보다 구체적으로 이해할 필요가 있다. 다만 이미 여러 연구자들이 지적하고 있는 바와 같이 나선정벌에 관한 중국 측 자료는 알려진 바가 없다.[10] 따라서 필자는 러시아에서 편찬한 『17세기 러·중관계사 사료집』과 『고문헌 위원회 수집·편찬 문서집』 등에 등장하는 러청 관계에 대한 다양한 보고서들[11] 그리고 『효종실록』, 『영조실록』, 『북정일기』[12] 등 조선 측 기록들을 비교·분석할 것이다.

2. 러시아 카자크의 동방 진출

16세기 이후 서유럽의 해상 팽창에서 화기의 역할은 매우 중요했다. 특히 대포는 전통적인 해상 무역로의 주요 지점들을 차지하는 데 결정적 역할을 했다. 육지에서 일정 정도 떨어진 선상에서 발포하는 포탄에 대해 육지의 주민들은 달리 손쓸 방법이 없었다. 모스크바의 동방 팽창에서도 대포의 역할은 중요했다. 막강한 전투력을 보유한 유목민들도 대포와 소화기로 공격하는 러시아 카자크들을 감당하기가 어려웠던 것이다. 그래서 윌리엄 맥닐은 모스크바 공국의 범위는 대포를 어디까지 운반할 수 있는가에 따라 결정되었다고 언급한다.[13] 실제로 거대한 유라시아 북동부에는 큰 강들이 구석구석 흐르고 있어 수로가 연결되는 곳이라면 어디든 대포를 이용해 재래식 방어시설을 무너뜨릴 수 있었다. 그리고 지역 요충지에 방벽을 갖춘 요새를 건설하고, 대포를 설치하면 원주민들의 공격을 쉽게 차단할 수 있었다.

물론 총병의 역할도 중요했다. 러시아는 1630년대에 유럽으로부터 부싯돌의 원리를 이용한 수석식 소총을 도입했고, 1650년대에는 이를 대대적으로 보급했다.[14] 훈련이 잘 된 총병들은 포병이 기동할 수 있도록 엄호했고, 적정 거리에서 적의 갑옷을 뚫고 치명상을 입힐 수 있었다. 이반 4세는 포병과 총병을 주축으로 한 병력을 이끌고 1552년 볼가강 중류에 위치한 카잔칸국의 견고한 성곽을 격파했고, 이어서 1556년에는 볼가강 하구의 아스트라한칸국을 정복했다.[15] 카잔과 아스트라한의 정복으로 러시아는 동부와 남부 방면에서 중요한 군사적 장애물을 제거할 수 있었다. 러시아 정부가 이러한 장애물을 제거하자 다음 세기에 모스크바 영토에 속한 다양한 주민들은 부와 자유를 찾아 시베리아를 가로질러 동쪽으로 팽창하기 시작했다.[16]

16세기 후반부터 본격화된 동방 진출의 동기는 모피 때문이었다.[17] 추운 기후에 삼림과 수자원이 풍부한 북아시아에는 흑담비, 여우, 밍크,

수달, 비버 등 수 많은 모피수들이 서식하고 있었다. 특히 16세기에 서유럽의 아메리카 정복이 시작되면서 아메리카의 귀금속이 동유럽으로도 유입되었고 귀금속이 부족한 러시아는 서유럽에 모피를 팔아 은과 화기를 구입할 수 있었다. 그러나 이러한 동방 진출이 처음부터 모스크바 정부가 주도한 사업은 아니었다. 먼저 스트로가노프 같은 상업 세력이 관심을 가지고 자본을 대었고, 러시아 접경지대의 자유민인 카자크들이 탐험을 주도했으며, 민간 상인들은 모피를 유럽러시아로 가져다 유통시켰다.[18]

모스크바 정부는 단지 재정적 필요와 영토적 가치를 생각해 이러한 사업을 사후에 승인하고 관리했다. 그러나 당시 중앙집권국가로 막 첫발을 내딛은 모스크바국의 국가 조직으로 방대한 동부아시아를 체계적으로 관리할 수는 없었다. 특히 16세기 말~17세기 초에 러시아는 파멸적인 동란 시기를 겪으며 국가가 와해될 위기의 상황에 처했다. 1613년 겨우 동란을 수습하고 로마노프 왕조가 들어선 이후에도 러시아는 국내외적으로 동란의 후유증들을 극복해야 했다.[19] 러시아 정부는 17세기 내내 왕권을 안정화하고, 경제를 회복하고, 특히 서부와 북부 국경에서 스웨덴, 폴란드 등과 치열한 투쟁을 벌여야 했다.[20] 이러한 상황에서 모스크바 정부는 멀리 동방으로의 진출을 계획하고 주도할 형편은 아니었다.

동방 진출의 핵심 세력은 카자크였다. 카자크의 등장은 봉건적 압제에 기인한 것이었다. 즉 러시아의 농민과 상공인 일부가 특권 귀족들의 압제를 피해 도주했고, 이들은 러시아 정부의 손길이 미치지 않는 접경지역에 거주했다. 이들은 때로는 러시아 정부의 위협이 되기도 했는데

17~18세기 러시아의 주요 봉기, 즉 스테판 라진, 불라빈, 푸가초프 등의 중심 세력이 바로 카자크였다.[21] 카자크는 접경 지역에 거주하는 만큼 모스크바 정부와 멀리 떨어져 있어 상대적으로 자유를 누렸지만 대신 변경의 위험을 감수해야 했다. 따라서 카자크들은 처음부터 모험심이 강한 전사들일 수밖에 없었고, 이들은 러시아의 동진에 가장 적합한 무리였다. 러시아의 저명한 동방학자 바르톨드[B.B. Бартольд]는 러시아의 동방 진출의 과정을 이렇게 요약했다. "거의 모든 원정은 카자크인들 자신의 의도에 따라 감행되었으며 모스크바 당국은 어떤 종류의 명령도 내리지 않았다. 모스크바 당국이 나타나 새로운 영토가 군주의 소유물로 합병되었다고 발표한 것은 원정이 완료된 후였다."[22]

러시아의 동방 팽창과 식민을 가능케 했던 것은 동부아시아의 거대한 수로체계였다. 먼저 모스크바국은 카잔칸국과 아스트라한칸국을 정복함으로써 볼가강 지류 전체를 관할하게 되었다. 이로써 모스크바국의 주민들은 볼가수로 체계를 통해 남부 곡창 지역, 카스피해, 그리고 우랄 지역 등 러시아 여러 지역으로 뻗어갈 수 있었다. 이후 동부 팽창에서도 카자크, 사업가, 모험가 등은 광대한 시베리아의 남북을 연결하는 장대한 강들을 활용했다. 이동의 대상이 된 주요 강들로는 우랄강, 이르티쉬강, 오브강, 예니세이강, 레나강, 알단강, 아무르강 등을 들 수 있다.[23] 카자크들은 이 강들을 따라 이동하며 적절한 간격을 두고 거점 요새를 건설했고, 그중에 군사 및 상업 요충지들은 거점 도시로 성장했다.[24]

카자크들은 1574년에 볼가강 지류인 벨라야강과 우파강의 합류 지점인 우파[Уфа]에 요새를 세웠고, 1587년에는 토볼강과 이르티쉬강이 합류하는 지점에 토볼스크[Тобольск]를 건설했다. 토볼스크는 시비르칸국의 수

〈지도 1〉 시베리아의 강들

도였던 이스케르Искер 인근에 위치했는데 향후 동부 시베리아의 중심지 역할을 담당했다.[25] 이후 1594년에 러시아인들은 이르티쉬강 변에 타라 Тара를 건설했다. 타라는 러시아가 카자흐와 중앙아시아로 진출하는 데 주요 거점이 되었다. 러시아인들은 더 동쪽으로 진출하여 1604년에는 오브강 지류의 톰강에 톰스크를 건설했고, 1619년에는 예니세이강변에 예니세이스크를 세웠다.[26] 그리고 1632년에는 레나강을 거슬러 북상하여 레나강변에 야쿠츠크를 건설했다.[27] 그리고 1640년에(혹은 1642) 야쿠츠크 시베리아 동부 지역의 전체적인 행정을 담당할 야쿠츠크 정청이 설립되었다. 야쿠츠크는 러시아가 연해 지역과 아메리카 그리고 아무르 지역으로 뻗어나가는 과정에서 중심지 역할을 했다. 이렇게 해서 16~17세기 동안 러시아에 편입되기 시작한 시베리아에는 토볼스크와 야쿠츠크 두 개의 중심이 만들어졌다. 토볼스크는 서부 시베리아의 중심이었고, 야쿠츠크는 동부 시베리아의 중심으로 특히 러시아 극동 진출의 전초기지가 되었다.

동부 시베리아의 중심인 야쿠츠크에서 시작된 극동 탐사는 크게 두 방향으로 진행되었다. 하나는 야쿠츠크에서 레나강을 따라 내려와 북빙양을 거쳐 콜리마강 하구에 1644년에 설립된 네즈네-콜림스크Нежне-Колымск를 거점으로 해로 및 육로를 이용해 추코트반도와 캄차카반도로 진출하는 것이다.[28] 그 이후는 아메리카로의 팽창인데, 여기서 러시아인들은 바다라는 새로운 제약으로 인해 잠시 머뭇거렸다(<지도 1> 참고). 다른 하나의 방향은 야쿠츠크Якутск에서 시작해 알단강과 제야강을 통해서 아무르강으로 진입하거나 올레크마Олекма강과 연수육로를 통해 아무르강으로 진입해 이동하는 것이다[29](3절의 <지도 2> 참고). 물론 이러한 아무르 진출은 강력한 군사제국인 청과의 대립을 의미했다. 그러나 당시 청의 존재를 전혀 모르고 있던 러시아 카자크들은 아무르 쪽으로 접근하지 않을 수 없었다.

러시아인들이 아무르 유역으로 진출한 실질적인 이유는 현지에서 식량을 확보해야 했기 때문이었다. 유럽러시아에서 멀리 떨어진 동시베리아에서 활동하기 위해서는 막대한 곡물과 물자가 필요했는데, 북아시아 지역은 모피 동물은 많았지만 식량자원이 부족했다. 그러던 차에 카자크들은 제야강과 올레크마강에서 현지 주민들에게 아무르 유역에 대한 정보를 얻게 되었다. 현지인들이 아무르강을 지칭했던 '치르콜라иркола'강 유역은 토양이 매우 비옥하며, 모피 짐승들이 풍부하다는 것이다. 더욱이 그 지역에 거대한 은산銀山이 있다는 소식도 퍼졌다.[30] 이렇게 해서 아무르 유역은 새로운 모피자원뿐 아니라 동부 시베리아의 다른 주둔지들을 부양할 보급품을 확보할 수 있는 지역으로 인식되었다.[31] 이러한 상황에서 1643~1646년에 포야르코프V. Д. Поярков는 탐사대를 인솔하여 레나강-알단강-제야강을 통해 아무르강으로 진입하여 오호츠크해까지 항해했다.[32] 또한 1649~1651년에 하바로프는 레나강-올레크마강을 통해 아무르강으로 진입하는 길을 발견했다.[33] 이렇게 레나강에서 아무르강으로 이어지는 교통로의 발견은 카자크들의 아무르 진출을 가속화시켰다.

3. 러시아의 아무르 진출과 1654년 러청전투—제1차 '나선정벌'

러시아가 중국에 관심을 갖게 된 것은 16세기 중반에 서유럽 국가 특히 영국과의 교역이 시작되면서부터였다. 이베리아 국가들의 '지리상의 발견' 이후 북서유럽 국가들 역시 동방으로 가는 또 다른 루트를 찾는 일에 몰두했다.[34] 영국인 리처드 챈슬러는 동방으로 가는 북동항로를 개척하던 중에 백해에 면한 러시아 땅에 도착했고, 이후 공식적인 러영 관계가 시작되었다.[35] 모로조바의 최근 연구에 따르면 영국은 시베리아를 통해 중국과 교역할 수 있도록 허가해 줄 것을 러시아에 집요하게 요청했으나, 러시아 정부는 이를 허락하지 않았다. 그러나 이러한 서유럽 국가들의 대對중국 무역로 탐사에 대한 열정은 러시아 정부가 중국에 관심을 갖게 만들었다.[36] 특히 17세기 초에 러시아와 서몽골의 외교 관계가 발전했고, 러시아는 서몽골을 통해 중국에 대한 정보들을 얻기 시작했다.[37] 1618년에 러시아 최초의 대중국 사절인 이반 페틀린Иван Петлин이 서몽골을 통과해 명의 수도 북경에 도착했으나 명 황제를 알현하지는 못하고, 친서만 받아가지고 돌아왔다.[38] 러시아 차르가 페틀린을 중국으로 보낸 목적은 양국 간에 공식적인 외교 관계를 수립하는 것이었다.[39]

한편 17세기 중엽에 아무르 탐사가 본격화되면서 러시아는 자연스럽게 중국 동북부 변경에 근접하게 되었다. 1640년대에 포야르코프가 이끄는 카자크 탐사대는 미지의 땅을 탐사하면서 중국으로 가는 루트를 확인하려 했고, 동부 시베리아 원주민들을 통해 중국이 멀지 않다는 정보들을 입수했다.[40] 그러나 이 시기는 명청 교체기여서 서몽골을 통해 얻은 명나라에 대한 정보와 아무르에서 수집한 만주국가에 대한 정보가 일치하지 않아 러시아인들은 한동안 중국, 만주, 명, 청 등을 명확히 구분하지 못했다.[41] 청 정부 역시 1640년대에 포야르코프가 아무르 지역을 탐사하며 다니는 것을 인지하지 못했던 것이 분명하다.[42] 이 시기에 청은 절체절명의 과제인 명과의 결전을 시작한 상황이어서 동북부 변경까지 관심을 가질 여유가 없었다.[43] 그러나 1649년에 하바로프의 아무르 원정이 시작되며 러시아인들의 출현이 잦아지자 청 정부는 정체를 알 수 없는 '오랑캐'가 아무르 지역에 나타났다는 사실에 주목하기 시작했다.[44]

하바로프는 야쿠츠크 지사 프란츠베코프Д. А. Францбеков의 도움으로 1649년에 1차 아무르 원정을 떠나 지역 상황을 이모저모 조사했다. 그리고 그 과정에서 아무르 원주민들이 보그도이 공후Богдойский князь에게 공물을 바친다는 사실을 알아냈다. 그러나 보그도이 공후가 누구인지는 알 수 없었다.[45] 하바로프는 야쿠츠크 정청으로 돌아와 그 사실을 보고하고 병력을 강화하여 제2차 원정을 준비했다. 야쿠츠크 지사는 1650년 7월 9일[46] 훈령에서 아무르 지역을 러시아에 병합하고, 보그도이 공후를 러시아 차르에게 복속시키고, 거부하는 경우 군사력을 사용할 것을 지시했다.[47] 야쿠츠크 정청은 아직 보그도이의 실체를 파악하지 못한 상태였고, 단지 아무르의 부족들 가운데 하나라고 추정하고 있었다. 하바로프는 1651년 6월 5~6일경에 마침내 구이구다로프 마을Гуйгударов городок에서 보그도이 사람들을 만났다. 그러나 만주어를 알지 못해 그들로부터 충분한 정보를 얻을 수는 없었다.[48]

하바로프는 제2차 원정(1650~1653) 기간에 많은 성과를 거두었다. 많은 러시아 학자들은 하바로프의 원정으로 아무르 지역 전체가 러시아 카자크의 수중에 들어왔다고 평가한다.[49] 하바로프의 카자크 부대는 1651년에 아무르 상류에 위치한 다우르인들의 마을을 점령하고 알바진 요새를 건설했고, 아무르 하류 볼론 호озеро Болонь 인근의 올치족 마을을 점령하여 아찬스크 요새Очанский острог를 세웠다.[50] 그리고 1652년에는 쿠마라강이 아무르강에 합류하는 지점에 쿠마르스크 요새Кумарский острог를 건설함으로써 아무르 지역에 주요 군사 거점들을 확보했다.[51] 카자크들은 이러한 요새들을 기반으로 아무르강을 따라 왕래하며 원주민들에게 모피 조공을 거두었고, 중국에 대한 정보도 틈틈이 수집했다.

러시아의 저명한 중러 관계사 연구자인 먀스니코프에 따르면 17세기에 아무르, 연해주, 사할린에 약 4만 명의 원주민이 거주하고 있었다.[52] 당대 아무르 지역 카자크의 보고서에 자주 등장하는 아무르 원주민은 다우르дауры, 듀체르дючеры, 나트카натки, 길랴크гиляки 등이다. 다우르인은 주로 실카강 하류, 아무르강 상류에서 제야강에 이르는 지역에 거주했다. 듀체르인은 아무르강 중류에서 하바롭스크 인근까지, 그리고 쑹화강 유역과 우수리강 일대에서 살고 있었다. 그리고 나트카인은 돈돈ДонД он강부터 시작해 아무르 하류 쪽으로 퍼져 있었고,[53] 길랴크인은 니브흐인нивхи이라고도 하는데 아무르 하류와 사할린 등지에 거주했다. 신유 장군은『북정일기』에서 이들의 거주지를 퍅개부락狢可部落이라고 언급했다.[54] 한편『북정일기』에는 견부락인이라는 말이 자주 등장하는데, 박태근은 러시아에서 이들을 골다인гольды, 올차인ольчы이라 부른다고 설명한다.[55] 그러나 17세기 러시아 카자크들은 나트카, 길랴크, 골다, 올차 등 돈돈강 북동쪽의 주민들이 농사를 짓지 않고 어업과 사냥 등으로 생활했으며,[56] 개를 많이 키우는 등 유사한 측면이 많았기 때문에 이들을 구분하여 부르기보다는 통칭하여 불렀던 것 같다. 카자크들은 길랴크인이라 불렀고, 신유 장군은 견부락인이라 불렀는데 둘 다 '개犬'와 관련이 있다.

카자크들의 갑작스런 출현으로 아무르 주민들은 사회·경제적으로 큰 타격을 입었다. 러시아 정부는 아무르 원주민들을 복속시키고 조공을 거두되, 그들을 죽이거나 약탈 행위를 하지 말라는 명령을 내렸다. 예를 들어 1654년 12월에 최초의 아무르 지사 파쉬코프А. Ф. Пашков에게 내린 임명장이나, 1655년에 아무르 대장 스테파노프Онуфрий Степанов에게 보낸 명령서를 보면 원주민들을 약탈하거나, 포로로 잡지 말라 명하고 있다.[57] 그러나 현장에서는 이러한 러시아 정부의 명령이 잘 지켜지지 않았다. 대개 카자크들은 매우 거칠었고, 약탈 행위도 흔했다. 이러한 행위는 당연히 카자크들이 스스로 작성한 보고서보다 제3의 관찰자

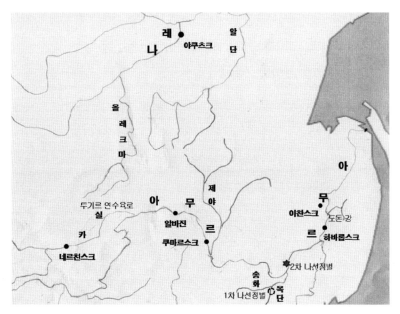

〈지도 2〉 17세기 중엽 아무르 지역

인 신유 장군의 기록에서 잘 드러난다. 카자크들은 원주민 아이들이나 여자들을 볼모로 붙잡아 조공을 요구했는데, 1658년 제2차 '나선정벌' 때에도 카자크 선박에 100명의 듀체르 여자들이 붙잡혀 있었다.[58]

특히 카자크들은 식량이 부족해지거나 다른 어려운 상황이 닥치면 원주민을 약탈하기 일쑤였다. 신유 장군이 입수한 정보에 따르면 카자크들은 원주민에게 조공을 거두다 골간 또는 견부락 원주민의 습격을 받아 사상자들이 나오기도 했다.[59] 카자크들의 행위에 원주민들이 반발했던 것이다. 아무르 원주민들은 청의 아무르정책 때문에도 큰 고초를 겪었다. 청 정부는 러시아 카자크와의 전투를 위해 원주민들을 차출했고, 이는 원주민 사회·경제에 막대한 지장을 주었다. 또한 청 정부는 전투가 격해지자 러시아인들의 식량 보급을 차단하기 위해 아무르 지역을 초토화했고, 이 때문에 많은 원주민들이 생계에 지장을 받았으며, 심지어 중국 땅으로 강제 이주해야 했다.[60]

청 정부는 1650년대에 들어와 아무르 지역에 본격적으로 개입하기 시작했다. 1650년 12월에 명의 마지막 왕인 계왕의 조정이 망명길에 오르면서, 청 정부는 조금 여유를 갖게 되었다.[61] 여전히 삼번 세력 등 극복해야 할 난관이 남았지만, 그래도 큰 고비는 넘긴 셈이었다. 이제는 청도 누군지 알 수 없는 세력이 화기를 가지고 청의 발현지인 만주의 북부에서 군사활동을 하는 것을 더 이상 방치할 수 없었다. 러시아 학자 먄스니코프는 1651년에 구이구다로프 마을에서 하바로프가 만난 보그도이 사람들이 침입자의 정체를 알아내기 위한 청의 척후병이었을 것이라 생각한다.[62] 바로 다음 해인 1652년에 영고탑의 만주군이 아무르의 카자크 요새를 공격했기 때문이다.

1652년 3월에 청과 러시아의 첫 번째 군사 충돌이 발생했다. 청군은 주방영고탑장경駐防寧古塔章京 하이세海塞와 부지휘관 시푸希福의 지휘하에 1600여 명의 병력을 파견하여 아무르강 하류의 카자크 요새 아찬스크를 공격했다. 당시 아찬스크 요새를 수비하는 카자크 병력의 수는 206명이었다.[63] 전황은 하바로프가 야쿠츠크 지사에게 보낸 답변서에 비교적 자세히 설명되어 있다. 청군은 3월 24일 이른 새벽에 격렬한 공격을 퍼 부었고, 마침내 목조 방벽의 일부를 부수고, 일제히 그 부서진 틈으로 몰려들었다. 이때 성 안에 있던 카자크들은 거대한 청동 대포를 발포했고, 이에 청군은 큰 타격을 입고 후퇴했다. 이후 156명의 카자크 대원들이 달아나는 청군을 추격하여 최종적으로 무너뜨렸다. 전투는 러시아의 대승으로 끝났다. 청은 상대를 과소평가한 성급한 작전으로 패배를 자초했다.

러시아 측 기록에 따르면 청군은 676명이 사망한 데 비해, 러시아군은 단지 10명만 전사했다. 하바로프는 청군의 대포 2대와 소형화기 17정, 8개의 군기 그리고 말들과 식량을 획득할 수 있었다.[64] 그러나 이러한 승리 이후 하바로프 원정대 내에 불화가 발생했다. 원정 참가자들 일부는 요새를 건설하고 경작지를 마련하기 원했던 반면에 성공에 도취된 하바로프는 계속해서 원주민들을 수탈하려 했던 것이다. 모스크바 정부는 1653년에 봉직 귀족 지노비예프Д. И. Зиновьев를 파견하여 조사를 진행했고, 그는 하바로프가 여러 면에서 권력을 남용했다고 결론내렸다.[65] 그는 아무르에 20일간 머물렀고, 하바로프는 그와 함께 모피 공물 장부와 현지 통역자들을 데리고 모스크바로 돌아갔다.[66] 그리고 하바로프를 대신하여 오누프리 스테파노프가 카자크 부대의 새로운 지휘관으로 임명되었다.[67]

한편 아무르의 상황과는 어울리지 않게 러시아의 차르 알렉세이는 1654년 2월에 바이코프Ф. И. Байков를 대對중국 사절로 보내라는 명령서를 내렸다. 그런데 1652년 아찬스크에서 러청 간의 치열한 전투가 있었음에도 불구하고 명령서에는 이와 관련된 언급이 전혀 없다. 더욱이 러시아 정부는 매우 정중하게 "우정과 사랑에 관한 그리고 국가 간의 선한 업무에 관한" 서신을 보그도이 칸-차르богдыхан-царь에게 보낸다고 언급하고 있다. 그리고 중국과의 공식적인 무역 및 외교 관계를 수립하려는 목적을 분명히 제시하고 있다.[68] 먀스니코프는 심지어 러시아 차르가 바이코프에게 내린 다른 비밀 문서에도 아무르에 대한 언급이 없음을 지적한다.[69] 전반적인 맥락을 보면 러시아 정부는 아직 아찬스크에서 자신들이 격퇴한 세력이 청의 군대라는 사실을 명확히 인지하지 못하고 있었던 듯하다. 즉 1654년까지도 러시아 정부는 중국의 사정을 자세히 모르고 있었다.

1654년에 신임 아무르 지사인 파쉬코프에게 내린 명령서도 흥미롭다. 여기에서 차르는 아무르에서 키타이Китай는 얼마나 먼지, 그리고 보그도이 차르국Богдойское царство과 니칸 차르국Никанское царство은 얼마나 먼지 조사하라고 명하고 있다.[70] 키타이는 중국, 보그도이 차르국은 청(만주), 니칸 차르국은 명에 해당하는데 당시 러시아 정부는 이들을 별개의 국가라고 생각했던 것이다. 청도 이와 비슷한 상황이었던 것 같은데 1654년 조선의 1차 '나선정벌'을 위한 파병이 있었을 때 청에서 파견한 차관 한거원은 나선이 누구인지 묻는 질문에 "영고탑 옆의 별종"이라고 답했다.[71] 결국 1654년경에 청과 러시아 정부 모두 아무르에서 싸우는 상대가 누구인지 정확히 알지 못했다고 볼 수 있다.

청의 순치제는 1652년 아찬스크 전투에서 패배한 이후, 아무르에 출몰한 '오랑캐'에 대한 복수전을 철저히 준비했다. 그는 1652년 전투의 패배에 대한 책임을 물어 주방영고탑장경 하이세를 처형하고, 아찬스크 전투를 지휘했던 시푸의 관등을 해제하고 곤장 100대를 쳤다.[72] 1653년 6월에 사르후다沙爾虎達를 앙방장경으로 승격시켜 반격 작전을 준비했다.[73] 영고탑 앙방장경은 아무르강, 쑹화강, 우수리강 일대를 담당해야 했다.[74] 그리고 청은 1654년 2월에 조선에 출병을 요구했다.[75] 조선은 1636년 정축조약丁丑條約 제5조에 따라 청국이 대명對明작전상 파병을 요구하면 이를 즉시 수행해야 했다.[76]

한편 1653년 하바로프의 소환 이후 아무르 지역의 카자크 부대는 새로운 국면을 맞았다. 신임 카자크 대장 스테파노프의 아무르 원정은 하바로프 때만큼 순탄하지 않았다. 그 이유는 두 지휘관의 재능 차이 때문만은 아니었고, 하바로프가 모스크바로 떠난 이후 아무르의 사정이 많이 변했기 때문이었다. 먼저 봉직 귀족 지노비예프가 하바로프와 함께 모피세 장부와 통역관들을 모스크바로 데려간 것이 카자크들의 활동에 많은 지장을 주었다.[77] 또한 하바로프의 소환 이후 아무르 지역에 대한 행정조직 개편 와중에 보급이 순조롭지 않아 화약과 탄환이 크게 부족했다.[78] 그러나 무엇보다 청과 원주민들의 대비가 더욱 강화된 것이 아무르 카자크들에게는 가장 큰 문제였다. 청 정부는 카자크들이 아무르에서 활동하는 것을 막기 위해 지역 주민들의 식량 증대를 막았고 이 때문에 아무르의 카자크들은 극심한 식량 부족에 시달려야 했다.[79] 카자크 전사들은 농사에 익숙하지 않아 러시아 농민들의 식민이 이루어지지 않는 한 자체 경작을 통한 식량 보급은 힘들었다.[80]

이러한 어려움 속에서 스테파노프는 청군의 공격에 대한 충분한 대비도 없이 1654년 봄에 식량과 목재를 확보하기 위해 쑹화강으로 들어섰다.[81] 강을 따라 3일간 하항하던 스테파노프 부대는 1654년 6월 6일에 "각종 화기로 무장한 병사들이 탑승한 거대한 중국 전투 병력"과 마주쳤다.[82] 이렇게 해서 제1차 '나선정벌'로 알려진 '쑹화강 전투'가 벌어졌다. 당시 조선군 지휘관 변급에 따르면 청군의 선박은 큰 것이 20척(17인용), 작은 것은 140척(4~5인용)이었고, 병력은 청군이 최소 300명, 왈합인 300명, 조선인 152명으로 총 752명이 넘었다. 러시아 기록을 보면 왈합인은 다우르인과 듀체르인이었다. 한편 러시아군은 큰 배 13척(3백 석 실을크기)에 작은 배 26척 등 총 39척을 끌고 왔으며, 승선 인원은 몸값을 받기 위해 사로잡은 인질을 포함해 약 400명이 못 되었다.[83]

전투 상황에 대한 조선군 지휘관 변급과 카자크 지휘관 스테파노프의 진술이 모두 상세하지는 않지만, 둘을 종합하면 대체적인 상황을 파악할 수 있다. 청군은 선박과 강변에 군사를 배치하고 있었고, 카자크들은 모두 선박 안에서 전투 태세를 갖추고 있었다. 그리고 먼저 강 위에서 전투가 시작되었고, 이후 양측은 강변으로 옮겨 전투를 벌이다 결국 러시아군이 퇴각했다.[84] 러시아 측 자료는 기록자인 카자크의 입장에서 조금 더 상세히 기록되어 있다. 스테파노프는 강변과 강위에서 협공을 받자 카자크 병사들을 작은 배들로 분산시킨 후에 청의 선박들을 물리쳤고, 승선하고 있던 청군은 급히 강변으로 상륙했다. 카자크들은 이를 뒤쫓았고 강변에서 양측 사이에 백병전이 벌어졌는데 이때 많은 카자크들이 부상을 당했고, 화약과 탄환이 떨어져 더 이상 싸울 수 없었다.[85]

카자크들은 청군이 중국인, 다우르인, 듀체르인으로 이루어졌다고 기록하고 있으나, 조선군에 대해서는 전혀 언급하지 않고 있다. 변급의 진술에 따르면 당시 조선군은 강변 쪽 언덕 위에 세워진 목책에 의지해 카자크들에게 총격을 가했다. 이는 카자크들에게 꽤 위협이 되었던지 신유 장군의 일기에는 견부락 사람들의 말을 빌려 적들이 말끝마다 "머리 큰 사람들이 매우 두렵다"라고 했는데 이는 벙거지를 쓴 조선 조총병을 가리킨다.[86] 이상의 내용들을 종합하면 다음과 같은 설명이 가능하다. '1654년 전투'는 처음에 강 위에서 전개되었고 이때는 카자크들이 우세했다. 이후 전투는 강변으로 옮겨져 청·아무르 연합군이 카자크 부대와 백병전을 벌였다. 조선군은 언덕 위에서 강변으로 상륙하는 카자크들에게 총격을 가했고, 이 때문에 카자크들의 상륙이 수월하지 않았고 결국 강변 전투에서 카자크들은 화약과 탄환이 부족해 패퇴했다. 그리고 아무르 원주민들은 카자크들이 대두인大頭人(벙거지를 쓴 조선군)의 총격을 두려워한다고 얘기하며 다녔다. 결국 제1차 '나선정벌'의 승패를 갈랐던 강변 위의 백병전에서 조선군의 총격은 상당히 위협적이었고, 결과적으로 '1654년 전투'의 승리에 중요한 역할을 했다고 볼 수 있다.

한편 청은 다음 해인 1655년에 승리의 여세를 몰아 아무르 상류 지역의 카자크 부대를 격파할 생각으로 3월 13일부터 4월 4일까지 15대의 대포와 1만의 병력을 동원하여 쿠마르스크 요새를 포위한 후 공격을 가했다.[87] 그러나 막강한 병력에도 불구하고 청군은 개방된 지역에서의 전투와는 달리 공성전에서 취약함을 보였고, 결국 카자크의 반격을 이기지 못하고 큰 손실을 입고 퇴각했다. 카자크는 2대의 대포와 800개의 포탄 그리고 30푸드(약 490킬로그램)의 화약을 손에 넣어 부족한 군수품을 보충했다.[88] 전반적으로 청과의 전투에서 러시아 카자크는 수상전보다는 공성전에서 우위를 보였다. 그러나 쿠마르스크 요새를 사수했음에도 불구하고 러시아군은 계속해서 식량 조달 문제로 어려움을 겪었다. 청 정부는 러시아군의 생존을 어렵게 할 목적으로 아무르 주민들을 남쪽으로 소개하는 등 더욱 더 강력한 조치를 취했다.

4. 1658년 러청전투—제2차 '나선정벌'

1554년 러청전투(제1차 '나선정벌')가 청과 러시아 정부 양측이 서로를 분명히 파악하지 못한 상황에서 벌어졌다면, 1658년 러청전투(제2차 '나선정벌')에서는 양측 모두 상대가 누구인지를 보다 분명히 알고 있었다. 1654년에 러시아의 대중국 사절 바이코프는 차르의 명령서를 받고 토볼스크를 출발하여 서몽골을 지나는 먼 여행 끝에 청에 도착했다. 그는 청 관리로부터 온갖 푸대접을 받은 후, 1656년에야 겨우 북경에 입성할 수 있었다. 이때 이미 청은 아무르 지역에서 군사 대립을 하는 상대가 러시아라는 사실을 알고 있었다. 청의 관리는 바이코프에게 왜 러시아 군주는 이렇게 평화사절을 보내는데, 다른 곳에 있는 너희 사람들은 아무르를 공격하는 것인지를 물었고, 바이코프는 이에 대해 "그들은 자유민들люди вольные이다"라고 대답했다.[89] 그리고 최소한 이러한 상황이 모스크바에 보고된 1657년 3월경에는 러시아 정부 역시 아무르에서 대립하고 있는 상대가 중국을 정복한 청이라는 사실을 알게 되었다.[90]

그 무렵 청의 정책은 매우 공세적으로 바뀌어 아무르 지역에서 러시아인들을 쫓아내고, 그 지역을 초토화하여 무인지대로 만들 계획이었다.[91] 이미 1656년 7월에 아무르의 카자크 대장 스테파노프는 야쿠츠크 지사 로듸젠스키М.С. Лодыженский에게 보내는 보고서에서 당시 아무르의 상황을 설명하고 있다. "아무르강을 따라 쑹화강까지 듀체르인들을 찾아 볼 수 없었습니다. 아무르강에는 듀체르인들이 조금만 남아 있습니다. (…중략…) 보그도이 차르는 외지인인 듀체르인들을 대* 아무르강과 쑹화강 하류에서 그의 보그도이 땅으로 데려갔습니다."[92] 이러한 상황에서 아무르 카자크들의 처지는 극도로 악화되었다. 무엇보다 식량 부족이 가장 큰 문제였다. 스테파노프는 자기 부하들이 굶어 죽을 지경이어서 풀과 나무뿌리를 캐 먹고 있지만 군주의 명령이 없으면 아무르에서 벗어날 수 없다고 탄원했다. 또한 선박을 만들 목재도 필요했고, 충분하지 않은 탄환도 걱정이었다.[93]

모스크바 정부도 아무르 지역에 대해 나름의 조치를 취했다. 1654년 말에 야쿠츠크 정청과 별도로 아무르 정청을 설립할 계획으로 파쉬코프를 아무르 유역과 연해주 일대를 관할할 지사로 임명했다.[94] 1655년에 모스크바 정부는 아무르 카자크들을 지원하기 위해 파쉬코프와 함께 화약 50푸드(약819킬로그램), 납 100푸드(약1,638킬로그램), 술 100통, 호밀가루 80체트베르티(약9,600킬로그램), 곡물 알갱이 10체티(약2,000리터) 등을 보낼 것을 명했다.[95] 파쉬코프는 1656년에 출발해서 1658년 봄에야 아무르 지역에 도착하여 실카강 하류의 네르친스크 요새를 강화했다. 그러나 이러한 조치가 아무르 지역에서 만주인들과 본격적인 투쟁을 벌이려는 것은 아니었다. 모스크바 정부는 신임 지사 파쉬코프와 아무르의 카자크들에게 만주인들의 지역을 약탈하지 말며, 평화를 유지할 것을 지시했다.[96] 파쉬코프는 네르친스크에 도착해서 지시에 따라 아무르에 나가 있는 스테파노프에게 만주로 드나들지 말고, 침략과 약탈을 그만두고 농사를 지으며 평화롭게 살라는 칙령을 보냈다.[97]

그러나 카자크들은 정규군이 아닌 자유민 출신 모험가들이었고, 광대한 시베리아에서 이들을 통제하기란 쉽지 않았다. 1657년에 아무르의 한 러시아 봉직자는 아무르 카자크들이 차르의 허락 없이 보그도이인들을 공격하고, 아무르 주민들을 약탈하고 있다며 차르에게 탄원서를 제출하기도 했다.[98] 그러나 청의 아무르 소개 작전이 시작되면서 카자크들의 약탈은 더욱 심해졌다.[99] 식량과 보급품이 부족한 상황에서 카자크들에게 자중하라는 명령은 현실성이 없었던 것이다. 1658년 초 겨울에도 스테파노프는 카자크 부하들을 이끌고 아무르강변의 쿠민스크 요새에서 겨울을 보냈다. 봄이 되자 스테파노프는 요새를 떠나 모피 조공을 수집하고, 새로 부임하는 파쉬코프 지사와 만나기 위해 아무르 상류로 올라가다 청의 대군과 마주쳤다.[100] 이 전투가 조선군이 참여하여 제2차 '나선정벌'로 알려진 1658년 러청전투이다.

이에 앞서 청 황제는 조선 왕에게 칙서를 보내 '나선'이 청의 국경을 침범하고 있으니, 군수품과 정예 조총수 200명을 급파하라고 명했다.[101] 이렇게 해서 조선은 신유의 인솔하에 260명의 조총병을 파병하여 청군에 합류했다. 먼저 양측의 병력을 비교하면 오누프리 스테파노프가 지휘하는 러시아 카자크 부대는 11척의 선박에[102] 약 315명의 병력이 타고 있었다.[103] 한편 사르후다沙爾虎達가 인솔하는 청군은 러시아 관리 페트롤롭스키의 보고에 따르면 총 47척의 선박을 가지고 있었는데,[104] 신유 장군은 상선上船 4척, 대중선大中船 36척, 중소선中小船 12척으로 총 52척이고 화포는 50대라고 기록하고 있다.[105] 이러한 수치는 서로 모순되지 않는데, 도원수와 부원수가 탑승할 상선을 제외하면 48척으로 러시아 측 추산 47척과 거의 비슷하다. 한편 계승범은 청군의 병력을 대략 2,500명 정도로 추산한다.[106] 조선 조총병은 한 배에 5명씩 탑승했고, 청 포수(영고탑 포수) 역시 5명씩 승선했다.[107]

전반적으로 청과 러시아의 군사력은 대략 선박 47척 대 11척, 병력

2,500명 대 315명으로 청군이 절대 우세한 상황이었다. 청의 병력은 그 구성원으로 볼 때 청군이라기보다 동북아시아의 다민족 연합군이었다. 이들은 만주인, 왈가인(듀체르인), 견부락인(길랴크인), 조선인, 몽골인, 한인 등으로 구성되었다. 러시아 병력은 이미 언급한 것처럼 호전적 자유민 전사 집단인 카자크들로 구성되어 있었다. 그러나 카자크들 역시 슬라브계가 상당했고 러시아 언어와 문화가 주를 이루었으나, 기원으로 보면 유라시아의 다종족 성격을 가진 사람들이었다.[108] 이들은 탄환과 식량이 부족해 대규모 전투를 수행할 입장이 아니었다. 같은 해 봄에 파쉬코프 지사가 네르친스크에 도착했지만, 아직 대면하지 못한 상태였다.

전투는 1658년 6월 30일에(『북정일기』에는 6월 10일) 아무르강이 쑹화강과 만나는 지점에서 아무르강 하류 쪽으로 30여 리 떨어진 곳에서 벌어졌다(<지도2> 참고).[109] 러시아 측 보고서들은 그 장소를 '코르체예프 굴곡부Корчеевская лука'라 명시한다. 아무르강 하류의 쿠민스크섬에서 겨울을 난 스테파노프 일행은 모피 조공을 걷고, 파쉬코프 지사를 만나기 위해 강 상류로 이동하던 중 듀체르인들에게 청의 대규모 부대가 오고 있다는 정보를 입수했다. 스테파노프의 본대는 청군의 동향을 살피기 위해 클림코 이바노프Климко Иванов를 먼저 아무르 상류로 보내고 그 뒤를 따라 상류 쪽으로 이동하던 중에 청의 대규모 병력을 만나게 되었다.[110]

한편 쑹화강변에 머물고 있던 청군은 6월 25일(『북정일기』에서는 6월 5일)에 출발해서 쑹화강 하류를 따라 내려왔다. 아마도 청군은 식량이 부족한 카자크 부대의 행동을 예측하고 있었고, 첩보를 통해 그들의 동선을 어느 정도 파악하고 있었던 것 같다. 청군은 6월 26일에 카자크에게 볼모로 잡혀 있다 풀려난 왈가ㅁㅁ 여자를 통해 러시아 병력이 13~14

척이라는 정보를 입수했다.[111] 그리고 6월 28일(『북정일기』에서는 6월 8일)에 신유는 적선 3척이 아무르강구에 이르렀다가 견부락의 한 마을에 머물고 있다는 얘기를 들었다.[112] 아마도 스테파노프가 먼저 보낸 이바노프 일행일 듯하다.

청·조선·아무르 연합군은 6월 29일(『북정일기』에서는 6월 9일)에 대장 사르후다의 고향인 열벌 마을에 머물다 30일에 아무르강구를 지나 20여 리 내려가는 길에 카자크 선박들을 발견하고 즉각 공격을 가했다. 카자크 선박들은 10여 리를 후퇴해 강가에 배를 모아 포진한 후 판옥 위에 올라서서 연합군의 동정을 살폈다.[113] 연합군은 적선과의 거리가 한 마장쯤으로 가까워지자 공격을 개시했고, 카자크 부대도 이에 응수해 전투가 시작되었다. 이때 연합군의 모든 선박들이 앞뒤 할 것 없이 일시에 쳐들어가 활과 총포를 무수히 쏘자 카자크들은 지탱하지 못하고 배 안으로 들어가 숨기도 하고 혹은 배를 버리고 강가의 풀숲으로 도망치기도 했다.[114] 신유 장군은 이 때 화공을 써서 적선들을 불태웠다면 아군의 손실이 없었을 텐데, 대장이 재물을 탐내 불태우지 말라고 명령한 것이 화근이 되어 사상자가 많이 발생했다고 적고 있다. 양 측의 선박이 가까워지자 배속에 은신해 있던 카자크들이 연속 사격을 가해와 연합군 측도 적지 않은 사상자를 내게 되었기 때문이다.[115] 그러나 이미 청군의 계속되는 공격에 러시아군은 더 이상 버틸 수 없었고 날이 어두워지자 야습을 틈타 1척의 러시아 배가 도주했다.[116] 이렇게 1658년 6월 30일(『북정일기』에는 6월 10일) 전투는 연합군의 대승으로 끝났다.

조선군은 '1658년 전투'의 승부를 결정지은 총격전에서 중요한 역할을 했다. 당시 조선 조총병들은 약 40척의 선박에 5명씩 분산되어 있었고, 영고탑 총병들도 각 선박에 5명씩 탑승하고 있었다.[117] 1차 접전인 포격전이 서로에게 별다른 피해를 주지 않았던 반면에 2차 총격전에서는 연합군 측이 카자크 부대에 결정적 타격을 가했다. 즉 조선과 영고탑 조총병들의 총탄에 카자크 부대의 전열이 무너졌고, 그들 중 일부는 배에 남았으나 다른 이들은 배를 버리고 강가로 도주했던 것이다. 신유 장군은 카자크들이 끝까지 배에서 맞섰더라면 승부를 가리기 어려웠을 것이라고 평했다.[118] 이후에 벌어진 전투 상황들 모두가 중요했지만, 승패의 분기점은 분명 카자크들의 전열을 무너뜨려 우왕좌왕하게 만든 총격전이었다. 그리고 조총병들 가운데서 조선군 조총병의 역할이 컸을 것은 명확해 보인다. 신유 장군은 조선군의 사격술은 청군에 비해 월등했는데 영고탑 총병들은 연습 사격에서 "반 이상이나 포술에 생소하여 과녁을 맞히는 자는 약간 있을 정도였다. 만약 저들 청군이 포재砲才마저 겸했더라면 이른바 호랑이 날개 돋친 격으로 막강했을 것이다"라고 자신의 견해를 밝히고 있다.[119]

그럼 정말로 17세기 중엽 조선 총병의 사격 솜씨는 뛰어났을까? 17세기 전반기에 조선 총의 성능과 작전 능력이 발전했던 것은 분명해 보인다. 러시아의 전쟁사 연구자인 L. A. 보브로프와 A. M. 파스투호프는 17세기 조선 총은 일본 총을 기반으로 시작되었으나, 일본 그리고 청의 것과도 다르게 총신을 길게 만든 것이 중요한 혁신이었다고 설명한다. 그리고 17세기 만들어진 조선 화승총은 약간의 변화와 함께 19세기 말까지 이어졌다.[120] 19세기 초에 훈련도감에서 발간한 『융원필비戎垣必備』에 따르면 "총신이 길면 화기가 새지 않아서 총알이 멀리 나가고 힘이 있다. 쏘면 능히 명중함은 나가는 총구가 곧은 데 있다. 총구가 곧으면 장약하는 데 알맞고 점화해도 동요하지 않는 고로 능히 열 발을 쏘면 반드시 8~9가 명중한다".[121] 다른 학자들도 17세기 전반과 중반에 조선 조총의 발전이 있었고, 이는 조선에 표류한 네덜란드인들의 영향 때문으로 생각한다.[122] 이러한 군사사 연구를 종합하면 신유 장군이 연습 사격에서 조선 조총병의 명중률에 대해 피력한 자부심은 상당한 근거가 있었다고 볼 수 있다.

『북정일기』에 따르면 청군 전사자는 110명, 부상자가 200명이었고, 조선군은 8명이 사망했고, 26명이 중상을 입었다.[123] 1659년에 카자크 부대원 페트릴롭스키А.Ф. Приловский의 진술에 따르면 카자크 부대는 지휘관 오노프리 스테파노프를 포함해 270명이 사망했고, 생존자 227명 중 일부는 산으로 도망가고 일부는 '스파스코예Спаское'호를 타고 도주했다.[124] 전체적으로 러시아의 피해가 더 컸지만, 연합군의 피해도 만만치 않았다. 다만 러시아 측은 인명 피해도 컸지만 아무르 지역에서 식량을 구하는 것이 더욱 어려워져 이제 생존의 위협을 받게 되었다. 당시 러시아 패잔병들의 모습을 보면 카자크들이 어떤 어려움에 처해 있었는지 알 수 있다.

러시아 패잔병들은 1659년에 한 곳에 모였는데 그 수가 180명 정도였다. 이들은 모피를 수집한 후 파쉬코프 신임 지사를 만나기 위해 아무르강을 거슬러 올라가 쿠마르스크 보루에 도착했다. 이곳에 지사는 없었고 카자크들은 극심한 식량난으로 굶주리게 되었다. 이후 다른 패잔병들이 합류하여 그 인원이 227명에 이르렀으나 식량을 조달하는 것이 여의치 않았다. 패잔병들의 절반은 쿠마르스크 요새를 지키고, 나머지 반은 파쉬코프 지사를 만나기 위해 아무르 상류로 더 이동해 알바진에 도착했으나, 여기서도 지사를 만날 수 없었다. 더 나아가 투기르 연수육로까지 도달했으나 거기에도 지사는 없었다. 이들은 결국 투기르 연수육로를 넘어 올레크마강으로 나아갔는데 극심한 굶주림으로 풀, 산딸기, 나무뿌리 등을 먹어야 했다[125](<지도 2> 참고). 한편 스테파노프가 정찰을 위해 먼저 출발했던 클림코 이바노프의 부대는 다시 스테파노프의 본대로 돌아오다가 처참하게 파괴된 카자크 부대를 둘러싼 청군을 목격했다. 이들은 일단 도주에는 성공했으나, 역시 식량난으로 많은 대원들이 아사했고, 결국 클림코 이바노프 역시 듀체르인들에게 살해당했다.[126] 전반적으로 1658년의 전투에서 러시아 측은 청·조선·아무르 연합군의 공격과 그 후에 이어진 굶주림으로 인해 큰 인명 피해를 입었다고 볼 수 있다.

이렇게 1658년 전투 이후에 카자크들이 아무르에서 활동하는 것은 매우 어려운 상황이 되었다. 다만 1661년에 새로운 무리의 카자크들이 들어와 아무르 상류의 알바진 요새를 강화했고, 나중에 모스크바 정부로부터 승인을 받았다.[127] 그리고 1670년대 초에 러시아 농민들의 알바진 식민이 진행되면서 알바진이 아무르의 새로운 러시아 거점으로 부상하게 되었다.[128] 한편 1660년대가 되면 청 정부는 더 이상 러시아의 아무르 진출에 개입하지 않았다. 이러한 청의 입장은 1680년대 초까지 지속되어, 대략 1665~1683년에 청과 러시아 사이에 공식적인 전투 행위는 발생하지 않았다. G. V. 멜리호프는 청은 전반적으로 아무르 문제를 국가적 문제라고 생각하기보다는 지역적인 문제로 여겼다고 주장한다.[129] 당시 청 정부는 아무르의 카자크보다 훨씬 심각하고 중요한 문제를 가지고 있었다. 1660년에 삼번의 난이 발생하여, 이를 진압하기 위해 청의 군사력이 여기에 집중되어야 했다. 강희제는 1667~1675년 사이에 기군 179개 중대를 늘려서 청의 군대는 총 799개 중대에 이르렀고, 이 병력들은 최종적으로 중국 지배를 완료하는 결정적인 전쟁에 투입되었다.[130] 청은 1683년에 타이완에서 마지막 저항 세력들을 진압한 후에야 어느 정도 안심할 수 있는 상황이 되었고,[131] 이때부터 청의 군대가 다시 알바진의 카자크들을 공격하기 시작했다.

5. 1650년대 러청 충돌의 성격과 나선정벌의 의미

러시아의 동방 진출은 처음부터 국가가 주도한 사건은 아니었다. 시베리아 팽창을 시작한 것은 모피 수익을 얻기 위한 민간업자들이었고, 특히 러시아 변경 지역의 자유민 카자크 전사들이 이를 주도했다. 러시아 정부는 사후에 이러한 모피 원정이 국고에 도움이 된다는 사실을 알게 되면서 카자크의 정복사업을 승인하고 필요한 지역에 정청을 두어 이들을 관리했다. 러시아의 아무르 진출도 이러한 동방 팽창의 연장선상에 있었다. 다만 아무르 지역은 청이라는 강력한 국가와 조우하게 되었다는 점에서 다른 곳과는 사정이 달랐다. 그러나 공식 문서들을 보면 러시아 정부는 애초부터 중국과 대립할 생각은 전혀 없었고, 평화적인 외교 및 무역 관계를 수립하기를 지속적으로 원했다. 더욱이 당시 러시아는 오스만이나 다른 유럽국가들과의 산적한 투쟁이 급선무여서 파쉬코프 지사가 예니세이에서 네르친스크까지 이동하는 데만 1년 반이 걸렸던 먼 곳에서 강력한 청의 군대와 싸운다는 것은 상상하기 어려웠다.

1650년대에 아무르 지역에서 벌어진 러청 간의 충돌도 러시아의 의도적인 남하와는 관련이 없었다. 무엇보다 초기에는 청과 러시아 양측 모두 싸우는 상대에 대해 분명히 파악하지 못하고 있었다. 그래서 1652~1654년에 아무르 카자크들이 보그도이(청) 군대와 전투를 벌이고 있는 상황에서 러시아 정부는 엉뚱하게도 바이코프가 이끄는 평화사절을 청에 파견했던 것이다. 이후, 아마도 1654~1657년 사이에 러시아 정부도 아무르의 보그도이가 청이고, 청이 중국의 지배자라는 사실을 알게 되었다. 그리고 러시아 정부는 아무르 지사 파쉬코프와 카자크 대장 스테파노프에게 아무르 주민들을 약탈하지 말며, 보그도이(청)의 영토로 진입하지 말 것을 명했다. 그러나 러시아 정부는 멀리 떨어진 자유민 카자크들의 행동을 충분히 통제할 수는 없었다.

두 차례의 '나선정벌' 사건도 러시아의 남진 과정에서 발생했다고 보기 어렵다. 아무르의 카자크들은 그들이 중앙정부에 보낸 탄원서에서 알 수 있듯이 식량과 물자 부족으로 큰 어려움을 겪었다. 청 정부도 카자크의 식량난을 정확히 파악하고 있었고 아무르 일대의 곡식 재배를 제한하고 원주민을 소개하여 식량 보급을 원천 차단하는 정책을 폈다. 식량과 물자가 부족한 상황에서 자유민 카자크들은 자신들의 생존에 필요한 식량과 목재 등을 구하기 위해 쑹화강 상류로 들어왔다. 그리고 러시아 카자크들은 아무르 주민들은 물론이고, 쑹화강 변까지 와서 약탈을 자행했다. 그러나 굶주린 상황에서 저지른 이들의 행동을 남진이라고 규정하기는 어렵다. 이들은 모스크바 정부의 지속된 명령을 어기고 정부가 정해 놓은 선을 넘은 이탈 부대였다.

러시아 카자크 부대를 응징한 '나선정벌'에는 조선인뿐 아니라 아무르 원주민, 만주족, 한인, 몽골인 등 동북아의 다양한 민족들이 참가했다. 이들은 대포를 쏘고, 선박을 조종하고, 갈고리를 던져 적선을 끌어당기고, 적선에 침투하여 백병전을 벌이고, 패잔병들을 추격하는 등 일련의 전투에서 각자 자신의 역할을 담당했다. 궁극적으로 나선정벌의 승리는 전투에 참여한 연합군의 승리였다. 그러나 러시아 일부 학자들이 주장하는 것처럼 조선군이 1654년과 1658년의 '나선정벌'에서 단순히 부차적인 역할만 수행했던 것은 아니다. 1차 나선정벌에서 언덕에서 아래로 쏘아대는 조선군의 집중 사격은 강변으로 내몰린 청군을 뒤쫓는 카자크 부대를 격퇴하는 데 중요한 역할을 했다. 이는 수상전에서 패퇴했던 연합군이 강변 전투에서 최종적 승리를 거두는 데 결정적인 기여를 했다.

2차 '나선정벌'의 승패를 가른 총격전에서도 조선군의 역할은 중요했다. 양측 간 최초 충돌은 북경 포수와 카자크 간의 포격전이었는데, 치열한 공방전만 있었고 승부에 영향을 주지 못했다. 두 번째 충돌은 총격전이었는데 조선군이 주도한 일제 사격이 적의 전열을 무너뜨리는 중요한 성과를 냈다. 카자크의 입장에서 육지가 아닌 수상의 적정거리에서 명중률이 높은 조총병들이 쏘는 총탄은 매우 위협적일 수밖에 없었다. 따라서 러시아 학자들이 주장하는 것처럼 일부 대원들이 배를 떠나 강가로 이동했던 단순한 실수 때문에 카자크 부대가 패했던 것은 아니다. 그러한 실수는 위력적인 총격전의 충격이 가져온 결과였다. 이는 중요한 전투에서 적의 기선을 제압하는 데 분명 중요한 역할을 했다.

'나선정벌'에서 조선군의 역할은 역사적 기록에 기반을 두고 연구되어야 한다. 추정된 러시아의 남진을 확정된 사실로 받아들여 '나선정벌'을 러시아의 남진을 저지한 사건으로 보기는 어렵다. 러시아 정부는 부족 단계의 아무르 주민들을 러시아 신민으로 복속하려 했지만, 일관되게 청과 충돌하기보다는 평화로운 교역을 원했다. 무엇보다 17세기 상황에서 러시아가 청과 전쟁하는 것은 가능하지 않았다. 모스크바에서 직선거리로 7,000킬로미터가 넘는 먼 아무르 지역에서 통틀어 약 500명, 그것도 기아에 허덕이는 병력으로 세계에서 가장 강력한 육군과 보급망을 가진 청을 상대한다는 것은 생각조차 어렵기 때문이다. 또한 1689년의 네르친스크 조약은 '나선정벌'의 직접적인 결과라기보다는 청의 군사적 위협과 서몽골이 포함된 한층 복잡한 국제 관계 속에서 진행된 사건이다. 물론 그렇다고 해서 조선군의 역할을 과소평가할 이유는 없다. 동북아 연합군이 두 차례의 '나선정벌'에서 결정적인 승기를 잡은 총격전에서 조선군은 핵심적인 역할을 담당했다. 조선군은 비록 자발적인 것은 아니었지만 먼 곳까지 출정하여 여러 열악한 조건 속에서도 아무르 주민들을 약탈하는 카자크들에게 중요한 타격을 입혔다.

주석

1 이철,『시베리아 개발사』, 민음사, 1990; 심헌용,「러시아 동진의 군사적 성격과 통치구조(16세기 후반~18세기 전반)」,『중소연구』27-2, 한양대아태지역연구센터, 2003; 이완종,「러시아의 극동 진출과 중·러 국경획정 과정 연구」,『동북아역사논총』4, 동북아역사재단, 2005; 박명용,「연해주를 둘러싼 한국과 러시아 영토 문제 – 1650년에서 1900년까지」,『북방사논총』4, 동북아역사재단, 2005 등.

2 강주진,「韓國과 러시아의 外交史的考察」,『대구사학』13, 대구사학회, 1977; 박태근,「朝鮮軍의 黑龍江出兵」,『한국사론』9, 국사편찬위원회, 1983; 반윤홍,「備邊司의 羅禪征伐 籌劃에 대하여 – 효종조 寧古塔 파병절목을 중심으로」,『한국사학보』11, 고려사학회, 2001; 이강칠,「朝鮮孝宗朝 羅禪征伐과 被我 鳥銃에 對한 小考」,『古文化』20, 한국대학박물관협회, 1982 등.

3 박태근, 앞의 글, 253쪽.

4 반윤홍, 앞의 글, 143쪽.

5 계승범,「17세기 중반 나선정벌의 추이와 그 동아시아적 의미」,『사학연구』110, 한국사학회, 2013, 226~227·239쪽.

6 В. С. Мясников, Империя Цин и русское государство в XVII веке, Москва : Наука, 1980; Е. Л. Беспрозванных, *Приамурье в системе русско-китайских отношений. XVII- середины XIX в*, Москва : Хабаровское книжное издательство, 1983; И. Попов, *Россия и Китай 300 лет на грани войны*, Москва : Тип. Морского Министерства, 2004; S. M. 두다료노크 외, 양승조 역,『러시아 극동 지역의 역사』, 진인진, 2018 등.

7 Т. М. Симбирцева, "Участие корейских отрядов в Албазинских войнах 1654 и 1658 : Источники и историография", *Традиционная культура Востока Азии*. Вып. 3, Благовещенск, 2001.

8 2014년 6월 동아시아슬라브학술대회. А. В. Дудникова, "Роль Кореи в «Албазинских войнах» 1654 и 1658 гг."

9 Л. А. Бобров, А. М. Пастухов, "Роль ручного огнестрельного оружия в венном искусстве кореи в XVII веке," *Вестник НГУ. Серия История. Филология*. Т.11. Вып.3, 2012.

10 한국뿐 아니라 러시아 측 연구자들도 이미 중국 측 자료의 부재에 대해서 언급한 바 있다. 계승범, 앞의 글, 209쪽; Т. М. Симбирцева, 앞의 글, p.179.

11 *Акты исторические,* собранные и изданные археографическою комиссией, Т.4. 1645~1676, Петербург, Тип. Экспедиции заготовления Государственных бумаг, 1842, -АИ로 약함; *Дополнеия к актам историческим, собранные и изданные археографической комиссией.* Т.3, Петербург : Тип. II Отделения Собственной Е.И.В. Канцелярии, 1848, -ДАИ로 약함; *Русско-китайские отношения в XVII веке. Ма*

териалы и документы. Т.1. 1608-1683 гг., Москва, 1969, -РКО로 약함.

12 『효종실록』; 신유, 박태근 역,『북정일기』, 정신문화연구원, 1980.

13 윌리엄 맥닐, 신미원 역,『전쟁의 세계사』, 이산, 2005, 134쪽.

14 Richard Hellie, *Enserfment and Military Change in Muscovy,* University of Chicago Press, 1971, p.181.

15 В. Волков, *Войны и войска Московского государстваю (конец XV– первая половин а XVII в.),* Москва : Молодая Гвардия, 2004, pp.107～111 참고.

16 피터 C. 퍼듀, 공원국 역,『중국의 서진』, 길, 2014, 121쪽.

17 А. А. Каплин, *Пушнина СССР,* Москва : Внешторгиздат, 1960, p.131.

18 러시아의 모피 무역에 관해서는 피셔의 책을 참고할 것. R. H. Fisher, *The Russian Fur Trade 1550 ～1700, Berkeley and Los Angeles,* University of California Press, 1943.

19 Н. И. Павленко, И. Л. Андреев, В. Б. Кобрин, В. А. Федоров, *История России с древнейших времен до 1861 года,* Мсоква, Высш. шк., 1996, pp.168～185.

20 17세기 러시아가 수행한 굵직한 전쟁만 꼽아도 다음과 같다. 스몰렌스크전쟁(1632～ 1634), 우크라이나전쟁(1648～1654), 모스크바-폴란드전쟁(1654～1667), 러시아-스 웨덴전쟁(1656～1658), 러시아-오스만튀르크전쟁(1676～1681) 등.

21 Я. Е. Водарский, *Население России за 400 лет (XVI-начало XX вв.),* Москва Просве щение, 1973, pp.33～34.

22 피터 C. 퍼듀, 공원국 역, 앞의 책, 763쪽에서 재인용.

23 *Очерки истории СССР. Период феодализма XVII в.,* Москва, Изд-во АН СССР, 1955, карта Сибирь в XV-XVIII веках 참고.

24 Richard Hellie, op. cit, p.35.

25 Е. И. Тимонин, *Очерки истории Сибири. Конец XVI–XIX вв.,* Омск : Омский эконо мический институт, 2012, p.50.

26 Ibid, p.367.

27 С. В. Бахрушин и С. А. Токарев, ред. Якуция в XVII веке, Якутск : Якутское книж ное издательство, 1953, p.31.

28 Тимонин, op.cit., pp.71～72 참고.

29 Г. А. Леонтьева, *Землепроходец Ерофей Павлович Хабаров,* Москва : Просвещен ие, 1991, pp.12～17 참고.

30 Н. Н. Волховитинов, отв.ред. *История Русской Америки (1732 ～1867).* Т.1, Москв а, Междунар. отношения, 1997, p.17.

31 피터 C. 퍼듀, 공원국 역, 앞의 책, 120쪽.

32 ДАИ, Т.3, №12, pp.50～52.

33 ДАИ, Т.3, №72, pp.258.

34 R. A. 스켈톤, 안재학 역,『탐험지도의 역사』, 도서출판 새날, 1995, 137～138쪽.

35 С. Ф. Огородников, *Очерк истории города Архангельска в торгово-промышленно м отношении,* Петербург : Тип. Морского Министерства, 1890, pp.41～42.

36 Е. О. Морозова, "Русско-китайские торгово-дипломатические отношения в конц е XVI-середине XVII века", Автореферат канд. ист. наук, Екатеринбург, Уралски й государственный педагогический университет, 2013, pp.20～22·25.

37 토마스 바필드, 윤영인 역, 『위태로운 변경』, 동북아역사재단, 2009, 563~564쪽.

38 А. А. Новосельский, "Сношения России со странами Азии", *Очерки истории СС СР. Период феодализма XVII в.*, Москва, Изд-во АН СССР, 1955, pp.547-548.

39 Е. О. Морозова, op.cit., p.22.

40 Попов, op.cit., p.45.

41 Мясников, op.cit., p.11.

42 Г. В. Мелихов, "Движение России на восток и Нерчинский договор с Китаем", *История внешней политики. Конец XV-XVII век (От свержения ордынского ига до Северной войны)*, Москва : Международные отношения, 1999, p.250 참고.

43 조너선 D. 스펜스, 김희교 역, 『현대중국을 찾아서』 1, 이산, 1998, 63쪽.

44 Мелихов, op.cit., p.255 참고.

45 ДАИ, Т.3, №72, pp.260. 보그드이를 천자로 해석하는 경우가 있는데, 이는 중국식 의미의 천자라는 뜻 보다는 몽골의 신성한 군주라는 뜻인 복드 칸(Богд хаан)을 의미한다.

46 본 글에서는 율리우스력으로 표시된 러시아 사료의 날짜를 사용했다.

47 РКО, №55, pp.126~128.

48 РКО, №61, p.135.

49 В. С. Мясников, "Становление связей русского государства с Китаем", *Русско-китайские отношения в XVII веке. Материалы и документы.* Т.1. 1608-1683 гг., Москва, Наука, 1969, p.11; Мелихов, op.cit., p.257; Попов, op.cit., p.52 등.

50 Леонтьева, op.cit., pp.61~63·74~75.

51 Попов, op.cit., p.60.

52 В. С. Мясников, *Договорными статьями утвердили*, Москва : РИО Мособлупр-п олиграфиздата, 1996, p.37. (Попов, op.cit., p.48에서 재인용)

53 Б. А. Васильев, "Народы приамурья", *Очерки истории СССР. Период феодализма XVII в.*, Москва, Изд-во АН СССР, 1955, p.844.

54 『북정일기』, 119쪽.

55 『북정일기』, 71쪽.

56 Васильев, op.cit., pp.846~847.

57 РКО, №78, p.201; РКО, №79, p.205.

58 『북정일기』, 91쪽.

59 『북정일기』, 78~78·80쪽.

60 Мясников, op.cit., pp.123~124.

61 조너선 D. 스펜스, 김희교 역, 앞의 책, 65~66쪽.

62 Мясников, op.cit., pp.95~96.

63 Попов, op.cit., p.57 참고; 이훈, 「17세기 중엽 청-러시아의 충돌과 흑룡강 유역의 부족민」, 『열상고전연구』 65, 열상고전연구회, 2018, 191쪽 참고.

64 ДАИ, Т.3, №102, p.367.

65 S. M. 두다료노크 외, 양승조 역, 앞의 책, 59쪽.

66 Леонтьева, op.cit., pp.98~100.

67 Мясников, op.cit., p.15.

68 РКО, №71, pp.152~165.

69 Мясников, op.cit., p.13.
70 РКО, №78, pp.200～201.
71 『효종실록』 12권 5년 2월 2일 계해.
72 Мелихов, op.cit., p.256.
73 반윤홍, 앞의 글, 127쪽.
74 박태근, 앞의 글, 239～240쪽.
75 『효종실록』 12권 5년 2월 2일 계해.
76 반윤홍, 앞의 글, 127쪽.
77 ДАИ, Т.3, №122, p.524.
78 РКО, №75, p.193.
79 РКО, №75, p.196.
80 Г. И. Невельской, *Подвиги русских морских офицеров на крайнем востоке России 1849-1855 гг.*, Петербург : Русская Скоропечатня, 1878, p.6.
81 РКО, №75, pp.193～194.
82 РКО, №75, p.194.
83 『효종실록』 14권 6년 4월 23일.
84 РКО, №75, p.194; 『효종실록』 14권 6년 4월 23일.
85 РКО, №75, p.194.
86 『북정일기』, 71쪽.
87 Леонтьева, op.cit., pp.110～111.
88 Невельской, op.cit., p.7.
89 РКО, №85, p.218.
90 РКО, №85, pp.217～218.
91 Мясников, op.cit., p.124.
92 РКО, №82, p.213.
93 РКО, №82, p.214.
94 РКО, №78, pp.200～204.
95 ДАИ, Т.4, №17, pp.40～41.
96 Попов, op.cit., p.409 참고.
97 Невельской, op.cit., p.8.
98 ДАИ, Т.4, №40, pp.94～95.
99 Невельской, op.cit., p.7 참고.
100 РКО, №103, p.241.
101 『청실록』 순치 15년 2월조 (반윤홍, 앞의 글, 131쪽에서 재인용)
102 『북정일기』, 87・90쪽.
103 아무르 지사 파쉬코프의 보고서에는 300명으로 기록되어 있다. 1659 г. РКО, №99, p.236; 심문조서에서 스테파노프의 부하 대원 페트릴롭스키는 총 315명이었다고 진술하고 있다. РКО, №103, p.242.
104 РКО, №103, p.242.
105 『북정일기』, 81～82쪽.
106 계승범, 앞의 글, 231쪽.

107 『북정일기』, 84쪽.
108 H. Смирнов, *Забайкальское казачество* (Москва, ВЕЧЕ, 2008), p.9 참고. 바르톨드
는 '카자크'라는 말이 투르크어에 기원을 두고 있다고 생각한다. B. B. Бартольд, *Сочин
ения* T.5 (Москва : Наука 1968), p.535.
109 『북정일기』, 87쪽.
110 РКО, №103, pp.241～242.
111 『북정일기』, 85쪽.
112 『북정일기』, 85～86쪽.
113 『북정일기』, 86～87쪽.
114 『북정일기』, 88～89쪽.
115 『북정일기』, 89쪽.
116 『북정일기』, 90쪽.
117 『북정일기』, 84쪽.
118 『북정일기』, 94쪽.
119 『북정일기』, 73～74쪽.
120 17세기 중엽 조선 총의 총신은 100～110cm였다. Бобров, Пастухов, op.cit., pp.291·
293.
121 李康七, 「朝鮮孝宗朝 羅禪征伐」, 21쪽 재인용.
122 Бобров, Пастухов, op.cit., p.291; Hyeok Hweon Kang, "Big Heads and Buddish Demons
: The Korean Musketry Revolution and the Northern Expeditions of 1654 and 1658"
Journal of Chinese Military History 2, 2003, p.158 참고.
123 『북정일기』, 99～100쪽.
124 РКО, №102, p.240.
125 РКО, №102, p.240.
126 РКО, №103, p.242.
127 Попов, op.cit., p.69.
128 Попов, op.cit., p.69.
129 Мелихов, op.cit., p.261.
130 피터 C. 퍼듀, 공원국 역, 앞의 책, 183쪽.
131 조너선 D. 스펜스, 김희교 역, 앞의 책, 84～86쪽.

참고문헌

『효종실록』.
신유, 박태근 역, 『북정일기』, 정신문화연구원, 1980.

강주진, 「韓國과 러시아의 外交史的 考察」, 『대구사학』 13, 대구사학회, 1977.
계승범, 「17세기 중반 나선정벌의 추이와 그 동아시아적 의미」, 『사학연구』 110, 한국사학회, 2013.
박명용, 「연해주를 둘러싼 한국과 러시아 영토 문제 – 1650년에서 1900년까지」, 『북방사논총』 4,
　　　동북아역사재단, 2005.
박태근, 「朝鮮軍의 黑龍江出兵」, 『한국사론』 9, 국사편찬위원회, 1983.
반윤홍, 「備邊司의 羅禪征伐 籌劃에 대하여 – 효종조 寧古塔 파병절목을 중심으로」, 『한국사학
　　　보』 11, 고려사학회, 2001.
심헌용, 「러시아 동진의 군사적 성격과 통치구조(16세기 후반~18세기 전반)」, 『중소연구』 27-2,
　　　한양대아태지역연구센터, 2003.
이강칠, 「朝鮮孝宗朝 羅禪征伐과 被我 鳥銃에 對한 小考」, 『古文化』 20, 한국대학박물관협회, 1982.
이완종, 「러시아의 극동 진출과 중-러 국경획정 과정 연구」, 『동북아역사논총』 4, 동북아역사재
　　　단, 2005.
이철, 『시베리아 개발사』, 민음사, 1990.
이훈, 「17세기 중엽 청-러시아의 충돌과 흑룡강 유역의 부족민」, 『열상고전연구』 65, 열상고전연
　　　구회, 2018.

두다료노크·S. M. 외, 양승조 역, 『러시아 극동 지역의 역사』, 진인진, 2018.
바필드·토마스, 윤영인 역, 『위태로운 변경』, 동북아역사재단, 2009.
맥닐·윌리엄, 신미원 역, 『전쟁의 세계사』, 이산, 2005.
스펜스·조너선 D., 김희교 역, 『현대중국을 찾아서』 1, 이산, 1998.
스켈톤 R. A, 안재학 역, 『탐험지도의 역사』, 도서출판 새날, 1995.
퍼듀, 피터 C., 공원국 역, 『중국의 서진』, 길, 2014.

Акты исторические, собранные и изданные археографическою коммиссией. Т.4. 1645~
　　　1676, Петербург : Тип. Экспедиции заготовления Государственных бумаг, 1842.
Дополнеця к актам историческим, собранные и изданные археографической коммиссие
　　　й. Т.3, Петербург : Тип. II Отделения Собственной Е.И.В. Канцелярии, 1848.

Русско-китайские отношения в XVII веке. Материалы и документы. Т.1. 1608 ~ 1683 гг., М
оСКВа : Наука,, 1969.

Бартольд, В. В., *Сочинения* Т.5, Москва : Издательство Наука, 1968, p.535.

Беспрозванных Е. Л. *Приамурье в системе русско-китайских отношений. XVII- середина
XIX в.*, Москва : Хабаровское книжное издательство, 1983.

Водарский, Я. Е., *Население России за 400 лет (XVI-начало XX вв.)*, Москва : Просвещение,
1973.

Волков, В., *Войны и войска Московского государстваю (конец XV– первая половина XVII
в.)*, Москва : Молодая Гвардия, 2004.

Волховитинов, Н. Н., отв.ред. *История Русской Америки (1732 ~ 1867)*. Т.1, Москва, Межд
унар. отношения, 1997.

Каплин, А. А., *Пушнина СССР*, Москва : Внешторгиздат, 1960.

Леонтьева, Г. А., *Землепроходец Ерофей Павлович Хабаров*, Москва : Просвещение, 1991.

Мясников, В. С., *Империя Цин и русское государство в XVII веке*, Москва : Наука, 1980.

Невельской, Г. И., *Подвиги русских морских офицеров на крайнем востоке России 1849 ~
1855 гг.*, Петербург : *Русская Скоропечатня*, 1878.

Огородников, С. Ф., *Очерк истории города Архангельска в торгово-промышленном отно
шении*, Петербург : Тип. Морского Министерства, 1890.

Павленко, Н. И., Андреев И. Л., Кобрин В. Б., Федоров В. А., *История России с древнейших
времен до 1861 года*, Мсоква : Высш. шк., 1996.

Попов, И., *Россия и Китай 300 лет на грани войны*, Москва : АСТ, Астрель, Ермак, 2004.

Смирнов, Н., *Забайкальское казачество*, Москва : ВЕЧЕ, 2008.

Тимонин, Е. И., *Очерки истории Сибири. Конец XVI–XIX вв.*, Омск : Омский экономически
й институт, 2012.

Hellie, *Richard, Enserfment and Military Change in Muscovy*, University of Chicago Press, 1971.

Бобров, Л. А., Пастухов А. М. "Роль ручного огнестрельного оружия в венном искусстве ко
реи в XVII веке," *Вестник НГУ. Серия История. Филология.* Т.11. Вып.3, 2012.

Васильев, Б. А., "Народы приамурья", *Очерки истории СССР. Период феодализма XVII в.*,
Москва, Изд-во АН СССР, 1955.

Дудникова, А. В., "Роль Кореи в «Албазинских войнах» 1654 и 1658 гг.", 2014년 6월 동아시
아슬라브학술대회 발표문.

Мелихов, Г. В., "Движение России на восток и Нерчинский договор с Китаем", *История вн
ешней политики. Конец XV-XVII век (От свержения ордынского ига до Северной вой
ны)*, Москва, Международные отношения, 1999.

Морозова, Е. О., "Русско-китайские торгово-дипломатические отношения в конце XVI-сер едине XVII века", Автореферат канд. ист. наук, Екатеринбург, Уральский государстве нный подагогический университет, 2013.

Мясников, В. С., "Становление связей русского государства с Китаем", *Русско-китайские отношения в XVII веке. Материалы и документы.* Т.1. 1608 ~ 1683 гг., Москва, Наука, 1969.

Новосельский, А. А., "Сношения России со странами Азии", *Очерки истории СССР. Перио д феодализма XVII в.*, Москва, Изд-во АН СССР, 1955.

Симбирцева, Т. М., "Участие корейских отрядов в Албазинских войнах 1654 и 1658 : Источ ники и историография," *Традиционная культура Востока Азии.* Вып. 3, Благовещенс к, 2001.

Kang, Hyeok Hweon, "Big Heads and Buddish Demons : The Korean Musketry Revolution and the Northern Expeditions of 1654 and 1658", *Journal of Chinese Military History* 2, 2003.

제2부

심상의 접경
한·중·일의 내적 접경, 그 조우와 충돌

종족지와 전쟁동원

일제 말 전쟁기 접경지 대만의 남방南方 담론

최말순

1. 남방 담론의 등장 배경과 잡지『남방南方』

부국강병富國強兵은 일본이 근대국가로 전환하고, 제국주의국가로 변모하는 데 있어 핵심 정책이었다.[1] 동아시아의 다른 지역과 마찬가지로 서구 열강과 경제적, 군사적인 접촉 과정에서 충격을 겪으며 근대로 진입한 일본은 자국의 생존과 발전을 위해 서구의 제국주의 팽창정책을 주변 지역을 향해 일관되게 적용했다. 메이지유신(1868) 이후 진행된 홋카이도 개척과 아이누인의 동화정책(1869), 모단사牡丹社사건을 구실로 이루어진 류큐병합(1874),[2] 청일전쟁(1894~1895) 및 러일전쟁(1904~1905)을 거치며 진행된 대만과 조선의 식민지 편입, 그리고 1930년대부터 시작된 중국으로의 본격적인 진출 과정에서 일본의 일관된 팽창정책이 명확하게 드러난다. 1932년 만주국 건립을 계기로 시작된 오족협화五族協和[3]를 내건 일본의 다민족국가 실험은 중일전쟁(1937) 이후 일본과 만주, 중국을 아우르는 동아협동체론과 동아신질서의 구상으로 나타났으며, 이후 대동아전쟁을 거치며 남양南洋까지 포괄하는 대동아공영권이라는 정치경제 공동체로 확대·심화되었다.

서구의 근대화를 학습하고 모방하며 제국주의국가로 성장한 일본은 이러한 과정 속에서 1930년대 후반 부국강병을 위해 초기 목표로 설정했던 탈아입구脫亞入歐의 사고를 이와는 상반되는 연아항구聯亞抗歐[4]로 전환했다. 이러한 배경에는 중국 침략 이후 중국의 완강한 저항으로 인해 발생한 교착 상태를 타개하고, 서방국가와의 전쟁에 직면하며 미국의 대일본 수출 중단으로 인해 차단된 군수물자 보급로를 확보하기 위해 동남아시아와 남양 군도로 나아가야 했던 일본의 군사 전략이 숨어있었다. 제1차 세계대전(1914~1918) 이후 내남양內南洋[5]을 위임통치하며 남양에 대한 지식을 축적한 일본은 해양제국으로의 성장을 위해 오랜 기간 동안 남진정책을 구상했으며,[6] 중국 남부 연안에서 동남아시아, 인도, 호주, 멀리는 하와이까지를 남방의 범주에 포함시켰다. 이러한 일본의 정책이 태평양전쟁과 맞물려 구체화되면서 구미와는 정면 충돌을 피할 수 없게 되었다. 남방으로 인식된 지역의 대부분이 미국, 영국, 프랑스, 네덜란드 등 서구 제국주의국가의 식민지였기 때문이다. 일본의 남방 담론은 바로 이런 역사적 배경에서 등장했으며, 남방의 범주에 포함된 이들 지역과 종족에 대한 담론들은 당시 식민지 대만의 언론을 통해서도 노골적이고 직접적으로 확산되었다.

이 글은 일제 말 전쟁 시기에 대만에서 발간된 유일한 합법적 한문漢文 잡

〈그림 1〉 제2차 세계대전 당시 일본의 최대 영토

지였던 『남방』을 대상으로 일본이 확립한 남방 담론의 내용과 배경, 그 의미를 살펴보고자 한다. 일제는 1937년 7월 노구교蘆溝橋사변으로 일컫는 대對중국전쟁을 기획하면서 식민지 대만에 대한 언론 통제를 한층 더 강화시켰다. 사변 발생 이전인 4월부터 타이베이(북부), 타이중(중부), 타이난(남부)을 주요 발간지로 하는 3대 관방신문 『대만일일신보台灣日日新報』,

『대만신문台灣新聞』, 『대남신보台南新報』의 한문판이 폐지되었고 이로 인해 대만인의 언론 공간과 창작활동은 대폭 축소되었다. 또한 같은 해 6월에는 좌익작가 양쿠이楊逵가 발간하던 진보적 문학잡지 『대만신문학台灣新文學』이 정간되었다.

그러나 한문의 사용이 완전히 금지된 것은 아니었다. 중일전쟁 이후 일본은 동아신질서 구상에서 중일 간의 교량 역할을 대만에 부여했고 백화문을 포함한 한문은 이런 국가정책의 실현에 있어 필수적인 매개체로 인식되었다. 그러므로 1937년 7월 『남방』의 전신인 『풍월보風月報』가 이전의 『풍월』을 혁신하며 창간되었다. 이 잡지는 1935년 신문 성격의 『풍월』(1~44기)로 발간되다가 1937년 7월부터 『풍월보』(45~132기)라는 잡지로 개편되었고, 1941년 7월에 다시 『남방』(133~188기)으로 개명되었으며 1944년 2월과 3월에 『남방시집』(189~190기)을 끝으로 모두 190기가 발간되었다.

이것은 구지식인과 자산 계급을 주요 독자층으로 하는[7] 전통적·통속적·대중적 성향의 잡지였다. 문학잡지로서는 비교적 늦은 1930년대에 창간되었으나, 대부분의 문학잡지가 폐간되던 전쟁 시기에도 지속적으로 발간되었으며, 특히 1937년 언론에서의 한문 사용이 금지된 후에도 지속적으로 발행되었다는 점에 주목할 필요가 있다.[8] 매번 재편되는 과정에서 그 시기의 시대 상황과 문단 대응을 단계별로 보여준다는 점에서 이 잡지는 특별한 위상을 가졌던 매체라고 할 수 있으며, 『남방』으로 개명한 1941년 7월 이후에는 당시 전쟁 상황과 일본의 전쟁 논리를 직접적으로 선전·대변하고 있어 태평양전쟁 시기 식민 당국이 한문 식자층에게 전달하고자 했던 메시지를 살펴볼 수 있는 훌륭한 자료라 할 수 있다.

식민지 시기 대만의 잡지들이 일괄적으로
검열을 받았고, 특히 1937년 이후 황민화 시기
에는 더욱 직접적인 정책 선전의 요구에 부응
해야 발간이 가능했다는 점에서 『남방』의 성
격을 쉽게 가늠해 볼 수 있다. 1937년 『풍월
보』로 재편된 뒤 이 잡지는 이 해에 일어난 중일
전쟁과 1940년 일본 대정익찬회大政翼贊會[9]의 성
립, 그리고 이들이 주장한 신체제新體制 등의 사
건 속에서 권두언과 편집후기 등 잡지 전반에
걸쳐 일화친선日華親善의 당위성을 전파하고 징

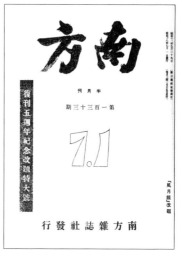

〈그림 2〉 잡지 『남방』 표지

병제 실시를 적극적으로 옹호하는 한편, 전시 국민의식을 강화하는 황민
봉공운동皇民奉公運動을 지지하고, 후방에서 생산의무에 온 힘을 다할 것 등
을 강조하며 전쟁구호와 전시표어를 표지에 배치하는 등 전시체제 하 일
본의 국가정책을 그대로 전달했다. 일제 말기 전쟁이 본격화된 1941년
유한 계급의 유흥적 성격이 드러나는 『풍월보』에서 남진정책에 적극적
으로 호응하는 '남방'으로 잡지명을 바꿨다는 사실은 이 잡지의 성격과
목적을 더욱 노골적으로 드러낸다. 개명改名 후 발간된 133기에는 총독부
평의원, 황민봉공회위원 등 유력인사들의 축하문이 담긴 '축사와 감사의
말'이 실려 있는데, 이들 대부분은 개명이 국가정책에 순응하기 위한 것
임을 천명하고 있다.[10]

　　체제가 유신되고 천황의 덕이 창명한 지금, 우리들은 제국의 신민으로 마
　　땅히 국책에 순응하여 야마토 민족의 정신을 발휘하고 총후국민으로서의 의

무를 다해 신생의 성도를 실천해야 한다. 또한 동아의 공존공영을 위해 남방으로 개명한 것은 시대의 요구에 부응하기 위한 것으로 남방문화를 위해 약진하는 기구가 될 것임을 약속한 것이다. 이렇게 시대의 흐름을 똑바로 인식하는 것이 문학이 나아갈 방향이다.

— 타이난(台南) 천징루(陳敬儒)

그러나 잡지명을 바꾸며 새로운 출발을 예고했던 1941년 7월의 시점에서 '남방'은 제국의 남단인 대만과 중국 남부 지역인 화남華南을 가리키는 것으로 인식되고 있었고, 『남방』의 사명으로 제기된 남방문화의 건설은 여전히 식민지 대만에 일본 및 중국, 만주와 친선을 도모하고 협력을 가능하게 하는 문화를 건설하는 것을 의미했다.[11] 비록 1940년 고노에 내각이 주도한 신체제[12] 구상에 따라 제국주의 침략과 지배의 범위를 동북아시아뿐 아니라 동남아시아를 포함한 아시아 전체로 확대한다는 지침에 호응해 개명한 것이기는 했지만, '남방'은 여전히 중일전쟁의 이데올로기인 일본, 만주, 중국의 통합을 의미하는 일만지日滿支 블록, 동아협동체, 동아신질서 구상에서 강조된 일화친선 및 문화 제휴의 틀 안에서 언급되고 있었다.

『남방』에서 '남방'이 동남아시아 전역과 나아가 보다 남쪽에 위치한 태평양의 여러 섬들을 포함하는 개념으로 등장한 것은 일본이 미얀마, 네덜란드령 동인도, 뉴기니, 솔로몬 제도 등 동남아시아와 그 이남의 지역들을 침공하여 마닐라, 쿠알라룸푸르, 라바울 등지를 점령하면서부터였다. 1941년 10월 1일에 발간된 139기의 도남선성圖南先聲란에 호주濠洲에 대한 소개가 실린 후 이 지역에 대한 각종 보도가 점차 증가하기 시작

했다.[13]

이러한 기사들은 남방 지역에 대한 광범위한 인류학, 인종학, 지리학, 역사학 지식과 정보, 이 지역이 가지고 있는 경제적, 산업적 가치의 중요성, 그리고 당시 진행 중이었던 전쟁의 추이 및 이와 관련한 담론 등으로 내용을 나눌 수 있다. 이 글에서는 이 기사들의 내용을 자세히 살펴보고, 전시체제 국가정책 선전의 영향권 아래에 있었던 잡지『남방』에서 접경으로서의 남방 지역을 어떻게 인식했으며 어떠한 내용들을 식민지 대만에서 전파하려 했는지를 분석하고자 한다.[14]

2. 풍부한 자원과 다양한 산업 가치

남방에 관한 첫 기사인「남아시아에서 가장 광막한 호주」[15]는 호주의 역사에서 시작해 인구 분포, 지리적 특색, 자원과 산업 분포, 미래 가능성까지 호주를 일목요연하게 소개하고 있다. 호주는 하나의 대륙으로 불릴 만큼 태평양에서 넓은 지역이고 앞으로 무궁한 발전 가능성이 있다고 여겨져「전운이 감도는 호주」,[16]「호주 개황」,[17]「광란의 호주」[18] 등 여러 번『남방』에 등장했다. 나중에 나온 세 편의 기사가 영국인의 식민지 압박, 당시 전쟁 상황 및 산업적 가치에 치중한 것과 비교해 볼 때 첫 기사인「남아시아에서 가장 광막한 호주」에서는 인구가 팽창하고 이어지는 자원의 결핍으로 새로운 땅을 찾아 개척하는 것이 인류 발

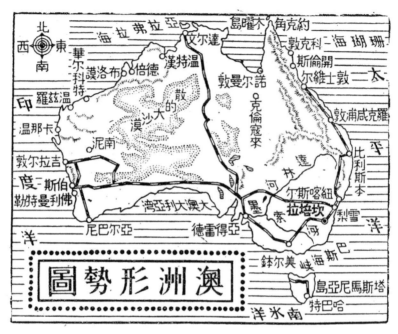

〈그림 3〉 호주 형세도

전의 정상적인 궤도라는 논리 아래 광활하지만 인구가 희박한 호주 대부분의 지역이 장래의 이민을 통해 남방의 낙토樂土가 될 것이란 견해를 제시하고 있다.

　비록 스페인, 네덜란드, 프랑스, 영국 등 서구 열강 사이에서 벌어진 호주를 둘러싼 분쟁의 역사에 대한 인식을 드러내며 당시 호주를 지배하고 있던 영국과의 쟁탈 가능성을 언급하고 있지만 이 글에서는 전쟁과의 직접적 관련성을 제기하지는 않았다. 또한 기사가 실린 '도남선성'이란 칼럼은 그 명칭에서부터 중국 본위의 사고[19]를 보여주며 호주의 발전사를 제시하는 대목에서도 명대 이후로 진행된 서세동점西勢東漸의 역사를 기술하는 등 전반적으로 중국 위주의 시공관時空觀을 드러냈다. 그러나 이 칼럼이 더 이상 지속되지 않았다는 점을 고려하면 중국 중심의 인식이 더 이상 받아들여지지 않았음을 짐작할 수 있다.

본격적인 남방 담론은 150기 이후로 많아진다. 기사가 언급하는 지역은 싱가포르, 베트남, 미얀마, 태국, 인도네시아, 필리핀, 말레이시아 등 동남아시아 전역과 뉴질랜드 및 호주를 포함하는 남양 제도, 그리고 인도로 확대된다. 이들 지역은 태평양전쟁 시기 일본의 점령지가 된 소위 대동아공영권에 포함된 지역이었다. 이들을 다룬 기사에서 가장 많이 발견되는 내용은 남방의 풍부한 천연자원을 소개하고 경제, 산업 상황을 분석하며 이용 가치를 설파하는 것이었다. 「동아공영권의 자원」[20]은 이른바 동아공영권 내 자원의 지역 분포를 상세히 기술하고 있다. 여기서 거론된 자원은 쌀, 보리, 설탕, 차, 담배, 면화, 비단과 인조사, 식용유를 짜낼 수 있는 각종 씨앗과 과일, 말린 야자와 참깨, 콩 등 식품자원은 물론, 석탄, 석유, 목재, 고무, 구리, 철, 주석, 몰리브데넘, 코발트, 텅스텐, 안티몬 등의 광물자원을 총망라했다. 자원의 생산지로 거론된 동아공영권 내 지역은 중국, 일본, 인도, 네덜란드령 동인도, 베트남, 태국, 필리핀, 대만, 스리랑카, 영국령 말레이시아, 미얀마 등이었으며 이들 지역의 지하에 묻혀 있는 막대한 양의 자원을 개발할 필요가 있다고 기사는 역설하고 있다.

「고통 속의 남양토인」[21]에서도 이러한 논조는 지속된다. 이 글은 인류학적 지식을 기반으로 한 종족지種族誌 성격의 지역 정보를 소개하는 전형적인 기사로 말레이인과 파푸아뉴기니인이 활동하는 네덜란드령 동인도, 영국령 말레이시아, 미국령 필리핀을 남양으로 정의한다. 이들 지역은 "지하에 각종 광물이 무진장 매장되어 있고, 개발이 필요한 평원과 고원지대가 대부분이며, 풍부한 인구로 인해 침략자들에게는 원료의 공급지인 동시에 제품의 소비지가 되고 있다"라고 전한다. 한마디로 남양은 '무진장한 자원의 보고'로 활용 가치가 높다는 것이다. 「전쟁 중의 네덜란드령 동인도」[22]에서는 수마트라, 자바, 보르네오, 술라웨시, 말루쿠, 방카, 블리통, 발리, 롬복, 숨바, 티모르, 뉴기니 등 이 지역을 구성하는 섬들의 면적과 위치, 지세, 기후, 인문 환경 및 교육 개황 등을 소개하고 석유, 주석, 고무, 커피, 차, 설탕, 담배, 면화, 섬유, 목재, 금, 다이아몬드 등 자원들을 나열하면서 지금까지는 이곳의 무역이 네덜란드, 프랑스, 영국 등에 의해 이루어져 왔으나 대동아전쟁이 시작된 지금 네덜란드의 손에서 벗어날 날이 멀지 않았다고 결론을 내린다. 「네덜란드령 동인도의 경제관」[23]에서도 아시아의 열대 지역인 이곳의 풍부한 자원을 거듭 거론하며 일본이 이미 이곳을 점령하여 새로운 영토로 편입했음을 강조한다.

네덜란드령 동인도는 앞서 보았듯이 서쪽에서는 수마트라에서 동쪽으로는 뉴기니에 이르기까지 헤아릴 수 없을 만큼의 무수한 섬이 동서로 30,000마일, 190만여 평방킬로미터에 달하는 방대한 영역에 산재해 있던 지역이었다. 일본에게 이 지역은 남태평양 침공을 위하여 반드시 점령해야 할 전략적 요충지였다. 일본은 1942년 2월 27일부터 시작된 자바 해전에서 승리하며 3월 9일 네덜란드의 항복을 받아냈다. 기사에서는 이들 지역의 풍부한 자원을 언급하며 점령에 대한 기대를 높이고 있다. 「네덜란드령 동인도의 농업투자」[24]는 점령 후의 통치와 이용을 염두에 두고 이 지역의 농업과 관련된 각국의 투자액 수치를 공개하고 있

荷印的經濟觀

東村正夫

荷蘭國家的本身，現在雖然僅是一個歐洲歷史上的過去名詞，其政府的存在，也不過是英倫宮庭中的一名食客，但這裏爾小國，也像百足之蟲的大英帝國一樣，雖死而猶不僵。到現在爲止，她居然還是比她自身大上五十八倍——面積達百九十萬平方基羅的荷東印度殖民地的名義「主人」。這誠是二十世紀帝國主義殖民地史上的大奇蹟。

英國愚着印度這一金庫，霸居世界帝國的王座一直到現在。而荷蘭愚着荷蘭東印的一塊殖民地，快々活々享用了一個世紀。這兩個區城都在亞洲的熱帶，而「征服熱帶就是征服世界」，這句話細想起來確有道理。創造主所賦於我們亞洲人獨厚，但我們偏々不會享受，倒反給英美荷蘭的異族刧掣以去，用來壓迫我們自己，正是叫人無從說起。

不過在過去，一國的生存，若能勉強自足自給，也還支撐得過去。可是自從這世界一脚踏進工業革命之後，原料市場和生產品市場的要求，業已使一國生存條件的界限擴大了，資源的有無相通，是一切現代國家的生存前提。這對于資源不足的國家，尤其如此。

？因爲整個的亞洲是一個母體，削肉補瘡，恨失的還是這同一的母體，何況這母體早已受着外來的帝國主義的宰割呢！

因此，我們覺悟到在業已被宰割的亞洲身上重加創痕，不是我們的出路，倒是整個亞洲的死路。我們的出路只有一條而且也是整個亞洲的出路——即克復已割被刮的亞洲部分，而予以母體復元化，這便是所謂建設大東亞新秩序的內容。

荷蘭東印度，便是被宰的亞洲母體的一部分——而且十二分豐富的部分。凡是甲邊所有的資源，都是爲帝國所沒有而爲國防生存所必需。因此帝國對於荷印的經濟往來，在平時卽已十分密切，根據帝國大藏省的統計，最近幾年來帝國和荷蘭東印度的貿易關係，有如下表：（單位千圓）

	輸出	輸入	出超
昭和八年	一五八，四五一	六三，四六四	九四，九八七
昭和九年	一七二，一八六	七七，六三一	六四，五五四
昭和十年	一四九，四九一	一二八，五四四	一五，九四六
昭和十一年	二〇〇，〇一五	一五三，三四九	四六，六〇一
昭和十二年	一五三，三四九	八八，三四九	一五，八八六
昭和十三年	一三六，一〇二	七七，六二九	六六，一七三

荷印係因熱帶地區，所以其產業以農業爲主。在荷印德投資額三十四億盾中，有二十一億盾是投資於農業的。日荷貿易中帝國於最需要於荷印的東西，是工業與國防的原料，卽石油，砂糖，樹膠，錫等，其輸出則多爲輕工業的製造品。現在我們爲便利明瞭兩國貿易的內容起見，將昭和十三年度兩國貿易的項目引表如下。

△壹圓自荷印輸入表　（單位千圓）

〈그림 4〉 「네덜란드령 동인도의 경제 상황」

다. 이렇듯 『남방』의 네덜란드령 동인도 관련 기사는 풍부한 자원과 그 것의 산업적 이용 가치에 중점을 두고 기술되고 있음을 확인할 수 있다.

한편, 「안다만 제도 여행」[25]에서는 인도양 동쪽이자 수마트라섬 및 말레이 반도의 서쪽에 위치한 벵골만의 안다만 제도를 소개하면서, 이 지역을 울창한 삼림과 풍부한 농산물로 인해 무역이 성행하는 남국의 낙원으로 언급하고 있다. 또한 「미얀마의 경제 상황」[26]에서는 미얀마의 지리적 위치를 소개하고 곡창지대로서의 면모를 강조하면서 영국의 식 민정책이 과학적인 농업 발전을 저해하고 있음을 지적한다. 이외에도 석유, 목재, 주석과 텅스텐 등 이 지역에 매장된 천연자원의 자세한 수 치를 제시하면서 그 중요성을 부각시킨다.

이렇게 남방 지역의 자원과 기존 산업에의 활용 가치, 그리고 이러한 자원을 포함한 현지의 무역 상황에 주목하고 그것을 강조한 것은 남방 으로 확대되고 있는 전쟁의 필요성을 역설하고 식민지 대만 독자들의 공감을 얻어내려는 목적이었다고 할 수 있다. 1931년 일본이 만주사변 을 도발하고 만주국을 건설하면서 중국에서의 이해 관계를 두고 일본 과 구미 세력 사이의 갈등은 점차 심화되었다. 나아가 1937년 일본이 중일전쟁을 일으키며 중국에 대한 전면적인 군사도발을 단행하자 미국 은 강철과 석유 등 전쟁 수행에 필요한 물자의 대對일본 수출을 중단했 다. 한편 중국이 국공합작을 통해 항일통일전선을 형성하고 격렬하게 저항하면서 전쟁은 교착 상태에 접어들었다. 중경의 국민정부는 원장援 蔣루트[27]를 통해 미국, 영국, 프랑스 등으로부터 물자를 공급받고 있었 다. 이에 일본은 남방에 집중된 중국의 보급선인 원장 루트를 차단하고 전쟁에 필요한 자원을 확보하기 위해 본격적으로 남진정책을 추진했고

구미국가의 식민지인 동남아와 태평양 지역으로 전선을 확대했다. 따라서 이들 지역의 자원은 초미의 관심사였다.

전쟁이 일본 본토 밖에서 장기간 진행되고 있었기 때문에 본토로부터의 물자보급은 용이하지 못했다. 이러한 상황을 타개하기 위해 대본영大本營은 식량과 전략물자를 현지에서 조달한다는 내용을 포함한 '남방 점령지 행정실시 요령'(1941.11.20)을 하달했고, 이를 위해서도 점령 지역의 현지 상황을 파악하는 것이 중요했으리라 보인다. 특히 동남아시아의 경우 현지 화교들이 지닌 무역과 산업 분야에서의 영향력을 활용하기 위해서라도 한문매체인 『남방』을 적극 활용할 필요가 있었을 것이다. 「남양 화교의 기업과 금융기구」[28]에서는 네덜란드령 동인도 제도, 말레이시아, 베트남, 태국, 미얀마, 필리핀 등지에서 800만에 이르는 남양 화교들이 경영하는 각종 기업과 이들의 무역, 산업활동에 필수적인 금융기구를 자세하게 나열하고 있다. 예를 들면 싱가포르의 화상은행華商銀行, 화교은행華僑銀行, 이화은행利華銀行, 태국의 광동은행廣東銀行, 사해은행四海銀行, 순복성은행順福成銀行, 동방상업은행東方商業銀行, 자바의 황중함은행黃仲涵銀行, 수마트라의 중화상업은행中華商業銀行, 필리핀의 중흥은행中興銀行, 베트남의 동아은행東亞銀行, 부전은행富滇銀行 등이 지닌 자금의 규모와 유통 권역을 상세하게 소개하고 있다. 「남양 화교와 동아공영권의 건설」[29]에서는 더욱 자세한 수치를 동원하여 화교들이 남양의 경제에서 독점적인 위치를 차지하고 있음을 제시하고 공영권 내에서 구미 세력을 배제하고 자급자족을 이루기 위해서는 화교들의 역할이 절대적임을 강조하고 있다. 특히 화교들이 중국에 투자하는 수치와 송금의 규모가 매년 높아지고 있다고 설명하면서 화교를 끌어들이는 것이 남양의 건설뿐만 아니라 중국과 관계개선을

南洋華僑與東亞共榮圈之建設

无名

東亞共榮圈的建立，是建設東亞人的東亞，在經濟上，求東亞圈之自給自足，以求東亞的繁榮，所以要建設東亞共榮圈決不可忽視資源富饒的南洋，尤其不可忽略在南洋經濟上活動的華僑。海水到處，都有中國人足跡，全世界的華僑，大概有一千萬人，其中十之八集中南洋，現在根據最近的統計列表如下：••

地　名	人數（單位千人）	對於總人口之百分比
泰　國	二，五〇〇	一八，〇
前英屬馬來亞	二，三五八	四四，二
前荷屬東印度	一，二三〇	二，二
法屬印度支那	六〇〇	二，六
前英屬緬甸	三〇〇	二，一
前英屬沙勞越	八六	一九，五
前英屬北婆羅洲	四七	二七，七
前葡屬帝汶	五	一，七
前美屬菲律濱	一二〇	一，六
合　計	七，四七三	五，六

據上表，南洋各地以泰國華僑最多，占全人口八分之一，但是就混血的華僑而言，要占十分之六，比馬來亞的中國人與土著馬來人遠多十萬人。其他各地對於總人口的比率，雖然沒有泰國及馬來亞之大，但是就城市而言之，則占重要地位。如菲律賓的馬尼剌人口三十五萬，有華僑一萬八千人，荷屬印度的巴達維亞人口四十七萬，有華僑十七萬人，法屬印度支那的西貢，有華僑九萬人，所以華僑在南洋，就人數上言之，已經算是南洋民族的一分子了。

華僑在南洋的地位，不僅在人數上，而尤其在經濟上，華僑在南洋是經濟的先驅者，在歐美人未來南洋以前，已經從事經商或各種農業，歐美人來以後，完全利用中國人的勞力，開發南洋。南洋如無華僑，決沒有今日開發的程度，華僑開發南洋的銀資苦情形，真非局外人所可想像的，十九世紀中，英國的大生物學家瓦米斯氏，曾述在新加坡附近中國人從事栽培甘國（染料植物），平均每日有一個人被老虎吃掉，由此可以想到其堅苦奮鬥之精神，所以十九世紀末年，英國王古姆士威氏，已承認馬來亞的開發是華僑的功績，英屬沙勞越國王古姆士威不律，(英國人)更坦白的說，無華僑，則吾人一無能為。過去華僑對南洋建設的功績如此。

講到現在的華僑，在南洋的商業上，尤其仲介業者占十分之七，礦業者十分之二，農業者十分之一。米是泰國經濟的生命，但是由華僑經營。樹膠，甘蔗，胡椒是泰國主要的產業，栽培者是泰國華僑，極佔優勢，其經營商業者占十分之七，礦業者十分之二，華僑對泰國經濟殆處獨占的地位，金融業有若干有力的華僑銀行，有特殊的金融機關，錢莊，當鋪，高利貸等與土人更有密切的關係。

分之二，但是米的精製出口，都操在華僑手中。漁業鹽業，可算全由華僑經營。錫礦的採掘，後來被歐美人所侵奪，但是四分之三，還在華僑手中。英屬馬來亞採礦，經營農業者十分之四，樹膠之栽培者最早，現在不及歐美人，錫的採掘本來完全在華僑手中，現在也被英國人所壓倒。商業各占十分之三，美人，開發馬來亞完全在華僑手中，現在也被英國人所壓倒。此可見英國利用華僑，開發馬來亞再將華僑打倒的手段，商業上華僑則尚在獨占的地位，全馬來大小商業，完全在華僑手中，又勞工也占首要的地位。

荷屬東印度主要的產業，是製糖事業，華僑的投資額，占總額百分之二十六，商業的進出口，及零集占重要的地位。就是所謂仲介商業，又礦工及農園工人，華僑是重要勞工供給者。

〈그림 5〉「남양 화교와 동아공영권의 건설」

도모할 수 있는 길이라고 주장했다. 당시 일본은 중국에서의 교착 상태가 장기화되는 와중에 남양으로 전선을 확대하면서 중국과는 관계를 개선하고 협력을 끌어내고자 했다. 『남방』에서 왕징웨이汪精衛의 남경정부南京政府를 통해 지속적으로 일화친선을 강조하는 기사를 싣고 있는 것이 이를 증명한다.[30] 「남양 화교 문제와 재일본 화교의 사명」[31]은 노골적으로 이러한 목적을 드러내고 있다. 이 기사는 우선 재일본 화교들이 먼저 화교로서 자각을 갖고 남양 화교를 지도할 책무가 있다고 전제한다. 그러나 중일전쟁 시기에 남양 화교의 대부분이 중경정부重慶政府[32]를 지원하며 항일운동을 했고 대동아전쟁 개시 후 이 추세가 더욱 명확해졌다고 비판한다.

그런데 기사는 일본이 남양을 이미 점령했고, 시대의 추세가 변하였으니 화교들도 이러한 상황을 받아들여 대동아건설의 도의를 지켜 나가야 한다고 역설한다. 여기서 도의란 일본이 내세운 서구 제국주의국가에 대한 전쟁 논리로 서양의 물질주의, 공리주의와 구분되는 동양의 정신문화로 제시되었다. 이렇게 동서양의 문화를 정신과 물질로 유형화하여 대립시키는 이외에도 우월한 동양문화를 지켜 나가기 위해서는 아시아인으로서의 자각을 통해 서구 제국주의에서 해방되어야 하며 전쟁이 바로 그 해결책이라는 논리가 제시되었다. 『남방』이 남방 지역의 화교들이 가지고 있던 경제력에 주목했음은 물론, 일본과 중국, 만주에서 보급·유통되었다는 사실을 고려할 때, 이 잡지는 한자를 매개로 일본이 일으킨 전쟁에 동조하고 협력하도록 '동양의 정신'을 전파하는 매체로 활용되었다고 할 수 있다.

3. 서구 제국주의 억압과 동아의 해방

앞서 보았듯이 『남방』에는 남방이라는 공간을 풍부한 자원이 매장되어 있으며, 일부 지역에 한해서이긴 하나 산업도 발전한 풍요로운 지역으로 바라보는 담론이 형성되어 있었다. 반면, 이 지역을 서구 제국주의의 억압으로 인해 피폐해진 곳으로, 그리고 근대화의 세례를 받지 못한 미개한 지역으로 보는 시선도 등장한다. 이러한 논지는 대만인들에게 남방문화를 건설하여 이 지역의 주민들을 계도할 것을 호소하는 글에서 드러난다.

「고통 중의 남양토인」[33]은 비교적 초기에 나온 글로 상당한 분량을 할애하여 말레이인과 파푸아인이 살고 있는 남양 일대의 역사와 자원을 체계적으로 소개한다. 이 글은 총 네 단락으로 나누어져 있다. 우선 '머리말'에서는 영미의 종족 우월주의가 이곳을 점령하고 지배하면서 주민의 재산을 갈취해 갔다고 서술하면서 이러한 백화白禍에 대해 중일연맹을 토대로 황인종연맹을 결성하여 반서구 제국주의운동을 지원해야 한다는 요지를 펴고 있다. 또한 대동아전쟁이 바로 이들을 서구 제국주의로부터 해방시키기 위한 것이며, 이를 성공시키기 위해서는 남양토인들 스스로가 민족적 자각과 군사력을 가져야 하며, 각 민족 간에 분화·대립하지 않을 것을 요청한다. 나아가 유색인종 중 일본만이 영도자로서 서구와 대적할 수 있는 충분한 자격을 가지고 있다는 점을 인식하며 일본을 신뢰해야 한다고 주장한다. 한편으로 이를 위해서 대만의 지식인들은 남방으로 진출하여 문화의 힘을 빌려 위 내용을 선전·전파해야 한다고 독려하고 있다. 즉 동아인의 "철저한 각오와 긴밀한 연계"를 위해 대만인의 헌신을 촉구하고 있다.

"우리는 마땅히 한편으로는 이번 전쟁의 중요성과 위대함, 동방 왕도 문화의 이상과 정신을 천명하고, 다른 한편으로는 영미 제국주의자들의 추악한 진면목을 드러내어 피압박자들이 받은 과거의 고통을 대변해야 한다. 정확하고 격앙된 문자선전은 그 속에 위대한 힘이 잠재되어 있으므로 오랫동안 가려진 그들의 자각을 환기시키고 그들의 매몰된 성령을 일깨울 수 있을 것이다. 스스로 감동하여 각성하게 되면 실제운동에 참여하게 되고 그러면 자동적으로 단결하고 연계함으로써 위대한 힘을 형성하여 동아부흥과 세계평화의 목적에 도달하게 될 것이다. 이것이 바로 현재 우리가 각별히 힘을 기울여야 할 점이다"라고 하여 남양토인들을 서구 제국주의 압박에 종족적, 민족적 각성을 하지 못하고 핍박받는 존재로 그리는 모습도 등장한다.

두 번째 단락인 '말레이인과 파푸아인의 이모저모'에서는 지리와 자연환경, 생활 형태와 각 인종의 특색 등을 자세하게 소개하여 종족지로서의 성격을 드러낸다. 여기에서는 "결론적으로 남양의 거주민들은 생활에 안주하여 진취성이 없고 지식도 그다지 없으며 문화 수준이 낮아 아직 미개한 민족이 많고, 개화했다고 해도 아직 조상들에게서 물려받은 미신적 습관을 여전히 유지하고 있다"고 결론지었다. 또한 문명의 관점에서 남양토인을 '미개'하다고 묘사하며, 그 미개함의 원인으로 영미 등 서구국가의 식민통치를 지목하고 있다. 세 번째 단락인 '영미와 네덜란드의 통치 부분'에서는 1498년 신항로가 발견된 이래로 포르투갈, 스페인, 영국, 프랑스 등이 차례로 물질문명과 군사력을 앞세워 낙후한 동아시아 지역의 여러 민족을 그들의 노예로 만들고 그들의 생명과 재산을 갈취한 역사를 기술하며 이들 국가의 식민정책을 직접적으로 비판했다. 마지막 단락인 '이제 남양토인들이 분기할 때'라는 제하(題下)에서는 피로 얼룩진 그들의 역사를 동일하게 피로 씻어야 한다는 논리를 내세우며 동양 민족의 영도자인 일본이 동양의 해방을 위해 나섰으니 이에 협조·분기하여 동아인의 남양, 남양인의 남양을 만들 때라고 주장했다.

「전운이 감도는 호주」[34]에서는 호주의 지리, 인구, 교통, 군사력, 주요 도시를 자세히 소개하면서 과거 170여 년간 영국인의 착취와 식민 압박으로 저항의 기운이 일어나고 있으니 이번 황군이 일으킨 전쟁에 동참하여 대동아공영권 내의 약소민족을 해방시키고 자유를 쟁취해야 한다고 역설한다. 당시 일본군은 호주 북쪽의 뉴기니까지 점령한 상태였기 때문에 호주로의 진격이 눈앞에 있다는 판단을 한 것으로 보인다. 이러한 시각은 「광란의 호주」[35]에서도 동일하게 나타나는데, 전쟁 중 영국으로부터의 보급이 끊겨 공황 상태가 되고 있으니 호주인들에게 일어나 저항할 것을 호소하고 있다.

한편 「황군 공략하의 미얀마」[36]에서는 미얀마의 지리, 종교, 기후, 교통, 산업, 자원을 나열하고, 수도인 양곤 등을 자세히 소개하며 영국의 침략을 받아 1886년에 식민지로 전락한 역사를 미얀마의 남자들이 게으르고 민족자결의 의지가 없어서 나타난 결과라고 설명했다. 『남방』은 이러한 논조를 동아시아로 확대하여 동아시아가 100년간 서구 열강의 압박을 당해 왔다고 서술하면서 이와 같은 이유로 대동아전쟁이 발발한 것이니 이제 곧 홍콩, 마닐라, 싱가포르에 이어 황군이 미얀마를 해방시켜 대동아의 해방을 맞이할 것이라 역설했다. 주지하다시피 일본군이 미얀마를 공략한 이유는 그 수도인 양곤을 탈취하고, 연합군의 대중국 보급로인 미얀마 루트를 차단하는 것이었으며 여기에서 더 나아가 영국령 인도제국에 대한 침공을 염두에 두었기 때문이었다. 당시 일본에 대적한 연합군에는 영국군을 중심으로 미군과 중국 국민혁명군이 참여하고 있었으며, 미얀마 방위군은 추축국에 합류하였으나, 영국보다 더 강압적이고 잔혹한 일본의 통치에 못 이겨 이후 아웅산을 중심으로 반일운동을 전개했다. 여러 글에서 여러 차례 강조된 '서구 식민통치의 압박'과 '동아민족의 해방'이라는 논리 구조는 결국 일본이 일으킨 전쟁에 당위성을 부여하기 위한, 동시에 대만 지식인을 동원하여 영국에 대한 미얀마인들의 저항을 이끌어낸다는 목적의 소산이었다.

1943년 6월에 실린 「도조 수상의 필리핀 왕림」[37]은 『매일신문毎日新聞』기자가 쓴 현지보고서로 마닐라에 도착한 도조 히데키가 시민들의 열렬한 환영을 받았으며 이 자리에서 전쟁 상황과 아시아 정세를 설명하고 독립을 약속했다는 내용을 담고 있다.

그러나 잘 알려진 것처럼 400여 년간 이어진 스페인의 통치 이후 필리핀에 진입한 미국은 사탕수수와 코코넛 등 대규모 농장을 구축하고 일자리를 마련하며 필리핀인들에게 상대적으로 지지를 받았고, 필리핀은 아시아 내 다른 국가보다 비교적 높은 생활 수준을 유지하고 있었다. 그런데 일본군이 들어온 이후 단행한 화폐개혁 및 농업정책이 실패하며 일본은 필리핀의 주민들로부터 신임을 잃었다. 게다가 천황제 이데올로기를 주입하며 이른바 정신개조에 나서자 일본인에 대한 필리핀인의 반감은 더욱 깊어졌고, 이에 유격대를 조직해 일본군을 공격하기 시

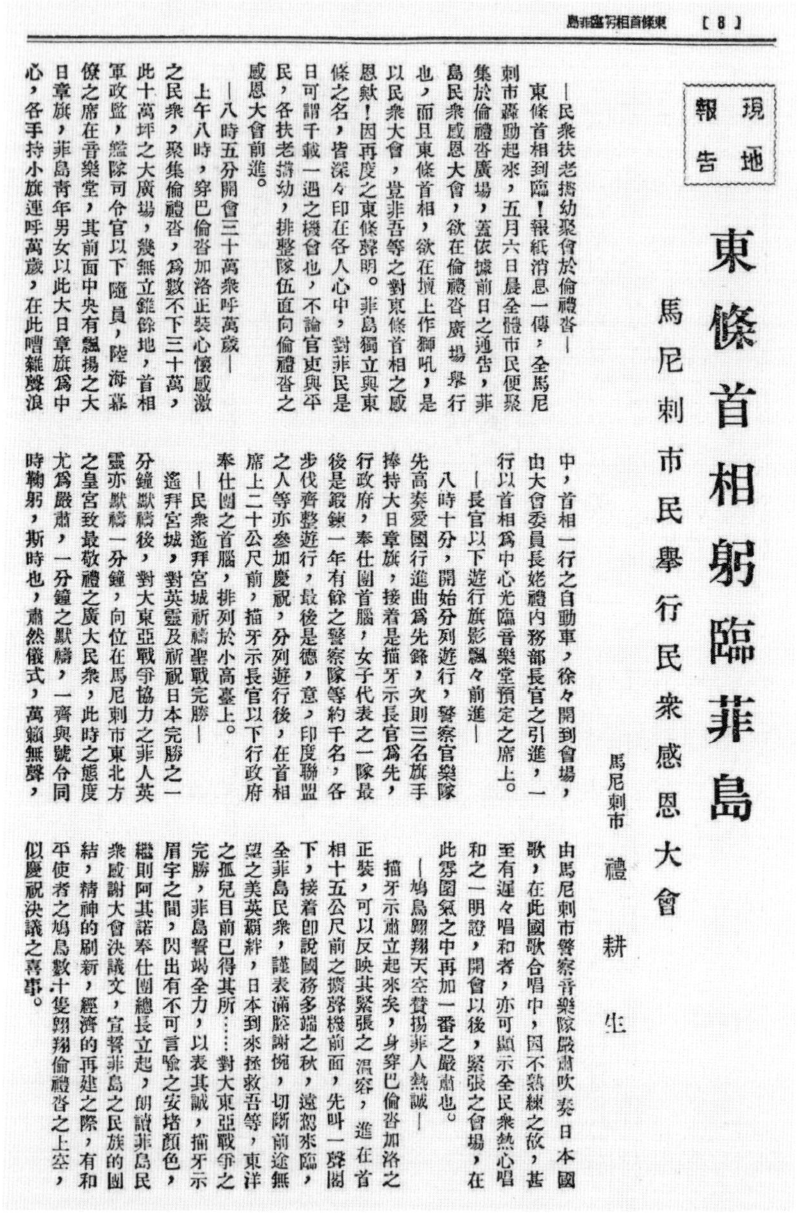

〔8〕 東條首相躬臨菲島

現地報告

東條首相躬臨菲島

馬尼剌市民擧行民衆感恩大會

馬尼剌市 禮耕生

—民衆扶老携幼聚會於倫禮沓—

東條首相到臨！報紙消息一傳，全馬尼剌市轟動起來，五月六日晨全體市民便聚集於倫禮沓廣場，蓋依據前日之通告，菲島民衆感恩大會，欲在倫禮沓廣場擧行也，而且東條首相，欲在擅上作獅吼，是以民衆大會，豈非吾等之對東條首相之感恩歟！因再度之東條聲明。菲島獨立與東條之名，皆深々印在各人心中，對菲民是日可謂千載一遇之機會也，不論官吏與平民，各扶老携幼，排整隊伍直向倫禮沓之感恩大會前進。

—八時五分開會三十萬衆呼萬歲—

上午八時，穿巴倫沓加洛正裝心懷感激之民衆，聚集倫禮沓，爲數不下三十萬，此十萬坪之大廣場，幾無立錐餘地，首相軍政監，艦隊司令官以下隨員，陸海幕僚之席在音樂堂，其前面中央有飄揚之大日章旗，菲島青年男女以此大日章旗爲中心，各手持小旗連呼萬歲，在此嘈雜聲浪中，首相一行之自動車，徐々開到會場，由大會委員長姥禮內務部長官之引進，一行以首相爲中心光臨音樂堂預定之席上。

—長官以下遊行旗影飄々前進—

八時十分，開始分列遊行，警察官樂隊先高奏愛國行進曲爲先鋒，次則三名旗手捧持大日章旗，接着是描牙示長官爲先，行政府，奉仕團首腦，女子代表之一隊最後是鍛鍊一年有餘之警察隊等約千名，各步伐齊整遊行，最後是德，意，印度聯盟之人等亦參加慶祝，分列遊行後，在首相席上二十公尺前，描牙示長官以下行政府奉仕團之首腦，排列於小高臺上。

—民衆遙拜宮城祈禱聖戰完勝—

遙拜宮城，對英靈及祈祝日本完勝之一分鐘默禱後，對大東亞戰爭協力之菲人英靈亦默禱一分鐘，向位在馬尼剌市東北方之皇宮致最敬禮之廣大民衆，此時之態度尤爲嚴肅，一分鐘之默禱，一齊與號令同時鞠躬，斯時也，肅然儀式，萬籟無聲，由馬尼剌市警察音樂隊嚴肅吹奏日本國歌，在此國歌合唱中，因不熟練之故，甚至有遲々唱和者，亦可顯示全民衆熱心唱和之一明證，開會以後，緊張之會場，在此雰圍氣之中再加一番之嚴肅也。

—鳩島翱翔天空費揚菲人熱誠—

描牙示肅立起來矣，身穿巴倫沓加洛之正裝，可以反映其緊張之混容，進在首相十五公尺前之擴聲機前面，先叫一聲閣下，接着即說國務多端之秋，遠翔來臨，全菲島民衆，謹表滿腔謝悃，切斷前途無望之美英覊絆，日本到來拯救吾等，東洋之孤兒目前已得其所……對大東亞戰爭之完勝，菲島誓竭全力，以表其誠，描牙示眉宇之間，閃出有不可言喩之安堵顏色，繼則阿其諾奉仕團總長立起，朗讀菲島民衆感謝大會決議文，宣誓菲島之民族的團結，精神的刷新，經濟的再建之際，有和平使者之鳩島數十隻翱翔倫禮沓之上空，似慶祝決議之喜事。

〈그림 6〉「도조 히데키의 필리핀 방문」

작했다. 그러므로 역사에서 드러나듯 여기서 언급된 필리핀의 독립은 그들의 저항을 무마하기 위한 유화책이었을 뿐 실제로 일본이 말하는 동아부흥이나 세계평화를 위한 것이 아니었음은 자명하다.

이와 같이 남방 담론에서 중요한 위치를 차지하는 것은 종족지로서의 내용을 기초로 한 군사작전이었다. '남방 점령지 행정실시 요령'에 의하면 필리핀에 대한 행정실시 요강은 점령 지역의 치안회복, 국방자원의 급속 획득, 작전군 현지 자활이라는 3대 원칙을 중심으로 하고 있었고, '남방작전에 따른 점령지 통치 요강'(1941.11.25)에서는 '황군에 대한 신의'와 '동아해방에 대한 진의'를 원주민에게 주입하여 자원 확보 및 연합군 세력을 몰아내는 데 협조케 할 것을 강조하고 있다. 이를 반영하듯 『남방』에는 남양 각 지역이 서구 제국주의의 착취로 피폐해졌으며 현지인들이 노예의 처지로 전락해 있다는 글이 상당히 많이 등장한다. 이러한 글들은 남양 지역의 피폐함의 원인으로 백인 우월주의와 남양 민족들의 비자각 상태를 들고 있고, 이러한 견해는 일본이 도발한 전쟁이 이들 지역의 해방을 가져올 것이라는 결론으로 이어졌다. 이러한 논리가 전쟁의 정당성을 옹호하기 위한 것임은 당연하다. 이것이 『남방』을 통해 남방 각 종족의 피식민 역사와 상황을 집중적으로 보도하고 대만이 남방문화의 거점이 되어 이들 종족에게 동아인으로서 자각을 전파하도록 유도한 이유였다.

4. 미개한 종족과 건강한 원주민

　앞서 살펴본 서로 상반되는 내용의 글들은 모두 남방 각 지역과 종족에 대한 지리학적, 인류학적 정보를 제공하는 종족지의 성격을 띠고 있었다. 조사와 분석을 통해 인류학 지식을 축적하는 종족지는 식민통치를 준비하기 위해 제국주의자들이 작성한 식민보고서의 자료가 되었다. 예컨대 식민지로 편입된 이후 대만과 조선에서 진행된 각종 인류학, 민속학 조사는 이후 식민정책 수립의 참고자료가 되었다. 인종학과 인류학은 식민자와 피식민자를 구분하고, 이를 표상하는 방법론으로 활용되어 식민지, 여기서는 점령지의 표상을 만들어내는 역할을 수행했다.

　앞에서 살펴본 글 대부분은 남방 각 지역 종족의 피부색, 의복, 미개한 생활습관, 나아가 자원 분포 등을 자세하게 소개하고 있다. 당시 일본이 진출한 남방 지역은 영역이 광대할 뿐만 아니라 인종도 다양하고, 민족 간의 이질성도 현저했다. 특히 아직 근대문명과 접촉하지 못한 지역도 상당수 남아 있었다. 그러므로 한편으로는 서구근대의 식민통치를 비판하면서도 다른 한편으로는 계몽의 필요성을 설파하고, 동시에 원시림이 우거진 신비로운 대자연과 그 속에서 살아가는 건강하고 활력 넘치는 원주민들에 대한 경이의 시선이 함께 등장한다.

　「반둥과 수라바야」[38]는 이 두 지역의 기후, 학교, 농업, 산업, 은행 등에 대해 자세히 소개하고, 기후 차이가 만들어낸 생활 풍습과 거리 모습을 비교하고 있다. 특히 여성의 피부, 얼굴, 머릿결 등을 들어 반둥을 미인이 많다는 중국의 쑤저우蘇州에 비유하고 있다. 「뉴기니아 토착민의 기이한 풍속」[39]에서는 뉴기니를 처녀지의 신비함을 간직한 곳으로 설명하고, 원주민인 파푸아인을 가장 원시적인 인류로 소개하고 있다. 또한 이곳의 복잡한 종족, 주거공간과 생활풍속, 수공예와 무기, 사회 형태와 생활을 매우 자세하게 설명하고 있는데, 독특한 종교와 관념에서 기인한 장례의식을 기이한 소재로 다루고 있다. 「월남의 토착민족」[40]에서는 월남 북부에 사는 태족泰族을 분류해 이들이 사는 지역과 풍속 및 습속, 종교 등을 소개하고 인류학적 시각에서 이들과 안남인安南人들 간의 교류 및 영향 또한 고찰하고 있다. 이 기사는 결론에서 종족이 다르고, 각기 다른 풍속을 갖고 있으므로 동아공영권의 범위 내에서 지배할 방법이 문제가 되므로 이를 해결하기 위해 일정한 거주지를 정해 각자의 풍습대로 생활하게 하고, 그들의 습속에 정통한 관리를 파견·통치하는 방식을 제시하고 있다. 이를 통해 남방 각지의 종족과 지리 등에 대해 지식을 축적하는 것은 점령지에 대한 정보의 수집 및 이후 식민통치를 위한 준비를 전제로 하고 있었음을 확인할 수 있다.

동시에 원주민에 대한 개황과 실태조사는 대일 무장투쟁에 직면하여 지방의 치안 유지를 위한 것이기도 했다. 군사전략 차원에서 남방 원주민은 비록 미개하나 교화를 통해 장래 황민皇民이 될 수 있는 존재로 부각되는데 이는 이전 시기에 축적된 남양 원주민에 대한 지식들이 대동아의 이념에 걸맞게 재조직되었음을 의미한다. 즉 남방 담론이 원주민에 관한 종족지 형태를 띠는 것에는 군사작전의 맥락이 내재되어 있었던 것이다. 「불교국가 미얀마」[41]에서는 전국에 산재되어 있는 절과 탑, 그리고 스님들의 생활과 그들 사이의 위계 등을 자세히 소개하고 불교의 소극적 가치관과 내세관이 미얀마인의 정신에 부정적인 영향을 미쳤다고 기술하고 있다. 또한 「미얀마인의 생활」[42]은 벼농사를 중심으로 미얀마의 농업에 대해 자세히 살피는 동시에 미얀마인의 의복, 습속과 음악, 악기 등 전통 예술은 물론 구미의 영향으로 인해 생겨난 영화산업의 성행 등 당대의 상황도 소개하고 있다. 그밖에 「안남의 전설」[43]은 남양 일대의 비옥한 토지와 미얀마, 말레이시아의 불교, 회교 등 종교와 습속 그리고 미신 등에 대한 내용을 담고 있다.

특이한 것은 남방 지역 여성들을 소개하는 문장에서 낭만적인 상상을 자극하는 내용을 담고 있다는 점이다. 「미얀마의 여성」[44]에서는 여성들의 피부색깔, 장신구, 복장 등을 자세히 소개하고 그들의 강렬한 생활력, 총명함과 다방면에 걸친 재능들을 사례로 들면서 이들을 상당히 이상적인 존재로 그리고 있다. 또한 "매년 여름철의 밝은 달밤, 푸른 하늘에 별들이 은빛으로 대지를 밝히고 초록의 잔디 위 종려수가 그늘을 드리우면, 얕은 계곡물이 졸졸 흐르는 그윽한 숲에서 남녀가 즐겁게 박자에 맞추어 가벼운 스텝으로 포크댄스를 추며 사랑의 노래를 부르고 서로 마음에 드는 짝을 기다린다"라고 남녀가 만나는 방식을 소개하는 등 낭만적인 묘사를 덧붙인다.

그러나 「필리핀의 여성」[45]에서는 300여 년간의 스페인 통치와 40여 년의 미국 통치로 인해 필리핀에 여존남비 사상이 생겨나 여성들이 치장만하고 오락을 즐기는 풍습을 갖고 있다고 소개하기도 한다. 이런 여성들은 대부분 서구인의 혈통이 섞인 혼혈 여성들이라 언급하면서 이들의 복장 및 가치관에 대해 부정적으로 기술한다. 특히 필리핀 여성들은 미국을 맹신하며, 대동아전쟁 발발 후 미국의 악선전으로 일본에 대해 좋지 않은 인식을 가지고 있다고 비판한다.

緬甸的女性

闕名

緬甸本屬於熱帶的區域的地方，尤其富有南國的風俗趣味，在當地的風土以及一切人情，總含有一縷極其神秘的氣息，殊令人陶醉，而緬甸的女人的內心一向是純潔無瑕，多充滿着溫柔的熱情。和藹可親的面孔，愉快的精神，活潑的態度等々的素質，像這種耐人尋味的女子，現在我們很可以提出來仔細的談一談，以供讀者們的參考。

緬甸女人的膚色，差不多都是黃橄欖色或古銅色的。要按普遍說起來，女人的膚色比較男子們的膚色略爲紅一點，她們的鼻子略扁，嘴唇略厚，粗眉毛，而她們的性情則愛美觀，好修飾，寧願家徒四壁，餓着肚皮，但滿身上的裝飾是不可缺少一樣的，這似乎是她們的天性，所以她們那黝黑的面龐上，時常擦抹着一層厚粉，兩耳上總好掛着垂重的金耳環，一雙天生美如凝脂般的纖手，戴着閃爍耀目的寶石戒指，珠光寶氣，更將美的特質顯露出來，同時她們的嘴唇更好染成櫻紅色，口裏啣着一枝巨大尺長的小雪茄，白煙裊々，不停的猛吸狂抽着，那種悠然自得的神氣，簡直是摩登味十足，純粹的時代女人的派頭。

緬甸女人的服裝，說起來更是奇特，她們喜歡上身袒胸露乳，充滿了情感，誘力，竝且時常不穿褲子，僅圍着一塊長四尺半寬五尺的裙子，遮蔽着下身，她們那種落々大方神氣，實在令人可佩，緬甸俗禮，未出嫁的女子，無需穿褲子，在已嫁的婦女們則絕不能如法泡製的。

每當春夏季時候，她們所用的裙料，多半是用薄紗布，上等人家的太々小姐們，却用薄々的絲綢，秋涼冬寒時節，太々們也多用呢絨及其他的貴重料子，她們總喜歡仿效林中花卉的顏色，或者檢那種似鳥蝶鮮艷色彩樣的挑選。

說起女人們的脚，更是特別的健全美大，她們整年的不穿襪子，出門時穿着一雙考究的拖鞋，走起路來蹣々而有姿態，雙脚，曲線美點，由行動中越發表現十足，像這樣體態，很可以給人們一種美的印象，的確比我國女子的美點强多了。

緬甸女人的頭髮大多數都帶點紫黑色，竝且還留得很長很長的，盤頂成髻，髻端露出一小叢髮，穗長約五寸許，是女人們暗示異性，表示是處女未嫁，女人們則沒有此種裝飾，這不過是處女們的標記而已。

在每年的夏季月明之夜，蔚藍的天空似銀光閃爍着的繁星映照着大地，散噴在綠油々的碧草毯上，在棕櫚樹的濃蔭裏，清淺的流溪畔，幽雅的森木間，男々女々任情的狂歡、她們隨着節奏的音樂，踏着輕盈的步伐，啊娜的跳着士風舞，竝高聲唱着含意綿々的情歡妙曲，等待她們心愛的人兒，這時男女們的心，尤似燃燒的一般熱像沸水一樣的奔騰着，不久即到溫柔鄉裏去找甜秘的美夢。

緬甸這地方當入秋後的氣候特別爽朗，每至晚間，街頭巷尾滿紮着綠色牌樓，家々戶々的門口，高懸着紅綠的燈籠，佈置得煥然一新。這時青年女子們打扮得特別鮮艷的服裝，眞是奇形怪狀，三成群，兩一夥的像在白晝似的於燈市中穿行湊着熱鬧，這時她們的心裏喜歡至極點，都不約而同的在希望着得選上一位如意郎君，以便情投意合的生活下去，雙々的感情似燈光一樣的通明神聖了而步向着光明的途路走去。

緬甸女人們生平最講究的就是穿耳，當將出嫁的吉期來臨時，她們的心理多含驚喜懼怕的情緒，使她們懼怕的是穿耳受痛，驚喜的是將要得到自由了，在鄉村的習慣，凡是穿了耳孔的女人，

〈그림 7〉「미얀마의 여성」

이렇게 남방을 삼림으로 뒤덮인 아름답고 신비한 대자연으로 묘사하고, 이곳에서 살아가는 여러 종족의 기이한 풍속과 종교에 관심을 보이거나, 혹은 이곳 여성들을 외모로 평가하며 건강하고 신비한 종족이라는 이국 정취의 시각을 드러내면서도 전반적으로는 미개하고 의식 수준이 낮다고 비하하는 것은 결국 문명의 눈으로 이들을 재단하고, 이들을 계몽의 대상으로 보고 있음을 의미한다. 이는 일본이 전쟁을 통해 남방 지역을 정복·점령하는 과정에 대한 당위성과 필요성을 부각시키는 동시에 낭만적이고 신기한 남방의 이미지를 강조하여 이 지역에 대한 일종의 기이한 환상을 만들고 전파함으로써 전쟁과 침략이 가진 잔혹성을 은폐하려한 것이라 할 수 있다.

동시에 이렇게 미개하고 문명화되지 않은 자연으로써 남방을 강조하는 것은 문명화된 일본제국으로의 통합 필요성을 강조하는 전형적인 식민주의 이데올로기를 보여준다. 그 배후에는 일본이 만들어낸 인종 담론이 자리하고 있었다. 일본은 대동아공영권 내에서 제국, 식민지(대만/조선), 후발 식민지 사이의 질서를 정립했는데, 그것이 인종과 성별을 바탕으로 한 위계적 서열에 기반을 두었다는 점은 잘 알려진 사실이다. 이른바 '대동아 구상'이라는 동화의 수사학에도 불구하고 위계와 차별을 전제로 하여 일본과 아시아의 여러 국가들을 배타적으로 서열화했는데, 그 이면에는 가족국가주의에 기초한 식민주의 인식이 있었다. 일본 천황제 파시즘의 기저에 놓인 가족주의는 백화에 대항하는 '동아'의 기치 아래 대동아 전쟁을 성전聖戰으로, 또는 아시아의 평화를 수호하는 정의의 전쟁으로 의미를 부여하는 중요한 요인이 되었다. 따라서 이러한 남방에 대한 『남방』의 인종 담론은 기본적으로 일본 식민 담론의 연장선상에 있다고 보아야 한다.

5. 종족지에서 전쟁동원으로

　지리적으로 일본과 남양의 교량 위치에 있었던 대만은 일찍부터 일본의 남양 진출을 위한 거점이 되었고, 일본의 주도하에 매우 이른 시기부터 남방에 대한 여러 지식을 축적하고 있었다. 1912년부터 1921년까지 우편선, 관광선 등 일본의 각종 남양항선이 대만의 지룽基隆을 경유했고, 1918년 대만총독부는 조사과를 설치해 『내외정보』, 『남지나 및 남양 정보』, 『남지나 및 남양 조사서』, 『남양연감』 등을 간행했다. 1910년대부터 1935년까지 대만총독부 조사과에서 출판한 남방조사서는 182종에 이르며 조사 범위는 남방 일반, 화남, 프랑스령 인도차이나, 태국, 미얀마, 말레이반도, 필리핀, 네덜란드령 동인도, 호주 등에 이르렀다. 또한 일본의 관료와 기업가로 구성된 남양협회가 1916년에 대만지부를 설치하고 강연회, 언어 강습회(말레이어, 네덜란드어, 영어, 불어) 등을 열어 남양 연구자를 육성했으며 『남양협회잡지』는 물론 여러 권의 『남양연구총서』도 출판했다. 한편 동양협회대만지부와 대만총독부에서 발행한 『대만시보台灣時報』(1909~1945)[46]에 실린 동남아 자료만으로도 1930년대 중반까지 이미 수천 건이 넘은 상황이었다. 일본제국의 남방 연구기지로 불린 타이베이제국대학 역시 1928년 설립당시부터 문정학부 사학과에 남양사학과 토속학, 인종학 강좌를 개설했고, 『남방토속』과 『남방민족』 등의 잡지를 간행하기도 했다.

　특히 1930년대 후반부터 대만은 일본의 군사적 남진에 따른 남방 진출의 거점으로써 동남아시아의 자원과 원료를 이용해 전략물자를 생산하는 데 동원되었다. 이 시기 대만총독부는 남방에 대한 조사사업을 끝내고 지명을 통일시키는 등 남방 정복전쟁 수행을 위한 정보 수집을 급격하게 증가하고 있었다. 총독부 조사과에서 편찬한 남방조사서만 해도 301종에 이르렀으며, 총독부 관보인 『대만시보』의 동남아 관련 보도[47] 역시 수백여 건에 달했다.

그중 1909년에서 1937년 이전의 『대만시보』에 나온 동남아 관련 자료는 대부분 종족지의 형태를 보인다. 남방열도의 인종, 자연환경, 지리, 역사, 산업 등으로부터 일본과의 관계 진단, 여행기 등으로 구성되었다. 본 연구자가 조사한 개략적 통계에 의하면 산업 개황에 대한 보도가 가장 많고, 다음으로 지역 현황, 동식물 및 지리를 포함한 자연환경, 남방열도의 역사, 일본과의 관계, 여행기, 잡담 등의 순으로 많이 등장했다. 지역별로 언급된 횟수는 필리핀, 남양 일대, 프랑스령 인도차이나, 태국, 네덜란드령 동인도, 영국령 말레이반도, 자바, 미얀마, 싱가포르 등의 순서였다. 작자는 남양협회, 화남은행, 대만은행 조사과 직원, 화남은행, 학자(이학, 농학, 임학, 법학, 의학), 제국대학 교수, 총독부 외사과 직원, 군인, 각종 회사 사장과 직원, 척식회사 사장, 『대만일일신보』 직원 등으로 조사와 분석에는 학자들이, 산업자원의 이용과 관련해서는 남양협회, 각종회사, 척식회사, 은행 등의 인원이, 이를 보도하는 데는 기자와 신문사 직원이, 그리고 국가정책과 관련해서는 총독부 직원과 군인이 참여하고 동원되었음을 유추할 수 있다. 그야말로 남방에 대한 전방위적 지식 축적의 사례로서 손색이 없었다.

그러나 1937년 이후에 생산된 남방 담론에서는 국가정책과 관련해서 남방공영권건설 및 남진정책과 관련된 문장이 현저히 증가했다. 대동아공영권의 건설이라는 전제하에 남방 각 지역의 원주민 교육, 언어 문제, 통화 문제, 남진에 따른 대만의 역할 등에 대한 기사가 이러한 맥락에서 생산되었다. 또한 남방의 자원과 산업에 대한 소개 역시 여전히 많은 양을 차지하고 있는데 특히 이 시기 남방의 자원과 대만을 결합시켜 언급한 보도가 많았으며, 남방 화교의 경제활동에 대한 보도 역시 증가하고 있었다. 한편 1937년에서 1945년까지 『대만일일신보』에 게재된 기사를 분석해도 『대만시보』와 유사한 성격의 기사가 주류를 이룬다. 남진정책의 추진에 따른 각오와 이에 대한 선전, 외교 신체제의 구축, 동아공영권 및 남방공영권 구축을 위한 항로 개척 등 선전의 성격을 띤 기사가 보도되었고, 남방의 풍부한 자원과 대만의 공업, 산업 발전과의 관련성이 빈번하게 등장했다. 이렇게 대만에서 생산된 남방 담론은 1937년 이전에는 문화인류학적 종족지 형태가 많았지만 전시 중에는 선전미화와 정당성 등 국책 선전의 성격이 강화되었다. 그럼에도 불구하고 전 시기에 걸쳐 남방의 자원과 이를 활용하는 것은 일관된 관심사였음을 또한 확인할 수 있다.[48]

이러한 토대 위에서 1940년대가 되자 동남아 전역과 태평양으로 전선이 확대되고 일본이 이들 지역에 점령지를 건설하면서 관방에서 생산한 남방에 대한 지식은 『남방』과 같은 민간잡지에 게재되며 국가정책 선전에 활용되었다. 앞서 살펴본 대로 남방 전역을 다루고 있는 글은 인류학적 시각에 기초한 종족지의 상세한 내용을 바탕으로, 각 지역의 풍부한 자원과 그것이 가진 산업적 활용 가치를 강조하며 서구 제국주의의 식민 억압으로부터 각 민족이 해방되어 동아의 부흥을 이룩해야 하고, 이를 위해서는 전쟁에 협력해야 한다는 점을 공통적으로 기술하고 있다. 또한 적도 부근의 태평양 제도를 서술한 부분에서는 여전히 개척을 기다리는 미개발된 토지와 문명화의 손길이 닿지 않은 원주민의 신기한 풍속 등을 강조한다. 이를 종합하면『남방』의 남방 담론은 결국 '문화 담론'을 바탕으로 전쟁 수행을 위한 인적 동원을 목적으로 하고 있었음을 보여준다. 1942년 5월 1일에 발간된『남방』151기의 권두언「남방문화 건설과 대만」에서 제기한 "남방공영권의 민족이 서구 제국주의국가의 우민정책과 식민통치의 고통 속에 있으니 군사를 동원해 그들을 해방시키는 이 시점에 우리는 남방 신천지의 개척과 민족문화의 발달을 위해 본도의 특질과 경험을 활용하여 문화전사로서 남방민족에 대한 지도와 계발에 나서야 한다"는 주장이 이를 단적으로 증명한다.

앞서 보았듯이 문화인류학의 조사 형태를 띤 종족지에서 드러나는 원주민의 분포, 특성 및 생활방식은 남방의 경제 현황 및 자원 분포와 밀접하게 관련된 문제였다. 이들 기사가 인종 정보를 중심으로 해당 지역의 지리, 환경, 인구, 자원, 역사 등의 순서로 구성된 것을 통해 식민주의적 기초에서 출발했음을 알 수 있다. 또한 전선의 추이에 따라 서구 식민주의자에 대한 저항과 아시아의 정체성을 강조하며 전쟁에서 일본에 협조하도록 방향을 유도했음을 알 수 있다. 이들 지역의 풍부한 천연자원, 산업과 무역 등 경제적 요소를 반복 언급하는 것은 전쟁의 필요성을 뒷받침하는 동시에 점령지에 대한 풍요로운 환상을 전파하고 남방문화의 건설이란 명분으로 대만인을 전쟁에 동원하려는 목적에서 비롯된 것이었다. 무한한 자원은 정복과 점령의 당위성을 이끌어내는데 효과적이었으며 미개한 원주민은 개척자, 문명의 손길로 자처하면서 대동아전쟁을 성전으로 미화하고 선전하는 데 적절히 사용되었다. 『남방』에서 보이는 인류학적 종족지의 문화 담론은 결국 전쟁동원을 위한 선전 담론이었다.

주석

1 부국강병(富國强兵)은 국가경제 발전을 촉진시켜 군사력을 증강시키는 정책을 말한다. 메이지유신 이후 일본은 독일을 모방하여 자본주의를 경제정책을 추진하는 동시에 징병제를 위시한 군사제도의 개혁을 통해 군비와 군사력을 증강시키는 부국강병책을 채택했다.

2 1874년 대만섬 남부에 표류한 류큐 왕국의 주민들이 대만 원주민인 모단사 영지에 들어와 살해된 사건으로 이는 청일양국 간의 외교 충돌로 비화되었으며 그 결과 일본은 류큐를 오키나와현으로 복속시켰다.

3 오족협화(五族協和)는 일본제국이 세운 만주국의 건국 이념이자 정치 슬로건이다. 일본인, 만주족, 조선인, 한족, 몽골인의 협력을 뜻한다.

4 탈아입구(脫亞入歐)는 후쿠자와 유키치가 제시한 일본의 근대화 방향으로 아시아를 벗어나 유럽으로 진입한다는 뜻이며 연아항구(聯亞抗歐)는 태평양전쟁 시기에 이르러 일본을 중심으로 아시아 각 민족이 연합해 구미에 대항하자는 전쟁 슬로건이다.

5 내남양(內南洋)은 태평양 적도 부근의 미크로네시아의 섬들로 남양 군도, 혹은 남양 제도라고 부르며 그 범위는 미국령인 괌을 제외한 마리아나 제도, 팔라우 제도, 캐롤라인 제도, 마셜 제도들이다. 이 섬들은 1899년부터(마셜 제도는 1885년부터) 독일 제국의 식민지였지만, 제1차 세계대전 종전 이후 베르사유조약에 따라 일본이 위임통치하였다.

6 일본의 남진정책은 역사적 연원이 오래된 것으로 1880년대부터 줄곧 제기되어 왔는데, 초기 민간 소상인들의 동남아 모험에서 비롯되어 학자들에 의한 무역과 경제 담론으로, 다시 국가정책적 성격의 남진론으로 변해 왔다. 중일전쟁 이후 군사적인 남진정책이 결정되면서 남방 열도들이 새로운 점령지, 새로운 식민지로 부상하고 대동아공영권의 구상이 현실화되자 남방 열도에 대한 관심이 증폭되었다.

7 『풍월보』 시기에는 회원제로 운영되었다.

8 楊永彬, 「從『風月』到『南方』 - 論析一份戰爭時期的中文文藝雜誌」, 『風月 · 風月報 · 南方 · 南方詩集』, 台北 : 南天書局, 2001, 68~150쪽.

9 대정익찬회는 제2차 세계대전 기간인 1940년 10월 12일부터 1945년 6월 13일까지 존재했던 일본의 정치단체로 관제 국민통합 단일기구이다. 이 기구의 주요 목적은 정치권력을 집중하여 신체제운동(新體制運動)을 추진하는 것으로 궁극적으로는 전쟁 수행을 원활하게 하는 것이 목표였다.

10 이 난에는 총독부평의원 천치전(陳啓貞)과 황민봉공회위원 가메야마(龜山炎亭)의 글을 비롯해 모두 6편의 축하문이 실려 있는데 내용은 인용문과 대동소이하다.

11 吳漫沙, 「南方文化的新建設」 133期, 8쪽에서는 남방문화를 일화만(日華滿)의 친선을 이루는 것이라고 했고, 가메야마도 만주, 중국과 소통하며 일화만의 친선과 제휴를 이루는 것이 남방잡지의 문화적 임무라고 했다.

12 신체제는 제2차 고노에 내각이 주도한 전면적이고 강력한 파시즘 지배체제로 독일 나

치즘, 이태리 파시즘과 일본 군국주의가 중심이 되어 기존 서구근대의 핵심 내용인 자본주의, 자유주의, 개인주의를 반대하고 새로운 세계 질서를 구축하자는 주장으로, 이 주장이 제기된 후 일본에서는 정당이 해산되고 군부 파시스트의 정치적 의사 과정을 신속하게 수행하는 대정익찬회가 구성되었으며, 이에 대응하여 대만에서는 황민봉공회(1941)가, 조선에서는 국민총력조선연맹(1940)이 성립되어 전시동원이 시작되었다.

13 『남방』에 실린 남방 관련 기사 목록을 정리하면 아래 표와 같다.

기수/날짜	작자	기사명
139/1941.10.1	退嬰	亞南第一廣漠之濠洲
150/1942.4.15	曉風	東亞共榮圈之資源
	明達譯	新嘉坡陷落以後
	天驥	印度反英運動的趨勢
	伯孚	水深火熱中的南洋土人
151/1942.5.1		南方文化建設與台灣
	洪潮	烽火中的荷屬東印度
		南方衛生對策確立之必要
	新人	緬甸經濟綜觀
152/1942.5.15		南方經營之基本方針
	文正	滿街槐樹的仰光
154/1942.6.15	珊明	南洋華僑的企業及金融機關
	洪潮	戰雲密佈的澳洲
155/1942.7.1	大觀	澳洲的概況
	大可	萬隆與泗水
158/1942.8.15	洪潮	皇軍攻略下之緬甸
159/1942.9.1	東村正夫	荷印的經濟觀
160/1942.9.15		荷印農業投資
161/1942.10.1		南洋華僑與東亞共榮圈之建設
	松本於菟男	南洋華僑問題與在日華僑之使命
163/1942.11.1	雨山	南洋之女兒國
167/1943.1.15		昭南市與馬來半島之建設
170.1合刊/1943.3.15	志銘	爪哇雜感
172/1943.4.1	大原二郎	狂亂的澳洲
174/1943.5.1	杉浦健一	新幾內亞土著的奇風異俗
	陳因明	華僑婦女的生活
175/1943.5.15	山本實彦	記馬來半島
176/1943.6.1	禮耕生	東條首相躬臨菲島
177/1943.6.15	松本信廣	越南的土著民族
178/1943.7.1	闕名	佛國緬甸
	仁	緬甸人的生活
179/1943.7.15	東條首相祝詞	印度獨立運動積極展開
180.1合刊/1943.8.1	黃可軒	滇緬公路之沿革(上)
	朱學誠編譯	孟加拉灣歷驗記

	陳玉淸譯	安南的傳說
	闕名	緬甸的女性
182/1943.9.1	黃可軒	滇緬公路之沿革(下)
183/1943.9.15	徐道之編譯	安達灣群島之旅
184/1943.9.15	靑木勇	菲律賓的女性

14 이들 기사의 작성자에 대한 연구는 현재 전무하다. 대만인은 대부분 필명을 사용하고 있어 고증하기가 어려운데 총독부 관련 기관 종사자일 것으로 추정되며, 일본인이 작성한 기사는 일본잡지나 관방책자에서 옮겨와 게재한 것으로 보인다.

15 退嬰, 「亞南第一廣漠之濠洲」, 『南方』139期, 1941.10.1.

16 洪潮, 「戰雲密佈的澳洲」, 『南方』154期, 1942.6.15.

17 大觀, 「澳洲的槪況」, 『南方』155期, 1942.7.1.

18 大原二郎, 「狂亂的澳洲」, 『南方』172期, 1943.4.1.

19 도남(圖南)은 『장자』 「소요유」편에서 유래한 고사로 뜻이 원대한 것을 비유하는 데 쓰인다.

20 曉風, 「東亞共榮圈的資源」, 『南方』150期, 1942.4.15.

21 伯孚, 「水深火熱中的南洋土人」, 『南方』150期, 1942.4.15.

22 洪潮, 「烽火中的荷屬東印度」, 『南方』151期, 1942.5.1.

23 東村正夫, 「荷印的經濟觀」, 『南方』159期, 1942.9.1.

24 「荷印農業投資」, 『南方』160期, 1942.9.15.

25 徐道之 編譯, 「安達灣群島之旅」, 『南方』183期, 1943.9.15.

26 新人, 「緬甸經濟綜觀」, 『南方』151期, 1942.5.1.

27 연합군의 대중국 군사물자 보급선으로 미얀마 루트, 홍콩 루트, 프랑스령 인도차이나 루트, 서북 루트 등이 있었다.

28 珊明, 「南洋華僑的企業及金融機關」, 『南方』154期, 1942.6.15.

29 「南洋華僑與東亞共榮圈之建設」, 『南方』161期, 1942.10.1.

30 『남방』은 왕징웨이의 강연 내용이나 남경정부 요인들의 동향도 수시로 싣고 있다. 특히 일본과의 협력을 주장하는 왕징웨이의 견해가 손문의 대아세아주의에 기초한 것임을 강조하고 있다. 대표적인 문장으로 왕징웨이(汪精衛), 「동방의 도의정신을 발양하자(發揚東方道義精神)」(150期, 1942.4.15)를 들 수 있다.

31 松本於菟男, 「南洋華僑問題與在日華僑之使命」, 『南方』161期, 1942.10.1.

32 1937년 중일전쟁 발발 후 일본군이 주요 도시를 점령하고 남경으로 진격해 오자 국민정부는 그해 11월 17일 무한(武漢)으로 옮겼다가 다시 중경(重慶)으로 옮겨 사무를 보기 시작했는데 1946년 5월까지 지속된 이 정부를 중경정부라고 부르며 이와 별도로 일본군의 지원을 받아 왕징웨이가 남경에 세운 또 다른 국민정부를 남경정부, 혹은 왕징웨이 정권이라 부른다.

33 伯孚, 「水深火熱中的南洋土人」, 『南方』150期, 1942.4.15.

34 洪潮, 「戰雲密佈的澳洲」, 『南方』154期, 1942.6.15.

35 大原二郎, 「狂亂的澳洲」, 『南方』172期, 1943.4.1.

36 洪潮, 「皇軍攻略下之緬甸」, 『南方』158期, 1942.8.15.

37 禮耕生, 「東條首相躬臨菲島」, 『南方』176期, 1943.6.1.

38 大可, 「萬隆與泗水」, 『南方』155期, 1942.7.1.

39 杉浦健一, 「新幾內亞土著的奇風異俗」, 『南方』174期, 1943.5.1.

40 松本信廣, 「越南的土著民族」, 『南方』 177期, 1943.6.15.

41 闕名, 「佛國緬甸」, 『南方』 178期, 1943.7.1.

42 仁, 「緬甸人的生活」, 『南方』 178期, 1943.7.1.

43 陳玉淸 譯, 「安南的傳說」, 『南方』 180·181期合刊, 1943.8.1.

44 闕名, 「緬甸的女性」, 『南方』 180·181期合刊, 1943.8.1.

45 靑木勇, 「菲律賓的女性」, 『南方』 184期, 1943.9.15.

46 『대만시보(台灣時報)』의 전신은 일본인이 성립한 대만협회(台灣協會)에서 발행한 『대만협회회보(台灣協會會報)』이다. 1907년 대만협회가 동양협회대만지부(東洋協會台灣支部)로 개명하고 1909년에서 1919년까지 기관지 『대만시보』를 발행했으며 1919년 이후 대만총독부에서 같은 이름으로 발행했다.

47 周婉窈·蔡宗憲 編, 『臺灣時報東南亞資料目錄(1909~1945)』, 台北 : 中央硏究院, 1997.

48 이에 대해서는 崔末順, 「無窮盡的資源與原住民的土地 – 日據末期朝鮮的南方論述, 兼與台灣對照」, 『海島與半島』, 台北 : 聯經出版社, 2013, 431~462쪽 참고

참고문헌

南方雜誌社,『南方』133~188期, 1941.7.1~1944.1.1.

張宗漢,『光復前台灣之工業化』, 台北 : 聯經出版事業公司, 1980

周婉窈·蔡宗憲 編,『臺灣時報東南亞資料目録(1909~1945)』, 台北 : 中央研究院, 1997

陳慈玉,「初論日本南進政策下台灣與東南亞的經濟關係」,『PROSEA』Occasional Paper, No.10, Dec.1997.

崔末順,「無窮盡的資源與原住民的土地 - 日據末期朝鮮的南方論述, 兼與台灣對照」,『海島與半島』, 台北 : 聯經出版社, 2013.

楊永彬,「從『風月』到『南方』-論析一份戰爭時期的中文文藝雜誌」,『風月·風月報·南方·南方詩集』, 台北 : 南天書局, 2001.

한국전쟁 중 '악극인 밀항 사건'과 환향의 기억술

이화진

1. 들어가며

밀항密航은 근대 주권국가의 법과 영토, 국민의 동질성을 흔들면서 그 체제를 위협하는 탈국경적 이동 행위이다. 더욱이 전란과 같은 국가적 위기 상황에서의 밀항은 고통받는 공동체를 배신하는 반민족적 행위로 여겨질 법한 것이었다. 1952년에 있었던 소위 '악극인 밀항 사건'은 "저명한 무대 예술가들이 정식 도일 허가를 얻지 않고 밀항까지 하여가며 일본으로 건너갔다"[1]는 점에서 남한사회에 상당한 충격을 안겼다. 이때 현해탄을 건넌 밀항자들 중에는 대중음악 작곡가이자 연주자인 손목인, 가수 신카나리아, 박단마, 황정자, 김백희 등 악극 무대에서 활발히 활동하던 여러 대중음악인들이 포함되어 있었다.

한국전쟁 중 악극인 밀항 사건은 한국 대중문화사에서 특별히 조명된 적이 없다. 이 시기 대중문화의 역사에서는 재능 있는 문화예술인들의 납북이나 실종, 사망 등과 관련한 수난, 군예대KAS와 정훈공작대로서 전선을 누빈 '군번 없는 용사'의 위문활동, 그리고 실향과 이산, 궁핍으로 고통받는 피란민들을 위로했던 위안의 무대에 대한 회고와 기록이 압도적이다.[2] 1952년 악극인 집단 밀항 사건은 하나의 해프닝 정도로 언급되거나,[3] 아예 대중문화의 역사에서 누락되거나 왜곡되었다.

그러나 악극인 밀항 사건은 한국 대중연예가 아시아태평양전쟁에서 한국전쟁으로 이어지는 전쟁과 전쟁 사이의 긴 시간을 지나며 국가와 긴밀하게 관계 맺어온 역사적 상황과 그러한 전쟁을 계기로 이문화異文化와 접촉하고 탈국경적 이동과 확장을 기도했던 대중연예 종사자들의 궤적을 압축적으로 보여준다. 밀항 사건에 연루된 악극인들은 대부분 일제 말기에 연예 단체에 몸담으며 '황군 위문'을 명분으로 해외 순회 공연을 경험했고, 한국전쟁 중에는 군예대나 정훈공작대에 소속되어 위문 공연에 참여해 온 사람들이었다.[4] 이들은 밀항 사실이 발각되어 일본에서 강제 송환된 후에도 다시 한국군 위문 연예활동을 이어갔고, 그중 몇몇은 십여 년 후 파월장병 위문 공연에 참여하기도 했다. 일제의 '황군 위문'에 참여했던 식민지 문화인이 해방 후 분단된 국가에서 반공주의로 경도된 위문 연예와 선무 공작에 참여했던 것은 대중연예를 국가화하는 강력한 동원 매커니즘의 연속성을 보여준다. 또한 과거에 제국 일본의 영토를 무대로 삼았던 그들의 탈민족적·탈국경적 연예활동 경험은 한국전쟁 중 국가주의적 드라이브로부터 이탈하도록 스스로를 추동한 잠재적인 동기였다. 이렇게 연속적으로 축적된 국가주의적 동원의 경험과 그들 개인의 탈국경적 욕망이 복합적으로 작용한 것이 베트남전쟁 중 파월장병 위문 공연이었다고 할 수도 있을 것이다.

이 글은 한국전쟁 중 악극인 밀항 사건을 해방 후 문화인의 탈국경적 이동의 한 사례로서 재구성하고, 사건의 당사자들이 후에 대중문화계의 원로로서 공적인 장에서 이 사건을 어떻게 기억하고, 어떠한 관점에서 서술하며, 또 어떠한 사건으로 구성했는지를 살펴보고자 한다. 특히 작곡가 손목인의 사례를 중심으로 밀항자 자신이 생애 전반을 기술하면서 불법 밀입국이라는 금지된 횡단을 어떻게 선택적으로 기억하고 해석하는지를 비판적으로 검토한다.

2. 좌절된 횡단—악극인 밀항 사건(1952)

1945년 아시아태평양전쟁의 패전으로 일본이 식민지 점유권을 상실함에 따라, 일본 열도와 한반도 사이에는 새로운 분계선이 설정되었고,[5] 일본으로부터 독립한 한반도는 북위 38도선을 경계로 이남과 이북으로 분단되었다. 이 새로운 경계선들은 구舊 제국과 구 식민지를 민족적으로 분리하고, 한반도를 세계의 냉전 질서에 따라 이념적으로 분할하는 것이었다.

일제 말기 일본과 만주, 그리고 중국 대륙까지 활동 무대를 넓혀갔던 식민지 조선의 대중연예인들에게 해방은 민족과 국경을 초월한 연예활동의 기회를 갑작스럽게 제한해버린 시간이기도 했다. '악극단 신태양'의 동료들이었던 신카나리아, 박단마, 황정자는 1944년부터 중국 베이징北京에 근거지를 두고 '황군 위문' 공연활동을 했는데, 중국에서 종전終戰을 맞이한 박단마와 황정자는 '한간漢奸'으로 몰려 톈진天津의 난민수용소에 수감되었다.[6] 그들은 수개월이 지나서야 귀국선을 타고 돌아올 수 있었지만, 해방된 조선에서는 전처럼 일본이나 중국 대륙으로 공연을 떠날 수 없을 뿐 아니라 38도선 이북으로 순회활동을 나설 수도 없게 되었다.

그들의 집단 밀항 소식은 1952년 6월에 처음 알려졌다.[7] 기사에 따르면, 작곡가 손목인, 영화인 안경호, 음반 기획자 손영준, 그리고 가수 박단마, 신카나리아 등이 현해탄을 건넜고, 그중 악극과 쇼 무대에서 인기가 많았던 박단마, 신카나리아, 김백희, 황정자 등이 일본에 도착하자마자 체포되어 나가사키長崎 현 오무라大村시 입국관리청 수용소에 수감되었다는 것이었다.[8] 오무라수용소에 여러 주 동안 수감되었던 악극인들은 8월 1일에 부산항으로 강제 송환되었다.[9]

악극인들의 밀항과 오무라수용소 수감, 그리고 강제 송환은 뜻하지 않게 샌프란시스코 강화 조약(1952) 이후 '국경'에 대한 신체 감각과 '밀항'의 범법성을 가시화했다. 해방 이후 좌우의 이념 대립이 남과 북이라는 지리적 공간으로 전치되면서 여러 동기에서 월북을 선택했던 문화예술인들이 '빨갱이'로 낙인찍혔듯, 구 제국으로의 밀항자 역시 신생 반공국가의 '배신자'라 할만 했다. 언론은 이들의 밀항에 대해 '악극인들에게는 조국이 없는가'라며 공분의 목소리를 높였다.[10] 그러나 몇 달이 지나 일본에서 강제 송환되었을 때 밀항 악극인에 대한 법적·사회적 처벌은 그간의 공분에 비하면 가볍고 일시적인 것이었다. 이들은 귀국 즉시 경남경찰국 유치장에 수감되었지만, 경찰국장에게 보낸 탄원서가 받아들여지면서 구류 14일 만에 풀려났다.[11] 석방된 그들에게는 '민족의 배신자'라는 비난보다는, 밀항의 경로와 오무라수용소에 대한 호기심 어린 질문들이 쏟아졌다.

담론의 공적 영역에서는 '적토敵土'와 다름없는 구 제국 일본으로의 도피가 '월북'만큼 불온한 것이었지만, 실제 생존의 공간에서 밀항은 드문 일이 아니었다. 해방 이래 많은 사람들이 불법 체류자가 될 위험을 무릅쓰고 한국에서 일본으로 건너갔다. 1950년 10월에 설립된 오무라수용소의 통계를 보면, 해방 직후인 1946년 4월부터 12월까지 일본으로 밀입국을 시도하다가 검거된 사람만 해도 17만 명이 훨씬 넘었다.[12] 극도의 생활난, 여순사건과 제주 4·3 등의 국가 폭력, 극단적인 이념 대치와 군사적 긴장 고조 등과 같은 정치적·경제적 상황이 밀항을 결심하는 데 영향을 미쳤던 것으로 보인다.[13] "내 땅을 버리고 적토를 찾는"[14] 한국인들의 일본 도항은 한국전쟁 전부터 사회적으로 문제화되었는데, 전쟁 중의 혼란 속에서 그것에 대한 통제나 법적 규제가 제대로 작동하기는 어려웠고, 병역을 기피해 밀항을 감행하는 이들까지 포함하며 밀항자의 수는 줄지 않았다.

해방 이후 7년의 시간이 지났지만 근대 주권국가로서의 국경의 감각은 상당히 유연했던 것으로 보인다. 전쟁 중이었던 한반도에서는 남과 북의 교전 결과에 따라 남북을 가르는 지리적/이념적 경계가 유동적으로 변화했고, 월북과 납북, 입대, 피란, 그리고 밀항까지 여러 인적 이동이 부단히 발생하며 삶의 지도를 바꾸고 있었다. 허가 없이 국경을 넘는 것이 범법 행위일지언정 전혀 불가능한 일은 아니었던 것이다. 밀항 악극인들은 남한에서의 생활을 괴로워하는 이들에게 주어진 선택지 중 하나를 골랐고, 불법 밀입국 사실이 발각되어 오무라수용소에 수감되었다가 강제 송환된 '운 나쁜' 사례였다. 귀국 후의 인터뷰에서 자신들의 밀항이 그렇게까지 소란스러운 일이 되리라고는 전혀 예상하지 못했다고 말한 것도 이런 맥락일 것이다.[15]

그들의 일본 도항은 전쟁 중 부산과 경남 지역으로 활동 영역이 협소해진 악극계의 과열 경쟁과 남한 레코드업계의 열악한 환경으로부터 탈출하는 방편이었으며, 과거 아시아태평양전쟁 중 그들 자신이 제국 일본의 영토와 전장을 횡단하며 펼쳤던 해외 순회 경험의 연장선에 있었다. 한국전쟁 발발 전후로 이미 일본으로 건너가 활동하는 가수와 연주자들이 꽤 있었기에,[16] 그들의 시도가 아주 무모한 것은 아니었다. 당국이 대중문화인의 해외활동에 대한 허가를 내주지 않고 일본이 그들의 입국을 허가하지 않는 한 누구나 밀항자가 될 수 있었다.

도일渡日의 시도가 좌절되고 강제 송환된 그들은 일본에 대한 국내의 적대적인 정서도 잘 알고 있었다. 귀국 후 인터뷰에서 그들은 일본에 도착했더라도 조국을 등지고 완전히 정착하려던 계획은 아니었다고 거듭 강조했다. "일본 경음악단을 견학하고 공부하고 고국에 돌아와서 좀 더 좋은 노래를 불러 악극계에 새로운 활기를 던져 볼까"(김백희) 생각했고, 개인적인 이유로 "일본에 좀 체류하였다가 하와이행도 기도하려"(박단마) 했다는 것이다. 그러나 이런 변명에도 다른 세상으로 길을 열어줄 경유지로서의 일본, 그리고 일본문화의 우월성에 대한 동경은 감춰지지 않았다.

한편, 신카나리아, 황정자, 박단마, 김백희 등은 피란지에 가족을 두고 일본으로 떠난 것에 대한 사회적 비난과 항간에 떠도는 흥행 계약설이나 음반 취입설 등에 대해서도 강하게 의식했다. 그들은 여성 악극인들만 모아서 개최한 '돌아온 악극인 좌담회'에서 소문과 달리 밀항은 치밀한 준비 없이 돌발적으로 이루어졌다고 주장하며, 어설프고 위험했던 밀항의 과정과 오무라수용소에서의 생활을 비교적 상세하게 설명했다.[17] 부산 다대포에서 뱃놀이를 하다가 7톤 규모의 밀선으로 옮겨 탔는데, 21명이나 되는 인원이 한 배를 타고 바다를 건넜고, 나침반 고장으로 예정된 도착지가 아닌 곳에 배를 정박해야 했으며, 배에서 내려 기차를 타려고 헤매다가 신고를 접수한 일본 경찰에 붙들렸다는 것이다. 오무라수용소에서는 수용자들의 요청으로 악극 〈춘향전〉, 민요, 유행가 등을 부르는 '쇼'를 네 번이나 열었다고도 했다. 그곳에는 약 7백여 명의 조선인 동포들이 수용되어 있었다.[18] 소문처럼 〈오무라의 달〉이라는 음반을 취입한 것이 아니라, 해방 직후 중국 텐진의 수용소에서 그랬듯 이곳도 저곳도 아닌 곳에 발이 묶인 동포들을 관객 삼아 서로 위로하는 무대를 펼쳤던 셈이다.

아직 전쟁 중이었던 1952년 당시만 해도 법적으로나 사회적으로 밀항에 대한 처벌은 가벼운 편이었다. 특히 그들이 몸담았던 악극계에서는, '밀항'이 북한군에게 '부역'하는 것보다 대수롭지 않은 일이었던 것으로 보인다. 신카나리아와 박단마, 황정자 등은 다시 쇼 무대에 복귀해 떠들썩하게 활동을 재개할 수 있었다. 그러나 밀항 악극인들은 한국전쟁 이후 그들 스스로는 이 사건에 대해 일절 언급하지 않았다. 이미 대중의 기억에서 잊혔더라도 여성 연예인이 가족도 버리고 개인의 욕망과 허영을 좇았다는 불명예스런 낙인은 그들 개인의 삶에 어떤 식으로든 영향을 미쳤을 수 있다. 그 영향이 구체적으로 어떠한 것이었는지 확인하기는 어렵지만, 그 사건을 공적으로 기억하는 문제에 대해 그들 나름으로는 완고한 의지가 있었으리라 짐작된다.

1981년에 『동아일보』가 기획한 「나의 교유록 – 원로 여류가 엮는 회고」[19]에서 신카나리아는 박화성(소설가), 이철경(서예가), 김정숙(조각가), 복혜숙(배우), 채선엽(성악가), 모윤숙(시인), 김정숙(조각가), 이태영(변호사) 등과 더불어 문화계의 여성 원로로서 자신의 생애를 반추하는 기회를 가졌다. 한 달여 동안 회고를 연재하면서, 그녀는 군예대 활동 때문에 북한군의 서울 점령 중 서대문형무소에 수감되었던 것이나 간신히 납북 위기를 모면했던 것, 그리고 피란도시 부산에서 전성기를 누렸던 악극계의 활동 등 한국전쟁 중의 자신과 그 주변의 생활에 대해 매우 상세하게 회고했다. 하지만 일본 밀항과 오무라수용소 수감, 부산으로의 강제 송환에 대해서는 전혀 언급하지 않았다. 대중문화계의 원로로서 회고의 주체가 된 신카나리아는 밀항 사건에 대한 기억을 의식적으로 배제함으로써, '군번 없는 용사'로서 전선의 가설 무대에 섰던 '종군 연예인들'의 국가에 대한 헌신을 강조하고, 그 자신을 국가와 민족을 배신한 적 없는 '유공자'[20]로서 온전히 정체화했다.

3. '타향살이'에서 '금의환향'으로 ─ 손목인의 기억술

손목인은 앞서 살펴본 악극인들보다 며칠 앞선 1952년 6월 10일 밤에 부산에서 밀선을 탔다.[21] 그의 동행자는 해방 직후부터 1947년까지 이승만의 연설과 업적을 수록한 기록영화 〈민족의 절규〉(국민문화영화사, 1947)를 제작한 안경호였다.[22] 안경호는 이 영화의 촬영과 제작, 상영 등과 관련해 이미 두 차례 일본에 밀항했고, 이번이 세 번째 밀항이었다. 사전에 그들의 밀항 계획을 알고 있었던 시인 박인환에 따르면, 안경호는 매번 공식 여권을 얻으려고 시도했으나, 대한민국 외무부에서 필요한 절차를 다 밟더라도 연합군최고사령부SCAP의 입국 허가증을 입수하지 못해 밀도항을 해왔다. 그는 세 번째 밀항에서 한국전쟁 발발 후 촬영한 필름과 전쟁 전에 일본에 두고 왔던 원판 필름으로 〈민족의 절규〉 제3편(가제 '대한민국 건국사')을 제작하고자 했다. 손목인에게 동행을 제안한 것은 한국에서 발생한 사건과 장면을 기록하고 있는 영상물에는 한국인의 정서를 담은 영화음악이 필요하다고 판단했기 때문이었다. 해방 전 수년간 도쿄에서 음악 공부를 했고 여러 차례 공연을 위해 일본을 왕래했던 손목인은 도쿄행에서 좋은 안내자가 될 수 있었다. 두 사람은 부산을 떠난 지 이틀 만에 일본 고베항에 상륙해 무사히 도쿄에 도착했는데, 비공식적으로 얻어낸 두 달의 체류 허가 기간이 다 지나도록 필름은 도착하지 않았다. 결국 그들의 영화음악의 녹음 작업도 무산되었다.[23]

그러나 손목인은 귀국하지 않고 도쿄에 남았다. 영화음악 녹음이라는 명분으로 도항했지만, 그것만으로 도일을 결심하지는 않았던 것이다. 1957년 여름 귀국했을 때의 인터뷰에 따르면 아내의 가출과 가정 불화가 또 다른 밀항의 동기였다고 하는데, 음악인 손목인으로서는 일본에서의 활동 가능성을 타진해 보려는 실리적인 측면도 핵심 동기였으리라 짐작된다. 해방 후 여러 예술인들이 일본으로 건너갔고, 그중에는 김준영과 같이 성공한 사례도 있었다.[24] 〈처녀총각〉이나 〈사랑에 속고 돈에 울고〉 등 잘 알려진 대중가요의 작곡자이기도 한 김준영은 해방 전부터 '아사히나 노보루朝比奈昇'라는 이름으로 일본영화계에서 영화음악 경력을 쌓아왔고, 이를 바탕으로 조선인임에도 쇼치쿠관현악단의 지휘를 맡으며 일본에 정착할 수 있었다. 손목인은 해방 전 최대의 연예단체였던 조선악극단에 있으면서 자주 일본 공연 기회를 가졌고, 〈춤추는 춘향전〉[25]과 같은 악극음악을 작곡하며 일본의 무대 예술가들과 협업한 경험도 있었다. 김준영은 손목인에게 롤모델이었을 것이다.

그렇게 귀국을 포기하고 도쿄에서 체류하던 손목인은 과거 인연이 있었던 일본 지인의 소개로 일본영화의 주제가를 작곡하며 일본에서 음악활동을 시작하게 된다. 구가야마 아키라久我山明, 스에요시 겐지末吉賢次, 쓰카사 준키치司潤吉 등의 이름으로 〈하와이의 밤ハワイの夜〉, 〈카스바의 여인カスバの女〉 등을 히트시켰고, 빅터레코드나 데이코쿠레코드와 전속 계약을 맺어 활동하기도 했다. 그러던 중 일본 경찰에게 불법 체류 사실이 적발되어 1957년 여름에 귀국했다.

1992년에 팔순八旬을 기념해 자서전 『못다 부른 타향살이 - 손목인의 인생찬가』를 출간한 손목인은 대표곡의 제목을 빌어 스스로의 삶을 '타향살이'로 설명했다. 이 자서전에서, 그는 밀항부터 일본 체류, 그리고 강제 추방에 이르는 5년 여의 시간에 대해서도 서술하고 있다. 식민지 시기 민족의 설움을 노래한 것으로 평가받는 〈타향살이〉, 〈목포의 눈물〉 등을 작곡한 손목인의 입장에서 보면, 일본에서 수년간 일본 이름으로 숨어 지냈던 그 자신의 탈국경적 이동은 일관된 민족주의적 서사 안에 배치되기 어려운 시간이었다. 그러나 이 시간은 개인의 인생유전人生流轉의 한 페이지였을 뿐 아니라, 한반도의 영토를 초과하는 자신의 활동 무대와 성공신화를 보여주는 데 매우 중요한 대목이었다. 귀국 후 그가 한국음악저작권협회와 한국가요작가협회 설립 등 대중음악인의 권리를 보호하기 위한 공적 활동에 매진하게 되는 것도 일본에서의 경험 덕분이었다. 문제는 자신의 도항 시기가 한국전쟁 중이었다는 것, 정부의 공식적인 허가 없이 도항했다는 것, 일본에서 불법 체류했다는 것, 개인적인 성취를 위해 신분을 숨기고 일본 이름으로 활동했다는 것 등을 어떻게 서술해야 하는가 하는 점이었다.

손목인은 사건 자체의 언급을 회피하지는 않았지만, 전란 중에 그 개인의 성취만을 추구하려던 것이 아니었다고 강조하는 방향으로 일본 도항 시기와 명분을 고쳐 썼다. 먼저, 도항 시기가 한국전쟁 중이었다는 사실을 부인하기 위해 상당한 주의를 기울였다. 그는 한국전쟁 발발 후 일본 도항 직전까지의 행적을 매우 상세히 기록했다. 간추리면, 손목인은 전쟁 중에 여러 위기를 넘기며 한국군 제2군단 정훈공작대 활동을 했고, 1·4후퇴 후 정훈공작대가 해산되면서 부산에 내려가 가족을 돌보았다. 그러나 그는 정훈공작대 해체 이후의 피란생활에 대해서는 많은 기록을 남기지 않았고, 전쟁의 끝 무렵에 대해서는 "그럭저럭 휴전이 성립되고 우리 가족들은 다시 서울로 생활 근거지를 옮겼다. 새로운 인생살이를 위한 재출발의 도약을 맞은 것이다"(1992, 103쪽)[26]라고 서술했다. 이어지는 장에서 "1953년 어느 날 뜻밖에도 영화음악을 맡아달라는 제의를 받"고 일본에 도항했다고 쓰고, 자서전의 약력에 굳이 "1953년 7월 〈민족의 절규〉(이승만 박사 일대기) 음악 담당자로 위촉되어 일본으로 감"이라고 도항 시기와 목적을 명시했다. 즉 한국전쟁의 휴전 즈음 대통령 기록영화 제작이라는 공적인 용무로 일본에 간 것으로 읽히게끔 서술한 것이다. 그러나 1952년 당시의 신문과 잡지의 기사들이 기록하고 있듯이, 손목인은 전쟁 중인 1952년 6월에 정식 수속을 밟지 않고 일본에 밀입국했다. 자서전에 쓰고 있는 '1953년 7월'이라는 정보는 그가 도항 시기를 왜곡하고 있음을 분명하게 보여주는 증거였다.

손목인 자신이 도항 시기를 왜곡해 서술한 것은 그의 사후 '탄생 100주년 기념사업'의 주체들에게 꽤 곤혹스러운 부분이었던 것으로 보인다. 2013년에 유족은 『못다 부른 타향살이』를 기본으로 하고 다양한 사진 화보와 각계 인사들의 축사, 자녀가 쓴 '아버님 전상서', 그리고 엮은이의 말 등을 추가해 개정판을 출간했고, 이듬해 이를 또 한번 개정 증보해 출판했다. 개정판(2013·2014)은 손목인을 '대한민국 제1세대 대중음악 작곡가'로 분명하게 자리매김하려는 취지에서 그의 음악 인생을 부각하는 데 중점을 두었다. 생전에 출간된 1992년판 자서전이 격동의 근현대사 속에 자신의 인생유전을 배치하며 '식민(제1부)-해방과 한국전쟁(제2부)-전후(제3부)' 등 세 부분으로 구성된 반면, 사후에 출간된 개정판 『손목인의 가요인생』은 손목인의 생애를 크게 '다섯 악장'으로 구분하고 대중음악인으로서 손목인의 공로와 업적을 조명할 수 있는 방향을 취했다.

사후에 출간된 개정판에서 생애담 자체는 거의 동일하지만 구성상

<표 1> '손목인 자서전'의 구성

1992년 자서전	2013년 개정판	2014년 개정판
나라 잃은 세월 속에서	나의 고백	농구하며 음악인 꿈꾼 어린 시절
해방과 전란에 흔들리면서	작곡가로서의 데뷔와 성공	손목인의 탄생, 타향살이의 시작
	내 인생 격동의 세월들	내 인생 격동의 세월
더 넓은 세계를 가슴에 안고	가요인생의 황금기	가요인생의 황금기
	남기고 싶은 이야기들	작사·작곡가 우리의 집을 위하여

약간의 수정과 변개가 이루어졌다. 특히 손목인의 밀항과 일본 체류, 그리고 귀국은 대단히 간결해졌다. 개정판은 이 부분을 "정훈공작대가 자연 해체된 후 한동안 서울에서 지내다가 본격적인 음악활동을 위해 일본으로 건너갔"(2013, 102쪽)으며, "건강상의 이유로 나는 60년 3월 오랜 일본에서의 활동을 일단 중단하고 귀국했다"(2013, 103쪽)고 시간을 건너뛰었다. 이를 또 다시 개정한 2014년판에서는 귀국한 해를 "1956년 3월"(2014, 104쪽)로 잘못 앞당겼다. 개정판은 손목인의 밀항 시기가 전쟁 중인지 휴전 후인지를 명시하지 않았고, 그 도항이 기록영화 〈민족의 절규〉와 관련된 것이었다는 서술도 축소했다. 전반적으로 일본 도항과 체류가 "본격적인 음악활동을 위"한 것이라고 뭉뚱그리며 이 부분의 내용을 우회적으로 서술했다. 밀항과 일본 체류까지의 사건을 축소하거나 수정한 편집 방향은, 밀항 사건에 대한 손목인의 선택적 기억과 왜곡된 서술 욕망에 대해, 손목인을 기념하는 주체들이 상당한 주의를 기울였음을 보여주는 것이다. 개정판의 편집 주체는 손목인의 서술 의도가 매우 분명하게 드러나는 톤을 낮추되, 도항의 음악적 동기를 부각하여

〈그림 1〉 손목인의 귀국 공연 '그랜드 쇼- 부라보! 손목인(국도극장)' 광고
왼편에는 일본에서 활동 중이던 아들 '후랭키 손'의 인사말이 나란히 배치되었다.(『경향신문』, 1957.12.8)

'대한민국 제1세대 대중음악 작곡가'로서의 대표성과 그 개인의 성공
신화를 훼손하지 않고자 했다.

1957년 7월에 불법 체류자 신분이 발각되어 강제 추방된 것에 대해
서도 손목인은 자서전에서 다르게 서술했다. 귀국 당시의 인터뷰에서
는, 도쿄의 숙소로 일본인 경관이 찾아와 "일본 밖으로 퇴거 명령을 내
린 것"이 귀국 동기라고 말했다. 그는 "밀항자"여서 거류민 등록이 되어
있지 않았기 때문에 늘 자신의 존재를 감추며 불안을 안고 살아왔는데,
결국 일본 경찰에게 발각되어 퇴거 명령을 받았다고 했다.[27] 그러나 35

년 후 자서전에서 손목인은 자신이 불법 체류자 신분이 아니었다고 서술했다. 그때 일본 경시청에 무더기로 끌려온 한국 연예인들과 달리 자신은 영화 〈민족의 절규〉건으로 "정식으로 비자를 발급받아 일본에 머물게 된 것이기 때문에 문제될 것이 하나도 없었"지만, 건강이 쇠약해져서 귀국했다는 것이다(1992, 111~112쪽). 자신의 신병과 가족에 대한 그리움이 결정적인 귀국 동기였다는 말은 아마 진실이었을 것이다. 그러나 그가 이 대목의 서술에서 자신이 '밀항자'였다는 사실을 부인하는 데 상당한 힘을 쏟은 것 또한 사실이다.

손목인에게 밀항은 탈국경적 자기 서사로서 '타향살이'를 구성하는 중요한 모티프가 되었다. 이후 베트남전쟁에서의 위문 공연과 미국 이주라는 행로까지 고려하면, 손목인의 밀항은 태평양을 건너 미국에 닿는 여정 안에 있는 듯 보이기까지 한다. 자서전 속의 손목인이 실제의 손목인 그대로가 아니라 '언어로 구성되는 또 다른 자아', 즉 허구적인 자아를 만들어내는 과정이라고 할 때,[28] 그는 자신의 귀국이 '강제 추방'이 아니라 한때는 식민본국이었던 구 제국이자 문화 선진국인 일본에서 성공을 거둔 음악가의 '금의환향'으로 기록되기를 희망한 것으로 보인다. 수십 년이 지나 경시청 유치장에서 만났던 밀항자들의 얼굴을 떠올렸을 때, 그리고 그 얼굴에서 그때 자신의 불안정한 정체성을 환기했을 때, 그는 밀항과 불법 체류에 대해 더 강하게 부인할 필요를 느꼈던 것일지도 모른다.

4. '반공 연예인'으로의 환향還鄕/還向

　자서전에 따르면, 손목인은 1957년 귀국 후 곧바로 '일본에서 이북 측과 접촉했다는 혐의'로 경찰 조사를 받았다.[29] 1950년대 후반 이른바 '재일교포 귀국사업'이 본격화되기 전부터도 남한에서는 일본을 "북쪽에서 온 적색분자들"(1992, 120쪽)이 암약하는 위험 지대로 인식하고 '반일'과 '반공'이 중첩된 적대적 태도를 노골화하곤 했다. 손목인은 일본에 체류했다는 이유만으로 조사 대상이 된 것으로 보인다. 그는 이러한 상황을 충분히 이해하고 있었지만 간첩 취급을 당하는 것은 괴로웠다고 술회했다.

　일주일의 조사 끝에 풀려난 그가 고복수의 은퇴 공연 마지막 무대에서 〈타향살이〉를 연주할 때, 이 노래는 그 어느 때보다 복합적인 의미를 가졌다. 손목인은 자신과 고복수의 대표곡 〈타향살이〉를 해방 전 만주 하얼빈과 간도 용정의 공연에서는 조선인 이민자들이 따라 불렀고, 그중 누군가는 고향에 돌아가지 못하는 신세를 비관해 자살했다는 소문이 있었으며, 지난 세월 수많은 무대에서 고복수는 그때의 관객을 생각하며 이 노래를 불렀다고 썼다. 7년간의 일본생활에서 돌아오자마자 '사랑하는 조국의 핍박'(1992, 121쪽)을 체험했다는 그 자신의 신세와 겹쳐지며, 〈타향살이〉는 식민과 냉전의 시대를 아우르는 '불멸의 망향가'[30]가 되었다.

　〈타향살이〉가 한국 대중음악의 한 시대를 대표하는 노래로 역사화되던 1950년대 후반은 악극의 시대가 이미 저물던 때였다. 전쟁 중 피란지에서 최고의 전성을 누렸던 악극은 전후 여성국극이나 국산영화의 인기에 밀렸고, 소위 '미8군 쇼'의 부상과 함께 대중문화의 생태계에서 낡은 이름이 되었다. 영화, 음반, 방송 등 대중문화 산업의 기반이 서서히 구축되어가는 것과 함께, 악극에서 활동하던 인물들은 쇼나 영화계로 흩어지고 악극은 상투적인 레파토리를 반복하며 급격히 쇠퇴했다.[31] 해방 이후 남한 정부 수립과 한국전쟁을 거치는 동안 반공 선전을 활동의 중심축의 하나로 삼아왔던 악극계가 휴전 후에도 대중정서로부터 이반해 정권의 선전기구로 기운 것도 악극의 몰락을 가속화했다. 관객과 돈이 떠나는 악극단 무대에는 정치와 폭력이 더욱 강하게 비집고 들어왔다. 사실상 자유당 정권의 전위대였던 반공예술인단(단장 임화수)에서 김석민과 박호 등 악극계의 인물들이 주도적인 역할을 했던 데서 짐작되듯이, 1950년대의 악극계는 연예산업과 국가 사이의 비정상적인 결탁 관계를 거처로 삼아 명맥을 유지했으며, 반공주의는 연예와 국가를 폭력적으로 매개했다.[32]

1952년 밀항선에 탔던 신카나리아, 황정자, 김백희 등은 '휴전 반대 무대예술인 궐기대회', '멸공 통일 예술제', '적성 휴전 감시 위원회 축출대회' 등 수많은 반공 궐기대회에 참가해 구호를 외쳤고, '자유당 시민 위안회' 같은 행사에 자주 동원되었다.[33] 전혀 다른 두 개의 국가주의적 동원 이벤트, 즉 일제 말기의 황군 위문 연예와 한국전쟁 중의 종군 연예를 가로지르는 인적 연속성은 전후에도 계속 이어졌다. 한때 밀항 스캔들로 남한사회를 떠들썩하게 했던 그들은 이러한 인적 관계망을 바탕으로 변함없이 '반공 연예'의 전위에서 활동할 수 있었다. 오랜만에 귀국한 손목인 역시 1958년 8월에 '정부 수립 10주년 및 무대예술원 창

립 10주년 기념 대연예제전'에서 지휘 및 연주자로 나서는 등 반공 선전
활동에 꾸준히 참가한 것으로 보인다.[34] 그들이 이런 활동에 얼마나 적
극적이었는지는 분명치 않지만, 정치와 폭력에 억눌린 연예계의 흐름을
거부하기 어려웠으리라 짐작된다. 임화수로 대표되는 폭력 집단은 "제
멋대로 '프로'를 작성해서 예술인들의 이름을 집어넣고는 부산이고 대
구이고 '가라면 가라!'"고 종용하고, "툭하면 '없애버린다! 제명 처분한
다'"고 위협하며, 때로는 '6·25 때 뭘 했느냐!'며 괴롭혔다.[35] 조금만 이
의를 제기해도 '빨갱이'로 낙인찍고 즉각적 폭력을 행사하는 업계의 분
위기에서, 밀항 스캔들의 당사자였으나 결국 남한으로 돌아올 수밖에
없었던 그들은 순응을 생존 전략으로 삼았을 것이다. 그들은 사상의 전
향轉向과는 다른 차원에서 반공국가로 '환향還向'했다고 할 수 있다.

　연예계를 폭력으로 길들였던 반공예술인단의 악행이 4·19 이후 세상
에 드러나며 부정적 관행이 해소되리라는 기대가 있었지만, 연예와 국
가 사이의 결탁 관계가 근본적인 차원에서 사라진 것은 아니었다. 5·16
쿠데타가 발발하자 연예인들은 기민하게도 '혁명군'을 위문하는 쇼를
상연하고,[36] '군사혁명 축하공연'을 열었으며,[37] 박정희가 대통령에 취
임한 제3공화국의 출범을 축하하는 '경축대예술전'[38]을 열었다. 자유당
정권과 운명을 같이 한 임화수는 형장의 이슬로 사라졌지만, 그와 함께
법정에 섰던 박호는 연예계에 복귀해 다시 '반공'과 '자유'의 기치를 내
건 흥행활동을 했고,[39] 한국연예협회의 이사와 부이사장을 거쳐 이사장
을 역임하며 유신체제의 적극적인 동조자로 살아남았다.

　1964년 한국군의 베트남전쟁 파병이 결정된 이후, 남한의 연예계는
'파월장병 위문'을 명분으로 다시 냉전의 심리전Psychological Warfare과 연결

되었다. 전쟁을 계기로 국가와 연예가 긴밀하게 관계 맺는 상황은 "깡패의 폭력을 회수해 간 국가권력에 의해 또 다른 변이형"[40]이 생성된 것이라고도 할 수 있다. 다수의 연주자와 무용단을 동반하고 코미디언 구봉서, 곽규석, 남보원, 서영춘, 송해, 가수 이미자, 남진, 패티김, 윤복희, 정훈희 등 많은 연예인들이 '파월장병 위문단'으로 베트남을 찾았다. 한국전쟁에 이어 베트남전쟁에서도 '자유'와 '반공'의 슬로건이 남한의 연예인들을 전선의 가설무대에 세웠다. 그런데 베트남전쟁의 위문 공연에 참여한 연예인들은 남한 대중문화의 세대교체와 트랜스퍼시픽한trans-pacific 연예 네트워크의 교차점에 위치했다는 점에서 한국전쟁 세대와는 다르게 접근될 수 있다. 이들의 위문 공연은 남한에서 남베트남으로 일방향으로 파견된 것이라기보다는, 미국위문연예단United Service Organizations, USO이 아시아에 설치한 USO 부설 클럽과 '위문쇼USO camp show'로부터 직간접적인 영향을 받으며 냉전 아시아의 연예산업과 연결되는 것이었다.[41] 베트남의 사이공이나 다낭에 상주하며 상업적인 공연활동을 펼치는 쇼단들, 베트남에서 말레이시아나 태국, 싱가폴 등 남아시아로 이동해 민간 클럽에 출연하는 연예인들에게 베트남전쟁은 '해외 진출'의 기회이기도 했던 것이다.[42]

이미 연예계 원로로 물러나있던 손목인과 신카나리아는 1967년에 코미디언 양석천을 진행자로 앞세우고, 오정심, 조미미, 라복희 무용단을 참가시켜 베트남으로 갔다(1992, 140쪽). 이들은 '파월장병 위문단'을 계기로 "모처럼 공연다운 공연에 참가"[43]했고, 이로써 아시아태평양전쟁과 한국전쟁을 거쳐 베트남전쟁까지 20세기 한반도가 관계 맺은 세 개의 전쟁에서 군인 위문 무대에 섰다. 이 각각의 전쟁에서 그들은 일본

제국의 '황군'을 위문하는 식민지 연예인이었다가 냉전 속 열전으로 발발한 한국전쟁에 '종군'한 '군번 없는 용사'였고, 이역만리 외국에 파병된 젊은 장병들의 노고를 위문하는 원로 연예인이었다. 그들에게 파월장병 위문 공연은 냉전의 심리전이라는 측면에서는 한국전쟁의 군예대 활동과 연결되고, 한반도를 넘어 아시아로 향한 탈국경적 연예활동이라는 점에서는 20여 년 전 아시아태평양전쟁 중의 순회활동을 떠올리게 했을 것이다. 그 기억의 섬광들 속에는 남한을 떠나 더 넓은 무대에서의 성공을 꿈꾸며 밀항선을 탔던 1952년의 바다도 있었을 것이다. 그러나 수십 년간 무대에서 한국전쟁의 비극과 북한군의 만행, 이산과 실향의 슬픔, 피란살이의 애환을 노래해 온 그들이 그 일탈의 기억을 제대로 꺼내 말한 적은 없었다.

5. 냉전, 기억의 소실점

1952년 밀항 사건 직후 언론의 집중 조명을 받았던 신카나리아는 남한 연예계에 빠르게 복귀한 뒤 이 사건에 대해서는 말하지 않는 편을 택했다. 한국전쟁 중 신카나리아 자신에 대한 회고는 구사일생으로 목숨을 건진 '반공 연예인'의 종군활동에 편중되었다. 반면 손목인은 자신의 도항에 대한 기억을 적극적으로 변형했다. 전쟁의 고통과 혼란 속에서 그 개인의 성취를 위해 현해탄을 건너 일본에 체류했던 것이 민족 공동체에 대한 배신처럼 여겨질 것을 우려해 밀항자의 시간을 의도적으로 다시 썼다.

망각이든 침묵이든 혹은 왜곡이든, 밀항 연예인들의 선택적이고 탄력적인 기억술에는 일종의 민족적 죄의식이 작용한 것으로 보인다. 남한의 반공-반일 민족주의는 민족적이고 이념적인 경계에 지리적 감각을 동반해 왔다고 할 수 있는데, 전쟁 상황에서 일본으로 떠났던 그들의 선택은 설사 민족을 뛰어넘는 예술적 성취를 지향했더라도 몰염치하고 이기적이며 반민족적인 행위로 여겨질 수 있었다. 물론 삶의 모든 순간이 그 기억과 연결되는 것은 아니다. '한국 대중음악의 제1세대'를 대표하는 존재로서 자기 생애를 반추해야 했을 때, 잠재된 죄의식이 밀항의 기억을 억압하고 변형함으로써 민족주의적 서사 안에서 자기 삶의 일관성을 만들어냈다고 할 수 있을 것이다.

이러한 기억의 왜곡은 무대를 중심으로 활동해 왔던 대중음악 제1세대가 해방 후 수십 년간 여러 관변단체의 반공 선전 행사에 동원되어 왔던 한국 연예산업의 기형적인 구조와 함께 되새겨 볼 필요가 있다. 자발적이든 비자발적이든 그들은 그러한 행사에 참가함으로써 생계의 수단을 얻고 새로운 기회를 모색하기도 했지만, 그러한 활동의 지속이 그들 자신의 생애에 대한 기억 방식에서 국가와 민족, 이념을 초월하는 개인의 욕망을 억압하고 '반공 연예'나 '종군 연예'라는 국가주의적인 틀을 공고하게 했던 것이다. 수많은 무대에서 그들의 노래가 만리타향의 전선과 고향의 삶을 이어주며, 많은 이들의 슬픔과 고통, 불안을 위로했음을 부인할 수 없지만, 그 어떤 무대들은 냉전 시대의 폭력이 낳은 것이다.

주석

1 「저명악극인들 밀도항」, 『경향신문』, 1952.6.19.
2 대표적으로 김석민, 『한국 연예인 반공운동사』, 예술문화진흥회, 1989; 박성서, 『한국 전쟁과 대중가요, 기록과 증언』, 책이있는풍경, 2010.
3 황문평, 『야화가요 육십년사 – 창가에서 팝송까지』, 전곡사, 1983, 242～244쪽. 황문평은 한국 대중가요 60년의 역사를 집필하며 한 챕터를 할애해 한국전쟁 즈음 일본으로 도항한 연예인들에 대해 서술하고 있는데, 악극인 밀항 사건에 대해서는 정확한 사실을 실증하기보다 소문을 정리하는 데 그쳤다.
4 아시아태평양전쟁과 한국전쟁으로 이어지는 시기에 전성을 누렸던 악극의 역사성과 악극인의 위문 연예활동에 대해서는 다음을 참조. 이화진, 「전쟁과 연예 – 전시체제기 경성에서 악극과 어트랙션의 유행」, 『한국학연구』 36, 인하대 한국학연구소, 2015; 이화진, 「'노스탤지어'의 흥행사 – 1950년대 '악극(樂劇)'의 전성과 퇴조에 관하여」, 『대중서사연구』 17, 대중서사학회, 2007 등.
5 1946년 1월 연합군최고사령부(SCAP)는 각서 677호를 통해 일본 국경을 확정하는 조치를 취하고 일본열도와 구 식민지 사이의 인적 이동을 금지했다. 같은 해 2월 미군정은 '조선 입국 또는 출국자 이동 관리 및 기록에 관한 건'을 공포하여 조선인이 외국에 여행할 때 반드시 군정청의 허가를 받도록 함으로써, 사실상 조선인의 일본 도항을 금지시켰다. 김광열, 『한인의 일본이주사 연구(1910～1940년대)』, 논형, 2010, 제4장 참조
6 황문평, 『인물로 본 연예사 – 삶의 발자국』 1, 도서출판 선, 1998, 407～409쪽.
7 손목인, 「신카나리아 등 7명! – 무엇 때문에 갔나? 의혹 다대」, 『경향신문』, 1952.6.19.
8 「밀도일(密渡日)한 악극인」, 『경향신문』, 1952.7.3.
9 「가보니 어떻습디까? 밀항 악극인 강송(强送)으로 귀국」, 『동아일보』, 1952.8.2.
10 「악극인엔 조국도 없나? 밀도일한 일당에 비난성」, 『경향신문』, 1952.7.22.
11 「밀항 여우들-어제 전원 석방」, 『동아일보』, 1952.8.15.
12 권혁태·이정은·조경희 편, 『주권의 야만 – 밀항, 수용소, 재일조선인』, 한울, 2017, 21쪽, <표 1>.
13 위의 책, 23쪽.
14 「여적」, 『경향신문』, 1949.6.29.
15 「경찰서 구속문초」, 『경향신문』, 1952.8.3.
16 한국전쟁 발발 전후로 일본으로 건너가 활동한 대중음악인으로는 고운봉, 최광휘, 김용대, 박양, 김준영, 이성운, 임건식, 길옥윤 등이 있었다. 황문평, 앞의 책, 243쪽.
17 「도라온 악극인 좌담회」, 『경향신문』, 1952.8.30～31.
18 위의 글; 「가보니 어떻습디까? 밀항 악극인 강송(强送)으로 귀국」, 『동아일보』, 1952.8.2. 한국전쟁 중 오무라수용소에 대해서는 전갑생, 「한국전쟁기 오무라수용소(大村收容所)의 재일조선인 강제 추방에 관한 연구」, 『제노사이드연구』 5, 한국제노사이드연구회, 2009 참조

19 신카나리아, 「나의 교유록 - 원로 여류가 엮는 회고」, 『동아일보』, 1981.7.13~8.13.
20 「6·25 종군 연예인 유공자 12명 표창」, 『동아일보』, 1982.9.27.
21 박인환, 「그들은 왜 밀항하였나 - 악극계의 혜성 손목인, 신카나리아, 박단마 등 10여 명 '문제의 밀도일 진상기'」, 『재계』, 1952.8. 이하 1952년 손목인의 밀항 과정에 대한 내용은 주로 이 글을 참고해 정리했다.
22 안경호와 영화 <민족의 절규>에 대해서는 한상언, 「다큐멘터리 <민족의 절규> 연구」, 『현대영화연구』 22, 한양대 현대영화연구소, 2015 참조.
23 「일본밀항 7년 만에 추방당해 돌아와 화제」, 『동아일보』, 1957.8.2.
24 김준영(金駿泳, 1907~1961)은 1940년대에 아사히나 노보루[朝比奈昇]라는 이름으로 활동하며, 쇼치쿠[松竹]의 영화음악을 여러 편 담당했다. 사실 그는 <반도의용가대>(1937), <승전가>(1943) 등의 군국가요와 선전영화 <병정님>(방한준 감독, 1944)의 영화음악 등을 담당하며 일제에 적극적으로 협조했던 인물이기도 하다. 해방 후 고향인 황해도 해주에 머물다가 일본으로 건너간 것으로 알려져 있다. 강옥희·이순진·이승희·이영미, 『식민지 시대 대중예술인 사전』, 도서출판 소도, 2006, 66~67쪽.
25 손목인은 박시춘과 함께 조선악극단의 악극 <노래하는 춘향전>의 음악을 담당했다. 자서전에는 조선악극단에서 독립해 일본의 신코[新興] 키네마가 조직한 연예단과 <춤추는 춘향전>의 합동공연을 했다고 서술하고 있다. 『못다 부른 타향살이 - 손목인의 인생찬가』, 도서출판 HotWind, 1992, 59~62쪽.
26 이하 손목인의 자서전에서 인용한 것은 출판연도와 쪽수만 본문 중 괄호 안에 밝혀 적는다.
27 「일본 밀항 7년 만에 추방당해 돌아와 화제」, 『동아일보』, 1957.8.2.
28 James Olney(ed.), "Autobiography and the Cultural Moment," *Autobiography : Essays Theoretical and Critical*, Princeton University Press, 1980, p.22. 김성연, 「자서전의 시대, 접촉된 자서전 - 1970년대 자서전의 존재에 대하여」, 『현대문학의 연구』 64, 한국문학연구학회, 2018, 112쪽에서 재인용.
29 자서전에서는 고복수 은퇴 공연이 있었던 '1957년 7월 8일부터 일주일 간' 조사를 받았다고 기록한다. 그러나 귀국 후 인터뷰가 8월 2일에 기사화되었고 고복수의 공연이 8월 8일부터 6일간 시공관에서 개최되었으니, 경찰 조사는 8월 초였을 것으로 추정된다.
30 「가요에 담긴 근세백년(16) 타향살이」, 『경향신문』, 1981.5.2.
31 한국전쟁 중 호황을 누렸던 악극이 전후에 급격히 주변화된 것에 대해서는 이화진, 「'노스탤지어'의 흥행사 - 1950년대 '악극(樂劇)'의 전성과 퇴조에 관하여」, 『대중서사연구』 17, 대중서사학회, 2007, 62~67쪽.
32 반공예술인단장 임화수는 폭력배 출신으로, 평화극장과 무궁화악극단을 운영하다가 한국연예주식회사를 창립하면서 연예계의 실세가 되었다. 한국연예주식회사는 무궁화악극단(임화수), 백조가극단(최일), 악극단 호화선(김화랑), 희망가극단(박노홍), 대도회 악극단과 창공악극단(김석민) 등 당시의 악극단들을 통폐합하여 자유가극단과 코리아악극단을 발족했는데, 점차 영화 제작으로 무게 중심을 옮겨 대중문화 전반에 영향력을 행사했다. 1959년에 발족한 반공예술인단은 사실상 3·15선거를 위해 조직되었다고 할 정도로 이승만 정권의 전위대 역할을 했다. 반공예술인단 사무총장이자 한국무대예술협회 운영위원이었던 박호는 식민지 시기 태양악극단에서 활동하다가 해방 후 월남한 인물로, 1948년에 5·10선거 계몽선전대를 조직해 '반공 쇼'를 올린 것을 시작으로

여순 사건 직후 국방부 정훈국 선무공작단 활동, 한국전쟁 중 군예대 활동 등 반공 프로
파간다의 선두에 섰던 인물이었다. 반공예술인단의 부회장을 맡았던 극작가 김석민 또
한 박호와 함께 반공 선전활동을 주도했다. 임화수와 자유당 정권의 관계에 대한 더 자세
한 논의는 서준석, 「1950년대 후반 자유당 정권과 '정치깡패'」(성균관대 석사논문, 2011),
자유당 정권 말기 흥행 장의 폭력적 구조와 연예인의 정치적 동원에 대해서는 이승희,
「흥행 장의 정치경제학과 폭력의 구조, 1945~1961」(『대동문화연구』 74, 성균관대 대
동문화연구원, 2011) 참조.

33 전후 연예인의 반공 선전 동원에 대해서는 김석민, 『한국 연예인 반공운동사』, 예술문
    화진흥위원회, 1989, 73~112쪽 참조.

34 위의 책, 87쪽.

35 「이제는 말할 수 있다 – 폭력 소굴 반공예술인단, 희극배우 김희갑 씨」, 『동아일보』,
    1960.11.20.

36 「영화, 무대예술인들의 결의, 국가재건의 힘찬 대열로」, 『경향신문』, 1961.6.1.

37 「군사혁명축하공연」, 『경향신문』, 1961.6.4.

38 「4·19 기념 대예술전」, 『경향신문』, 1964.4.14.

39 예컨대, 연예계로 복귀한 박호가 기획한 제일소녀가극단의 공연 <춤추는 자유세계>(김
    석민 작)는 "자유우방을 역방하여 그 나라 특유의 노래와 춤을 소개하는" 내용으로, 손
    목인이 이인권과 함께 악단의 음악을 지휘했다. 박호는 또한 '한국자유예술인단'이라는
    단체를 조직해 해외 공연활동을 벌이기도 하는데, 이러한 위문활동은 1970년대에도 간
    간이 이어졌다. 「여성만의 무대, 제일소녀가극단 첫 공연」, 『동아일보』, 1962.2.15; 「연
    예인들의 해외활동」, 『매일경제』, 1966.7.1.

40 이승희, 앞의 글, 451쪽.

41 베트남전쟁 중 냉전 아시아의 연예 네트워크에 대해서는 Yu Jung Lee, "Imperial Entertainers : Korean
    Women Camp Show Entertainers' Transnational Performance under US Hegemony, 1937~1975",
    Ph.D. Dissertation, University of Hawaii at Manoa, 2016, Chapter 3; 심재겸, 「환상적인 김
    시스터즈 – 미군기지와 1960년대 한국 여성 연예인, 그리고 트랜스퍼시픽 연예네트워크
    의 탄생」, 오타 오사무·허은 편, 『동아시아 냉전의 문화』, 소명출판, 2017 참조.

42 손목인의 아들 후랭키 손 역시 1966년부터 국방부와 관계를 맺어 베트남에서 활발하게
    위문 연예활동을 했다. 「연예인들의 해외활동」, 『매일경제』, 1966.7.1; 「한때 전화(戰
    火) 잇게 한 납량 공연」, 『동아일보』, 1966.8.9.

43 신카나리아, 「나의 교유록 – 원로여류가 엮는 회고(152) 카나리아 다방」, 『동아일보』,
    1981.8.12.

참고문헌

『경향신문』, 『동아일보』, 『매일경제』, 『재계』.
손목인, 『못다 부른 타향살이 – 손목인의 인생 찬가』, 도서출판 HotWind, 1992.
_____, 『손목인의 가요인생』, 초이스북, 2013.
_____, 『손목인의 가요인생』(개정판), 초이스북, 2014.

강옥희·이순진·이승희·이영미, 『식민지 시대 대중예술인 사전』, 도서출판 소도, 2006.
권혁태·이정은·조경희 편, 『주권의 야만 – 밀항, 수용소, 재일조선인』, 한울, 2017.
김광열, 『한인의 일본이주사 연구(1910~1940년대)』, 논형, 2010.
김석민, 『한국 연예인 반공운동사』, 예술문화진흥회, 1989.
김성연, 「자서전의 시대, 접촉된 자서전 – 1970년대 자서전의 존재에 대하여」, 『현대문학의 연
　　구』 64, 한국문학연구학회, 2018.
박성서, 『한국전쟁과 대중가요, 기록과 증언』, 책이있는풍경, 2010.
서준석, 「1950년대 후반 자유당 정권과 '정치깡패'」, 성균관대 석사논문, 2011.
심재겸, 「환상적인 김시스터즈 – 미군기지와 1960년대 한국 여성 연예인, 그리고 트랜스퍼시픽
　　연예네트워크의 탄생」, 오타 오사무·허은 편, 『동아시아 냉전의 문화』, 소명출판, 2017.
이승희, 「흥행 장의 정치경제학과 폭력의 구조, 1945~1961」, 『대동문화연구』 74, 성균관대 대동
　　문화연구원, 2011.
이화진, 「'노스텔지어'의 흥행사 – 1950년대 '악극(樂劇)'의 전성과 퇴조에 관하여」, 『대중서사연
　　구』 17, 대중서사학회, 2007.
_____, 「전쟁과 연예 – 전시체제기 경성에서 악극과 어트랙션의 유행」, 『한국학연구』 36, 인하
　　대 한국학연구소, 2015.
전갑생, 「한국전쟁기 오무라수용소(大村收容所)의 재일조선인 강제 추방에 관한 연구」, 『제노사
　　이드연구』 5, 한국제노사이드연구회, 2009.
한상언, 「다큐멘터리 <민족의 절규> 연구」, 『현대영화연구』 22, 한양대 현대영화연구소, 2015.
황문평, 『야화가요 육십년사 – 창가에서 팝송까지』, 전곡사, 1983.
_____, 『인물로 본 연예사 – 삶의 발자국』 2, 도서출판 선, 1998.

Lee, Yu Jung, "Imperial Entertainers : Korean Women Camp Show Entertainers' Transnational
　　Performance under US Hegemony, 1937~1975", Ph.D. Dissertation, University of Hawaii at
　　Manoa, 2016.

월경의 욕망, 상실된 조국

탈북 재일조선인의 귀국사업에 관한 기록과 증언을 중심으로

오태영

1. 재일조선인 귀국사업을 둘러싸고

1959년 12월부터 1984년 8월까지 진행된 재일조선인들의 북한으로의 집단 이동은 '귀국사업'이라고 불린다. 남한에서는 통상 '북송北送'으로 알려졌던 이 대규모의 인구 이동은 1960년에만 49,000명 이상이 참여했고, 전 기간 동안 93,340명이 참여했다. 귀국자들의 고향은 대부분은 한반도 이남이었고, 북한은 한 번도 가본 적이 없는 낯선 땅이었다. 대다수의 사람들은 주거권이 허용되지 않고, 제한된 복지와 교육 및 고용의 기회만이 주어져 있던 일본사회에서의 삶보다는 안정적일 것이라며 북한에서의 새로운 삶에 기대와 희망을 품고 있었다.[1] 재일조선인의 북한으로의 집단 이동에 대해 재일본조선인총연합회(조총련) 측에서

는 동포의 '조국＝지상낙원'을 향한 귀국이라고 선전하였다. 그리고 북한 당국에서는 전후 국가 부흥을 위한 노동력 확보 차원의 인구 유입이 주된 목적이었으며, 재일조선인들의 집단 귀국을 통해 일본과의 국교 정상화 교섭에 활용하고자 하였다. 한편, 일본 정부는 치안의 대상이 되는 구 식민지 출신자들을 국외로 퇴거시켜 식민 지배의 책임으로부터 벗어나고자 하였다.[2]

1958년 여름 조총련 지원 아래 북한으로의 귀국을 요구하는 집단운동이 발생하였고, 같은 해 8월 김일성이 재일조선인들의 사회주의 조국으로의 귀국을 환영한다고 호응하였다. 이에 일본 정부는 적십자국제위원회의 개입과 감시 아래 북한 귀국 희망자들의 귀국을 실현시킨다는 계획을 발표하였다. 남한 정부의 강력한 반발에도 불구하고 1959년 8월 인도 캘커타에서 일본 적십자사와 조선 적십자사국제위원회 간 귀국협정이 조인되었고, 1959년 12월 14일 첫 귀국선이 일본 니가타新潟항을 떠나 북한 청진淸津항으로 향하게 되었다.[3] 이런 점에서 귀국운동은 조총련과 북한 측에서 주도한 것처럼 알려졌지만, 거기에는 북한과 일본 사이의 복잡한 이해 관계가 얽혀 있었다. 북한에서는 재일조선인 사회에 대한 영향력을 강화하고, 그를 통해 일본 내 정치와 사회에 대한 개입을 확대하기 위한 외교정책의 수단으로 귀국사업을 간주하고 있었다. 반면 일본 정부에서는 재일조선인들의 북한 귀국을 오무라수용소 문제, 빈곤한 재일조선인들로 인해 발생하는 사회 문제를 해결할 수 있는 대안으로 생각하고 있었다.[4] 이러한 차이에도 명백한 사실은 일본 정부가 재정상·치안상의 이유[5] 때문에 약 60,000명의 재일조선인들을 추방하기를 원했고, 그들을 집단적으로 추방할 수는 없었기 때문에 자

〈그림 1〉 1959년 12월 14일 니가타항 북송선(『마이니치신문』)

원에 의한 귀국의 형식이 자신들의 이익에 부합한다고 보아 귀국사업
을 강력하게 추진했다는 것이다.

재일조선인 북한 귀국사업의 최초 입안자가 일본 측이었고, 북한과
일본 당국이 자국의 이익을 위해 귀국사업을 진행하고자 한 이해 관계
가 결부되어 그것이 실시되었다고 했을 때, 무엇보다 중요한 것은 결코
귀국사업의 주체가 될 수 없는 대상으로서의 재일조선인의 위치에 있
다. 즉 실제 귀국사업에 참여해 일본에서 북한으로 이동하는 자는 소수
의 일본인을 포함한 재일조선인들이었지만, 그들은 언제나 주체가 아
닌 대상으로 위치 지어질 수밖에 없다는 점에 주목해야 하는 것이다. 북
한으로의 '귀국'이나 일본에서의 '추방' 등 이동의 성격과 방향성은 공
간적 실천 행위의 주체로서 그들의 수행적 과정에 대한 검토의 결과가
아닌 귀국사업을 둘러싼 북한과 일본 사이의 국제정치의 역학, 나아가

패전과 해방 이후 '전후戰後' 일본과 남북한 분단체제의 실정성을 강화하는 제도와 장치들을 통해 이해되어 왔다. 따라서 "북송 문제는 재일한국인을 오로지 체제경쟁에서 우위를 점하기 위한 전취의 수단으로밖에 인식하지 못한 왜곡된 남북의 재일한국인관과 이들을 어떤 식으로든 배제하려 하였던 일본 정부의 의도가 만들어낸 합작품"[6]이라고 단언할 수 있었던 것이다.

하지만 쉽게 짐작할 수 있다시피, 재일조선인의 북한으로의 귀국사업에 관한 문제는 한 마디로 정리할 수 없을 정도로 복잡다기하다. 해서 여기에서 그 전모를 파악하는 것은 불가능하다. 다만, 재일조선인을 둘러싼 다양하고 이질적인 국가와 민족, 사회와 집단의 정치경제적 이해관계와 헤게모니 투쟁의 과정 속에서 귀국사업이 이루어진 것이라는 점을 확인할 수 있다. 기존 연구에서도 이러한 점에 주목하고 있다. 북한이 재일조선인들의 집단 귀국을 추진한 것이 한일 관계를 와해시키기 위한 데서 그치는 것이 아니라, 대일 인민외교에서 우위를 점하기 위한 전략의 일환[7]이었다거나, 재일조선인들의 북한으로의 집단 귀국이 일본사회에서 폭넓은 지지를 받을 수 있었던 것이 일본인들의 안보투쟁을 매개로 한 일본 혁신운동의 연장이자, 북한과 밀접히 연관된 국제적인 연대운동이었다는 점[8] 등을 밝혔다. 또한 경제적 측면에서 재일조선인 귀국사업이 당시 북한이 당면한 경제적 위기를 극복하기 위한 방편이었음을 밝힌 연구[9]를 확인할 수 있다. 이처럼 다양한 접근이 이루어져오고 있지만, 재일조선인 귀국사업과 관련해서는 주로 그 원인을 탐색하는 데 초점이 맞춰져 왔다고 해도 과언이 아니다. 그리고 그것은 대체로 재일조선인 사회의 '내재적 요인론', 북한의 '노동력 부족론',

일본 정부와 일본 적십자사의 역할론, 북한에 의한 '대일인민외교의 정치적 과잉 추진론' 정도로 정리할 수 있다.[10] 그럼에도 재일조선인의 귀국사업이 전 세계적인 냉전 질서가 성립되어가는 가운데 전후 일본사회의 재편 및 한국전쟁 이후 남북한 분단체제의 변동 과정 속에서 이루어진 것이라는 점은 결코 간과할 수 없는 사실이다.

한편, 재일조선인 귀국사업에 관련된 문학적 표상과 기억, 서사에 관한 연구 역시 간헐적으로 이루어지고 있다. 먼저 김형규는 재일본조선인문학예술가동맹의 소설에서 '재일'의 현실을 식민지적 삶의 연장으로 인식하는 재일조선인들이 전쟁의 피해와 남한의 부정성을 부각시키는 것을 통해 조국으로서의 북한에 대한 지향성을 강화하고, 나아가 그것을 귀국운동의 필요성으로 연결시키는 서사 전략을 펼친 바 있다고 논의하였다.[11] 그리고 최종환은 같은 맥락에서 재일본조선인문학예술가동맹의 시인들이 제1차 귀국사업에 조응해 수령이나 공화국에 대한 이야기를 반복적으로 생산했고, 이 과정에서 지상낙원으로서 공화국에 관해 이야기하는 것을 통해 고향에 대한 노스탤지어를 환기하고, 민족적 정체성도 강화했음을 구명하였다.[12] 한편, 이영미와 김종회는 2000년 전후 북한에서 귀국사업을 기억하려는 문화정치적 움직임이 활발하게 전개되었는데, 귀국사업에 참여해 북한으로 귀국한 재일조선인들의 적응 과정을 묘사하면서 문화 통합을 위해 정치적 이데올로기를 배제하기도 하였다고 밝혔다.[13] 그런가 하면, 서세림은 1971년 이후 제2차 귀국사업으로 북한으로 귀국한 재일조선인의 삶을 다루고 있는 이성아의 『가마우지는 왜 바다로 갔을까』에 대한 분석을 통해 귀국사업에 가담한 재일조선인이 체제와 불화하는 양상에 주목해 재일조선인 귀국사업이 국적, 민족, 디아스포라에 대한 비판적 성찰로 이어질 수 있음을 논의하였다.[14] 이상의 연구들은 대체로 귀국사업과 관련된 문화 텍스트의 이데올로기적 효과에 대해 논의하고 있다는 점에서 그 나름의 학문적 성취가 있지만, 이 글에서 주목하고 있는 귀국사업에 참여한 재일조선인의 목소리 그 자체와는 거리가 있는 것이다.

이런 점에서 귀국사업에 참여해 북한으로 이주한 뒤 탈북하여 다시 일본으로 돌아온 소위 '재일탈북자'의 목소리에 주목한 연구가 있어 눈길을 끈다. 먼저 정은이는 재일탈북자의 증언을 중심으로 북한 귀국자의 삶을 통시적으로 분석하는 것을 통해 북한체제를 재조명하였다. 그에 의하면, 귀국자들은 북한 주민들과의 문화적·정치적 갈등 관계 속에서 자신들만의 커뮤니티를 형성하는 한편, 경제적 우월성을 바탕으로 북한 주민과 공존 관계를 형성해 나갔다. 이러한 관계 형성이 가능했던 것은 일본 내 재일조선인 친척의 지속적인 경제적 원조 때문이었는데, 정치적 차별의 대상이었던 재일조선인이 경제력을 바탕으로 신분 상승을 달성하기도 하였다. 귀국자 및 그들의 원조자에 의해 북한은 숙련된 노동력과 선진기술, 자본을 제공받을 수 있었고, 그를 바탕으로 초기 북한 공업화의 기반을 다지기도 하였다. 아울러 귀국자들은 남한 및 일본 문화의 중개자로서 역할을 담당하기도 해 다양한 방면에서 북한사회 구조 변동 과정에 영향을 미쳤다고 할 수 있다.[15] 한편, 김여경은 귀국 1.5세대 재일탈북자 3명 ─ 귀국 전 일본사회를 기억하고, 귀국 후 북한 사회에서 성장하였으며, 탈북하여 다시 일본에서 중년 이후의 생활을 보낸 ─ 의 구술을 통해 '식민지 조선 ─ 일본 ─ 북한 ─ 일본'이라는 이주 과정에 나타난 사회적 부조리에 주목하였다. 그리하여 법적·경제적으로

절망적인 상황 속에 놓여 있었던 재일조선인들이 희망을 품고 북한으로 이주했지만, 일본에서 왔다는 이유로 정치적·사회적 차별의 대상이 되어 이용당하였던 양상에 주목하였다. 그리고 이를 벗어나기 위해 탈북하여 다시 일본으로 돌아왔지만 일본 정부로부터 어떠한 지원도 받을 수 없었으며, 1990년대 중반 이후 북한에 대한 부정적 인식과 이미지의 범람 속에서 북한에서 왔다는 사실을 밝히지 못했을 뿐만 아니라, 일본 내 재일조선인 커뮤니티에도 쉽게 융화되지 못한 상황을 보여주었다. 이를 바탕으로 그는 재일조선인의 모든 이동과 삶이 식민주의와 냉전체제라는 역사의 불합리한 모순으로부터 직접적인 영향을 받고 있으며, 그것이 지속되고 있다고 결론지었다.[16] 재일탈북자의 증언 및 구술에 주목한 이들 연구는 그 자체로 재일조선인 귀국 문제를 새로운 관점에서 접근할 수 있는 가능성을 보여준 것이다. 하지만 증언과 구술이 갖는 발화 수행성의 의미를 파악하기보다는 그러한 증언과 구술을 북한체제 및 냉전적 질서를 재사유하기 위한 도구로 삼은 것이라는 점에서 아쉬움을 갖는다.

이 글은 이상의 연구 성과를 비판적으로 수용하면서, 특히 귀국사업에 참여한 재일조선인의 목소리 그 자체에 주목하고자 한다. 무엇보다 그것은 실제 귀국사업을 통해 북한으로 이동한 주체의 목소리가 배제된다면, 그것이 가지고 있는 의미를 제대로 구명해내기 어렵다고 판단했기 때문이다. 물론 전 세계적인 냉전 질서하 남북한 분단체제와 전후 일본 사회구조 변동 과정 속에서 진행된 귀국사업을 둘러싼 국제 관계의 역학 및 그 속에서 파생한 다양한 정책과 제도를 검토하는 것은 중요하다. 하지만 귀국자로서 재일조선인의 목소리를 거대 담론으로 회수하는 것은 그들의 귀국이라는 행위에 내재된 미세한 욕망의 결들을 단일한 것으로 고착화할 우려가 있다. 또한 개인의 이동이라는 수행적 행위의 의미를 모두 냉전적 질서하 전후 일본 및 남북한 분단체제와 결부시켜 파악하는 것으로 인해 체제의 통치성과 개인의 욕망 사이의 단절과 균열의 지점이 갖는 의미를 간과할 수 있다. 특히 귀국사업에 참여한 개인들을 언제나 대상으로 위치시켜 균질화하는 것을 통해 이동하는 주체로서의 그들의 목소리가 봉인될 우려가 있다. 따라서 귀국사업의 주체로서 재일조선인들의 목소리, 그 자체를 복원할 필요가 있는 것이다.

그런데 귀국사업에 의해 북한으로 이동한 재일조선인의 목소리를 확인하기란 거의 불가능에 가깝다. 쉽게 짐작할 수 있다시피, 귀국사업에 참여해 북한으로 이동한 재일조선인은 다시 일본으로 되돌아올 수 없었기 때문에 그들이 북한으로 건너가는 과정이나, 북한에 정착한 뒤 그곳을 어떻게 인식하고 체험했는지에 대해서는 거의 알려지지 않았다. 물론 함께 북한으로 갔던 일본인 처가 재일조선인 남편과 함께 북한으로 이주하면서 북한사회의 실상에 대해 증언[17]하거나, 그 연장선상에서 2002년 『요미우리신문讀賣新聞』이 북한에서 일본으로 다시 귀국한 일본인 처의 궁핍한 생활상을 보도하면서 일본에서 귀국사업을 재검토하는 서적들이 많이 출간[18]되었고, 그 가운데 일정 부분 북한에서의 귀국자들의 삶이 드러나기도 하였다. 또한 검열을 받기는 했지만 일본에 거주하고 있던 가족들에게 보내는 편지 등을 통해서 일정 부분 그와 관련된 내용이 알려지기도 하였다. 하지만 귀국사업에 참여해 북한으로 이동한 재일조선인이 북한사회를 어떻게 인식하고 감각하였는지 자신의 목소리를 통해 발화하고, 그것이 남한사회에 알려진 것은 거의 전무하다고 해도 과언이 아니다. 이에 따라 이 글에서는 귀국사업에 의해 북한으로 이동한 재일조선인이 그곳을 '탈출'하여 남한으로 이동한 뒤 자신의 행적과 북한에서의 생활을 말하고 있는 김행일金幸一의『악몽 575일』(寶晉齋, 1963)의 목소리를 검토하는 것을 통해 그의 이동의 과정에 나타난 월경의 욕망과 조국 상실의 감각을 파악하고자 한다. 나아가 냉전 질서와 분단체제하 재일조선인의 존재론적 위상을 재검토하고자 한다.

2. 북송 반대 이념 공간으로서의 남한

귀국사업에 참여한 재일조선인의 목소리에 주목한다고 했을 때, 그 목소리가 발화되는 상황과 조건, 발화 공간의 정치적 지형 등을 감안할 필요가 있다. 뒤에 자세히 살펴보겠지만, 이 글에서 주목하고 있는 재일조선인 김행일의 목소리는 1960년대 초 남한사회에서 발화되었다. 개인의 목소리에 주목하는 한 발화 주체의 욕망 못지않게 발화 공간 내 발화의 수행적 효과가 갖는 의미를 고려해야 한다. 이에 따라 재일조선인의 북한 귀국사업이 진행되던 초기 남한사회에서 그에 대해 어떻게 반응하고 있었는지를 살펴볼 필요가 있다. 물론 한 개인의 발화가 전적으로 발화 공간의 내적 질서에 의해 규정되고 의미화되는 것은 아니다. 오히려 개인의 발화가 발화 상황이나 조건으로부터 강한 구속력을 갖고 있는 것처럼 보일지라도, 그 안에서 그러한 상황이나 조건으로부터 이탈하거

나 미끄러지는 양상을 확인할 수 있다. 그리고 바로 그 지점이 발화 수행의 주체로서 개인의 욕망이 드러나는 지점이기도 한 것이다. 그럼에도 재일조선인 귀국사업에 참여한 김행일의 기록과 증언이 1960년대 초 남한 사회에서 이루어지고 있다는 점에서 귀국사업 실시 전후 남한사회의 정치적 지형을 살펴볼 필요가 있다.

1959년 2월 9일 약 11,000명에 달하는 재일조선인을 북한으로 송환하려는 일본 정부의 발표 직후 이승만은 "국제 여론이 지지하든 혹은 반대하든 대한민국은 그러한 불의한 행동이 감행됨을 '가만히 좌시할수 없다'고 선언하"면서 한일협상이 교착 상태에 빠지고 될 것이고, 일본이 태도를 바꾸지 않

〈그림 2〉 이승만 북송 반대선언(『경향신문』, 1959.2.10)

으면 한일 양 국민 간 충돌도 발생할 것이라고 말하였다.[19] 때를 같이해 유태하 주일공사는 후지야마藤山 외상과의 회담에서 일본 측이 재일조선인의 북한 송환을 감행할 경우 송환선의 안전통행 보장 거부 등 보복적 조치에 나설 것이라고 엄중 항의하는 한편, 필요할 경우에는 한국정부가 재일조선인을 받아들일 용의가 있다고 밝히기도 하였다. 또한 재일조선인 귀국 문제는 "한일회담韓·日會談의 재일한국인 법적 신분에 관한 분과위원회에서 취급되어야 한다는 것"을 재차 강조하였다.[20] 1948년 남북한 단독정부 수립과 뒤이은 1950년 한국전쟁의 발발 및 휴전

이후 전후戰後 남한은 반공국가로서 자신의 위상을 재구축해갔다. 이때 재일조선인의 북한 귀국사업이 남한체제에 비해 북한체제의 우월성을 드러내는 것으로 여겨 반대했고, 이에 한일회담을 앞둔 상황 속에서 재일조선인 귀국사업과 한일회담을 연계해 일본을 압박하였다. 이는 이승만 정권하 반공주의를 내세워 북한체제의 정통성을 부인하는 일관된 전략 속에서 이루어진 것이었다. 같은 맥락에서 이승만 정권은 1953년 휴전협정 후 북한 공산주의 독재를 폭로하기 위해 인권 문제를 제기하기도 하였다. 이때 '인권'은 공산주의의 정치적·종교적 자유의 결여 및 물질적 빈곤 등 정치·경제·군사적으로 이루어져 온 북한체제 공고화의 표면적인 성과를 포괄하여 비판할 수 있는 유용한 개념이었다.[21] 재일조선인 귀국사업에 대한 비판 역시 재일조선인의 인권 문제로 연결되었는데, 그것은 반공주의를 국시로 한 이승만 정권에서는 자연스러운 것이었다.

하지만 남한 측의 이와 같은 거센 항의와 외교적 압박에도 재일조선인 귀국사업은 예정대로 진행되었고, 이에 따라 당시 남한사회에서는 재일조선인 귀국사업에 대한 거부와 반대 움직임이 폭증했다. 1959년 2월 13일 정치·사회·문화단체 등을 총망라한 '재일한인 북송 반대 전국위원회' 구성을 발표하였고, 외무부에 모인 자유·민주·통일 3당 대표와 무소속 원내 대표는 "일체의 정치색채를 떠나서 재일교포 북송 반대 투쟁에 대동단결할 것을 만장일치로 결의하"였다.[22] 이와 함께 각계각층에서 일본을 규탄하는 성명을 발표하거나, 유엔을 통한 제재를 요구하기도 하였다. 16일 교포북송반대전국위 발회식이 서울대 문리과대학 강당에서 개최되었고, 이 자리에서 "본회本會는 재일한인在日韓人을 북한에

燎原의불길같은民族의喊聲

〈그림 3〉 북송 반대 국민총궐기 대회(『동아일보』, 1959.2.16)

송환하려는 일본 정부의 불법적이며 비인도적인 조처措處를 반대하는 국
민운동을 전개함으로써 이를 저지함을 목적으로 한다"[23]는 규약을 채택
하였다. 때를 같이해 재일교포 북송 반대데모는 전국 각지에서 일어났
는데, 같은 해 2월 13일과 14일에만 전국 17개 도시에서 약 20만 명이
참가하였고,[24] 북송반대대회는 18일 오후 기준으로 총 29회가 개최되었
으며 연인원 약 215만 명에 달하는 등[25] 대규모 조직적으로 이루어졌다.
여기에서 당시 남한사회에서 전개된 북송 반대 움직임의 전모를 파악하
는 것은 곤란하지만, 그것이 전후 분단체제하 남한체제의 실정성을 강
화하기 위한 일환으로 전국적 규모로 조직되어 대중 동원의 방식으로 일
사불란하게 이루어졌다는 것을 짐작하기란 그리 어려운 일이 아니다.

한편, 신문을 중심으로 한 미디어에서 재일조선인 사회 내부로부터
의 반대 움직임을 소개하기도 하였다. 일본의 재일조선인 북송 발표 직
후 200여 명의 한국인들이 재일본대한민국거류민단(민단) 지도자들의
주도 아래 '한국 거류민'을 '공산북한'으로 송환하려는 일본 측 계획에

〈그림 4〉 1959년 북송 반대 국민대회(『한국일보』, 2015.5.23)

반대해 외무성 앞에서 시위를 하였다[26]거나, 2월 25일 일본 전역에서 10만 명 이상이 참가하는 궐기대회를 개최해 북송은 "대한민국의 주권을 침해하는 것"이자 "공산북한의 노동력을 증가"하는 것이며, 결국 "한일회담을 좌절시"키는 것임을 천명할 예정이라고 기사화하였다.[27] 민단을 중심으로 한 재일조선인들의 북송 반대 움직임에 대한 위와 같은 기사는 쉽게 찾아볼 수 있다. 그리고 기사에 제시된 북송 반대의 근거는 대체로 대한민국의 주권 침해 → 북한 공산주의 이익 증가 → 한일회담 좌절이라는 레토릭으로 수렴되었다. 이와 같은 남한사회에서의 북송 반대 움직임은 1959년 12월 첫 귀국선이 출발한 이후 1965년 한일기본조약이 조인되고 체결되기까지 지속적으로 이루어졌다. 그것은 남북한 분단체제하 체제 경쟁의 과정 및 한일 양국 간 과거사 청산을 둘러싼 국제정치적 역학 구도와 밀접하게 맞물려 진행된 것이었다.

따라서 이러한 상황 속에서 탈북한 재일조선인 김행일이 귀국사업을 통해 북한으로 이동한 뒤 그곳에서 겪은 일을 기록하고 증언했을 때, 그것은 일차적으로 반공 이데올로기를 국시로 내건 남한체제의 실정성을 강화하는 방향으로 받아들여질 가능성이 크다. 특히 귀국사업에 참여한 재일조선인 그 자신의 입장이나 관점이라는 점에서 '폭로'의 객관성을 갖는 것으로 여겨질 수 있었다. 하지만 앞서 언급했다시피, 개인의 발화가 발화 공간의 정치적 조건들에 전적으로 구속되는 것은 아니다. 뒤에 살펴보겠지만, 이 글에서 주목하고 있는 김행일의 목소리에는 북한체제에 비해 남한체제의 우월성을 현창하는, 그리하여 반공 이데올로기를 강화하는 발화의 수행적 효과가 그다지 크지 않다. 또한 이 글에서 주목하는 것은 그러한 재일조선인의 기록과 증언이 어떻게 1960년대 초 남한체제의 실정성을 강화하는 방향으로 수렴되어가고 있었는가에 있지 않다. 이 글에서는 귀국사업의 주체로서 북한으로 이동했다 남한사회로 월경한 재일조선인 김행일의 욕망과 감각에 대해 살펴보고자 하는 것이다.

물론 귀국사업에 참여한 재일조선인들의 목소리가 모두 김행일의 그것과 대동소이하다고 단정할 수는 없다. 귀국사업에 참여하여 북한으로 이동한 재일조선인들의 선택의 이유가 다양하듯, 거기에는 체제의 실정성을 강화하거나 해체하는 이분법적 관점으로는 포착되지 않는 다채로운 목소리들이 담겨 있을 것이다. 다만, 여기에서는 북송 반대의 이

넘 공간으로서 남한사회에서의 재일조선인들의 발화가 너무나 자연스럽게 그러한 이념 공간 속으로 회수되는 것을 경계하고자 할 따름이다. 그럼에도 당시 냉전 질서와 분단체제가 강고화되어가는 가운데 귀국사업을 둘러싸고 남한사회에서 북한체제의 폭압성을 규탄하는 움직임이 반공국가로서 남한의 위상 재구축의 핵심적 동력으로 작동하고 있었다는 점을 간과할 수 없다. 그리고 그때 소위 북한의 실상을 증언하고 폭로하는 재일조선인의 발화가 이데올로기적 효과를 발휘하고 있었음은 간과할 수 없는 사실이었다. 이런 점에서 귀국사업에 직접 가담한 재일조선인은 아니지만, 귀국사업 추진에 참여했을 뿐만 아니라 북한으로 이동하여 그곳을 시찰한 조총련 간부의 증언과 기록, 그리고 그를 통해 전달된 귀국자들의 편지 등은 북송 반대 이념 공간으로서 남한에서 자연스럽게 이데올로기적 도구로 활용될 수 있었다.

1960년 8월 13일 '8·15 해방 15주년 경축 방조訪朝 일조협회사절단' 24명이 홍콩과 베이징을 경유하여 북한 전용기로 평양에 도착하였는데, 그 가운데에는 세키 기세이關貴星가 있었다. 그는 1951년 11월 세키 간이치로關貫一郎의 양자로 들어간 재일조선인 오귀성吳貴星이었는데, 1958년 2월 이후 일조협회 오카야마岡山현 지부 부지부장, 조총련 중앙본부 재정위원, 일중우호협회 및 일소협회 오카야마현 지부 이사를 역임한 자였다. 일조협회는 재일조선인과 일본인 유력자들로 구성되었는데, 북한과 일본 사이의 우호 관계를 진작시키기 위한 단체로 출범했다가 소련 및 중공으로부터의 귀국자들이 가담한 이래 공산주의 단체로 일신하였다. 이 단체에서 중책을 맡고 있던 오귀성은 재일조선인으로서는 유일하게 사절단 일원으로 북한을 방문하였는데, 그는 조선인귀국협력회 오카야마현 지부 간사로서 재일조선인의 북한 귀국을 적극적으로 권장해 오던 터라 평양 방문을 통해 귀국자의 실상을 파악하고자 하였다.

그런데 해방 15주년 경축식이 끝난 뒤 북한 당국의 일정에 따라 황해, 원산, 청진 등을 순회하면서 그곳을 시찰했던 그는 혼란과 오뇌, 자기혐오에 빠지게 된다. 일조협회사절단은 숙소인 호텔에 구금되다시피 했고, 재일조선인 귀국자들과의 접촉은 전면 통제되었다. 그리고 당국이 마련한 귀국자들과의 간담회에서도 당원이 배석해서 감시하였고, 사상 검증을 거쳐 선별된 귀국자들로부터 현재의 생활에 만족하고 국가를 위해 일할 수 있어 영광이라는 말만 반복적으로 들을 수밖에 없었다. 이를 통해 오귀성은 개인의 자유가 박탈되고, 통제 경제로 인해 물자가 부족하여 극빈한 삶을 살고 있을 뿐만 아니라, 정치적 숙청이 자행되고 있는 현실을 목도하면서 기존에 자신이 가지고 있었던 북한에 대한 신념과 사상의 동요를 겪게 된다. 그리하여 일본으로 돌아온 뒤 15년 동안 조국 북한에 대해 가지고 있었던 이상이 상실된 데 고통을 느끼는 한편, 조총련 간부들을 만나 북한의 참상을 설명하였다. 하지만 그들은 획일적이고 고루한 관념을 탐닉할 뿐 정치적 편향과 독선적 태도를 견지한 채 재일조선인들을 대상으로 귀국사업을 선전하기에 여념이 없었다. 이에 오귀성은 귀국자들을 대상으로 한 귀국학습회에서 지상의 낙원으로 돌아간다는 생각을 버려야 한다고 역설하였고, 그로 인해 재일조선인 사회에서 '스파이'로 낙인찍히게 되었다. 더구나 자신의 영향으로 사상교육을 받은 딸로부터 아버지는 큰 과오를 범했다는 비난까지 받기에 이르렀던 것이다.

이러한 그가 자신의 북한 방문기 『낙원의 꿈은 깨어지고樂園の夢破れて』(1962)

를 출간하여 북한의 실상을 증언하는 한편, 북한체제 및 조총련에 대해 비난하였는데, 이 책은 곧바로 번역되어 남한에 소개되었다.[28] 귀국사업을 둘러싸고 북한과 조총련의 기만과 허위를 폭로하고 있는 이 책은 당시 재일교포 북송 반대의 거국적 움직임을 보였던 남한사회의 이념 공간에서는 전 조총련 간부의 증언으로서 강력한 이데올로기적 효과를 발휘할 수 있었다. 뿐만 아니라 북한 공산주의체제에 대한 비난이 자연스럽게 박정희 군사쿠데타의 현창으로 이어지고 있어[29] 당시 남한의 언론출판계에서 앞다퉈 소개하고 있었던 것이다.

〈그림 5〉『낙원의 꿈은 깨어지고』표지

나는 다만 북송교포(北送僑胞)의 안부와 행복을 비는 한가닥 정의감에서 재일교포에게 조국의 몸서리치는 독재정치의 진실과 잔혹·비인간적인 사회체제를 폭로했다. (…중략…) 불행하게도 내가본 북조선귀국자들의 실정은, 과거 일본제국주의의 쇠말굽아래 있을때보다 더욱 심한바가 있다.

그러나 북조선괴뢰와 그 매족적재일괴뢰기관(賣族的在日傀儡機關)인 조총련(朝總聯)은 아직도 북조선 공산주의를 '낙원(樂園)'이라고 속여 재일교포의 순수한 조국애, 망향감정에 편승하여 당원획득에 광분하고 재일교포의 완전장악을 노리고 있다.

기만 북조선의 실태, 허위 조총련의 실정을 이 책에 다 폭로하는것은 내 무딘 붓으로는 도저히 할 수 없으나 나는 나의 후반생을 걸고 이 기만과 허위를 계속 폭로할 것이다.[30]

〈그림 6〉『악몽 575일』표지

이처럼 반공주의 이념에 기초해 재일조선인 북송 반대의 담론과 실천이 수행되고 있던 때 귀국사업에 참여해 북한으로 이동한 재일조선인 김행일이 그곳을 '탈출'하여 남한으로 넘어왔고, 자신이 보고 듣고 느낀 바를 기록하고 증언한 『악몽 575일』을 출간했던 것이다. 따라서 이 책 역시 오귀성의 책과 마찬가지로 북한과 조총련의 기만과 허위를 폭로하는 것을 통해 사회주의 국가, 공산주의체제에 대한 비판과 함께 '자유민주주의 국가'로서의 남한체제의 우월성을 드높이는 것으로 읽힐 수 있다. 하지만 이 책은 분단체제하 남북한체제 경쟁의 이념적 도구로서가 아닌 실제 귀국사업에 참여한 재일조선인이 자신의 체험에 기초해 그 실상을 기록하고 증언하는 한편, 재일조선인으로서 지니고 있었던 조국 관념이 어떻게 이동의 과정 속에서 상실되어가고 있었던가를 확인할 수 있게 한다는 점에서 차이를 갖는다.

1961년 6월 9일 나는 강제된 희망에 의해서, 그러나 스스로도 하루의 꿈을 안고 울렁이는 가슴을 부여안은 채 제62차 귀국선에 몸을 실었다.

조국은 보증(保證)한다! 누구나 학교에 갈 수 있다. 직업선택과 거주권의 자유가 있다. 귀에 못이 박히도록 들어온 그 '인민의 낙원'의 첫 인상은 과연 어떤 모습이었는가? 북국(北國)의 끝쪽 함경북도 웅기군 웅기읍에 배치되어 내 일생의 희망이었고 청운의 뜻이었던 취학의 꿈은 도착하자마자 우선 무참하게 무너지고 웅기종합기계공장이라는 소위 학교에 다니게 된 것이었다.

인민의 낙원이라는 그 곳에서는 매일 12시간의 돌격노동(突擊勞動)이 실시되고 영양부족에 허덕이는 노동자들은 하루 1000리를 달린다는 천리마에 태워져 일하고 그 월수는 겨우 34원 96전, 암매(暗賣)의 쌀 7승분(15일분)에 불과했다.

(…중략…)

실로 100번 듣느니 한 번 보느니만 못하다! 이것이 내가 본 소위 인민의 낙원이라는 조국의 북쪽 붉은 지옥이었다.

나는 드디어 1962년 12월 25일 2000리길의 창살 없는 지옥을 탈출해 온 것이다.

엎드려 비노니 다시는 이러한 비극이 연출되지 않도록 세상 사람들에게 부탁할 뿐이다.[31]

이 책의 서문에서 김행일은 자신은 정치와 인연이 없는 사람으로 공산주의나 민주주의 등 정치사상에는 전혀 문외한이라고 말하면서 그저 젊은 청년의 눈에 비친 북한의 실상을 어떠한 거짓이나 과장 없이 기록하려 한다고 밝히고 있다. 지금까지 북한을 시찰한 기행문, 감상문 등이 있었지만 그것들은 대부분 북한 당국에 의해 제시된 것들만을 보고 기록한 것으로 진상과는 거리가 먼 것이라면서 자신이 귀국사업으로 북한에 가 보고 듣고 겪은 바를 가감 없이 증언하겠다고 밝히고 있는 것이다. 그런 점에서 이 책의 집필 의도는 명확하다. '인민의 낙원'으로 알려진 북한이 기실 '붉은 지옥'에 불과할 뿐이라는 점을 밝히는 한편, 다시는 그러한 말에 속아 북한행 귀국선에 재일조선인이 오르는 비극이 되풀이되지 않기를 바라고 있는 것이다. 물론 이 텍스트를 둘러싼 콘텍스트, 좀 더 정확히 말하자면, 북한을 탈출하여 남한으로 월경한 자의 발화가 수행되고 있는 남한사회의 발화 공간을 고려했을 때, 이 책의 기록과 증언이 정치체의 지배 이데올로기로부터 자유로운 것은 아니다. 앞서 살펴봤던 것처럼, 당시 분단체제하 남북한의 대립 구도 속에서 '반일'과 '반공'이 결합된 형태의 북송 반대 데모가 전국 각지에서 일어났을 정도로 북한을 이롭게 한다며 귀국사업에 대한 비판이 거셌다. 따라서 이와 같은 기록과 증언이 가능한 것 또한 기실 반공국가로서의 남한사회를 추동했던 정치체의 통치 질서와 무관한 것은 아니었을 것이다. 하지만 이 책에서는 귀국사업에 의해 북한으로 이동하였다가 그곳을 벗어나 삼팔선을 월경해 남한사회로 진입한 재일조선인의 이동의 과정 및 그러한 과정 속에서의 조국 상실의 감각이 잘 기록되어 있다. 이 글에서는 그의 기록을 따라 읽는 것을 통해 전후 일본사회와 분단체제하 남북한사회에서 끊임없이 유동적이고 불안한 존재로서 살아갔던 재일조선인의 위치를 확인하고자 한다.

3. 전도된 조국과 이국, 그 사이에서

일본에서 나고 자란 재일조선인 김행일은 대학 진학에의 꿈을 가지고 있었지만 그것은 결코 쉽게 달성될 수 있는 것이 아니었다. 짐작컨대

해방 이후 재일조선인들의 민족교육을 위해 설립된 '조선학교'에 다녔던 것으로 보이는 그는 일본 대학에 진학할 수 없었을 것이다. 왜냐하면 조총련에서 설립·운영하고 있는 조선학교는 일본 학교교육법에서 규정한 '학교'로 인정되지 않았기 때문이었다.[32] 따라서 초중고급 조선학교를 졸업했다고 하더라도 대학을 진학을 위한 교과 과정 이수가 인정되지 않았고, 그로 인해 그는 대학 진학의 자격을 갖지 못하게 되었을 것이다. 재일조선인들의 교육기관으로서 조선학교(1956년 설립된 조선대까지 포함)는 '각종학교'로 분류되었고, 이로 인해 대학 진학 및 취업 등에서 불이익을 당하고 있었다. 결국 재일조선인이 일본 대학에 입학하고, 졸업 뒤 취업하기 위해서는 일본인으로 '귀화'해야만 했던 것이다. 따라서 대학 진학에의 열망을 강하게 가지고 있었던 김행일이었지만, 재일조선인이라는 이유 그 자체만으로 그는 대학 진학을 포기할 수밖에 없었던 상황이었다.

이처럼 전후 일본사회에서 차별과 배제의 대상이었던 김행일은 대학에 갈 수 있다는 아버지의 말을 믿고, 그의 권유에 따라 귀국사업에 참여하게 된다. 물론 그는 귀국사업에 참여하기 전 조총련 오카자키岡崎 지부 청년단 간부가 귀국사업에 자신을 끌어들이려고 하자 반감을 가지고 있기도 하였다. 그것은 한국전쟁의 참상을 목도한 뒤 북한에 대한 거부감 때문이었다. 하지만 조국으로 돌아가라는 아버지의 회유와 함께 대학에 진학할 수 있다는 말을 신뢰하여 귀국사업에 참여해 북한행을 결심하기에 이른다. 여기에서 전후 일본사회에서 차별과 배제를 당하고 있었던 재일조선인 청년이 자신의 제한적·폐쇄적 위상을 극복하는 한편, 새로운 자기를 구축하기 위해 북한행을 선택했다는 것을 확인할 수 있다. 조국인 북한에서는 더 이상 차별과 배제를 당하지 않을 수 있다는 생각, '재일조선인'으로서가 아니라 '조선인'으로서 존재할 수 있다는 인식이 거기에 내재되어 있었던 것이다.

이는 가치 있는 삶(비오스bios)을 살고 있다는 것을 통해 자신의 존재를 증명하고자 했던 재일조선인이 그러한 존재 증명의 기회를 박탈당했을 뿐만 아니라, 그에 앞서 살아 있는 생명 그 자체(조에zoe)로서의 존재마저 부정당하고 있는 상황을 벗어나고자 하는 욕망을 여실히 드러내는 것이다. 또한 그것은 존재 그 자체로 인정받을 수 있는 곳으로서 북한을 상정한 있었던 것인데, 거기에는 인간 존재의 시원을 조국에 두는 관념이 작동하고 있다. 장소에 대한 애착과 그러한 장소와 깊은 유대 관계를 형성하는 것은 인간의 중요한 욕구인데, 그것은 한 개인이 공동체에 참여하는 과정 속에서 자연스럽게 발생한다. 한 장소에 뿌리 내린다는 것은 사물의 질서 속에서 자신의 입장을 확고하게 파악하는 것이며, 특정한 어딘가에 의미 있는 정신적이고 심리적인 애착을 가지는 것이다.[33] 재일조선인 김행일이 사회화 과정 속에서 입사入社한 재일조선인 공동체 속에서 형성된 조국에 대한 관념과 인식은 대체로 이와 같은 장소에 대한 인간의 관심과 애착을 닮아 있다. 『악몽 575일』에 명시적으로 드러난 것은 아니지만, 부모 세대로부터 이어져오던 재일조선인으로서의 조국에 대한 동경이 전후 일본사회에서의 억압과 차별에 의해 강화되었던 것이라고 할 수 있다. 즉 상상된 조국과의 자기 동일시를 통해 억압과 차별을 극복할 수 있다고 판단했던 것이다. 하지만 그가 조국인 북한에서는 상실된 자신의 욕망이 달성될 것이라고 여기고 있었지만, 귀국사업에 의해 북한으로 이동하면서 그러한 상상된 조국은 파탄을 맞이하게 된다. 이러한 점을 그의 귀국 과정을 통해 확인할 수 있다.

"북한으로 돌아가거라. 조국으로 돌아가야지!"[34]라고 말한 아버지의 권유와 "아무런 걱정 없이 학교로 갈 수 있"[35]다는 한 마디 말에 사로잡힌 김행일은 1961년 4월 20일 조총련 오카자키 지부 산하의 귀국자 청년 학교에 입소한다. 그곳에서 그는 40일 동안 생활하면서 한국어와 역사를 공부하고, 북한 관련 내용을 비롯해 노래 등을 배운다. 조총련 간부들에 의해 조국 북한에는 실업자가 없고, 빈부의 차이가 없을 뿐만 아니라, 국가의 모든 제도는 국민 한 사람 한 사람이 최대의 행복을 누릴 수 있도록 완비되어 있다고 교육받는다. 그러한 선전 속에서 김행일은 다시 한 번 대학에 진학할 수 있는가를 묻고, 확답을 얻으면서 "이로써 내 일생의 염원이 조국에 돌아가서 이루어진다. 역시 조국만이 우리의 모국母國이 다"[36]라고 생각하기에 이른다. 북한으로 이동하는 것에 대해 일정 부분 불안감을 가지고 있던 그였지만, 자신의 욕망이 달성될 수 있을 것이라는 기대감 속에서 그러한 불안감을 불식시키고 있었던 것이다.

제62차 귀국선에 오르기 위해 김행일은 1961년 6월 5일 오카자키시 출신 40명과 함께 가족, 친구들의 환송을 받으며 오카자키역을 출발한다. 같은 날 나고야名古屋역에 도착하여 아이치愛知현 출신 귀국자 400명과 함께 귀국자 열차에 탑승한 그는 8일 니가타역에 내린 뒤 버스로 귀국자 센터로 이동한다. 그곳에서 일용품 및 선사품 등을 구입하는 한편, 조총련 간부들의 배려 속에서 북한행에 대한 믿음을 강화해간다. 다음 날 6월 9일 귀국선 '크리리온', '도로르스크' 두 척에 나뉘어 승선한 500여 명의 귀국자들은 니가타항을 출항하여 현해탄을 건너 북한으로 향한다. 김행일은 귀국선에 올라 북한으로 향하면서 자신에게도 조국이 있었음을 자각하는 한편, 일본에서 재일조선인으로서 겪었던 모욕을 더 이상 받지 않아도 된다며 기대와 희망을 드러내기도 하였다.

나에게도 조국은 있었던 것이다. 일본에서 한국놈이라고 불리우면서 모욕된 일도 있었지만, 그것이 다 이젠 옛날 얘기가 되는 거다. 여기서는 누구하나 모욕할 사람이 없는 것이다. 모두 평등하게 모두 진실하게, 뻐기는 자도 없다. 국민은 정부를, 시정자(施政者)를 추호도 의심없이 신뢰하고 있고, 국민을 위해서는 말석(末席)의 정부 요인들 모두가 평등하게 살아갈 수 있는 낙원! 이것이 내 조국이었던 것이다. 세금도 없다. 의무교육제여서 한푼 없이도 대학까지 갈 수 있다. 자 공부다, 필사적인 각오를 하는 거다.[37]

하지만 북한에 도착한 뒤 김행일은 그곳의 실상을 보면서 조국에 대한 자신의 기대와 희망이 헛된 것이었다는 점을 깨닫게 된다. 6월 12일 청진항에 도착하여 1,000명이 넘는 환영인파와 이전 귀국사업을 통해 북한으로 이주한 귀국자들과 해우했던 900여 명의 제62차 귀국자들은 감격스러워한다. 하지만 이후 버스에 나뉘어 귀국자 청진초대소清津招待所에 도착하여 방 배정을 받은 김행일은 척박한 환경과 열악한 시설 등 상상했던 것과 다른 북한의 실상에 아연실색한다. 그리하여 "오랫동안 열망해 오던 나의 조국이었다. 조국임에는 틀림 없었다. 그러나 이곳은 조국 아닌 이국異國이었다"[38]라고 토로한다. 북한 청진항에 도착한 직후 조국 관념에 균열이 발생하고 있는 것인데, 일본에서 북한으로의 이동을 통해 상상된 조국을 확인하는 한편, 새로운 자기를 구축하고자 했던 그는 조국 상실을 맛보지 않을 수 없었던 것이다. 이후 제62차 귀국자 환영대회에 참석하거나, 귀국자에 대한 심사원 조사 면담을 거치면서 북한에서 재일조선인들의 귀국사업을 추진한 것이 생산수단으로서의 노동력이 필요했기 때문이었고, 일본의 조총련 지부에서는 할당된 책임 숫자를 채우기 위해 재일조선인들을 감언이설로 속여 북한으로 보냈다는 사실을 알게 된다. 무엇보다 열망했던 대학 진학이 불가능하고 당국에 의해 노동현장에 배치될 것이라는 통보를 받으면서 그는 자신을 창살 없는 감옥에 갇힌 전쟁포로와 같은 신세라고 한탄한다. 그러면서 200여 년 전 노예선에 실린 아프리카 흑인들의 처지와 자신이 다르지 않다고 개탄하기에 이른다.

이처럼 재일조선인으로서 전후 일본사회에서 억압과 차별의 대상이 되었던 그가 조국 북한으로의 이동의 과정을 수행하는 것을 통해 그러한 차별적 위치를 벗어나 달성 불가능한 자신의 욕망을 펼쳐 보일 수 있을 것이라는 기대를 가지고 있었지만, 그것은 월경 직후 북한에 도착하자마자 파탄나게 된다. 그래서 억압과 차별의 공간인 일본을 떠올리면서 오히려 떠나기 전 일본이 낙원이었고, 희망의 땅이었다고 회상한다. 여기에서 공간 인식에 대한 전도가 발생한다. 재일조선인에게 일본과 북한은 이국/조국, 상징적 세계/상상적 세계, 억압과 차별의 공간/자유와 평등의 공간 등 이분법적 공간 위계화 속에서 인식되어 왔을 뿐만 아니라, 그러한 공간 인식이 조국으로서의 북한에 대한 동경과 열망을 강화해 오고 있었다. 그런데 귀국사업에 의해 일본을 떠나 북한에 도착한 뒤 그러한 이분법적 공간 위계화는 역전되었던 것이다. 상상된 공간은 실재the real의 공간으로 뒤바뀌고, 그 실재의 공간이 자신을 억압하고 통제했던 상징적 질서 속의 일본사회와 다르지 않다는 것, 아니 보다 강력하게 자신을 억압하거나 통제할 수 있다는 생각 속에서 불안감을 가지고 있었던 재일조선인은 조국 관념을 상실하게 되어버렸던 것이다.

이후 6월 22일 노동현장으로 귀국자들을 배치하는 청진역 출발 북행 열차에 오르면서 "이국땅에서 홀로된 슬픔"[39]을 느낀 그는 공포 속에서 미지의 세계로 끌려들어가는 기분에 빠져든다. 그리하여 그는 회령會寧, 남양南陽, 아오지阿吾地 등을 거쳐 국경지대인 웅기雄基역에서 내린 뒤 안내원에게 인도되어 웅기종합기계공장에 배치된다. 그곳에서 그는 일본에서의 생활에 대해 말하거나 일본에서 가져온 물건을 사용하는 것을 금지당하는 동시에 이와 모기가 들끓는 비좁은 공장 합숙소의 척박한 환경에 다시 한번 낙담하는 한편, 호밀빵과 국 한 그릇이 식사로 제공되는 현실에 당황스러워한다. 같은 지역 출신 귀국자들을 모두 목장으로 보내줘 함께 생활할 수 있을 것으로 기대했지만, 정작 북행 열차가 정차하는 역마다 귀국자들은 강제적으로 노동현장으로 흩어졌고, 그와 몇몇 귀국자만이 국경지대인 웅기 지역에 배치되었던 것이다. 청진에서 웅기까지 이동하면서 다시금 그는 조국 상실의 비탄에 빠지지 않을 수 없었고, 그로 인해 "이것은 조국이 아니라 이국이었다. 이름만의 조국보다는 학대를 받아도 관계없는 일본이 훨씬 낫다고 느"[40]끼기에 이르렀던 것이다.

이국 일본에서 조국(이라고 상상된) 북한으로의 이동은 앞서 언급한 것처럼 단순히 지리적 이동만을 의미하지 않는다. 전후 일본사회에서 살아가고 있었던 재일조선인이 자신의 생활공간을 떠나 분단체제하 북한으로의 월경하는 것은 삶의 조건들을 송두리째 뒤흔드는 사건이라고 할 수 있다. 그리고 그러한 월경의 과정이 사건으로서 의미를 갖기 위해서는 월경 이전 일본사회에서의 재일조선인으로서 받았던 억압과 차별의 상태로부터 벗어나 같은 민족으로서 자유와 평등의 상태로 전환되어야 했다. 하지만 김행일의 『악몽 575일』에 나타난 재일조선인 청년의 월경의 기록은 조국이 또 다른 이국이 되고 있음을 여실히 보여줄 뿐이었다. 이동의 과정을 수행하면 할수록 그는 억압과 통제의 세계 속 존재로 고착화되고, 그리하여 그는 이방인과 같은 존재가 되어 상실감을 느꼈던 것이다. 요컨대 전후 일본사회라는 상징적 질서 속에서 구축된 공간 질서로부터 배제되었던 재일조선인이 고국이라는 상상된 공간 속에서 자신의 소외 상태를 극복할 수 있을 것이라고 판단했지만, 상상된 조국과 실재로서의 조국 사이의 괴리 속에서 다시금 배제되고 있었던 것이다. 그리하여 조국은 이국이 되고, 상상된 조국은 파탄났으며, 조국 상실의 고통을 느끼게 되었던 것이다.

4. 기록과 증언으로서의 발화의 수행성

김행일의 『악몽 575일』은 귀국사업에 참여한 재일조선인으로서 글쓴이가 일본을 떠나 북한으로 귀국한 뒤 다시 그곳을 탈출하여 삼팔선을 월경해 남한으로 이동한 과정을 서술하고 있다. 그런데 다른 한편으로는 북한의 웅기 지역 공장에서 일하면서 체험한 북한의 실상에 대해 기록하고 증언하고 있기도 하다. 그리고 그것은 저자 스스로 이 책의 머

리말에서 밝히고 있다시피, 재일조선인들이 북한이나 조총련의 감언이설에 속아 북한으로 귀국하는 것을 저지하기 위한 목적 아래 쓰어진 것들이다. 조총련 지부 간부들에 의해 알려진 북한과 자신이 직접 보고 겪은 북한이 다르다는 것을 명확히 하는 것을 통해 자신과 같은 희생자가 발생하지 않기를 원하는 바람을 드러내고 있는 것이다. 김행일이 판단하기에 재일조선인들이 북한으로 귀국하는 데 있어 북한에 관한 거짓 선동이 결정적인 역할을 해 그것을 바로잡으면 재일조선인들의 자발적 이동을 차단할 수 있다고 보았던 것이다. 무엇보다 이는 전후 일본사회의 재일조선인들에게 북한의 실상이 제대로 알려지지 않았기 때문이었다. 조총련 측과 민단 측에서 각각 북한에 대해 '낙원'과 '지옥'으로 경쟁적으로 선전하고 있는 상황 속에서 재일조선인들이 귀국을 결심하기 위해서는 객관적인 정보가 필요했고, 그래서 남북한의 이해 관계와 거리가 있다고 여겨졌던 일본 측의 자료를 객관적인 정보로 받아들이는 실정이었다. 이와 관련해서 김행일은 자신 역시 접했던 데라오 고로寺屋五郞의 『38도선의 북쪽38度線の北』[41]을 예로 들면서, 북한에서 안내하는 곳만 보거나 북한당국이 선전 자료로써 건네준 것만을 소재로 책을 쓴 것에 지나지 않는다며 '눈 뜬 장님'이라고 비난한다. 일본인에 의한 북한에 관한 정보 역시 왜곡되어 있다고 주장하는 김행일은 자신의 체험에 기반한 사실을 객관적으로 기술하는 글쓰기 행위를 통해 북한의 실상에 대해 기록하고 증언하고자 한 것이다.

그가 국경지대인 웅기 지역의 공장에 배치되어 합숙소에 기거하면서 노동자로 일했다는 점에서 『악몽 575일』에는 북한 노동 환경 및 노동자의 실상에 관한 기록이 즐비하다. 1961년 7월 1일부터 웅기종합기계

〈그림 7〉 『악몽 575일』 내 노동 관련 사진들

공장 자동차부 수리공장에 배속되어 일했던 그는 웅기 지역 최대의 공장이 일본 시골 자동차 수리점 정도의 공구나 부속품 등을 구비했을 뿐 공장의 설비가 완비되어 있지 않은 데 놀란다. 이후 1962년 3월 1일부터 농기구수리공장에 재배치되었지만 상황은 달라지지 않았고, 열악한 작업 환경 속에서 육체 하나만 믿고 일할 수밖에 없었다. 한편, 북한에서 천리마운동이 전개되면서 증산운동으로 인해 휴일도 없이 하루 12시간씩 고강도의 노동이 이어지는데, 이를 통해 귀국 전 일본에서 들었던 8시간 노동제, 시간 외 근무 수당은 모두 거짓이었고, 북한의 자본주의 국가의 노동력 착취에 대한 비판은 사기에 지나지 않는다고 일갈하였다. 뿐만 아니라 각 작업장마다 노동적위대를 편성해 월 1회 사격훈련을 실시하고, 주 2회 집총훈련을 실시할 뿐만 아니라, 휴일에는 반공호를 파는 데 동원되는 등 노동과 무관한 군사활동을 강제적으로 할 수밖에 없었고, 휴일에도 편히 쉴 수 없는 상황이었음을 전달하고 있다.

한편, 임금은 최소한의 생계도 유지하기 어려운 열악한 수준이었고, 배급되는 식량 역시 턱없이 부족했다. 해서 그는 일본에서 가져온 물품들을 밀거래하는 것을 통해 생계를 유지해 나갈 수밖에 없었다. 이와 관련해서 김행일은 북한당국이 노동자·농민들에게 배급을 제한하는 것이 배고픈 상태를 유지하여 오로지 먹고사는 문제에만 전념해 당의 명령에 따를 뿐 어떠한 희망도 갖지 못하게 하는 술책이었다고 비판하기도 하였다. 영양 부족이 만연하고, 환자가 속출에도 소위 정신교육이라는 미명하에 질타만 이어졌을 뿐 병원 치료를 받을 수 없었고, 그나마 병원에 가서도 의사의 처방에 따라 치료를 받을 수 있는 의료 체계나 의약품이 갖추어 있지 않았다. 인간으로서의 기본적인 권리를 행사하는 것은 고사하고 생존의 끝자락에 몰린 노동자와 주민들의 참상을 목도하면서 그는 "노동자의 나라라는 데서 그 주인인 노동자의 생활이 이렇게 비참하다는 것은 꿈에도 상상할 수 없는 노릇이었다"[42]고 개탄하기에 이른다. 그리고 그것은 자연스럽게 일본에서의 삶을 떠올리면서 동경하는 시선으로 옮겨가기도 하였다.

북한 웅기 지역 공장에서 노동자로 일하면서 그가 겪은 노동력 착취와 열악한 노동 환경, 생존을 위해 분투하는 주민들에 대한 기록들에서 주목되는 것은 그것이 북한 현실의 객관적 기록에 있다기보다는 그가 북한을 '낙원'이 아닌 '지옥'으로 인식하게 하는 장치들로서 기능하고 있다는 점에 있다. 북한으로 이동 전 조국인 북한이야말로 자신의 좌절된 욕망을 달성할 수 있는 '낙원'이라고 여겼던 그가 실제 북한에서의 생활을 통해 그곳을 '지옥'과도 같은 곳으로 인식한 것은 조국 상실에의 감각이 장소 공포topophobia로 이어지고 있음을 증거하는 것이기도 하다. 장소애topophilia가 고향, 기억의 장소, 삶의 터전에 대한 인간의 장소 감각을 드러낸다는 점[43]에서 장소 공포는 고향의 상실, 기억의 망각, 삶의 터전의 파괴 등과 밀접히 관련되어 있다고 할 수 있다. 따라서 그가 웅기 지역을 중심으로 한 북한의 실상에 대해 기록하면서 끊임없이 일본과 비교하였던 것 역시 북한의 척박하고 열악한 실태를 고발하는 데서 그치는 것이 아니라 일본에 비해 미개하고 야만적인 영토로서 북한을 인식하고 있었기 때문이었던 것이다. 그리고 그러한 야만의 영토로서의 북한에 대한 인식의 기저에는 장소 공포의 감각이 내재되어 있었다.

이러한 장소 공포의 감각은 웅기 지역에 그를 '감금'하고 그의 생활을 '통제'한 당에 대한 비판의 시선으로 자연스럽게 연결된다. 그런 점에서 이 책에서는 북한의 공산주의체제, 그리고 북한 당국, 좁게는 당원들에 대한 비판적 시선이 곳곳에서 드러난다. 그래서 공장에서 일하면서 당 위원장, 직업동맹 위원장, 직장장 등에 의한 비인간적 감시와 처벌이 반복되었고, 당의 명령을 앞세워 국가 재건을 위해 인간을 한낱 노동수단으로 취급하는 양상이 매우 구체적으로 서술되어 있다. 또한 100%의 투표와 100%의 찬성을 강제하는 선거, 노동자의 비판과 생산력 확충을 선전하기 위해 계속해서 열리는 각 단체별·직능별 회의, 각종 신원 증명과 일상생활에 필요한 물품을 배급받기 위한 셀 수 없는 증명서 등 일상의 통제 상황이 세세히 기록되어 있다. 특히 노동자를 착취하면서 당의 위세를 빌려 일신의 영달을 도모하고 있는 당원들에 대한 비판적 시선이 눈에 띄는데, 그것은 일본에서 재일조선인이라는 이유로 차별 받았던 그가 인민의 평등을 이념으로 내세우는 북한에서 또 다시 재일조선인 귀국 노동자라는 이유로 차별을 받고 있었기 때문이었던 것으로 보인다.

> 북한에서는 각 개인은 물론이거니와 모든 것이 당과 북한괴뢰를 위해서만 존재한다는 것이다.
> 개인의 자유도 개인의 생활도 심지어는 생명까지도 국가정책에 의한 생산 증산의 한 수단에 지나지 않는 것이다.[44]

자신의 공민증 번호를 죄수의 수형 번호와 다르지 않다고 생각하고 있었던 김행일에게 북한은 개인성이 말살되는 곳이었다. 아니 개인 그 자체가 부정되는 공간이었다. 해서 그는 그곳에 정착할 수 없었다. 비록 생명에의 위협을 느껴 강제적으로 동원된 노동현장에서 일할 수밖에 없었던 그였지만, 그는 태업을 하거나 당원들과 충돌을 일으키는 방식으로 자기 상실에 저항하기도 하였다. 뿐만 아니라 귀국자로서 그는 북한사회에 진입하여 그들과 동화될 수도 없었다. 호기심어린 시선으로 자신을 대하거나 당의 명령에 어떠한 저항도 하지 못하고 그저 하루하루 살아가는 유령과도 같은 북한 주민들과 그는 결코 같은 존재가 될 수 없었던 것인데, 귀국자에 대한 차별적 시선 속에서 그는 이방인으로서의 자기를 인식하게 된다. 물론 그 역시 북한체제의 질서를 내면화해 그곳에 안착하고자 하는 욕망을 가지고 있었던 것은 아니었지만, 귀국 직후부터 1년 7개월 동안 생활하면서 안주하거나 정착하지 못하고 이질적인 존재로서 부유하고 있었다. 기실 일본에서 이방인으로 살았던 그가 고국인 북한에 가서도 또 다시 이방인이 될 수밖에 없는 처지에 내몰리고 있었던 셈이다.

일반적으로 국민은 국민국가의 경계 속에서 국민됨을 자각하는 것을 통해 자기 존재를 증명받을 뿐만 아니라, 자기 존재의 시원으로 그곳을 위치시키는 과정을 통해 그곳에 대한 애착을 드러낸다. 그것은 상상된 것이든, 그렇지 않든, 국민국가의 통치 질서를 강화하는 유력한 방편이자, 국민으로서 한 개인이 자기 존립의 근거를 마련하는 동력이다. 그리고 그러한 과정 속에서 국가와 국민은 동일시되기도 하는 것이다. 재일조선인이 귀국사업을 통해 북한으로 이동했을 때, 그들이 다양하고 이질적인 욕망을 가지고 있었다고 하더라도, 국가라고 하는 정치체가 자신들의 존재의 근거를 마련해 줄 것이라고 믿고 있었던 것은 명확해 보인다. 김행일이 『악몽 575일』에서 "조국은 보증한다"[45]라는 말을 지속적으로 쓰고 있었던 것 또한 당시 재일조선인들에게 북한이 조국으로서 어떠한 위상을 가지고 있었는지 명확히 보여준다. 하지만 실제 귀국사업으로 북한으로 이동한 재일조선인은 오히려 조국이 자신들을 부정하는 상황에 처하게 된다. 해서 그곳을 통해 자기 존재의 이유와 근거를 확보할 수 없었고, 이방인으로서의 자의식에 빠졌으며, 조국 상실 속에서 북한에 대한 장소 공포의 감정들을 드러냈던 것이다.

따라서 김행일의 『악몽 575일』에 서술된 북한에 대한 비판적 인식과 시선을 남북한 분단체제하 공산주의체제의 폭력성을 여실히 드러내기 위한 전략적 서술로서 이해하는 것은 물론 제한적이다. 그가 북한의 참상을 기록하고 증언하면서 그곳의 대척점으로 남한이 아닌, 자신이 떠나오기 전의 영토 일본을 떠올렸듯이, 그리하여 공산주의 국가로서의 북한과 대비되는 곳으로서 자유주의 국가 일본을 제시하고 있듯이, 그것은 단순히 어떤 체제의 우월성을 선언하기 위한 글쓰기가 아니다. 오히려 이제는 돌아갈 수 없는 곳으로서 일본에서의 생활에 대한 그리움의 기록과, 결코 안착할 수 없는 고통스러운 땅으로서의 북한의 참상에 대한 보고들은, 재일조선인으로서 그가 지속적인 상실의 과정 속에 놓여 있었다는 점을 말하는 것이다. 조국 상실과 자유의 박탈, 인간성 훼손과 생존에의 위협 등 귀국사업 전후 그의 이동의 과정은 어쩌면 재일조선인에게 결코 자기 장소가 허락되지 않는다는 것, 그리하여 그들은 어느 곳에서나 이방인으로 남을 수밖에 없다는 것을 말하는 것인지도 모른다.

5. 불안한 발화 위치와 경계 위의 존재

제62차 귀국사업에 의해 북한으로 이동한 뒤 1년 7개월 동안 웅기 지역 공장에서 일했던 김행일은 그동안의 "생활에서 내가 얻은 것이란 실망과 배반당했다는 괘씸한 노여움 뿐"[46]이라며 '탈출'을 결심한다. 그가 탈출을 결심한 결정적인 계기는 북한 노동당원의 딸 박청자와의 결혼이 좌절되고, 폭력 사건으로 내무서에 구금되었다가 석방된 뒤 열린 공장의 '자기비판회'에서 폭언과 협박에 공포를 느꼈기 때문이었다. 귀국 이후 억압과 통제, 감시와 처벌이 지속되어온 상황 속에서 그는 "아무런 제약 없이 내가 생각한 대로 행동해 보고 싶"[47]다는 자유에의 갈망을 키워갔고, 합숙소에서 은밀하게 청취했던 남한 방송을 통해 '자유의 나라, 한국'으로 월남할 것을 결심하기에 이르렀던 것이다. 그리하여 그는 웅기역에서 기차를 타고 출발하여 청진, 주을온천, 평양 등을 거쳐 세포細浦역에 도착한 뒤 그곳에서부터 도보로 이동하여 삼팔선을 넘었던 것이다. 월남의 과정에서 무수히 많은 검문을 당하면서 계속해서 생존에의 위협을 느끼는 한편, 삼팔선을 넘는 과정에서의 간난신고를 겪은 상황이 『악몽 575일』의 마지막 장 「남하南下 200리」에 서술되어 있다. 아울러 월남하던 중 평양에서 머물렀던 1개월 간의 시간을 기록하면서 그곳의 실상을 비판하기도 하였다.

김행일의 탈출의 과정은 북한에서 남한으로의 월경, 공산주의 국가에서 자유주의 국가로의 이동, 억압(구속)된 상태에서 해방(자유)된 상태로의 전환이라는 의미를 갖는다. 그런 점에서 죽음을 무릅쓰고 온갖 역경을 딛고 남한으로 이동한 그의 행위는 그 자체로 남한체제의 우월성을 증거하는 것이기도 하다. 그가 북한을 탈출하여 남한으로 넘어온 뒤, 한국아세아반공연맹 주최로 1963년 2월 8일 국민회당에서 환영대회가 개최되었다.[48] 김행일은 "일본에서 조련계의 감언에 속아 61년 6월 25일 북송되었으나 북괴의 선전이 거짓임을 깨닫고 작년 11월 25일 휴전선을 넘어 귀순한 재일교포"[49]로 소개되었다. 환영대회 당일 그는 서

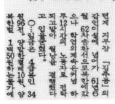

〈그림 8〉 김행일 북한 실상 폭로 관련 기사(『경향신문』, 1963.2.5)

울시장으로부터 시민증을 수여받는 한편, 공보부·반공연맹·대한상공
회의소로부터 기념품을, 최고회의·재건국민운동 본부·공보부·반공연
맹으로부터 화환을, 그리고 원호처 차장으로부터 정착금 5만 원을 받았
으며, 유한양행에 취직할 예정이라고 언론에 발표되기도 하였다. 분단
체제하 반공국가로서 자신의 정체성을 강화해 가던 박정희 군사독재
정권에서 그는 북한 공산주의체제의 폭력과 광기를 그 자체로 증거하
는 자이자 소위 자유민주주의 국가로서 대한민국의 우월성을 과시하기
위한 이데올로기적 장치로서 활용하기에 최적화된 존재였다. 1953년
MIG15 전투기 조종사였던 노금석 대위, 1959년 소련『프라우다』지 기
자였던 이동준과『민주조선』주필이었던 한재덕, 1960년 MIG15 전투
기 조종사였던 정낙현 소위 등과 함께 김행일은 사선死線을 넘어 자유 대
한의 품에 안긴 자들로 호명되었던 것이다.

환영대회에 앞서 2월 5일 신문회관에서 열린 기자회견에서도 김행
일은 아이치현 오카자키시 조련계 지부장의 감언이설에 속아 북한에
갔으나, 매일 12시간의 중노동에 시달렸고, 도저히 살 길이 없어 탈출

〈그림 9〉 호명되는 탈북자들. 좌측 하단이 김행일 가족(『경향신문』, 1967.8.21)

을 결심하였다고 말했다. 또한 당시 북한은 '60일 전투', '120일 전투'라는 미명하 산업 목표량을 달성하기 위해 노동자들을 가혹하게 착취하고 있다고 증언했다. 그러면서 북송 재일조선인 99%가 다시 일본으로 돌아갈 것을 희망하고 있는데, 만약 자신이 일본에 다시 가게 된다면 재일조선인의 북한행을 저지하는 투쟁에 나설 것이라고 각오를 밝히기도 하였다.[50] 이후 남한 당국에서 그를 선전도구로서 어떻게 활용했는지 명확하게 확인하기는 어렵지만, 같은 해 12월 2일부터 유엔군 총사령부 방송국에서 그가 일본과 북한에서 겪은 일을 그린 연속방송극 〈붉은 영가〉(김민 작, 유신호 연출)가 24회에 걸쳐 방송되었다[51]는 것을 통해 짐작할 수 있듯이, 그는 지속적으로 북한체제에 대한 비판과 동시에 남한체제의 우월성을 강조하기 위한 수단으로 활용되었다고 할 수 있다.

그런데 남한사회의 미디어에 의해 그는 북송'포로'이자 '귀순'교포로 명명되고 있었다. 일견 자연스러운 명명법인 것처럼 보이지만, 재일조선인인 그를 포로이자 귀순자로 규정하고 있는 데서 분단체제하 반공국가로서 위상을 강화해가고 있었던 남한사회에서 재일조선인의 존재 방식을 극명하게 확인할 수 있다. 북한에서 남한으로의 이동, 삼팔선의 월경은 포로로서 구속된 상태에서 귀순을 통해 이동의 과정을 수행한 자에게만 자유가 주어진다는 것을 의미뿐만 아니라, 남한사회의 체제에 입사하는 것을 통해서 비로소 민족의 일원인 교포가 될 수 있다는 점을 말하고 있는 것이기도 하다. 즉 일본에서 북한을 거쳐 남한으로 이동한 재일조선인은 단순히 지리적 이동의 과정을 수행하는 데 그치는 것이 아니라, 이념적 전회라는 어떤 제의ritual의 과정을 달성해야지만 남한사회의 일원으로 받아들여질 수 있었던 것이다. 해서 김행일은 끊임없이 자신의 이동의 과정을 자유 대한의 품에 안긴 적극적이고 능동적인 공간적 실천 행위로 말해야만 했던 것이다. 기실『악몽 575일』이라는 자기 서사self-narratives가 씌어지고, 그것이 '탈출기'로 명명된 것도 이러한 점을 상징적으로 드러낸다고 할 수 있다.

하지만 이러한 자기 존재 증명의 과정을 말하기와 글쓰기 등을 통해 수행하고 있음에도 불구하고 그는 언제든 의심의 대상이 될 수 있다. 재일조선인으로서 조총련계와 관련이 있었고, 북한체제에서 2년 여 동안 생활했던 그는 또다시 반체제적인 인물로 낙인 찍혀 남한사회로부터 배제될 수 있었다. 따라서 그가 북한에서의 시간을 억압과 착취, 통제와 구속, 기만과 상실의 시간들로 말하는 것은 역설적으로 남한에서 그의 위치가 얼마든지 유동적인 불안 상태에 다시 놓일 수 있다는 점을 드러내는 것이기도 하다. 전후 전 세계적인 냉전 질서와 남북한 분단체제하 반공국가로서 위상을 강화하는 한편, 민족국가라는 단일하고 폐쇄적인 정치체의 질서와 문법에 의해 통치성을 발휘하고 있었던 군사독재 정권을 염두에 둔다면, 그는 남한사회에 쉽게 안착할 수 없었을 것이다. 박정희 군사독재 정권기 재일조선인은 혈연에 기초한 민족주의 프레임을 통해 같은 핏줄을 나눈 '우리 교포'로 포섭되었다. 하지만 동시에 문화민족주의, 경제 개발주의, 반공주의 프레임을 통해 '혼혈아', 한국 경제를 일본에 예속시키는 '매판' 재일교포, 조국을 '배반'하고 북한을 지지하는 조총련계 재일교포 등으로 타자화되기도 하였다.[52] 이처럼 민족주의, 경제 개발주의, 반공주의 패러다임 속에서 재일조선인은 생명정치의 대상으로 호명되었던 것이다. 따라서 김행일(과 그로 대표되는 재일조선인)은 여전히 일본과 남북한 사이 그 어딘가에서 움직이고 있는, 경계 위의 존재일 뿐이다. 그리고 그런 점에서 그의 조국은 여전히 상상 속에서나 존재할 수 있었다. 경계 위의 존재로서 재일조선인에게 조국은 허락되지 않았고, 그들은 분단되기 이전의 상상된 조선, 그리고 남북한과 일본, 그 사이를 끊임없이 부유하는 존재로서 살아갈 수밖에 없었던 것이다. 요컨대 제국의 잔여이자 국민국가의 잉여로서 재일조선인은 언제나 상실된 조국을 상상적으로 욕망하면서 불안하고 유동적인 상태 속에 놓여 있었던 것이다.

주석

1 테사 모리스 스즈키, 박정진 역, 『봉인된 디아스포라 – 재일조선인의 '북한행 엑서더스'를 다시 생각한다』, 제이앤씨, 2011, 9~10쪽.

2 尹健次, 『「在日」の精神史』 2 – 三つの國家のはざまで, 岩波書店, 2015, 98~99쪽.

3 테사 모리스 스즈키, 박정진 역, 앞의 책, 13~14쪽.

4 위의 책, 47~48쪽.

5 당시 후지야마 외무대신이 주일 미국대사에게 설명한 바에 의하면, 재일조선인은 범죄율이 높고 정치적 선동을 하며 노동시장에서 중압을 가하고 있고, 빈궁한 재일조선인들이 일본의 행정 기관에 가하고 있는 부담은 모두 25억 엔이나 된다고 여기고 있었다. 이에 대해서는 테사 모리스 스즈키, 한철호 역, 『북한행 엑서더스 – 그들은 왜 '북송선'을 타야만 했는가』, 책과함께, 2008, 233~234쪽 참조.

6 이연식, 「1950~1960年代 在日韓國人 北送問題의 再考」, 『典農史論』 7, 서울시립대 국사학과, 2001, 682쪽.

7 박정진, 「북한의 대일접근과 재일조선인 '북송(귀국) 문제'」, 『북한연구학회보』 15-1, 북한연구학회, 2011, 219~246쪽.

8 박정진, 「재일조선인 '북송 문제'와 일본인의 '귀국협력' – '일조우호운동'의 연속이라는 관점에서」, 『사회와 역사』 91, 한국사회사학회, 2011, 31~60쪽.

9 남근우, 「북한 귀국사업의 재조명 – '원조경제'에서 '인질(볼모)경제'로의 전환」, 『한국정치학회보』 44-4, 한국정치학회, 2010, 137~158쪽.

10 마츠우라 마사노부, 「냉전기 재일한인 북송사업의 규모변용 과정에 관한 분석 – 조총련과 북한로비의 역할을 중심으로」, 서울대 박사논문, 2015, 6~18쪽.

11 김형규, 「귀국 운동과 '재일(在日)'의 현실」, 『한중인문학연구』 15, 한중인문학회, 2005, 411~432쪽.

12 최종환, 「재일조선인시의 '이야기 정체성(narrative-identity)' 연구 – '낙원 모티브'를 중심으로」, 『한민족어문학』 70, 한민족어문학회, 2015, 641~668쪽.

13 이영미·김종회, 「재일조선인 귀국(歸國) 문제를 기억하는 문화적 방식 – 북한의 경우를 중심으로」, 『현대소설연구』 64, 한국현대소설학회, 2016, 71~104쪽.

14 서세림, 「한국소설과 재일조선인 귀국사업 – 체제의 의도와 주체의 의지 사이」, 『한국문예비평연구』 57, 한국현대문예비평연구, 2018, 85~113쪽.

15 정은이, 「재일조선인 귀국자의 삶을 통해서 본 북한체제의 재조명 – 재일탈북자의 증언을 중심으로」, 『아세아연구』 52-3, 고려대 아세아문제연구소, 2009, 223~224쪽.

16 김여경, 「조국이란 무엇인가 – 귀국1.5세 재일탈북자의 구술사를 중심으로」, 『구술사연구』 8-1, 한국구술사학회, 2017, 130쪽.

17 전후 재일조선인 남성과 결혼한 여성은 귀국사업을 통해 북한으로 건너가면서 일본에서의 생활고와 민족적 차별, 그리고 아이들의 장래에 불안을 가지고 있어 북한이 정신적·육체적으로 매력적으로 다가왔다고 말하기도 하였다. 하지만 이 일본인 처들은 남편의 조

국인 북한이 전혀 알지 못하는 나라였고 누구 하나 아는 사람이 없었을 뿐만 아니라 풍속이나 습관이 다르고 언어가 통하지 않아 북한행을 결정했음에도 또 다른 불안감을 느끼고 있었다. 高崎宗司·朴正鎭 編, 『歸國運動とは何だつたのか－封印された日朝關係詞』, 平凡社, 2005, 134~135쪽.

18 임상민, 「북한송환사업과 공모하는 '냉전' - 미야모토 데루 「자두건(紫頭巾)」을 중심으로」, 『일본근대학연구』 45, 한국일본근대학회, 2014, 453쪽.

19 「李大統領, 大日重大宣言」, 『경향신문』, 1959.2.10.

20 「北送하면 報復措置」, 『경향신문』, 1959.2.8.

21 도지인, 「전후 이승만 정부의 북한 인권 문제 제기와 반공주의, 1953~1959」, 『통일인문학』 73, 건국대 통일인문학연구단, 2018, 5~36쪽.

22 「僑胞送北 擧族的으로 反對」, 『동아일보』, 1959.2.14.

23 「各界各層을 總網羅 16日, 僑胞北送反對全國委發會式」, 『경향신문』, 1959.2.16.

24 「이틀에 20萬動員 十七個 都市서」, 『경향신문』, 1959.2.15.

25 「二百 15萬名參加 北送反對大會」, 『경향신문』, 1959.2.19.

26 「北送計劃 反對 在日 僑胞들 「데모」」, 『경향신문』, 1959.2.13.

27 「日本全域서 蹶起大會」, 『동아일보』, 1959.2.17.

28 關貴星, 김태운·김용호 역, 『樂園의 꿈은 깨어지고 - 나의 北韓巡廻記』, 公民社, 1962; 오귀성, 리윤환 역, 『樂園의 꿈은 깨어지고 - 最近의 北韓眞相』, 新太陽社, 1962; 關貴星, 박재간 편역, 『平壤에서 온 편지』, 自由戰線社, 1965.

29 "이러한 북조선을 일컬어 조총련은 낙원(樂園)이라한다. 정말 고급공산당원, 신흥귀족에게는 낙원이며 김일성과 그 측근자들에게는 천국이리라 - 틀림없이 조총련중앙간부에게도 같을 것이다. 그러나 이제 나는 지금과 같은 기만적인 소위 사회주의국가에게는 돌아가고 싶지않다. 나의 반생을 건 이상형(理想型)은 사라져버렸다. // 그것은 군사혁명이 이루어지기 직전의 정세는 완전히 남한(南韓)이 북조선의 모략과 침공에 의해 공산폭동화(共産暴動化)될 직전에 놓여 있었기 때문이다. 나는 지금 생각한다. 남한(南韓)에서 만약 군사혁명이 일어나지 않았다면 어떻게 되었을가……. // 아마도 군인의 「쿠데타」가 없었더라면 남한은 지금쯤 틀림없이 붉게 물들어져 있을 것이라고 생각한다." (關貴星, 김태운·김용호 역, 앞의 책, 125~126쪽)

30 「머리말」, 위의 책, 6~8쪽.

31 김행일, 「머릿말」, 『惡夢 575日 - 62次 北送捕虜의 脫出記』, 寶晋齋, 1963.

32 오태영, 「재일조선인의 역설적 정체성과 사회적 상상」, 박광현·오태영 편저, 『재일조선인 자기서사의 문화지리』 II, 역락, 2018, 149쪽.

33 에드워드 렐프, 김덕현·김현주·심승희 역, 『장소와 장소상실』, 논형, 2005, 94~95쪽.

34 김행일, 앞의 책, 25쪽.

35 위의 책, 26쪽.

36 위의 책, 28쪽.

37 위의 책, 32~33쪽.

38 위의 책, 42쪽.

39 위의 책, 62쪽.

40 위의 책, 74쪽.

41 좌익평론가이자 일조협회 상임이사였던 데라오 고로[寺屋五郎]는 1958년 북한 건국 10주년 기념식전에 방조사절단으로 방문한 뒤 북한의 발전상을 대대적으로 그린『38선의 이북(38度線の北)』을 출간한다. 이 북한 견문기 형식의 책은 1958년 베스트셀러가 되어 재일조선인 사회에 큰 반향을 일으켰으며, 재일조선인들의 북한 인식에 심대한 영향을 끼쳤다. 이에 대해서는 關貴星, 김태운·김용호 역, 앞의 책, 63쪽.

42 김행일, 앞의 책, 135쪽.

43 Yi-Fu Tuan, *Topophilia : A Study of Environmental Perception, Attitudes, and Values*, Colombia University Press, 1990, pp.92~93.

44 김행일, 앞의 책, 229쪽.

45 위의 책, 26쪽.

46 위의 책, 236쪽.

47 위의 책, 238쪽.

48 『동아일보』, 1963.2.7.

49 「自由의 뜨거운 격려 받으며 歸順僑胞 金氏歡迎 대회」, 『경향신문』, 1963.2.8.

50 「脫出한 北送捕虜, 金幸一군이 暴露」, 『경향신문』, 1963.2.5.

51 『경향신문』, 1963.12.5.

52 이에 대해서는 김범수, 「박정희 정권 시기 '국민'의 경계와 재일교포-5·16쿠데타 이후 10월유신 이전까지 신문 기사 분석을 중심으로」, 『국제정치논총』 5-2, 한국국제정치학회, 2016, 163~206쪽.

참고문헌

『경향신문』, 『동아일보』.

關貴星, 김태운·김용호 역, 『樂園의 꿈은 깨어지고 - 나의 北韓巡廻記』, 公民社, 1962.

關貴星, 박재간 편역, 『平壤에서 온 편지』, 自由戰線社, 1965.

김행일, 『惡夢 575日 - 62次 北送捕虜의 脫出記』, 寶晋齋, 1963.

吳貴星, 리윤환 역, 『樂園의 꿈은 깨어지고 - 最近의 北韓眞相』, 新太陽社, 1962.

김범수, 「박정희 정권 시기 '국민'의 경계와 재일교포 - 5·16쿠데타 이후 10월유신 이전까지 신문 기사 분석을 중심으로」, 『국제정치논총』 56-2, 한국국제정치학회, 2016.

김여경, 「조국이란 무엇인가 - 귀국1.5세 재일탈북자의 구술사를 중심으로」, 『구술사연구』 8-1, 한국구술사학회, 2017.

김형규, 「귀국 운동과 '재일(在日)'의 현실」, 『한중인문학연구』 15, 한중인문학회, 2005.

남근우, 「북한 귀국사업의 재조명 - '원조경제'에서 '인질(볼모)경제'로의 전환」, 『한국정치학회 보』 44-4, 한국정치학회, 2010.

도지인, 「전후 이승만 정부의 북한 인권 문제 제기와 반공주의, 1953~1959」, 『통일인문학』 73, 건국대 통일인문학연구단, 2018.

마츠우라 마사노부, 「냉전기 재일한인 북송사업의 규모변용 과정에 관한 분석 - 조총련과 북한로 비의 역할을 중심으로」, 서울대 박사논문, 2015.

박광현·오태영 편저, 『재일조선인 자기서사의 문화지리』 II, 역락, 2018.

박정진, 「북한의 대일접근과 재일조선인 '북송(귀국)문제'」, 『북한연구학회보』 15-1, 북한연구학 회, 2011.

박정진, 「재일조선인 '북송 문제'와 일본인의 '귀국협력' - '일조우호운동'의 연속이라는 관점에 서」, 『사회와 역사』 91, 한국사회사학회, 2011.

서세림, 「한국소설과 재일조선인 귀국사업 - 체제의 의도와 주체의 의지 사이」, 『한국문예비평 연구』 57, 한국현대문예비평연구, 2018.

이연식, 「1950~1960年代 在日韓國人 北送問題의 再考」, 『典農史論』 7, 서울시립대 국사학과, 2001.

이영미·김종회, 「재일조선인 귀국(歸國) 문제를 기억하는 문화적 방식 - 북한의 경우를 중심으 로」, 『현대소설연구』 64, 한국현대소설학회, 2016.

임상민, 「북한송환사업과 공모하는 '냉전' - 미야모토 데루 「자두건(紫頭巾)」을 중심으로」, 『日 本近代學研究』 45, 한국일본근대학회, 2014.

정은이, 「재일조선인 귀국자의 삶을 통해서 본 북한체제의 재조명 - 재일탈북자의 증언을 중심으로」,『아세아연구』52-3, 고려대 아세아문제연구소, 2009.

최종환,「재일조선인시의 '이야기 정체성(narrative-identity)' 연구 – '낙원 모티브'를 중심으로」, 『한민족어문학』70, 한민족어문학회, 2015.

에드워드 렐프, 김덕현·김현주·심승희 역,『장소와 장소상실』, 논형, 2005.

테사 모리스 스즈키, 박정진 역,『봉인된 디아스포라 – 재일조선인의 '북한행 엑서더스'를 다시 생각한다』, 제이앤씨, 2011.

테사 모리스 스즈키, 한철호 역,『북한행 엑서더스 – 그들은 왜 '북송선'을 타야만 했는가』, 책과함께, 2008

高崎宗司·朴正鎭 編,『歸國運動とは何だつたのか – 封印された日朝關係詞』, 平凡社, 2005.

尹健次,『「在日」の精神史』2 – 三つの國家のはざまで, 岩波書店, 2015.

Yi-Fu Tuan, *Topophilia : A Study of Environmental Perception, Attitudes, and Values*, Colombia University Press, 1990.

접경의 문학

문학과 문화의 시선에서 본 접경의 의미

이병훈

1. 접경의 시대

이 글의 목적은 현대사회를 접경의 시대라고 규정하고, 문학과 문화의 시선에서 접경 연구의 의미와 그 학문적 가능성을 살펴보는 데 있다. 이를 위해 우선 접경이라는 개념을 정의할 필요가 있을 것이다. 우리는 접경을 국경, 경계, 장벽, 철책DMZ 등 상호 배타성을 확인하기 위한 방어적 구분선dividing line이 아니라 "다양한 문화와 가치가 조우하고 교류하여 서로 융합하고 공존하는 장場"으로 정의하고자 한다. 다시 말해 접경을 선line이 아니라 공간space으로, 그것도 다양한 인간과 물질적·정신적 가치들이 활발히 교차하는 접촉 공간contact zone으로 이해하는 것이다. 접경 공간은 국경이나 변경 같은 '외적 접경'은 물론이요, 한 사회 내에 존재하는 다양한 정체성, 즉 인종/종족, 종교, 언어, 생활양식 간의 교차지대인 '내적 접경'을 동시에 아우른다.[1] 외적 접경과 내적 접경은 상호 교차적이며, 이것을 연결하는 것은 인간의 활동과 교류, 즉 삶 자체이다. 주지하다시피 새로운 역사는 항상 접경에서 시작되었고, 접경을 외면한 역사는 쇠락의 길을 걸었다. 이런 점에서 지구화 시대라고 일컬어지는 현대사회는 이른바 접경의 역할과 의미가 더욱 중요한 시대, 곧 '접경의 시대'라고 할 수 있다. 우리는 이런 의미 있는 현상들을 주변에서 쉽게 찾아볼 수 있다.

가장 먼저 눈에 띠는 것은 외적 접경의 해체이다. 외적 접경을 가능하게 하는 가장 기본적인 조건은 근대적인 국민국가인데, 프랑스의 정치학자 장 마리 게노Jean-Marie Guéhenno는 국민국가의 종말을 예언한 대표적인 인물들 중 하나이다. 그는 국민국가의 위상이 국제적인 네트워크의 발달로 인해 현저하게 추락하고 있다고 주장한다. 국민국가라는 개념은 지리적 공간에 근거한 것인데, 현대사회에서 그와 같은 공간적 연대감이 예전 같지 않다는 것이다. "인간활동이 공간에서 해방될 때, 인간과 경제의 유동성이 지리적인 구분을 산산조각 부숴버릴 때, 모든 것은 변화하게 된다. 영토상 공동체의 공간적 연대감은 사라지고, 그것은 이해 관계에 따른 일시적인 재집결에 의해 대체된다. 그런데 국민국가는 힘의 각 차원들, 즉 정치적, 문화적, 경제적, 군사적 힘의 차원들을 단일한 틀 속에 짜 맞춘다고 주장함으로써 힘에 있어서 공간적인 개념의 포로가 되었다. 설령 국가가 그의 권한을 연방의 원칙에 따라 다시 분배하려고 할지라도 말이다. 공간이 적절한 기준이던 시대는 끝났다. 그리스 도시국가 때부터 정치는 한 장소, 즉 도시국가(폴리스)나 국가에 정착한 사람들의 집단을 다스리는 기술이었다. 만일 연대의식이 더 이상 지리에 제한되지 않는다면, 도시국가가 더 이상 존재하지 않는다면, 그리고 국가가 더 이상 존재하지 않는다면 그래도 정치는 존재할 것인가?"[2] 장 마리 게노는 국민국가의 역할 축소를 언급하면서 그것의 가장 큰 원인을 네트워크의 탈영토화 현상에서 찾고 있다. 통신혁명 이전에는 가치가 물질과 노동, 즉 공간에 기초한 요소들에 의해 형성되었다면, 현대사회에서는 그것이 네트워크의 형성에서 창출되고 있다는 것이다. 이러한 경제혁명은 곧 국민국가의 역할에도 결정적인 영향을 끼치고 있는데, 그것은 시민들이 새로운 경제환경 속에서 국가의 정치적 통제를 점점 불필요한 것으로 여기고 있기 때문이다. "이제 중요한 것은 영토를 관리하는 것이 아니라 하나의 네트워크에 진입하는 것이다."[3] 예컨대 이런 현상을 가장 상징적으로 보여주는 것이 구글Google이다. 구글 네트워크는 국민국가라는 외적 접경이 강력하게 작동하는 조건에서는 불가능한 것이고, 그것의 작동은 국민국가의 본질과는 상충되는 것이다.

좀 더 미시적인 관점에서 보자면 접경의 시대는 사회를 구성하는 기본 단위인 가족의 성격과 역할을 바꾸고 있다. 독일 사회학자 울리히 벡 Ulrich Beck은 근대적 의미의 가족이 해체되고, 일국가족national family이 세계가족world family으로 바뀌고 있다고 지적한다. 다시 말해 공동의 공간을 기반으로 한 가족 개념이 감정의 유대라는 새로운 기반의 가족으로 바뀌고 있다는 것이다. "전 세계의 대다수 가족이 일국가족이라는 동질적 모델에 따라 살고 있다는 것은 맞다. 즉 어머니, 아버지, 그리고 교육의 의무가 있는 아이들이 같은 가정/장소에 살면서 똑같은 국가의 여권과 똑같은 국적을 갖고 똑같은 모국어를 말하는 것이다. 통상적으로 생각할 때 이러한 결합은 필연적이고도 당연해 보인다. 하지만 우리가 오늘날 체험하고 있는 것은 점점 더 그러한 모델에 부합하고 있지 않다. 즉 점점 더 많은 여성, 남성, 가족이 이제까지 자연에 가까운 법칙처럼 보였던 것과 단절하고 먼 곳과 낯선 것을 포함하는 가족-연대 형태로 살고 있다. 즉 점점 더 많은 사람들에게 있어서 지금까지 밀접하게 결합되어 있던 세 개의 실존적 구속 요인—장소, 국가, 가족—이 이제 서로 분리되어 별개의 요소가 되어간다는 것이다."4 울리히 벡은 새로운 형태의 가족을 세계가족 혹은 장거리가족Fernfamilie, 지구가족Globalfamilie이라고 규정하고 그것을 일국가족 또는 근거리가족Nahfamilie, 지역가족Lokalfamilie과 구별하고 있다. 그가 이러한 변화의 원인으로 주목하고 있는 것은 전통적 가족의 전제였던 '공간적 근접성'과 '직접적 동거'가 현대사회의 가족을 구성하는 절대적인 조건이 아니라는 점이다. 울리히 벡에 따르면 "세계 가족이란(국가, 종교, 문화, 인종 등의) 경계를 넘어 함께 사는 가족이다. 지배적인 규정에 따르면 함께 속하지 않는 것이 거기에는 함께 속한다. 미리 주어진 전통이라는 구속력 대신 적극적인 신뢰가 들어서고, '낯선 타인'이 가장 사랑하는 사람이자 가장 가까운 사람이 된다는, 관습적인 생각에 따르면 이루어질 수 없는 일이 일어나게 된다".5 하지만 그렇다고 일국가족이 완전히 사라지는 것은 아니다. 일국가족과 세계가족이 공존하는 세계란 과거와 비교하여 세계가족의 양적·질적 영향이 커졌다는 것을 의미한다. 다시 말해 혈연과 공간의 공유에 기초한 가족조차도 국경이나 국적을 초월하여 구성되는 시대가 된 것이다. 이것 또한 교통과 통신의 발달과 불가분의 관계가 있다는 사실은 명약관화하다. 우리가 살고 있는 현대사회에서 한 공간에 묶여 있는 가족이라도 일주일에 한 번

얼굴 보기 힘든 것이 현실이다. 이에 비해 인터넷 통신으로 매일 얼굴을 보며 대화를 나누는 가족 구성원들이 늘고 있는데, 가족 간의 친밀도라는 측면에서 보면 전자보다 후자가 더 바람직하다는 생각이 좀 더 설득력을 얻을 것이다.

경계의 불확실성과 유동성을 현대사회의 특징이라고 규정한 또 다른 인물로는 미국의 미래학자 리프킨Jeremy Rifkin을 들 수 있다. 그는 현대사회를 '접속의 시대the age of access'라고 규정하면서 탈근대를 사는 새로운 인간형을 흥미롭게 묘사하고 있다. "새로운 인간형이 탄생하고 있다. 그는 사이버스페이스의 가상 세계 안에서 자기 몫의 인생을 즐기고 네트워크 경제가 돌아가는 이치를 잘 알고 물건을 쌓아두는 데는 관심이 없지만 흥미롭고 신나는 체험에는 관심이 많고 온라인 세계와 오프라인 세계를 자유자재로 넘나들 수 있고 가짜든 진짜든 눈앞에서 펼쳐지는 새로운 현실에 자신의 인격을 재빨리 적응시킬 수 있다. (…중략…) 디즈니월드와 클럽 메드를 '진짜'라고 생각하고 쇼핑몰을 공공의 광장으로 여기며 소비자 주권운동이 민주주의의 전부라고 믿는다. 친구들과 어울리는 시간만큼이나 많은 시간을 텔레비전, 영화, 사이버스페이스에 나오는 허구적 인물과 어울리는 데 쏟아 붓는다. 심지어는 이런 허구적 인물의 성격과 경험에 대해서 친구들과 진지한 대화를 나눌 만큼 이들에게 허구 세계는 현실 세계의 일부로 굳건히 자리 잡았다. 이들의 세계는 경계가 불확실하고 유동적이다. 하이퍼텍스트, 웹사이트 링크, 피드백 고리와 함께 자란 이들은 현실을 직선적이고 객관적으로 받아들이지 않는다. 이들에게 접속은 생명이다. 접속이 끊긴다는 것은 곧 죽음이다. 이들은 영국의 역사가 토인비가 말한 대로 탈근대 세계를 처음으로 살아가는 세대이다."[6] 리프킨의 시니컬한 묘사에도 불구하고 접경의 시대를 대표하는 주인공이 위에서 언급된 새로운 인간형이라는 사실은 의문의 여지가 없다. 하지만 앞서 언급했듯이 접경의 시대에도 불구하고 근대의 경계가 완전히 사라지는 것은 아니다. 접속이 곧 생명인 새로운 인간형들도 일정한 국민국가의 일원이고, 일국가족의 구성원일 수밖에 없기 때문이다.

지구화 시대에도 민족과 국가의 존재와 의미에 대해 지적하고 있는 백낙청은 이런 견해를 대표하는 인물들 중 하나이다. 그는 근대를 극복하기 위해서라도 근대를 구성하는 기본 요소들에 대한 현실적 대응이 중요하다고 주장한다. "근대세계 체제가 아무리 지구화되고 세계화되더라도 국가간 체제가 그것의 필수 요소인 한은 민족들과 국민국가들(혹은 그 잔재들)이 엄연한 현실의 일부요 우리의 지속적인 관심사가 되리라는 점 또한 분명하다. 그러므로 근대에 적응하기 위해서든 아니면 근대를 철폐하고 진정한 '근대 이후'에 이르기 위해서든, '민족들'의 존재와 '민족'의 개념이 대표하는 현실에 어떤 식으로든 대응하지 않고는 효과적인 행동이 불가능할 것이다."[7] 이런 문제의식이 백낙청만의 생각은 아니지만 자칫 근대를 극복하는 것이 단순히 경계가 없는borderless 상태를 동경하는 것과는 다르다는 점을 상기할 필요는 있을 것이다.

2. 문학과 문화의 시선에서 본 접경의 의미

접경을 "다양한 문화와 가치가 조우하고 교류하여 서로 융합하고 공존하는 장場"으로 정의한다면, 그것은 새로운 문화가 형성되는 현장이면서 또한 그 원리이기도 할 것이다. 다양한 문화와 가치가 만난다고 해서 그것이 곧 새로운 문화의 형성으로 이어지는 것은 아니기 때문이다. 그렇다면 접경의 공간에서 만난 다양한 문화와 가치들은 어떻게 융합하고, 공존하면서 새로운 것들을 생산하는 것일까? 접경이라는 문제의식 속에 담긴 문화 형성 원리의 실체는 무엇일까? 이 절에서 필자는 러시아 문예학자 바흐친M.Bakhtin과 로트만Y.Lotman의 문화 이론을 중심으로 문화형성 원리로서의 접경의 의미를 설명해 볼까 한다. 그들의 문화 이론은 접경 연구의 방법론을 가장 깊이 있게 제시하고 있기 때문이다.

먼저 바흐친은 '자기의 타자화'가 '나'와 '타자'의 참된 모습을 볼 수 있는 근본적인 전제조건임을 지적하고 있다. 이것은 '나'와 '타자'의 접경에서 '나'의 경계를 벗어나 '타자'의 위치와 관점에 서는 것의 의미를 강조한 것으로 접경 연구의 방법론적 기초와 밀접한 연관이 있다. 이를 위해 바흐친은 흥미로운 거울의 비유를 통해 '거울 앞의 나'와 '거울 속의 나'를 구분하는데, 이것은 타자화의 의미를 설명하는 적절한 예로 보인다.

거울 속에 있는 자기 자신을 보는 것은 자신의 외양을 보는 매우 특별한 경우이다. 아마도 이 경우에 우리는 직접 자신을 보는 것처럼 여길 것이다.

그러나 사실은 그렇지 않다. 우리는 우리 자신 안에 머물며, 우리 자신의 반영만을 볼 뿐이고, 이 반영은 우리가 세계를 보는 것과 체험하는 것의 직접적인 요소가 될 수 없다. 우리는 자신의 외양이 반영된 상은 보지만 외양 속에 있는 자기 자신은 보지 못한다. 외양은 나의 모든 것을 포함하지 못하며, 따라서 나는 거울 앞에 있는 것이지 그 안에 있는 것은 아니다. 거울은 자기객관화를 위한 재료만을 제공할 수 있으며, 그것조차도 완전하게 순수한 형태로 제공하는 것은 아니다. 실제로 거울 앞에서의 우리의 위치는 항상 어느 정도 허위적이다. 왜냐하면 우리는 외부에서 자신 안으로 접근할 수 없는 탓에, 이러한 경우에 특정하지 않은 어떤 잠재적 타자 속으로 자신을 감정이입하게 되고, 그 도움을 받아 우리는 자기 자신에 대한 가치론적 입장을 발견하려고 노력하기 때문이며, 또한 이 경우에도 우리는 타자에게서 자신을 생동화하고 형성하려고 노력하기 때문이다. 바로 여기서 우리가 거울 속에서는 보지만 실제 삶에서는 일어나지 않는 독특하고도 부자연스러운 얼굴 표정이 나타나는 것이다.[8]

위 인용문에서 바흐친은 '거울 속의 나'는 결코 '거울 앞의 나'가 아니라고 강조하고 있다. 그것은 거울 속에 비친 내 모습이 나 자신 안에 머물러 있는 '나'이기 때문이다. 하지만 현실 속의 '나', 즉 '거울 앞의 나'는 다르다. 현실은 수많은 관계의 총합이고, 그 속의 '나'는 나 자신 안에만 머물러 있는 '나'가 아니라 관계의 총합 속에 존재하는 '나'이다. 따라서 '거울 속의 나'는 세계를 응시하고 체험하는 '나'와 다른 존재인 것이다. 바흐친은 전자를 '나'의 외양이라고 부른다. 그것이 '나'와 무관할 수는 없지만 동시에 나의 모든 것을 포함하고 있지 않기 때문에

'자기 자신'은 아닌 것이다. 이런 점에서 그는 '거울 속의 나'에서 일종의 허위적인 요소를 발견하는데, 이것은 '거울 속의 나'가 타자와의 관계 속에 있는 '나'가 아니기 때문이다. 여기서 허위적인 '나'는 주관적으로 '잠재적인 타자'를 만들어낸다. '거울 속의 나'가 '거울 앞의 나'와 동일하다고 착각하는 것은 바로 이런 이유에서이다. 왜냐하면 역설적이게도 허위적인 '나'조차도 본능적으로 '타자'를 통해서 자신의 존재 이유와 의미를 정당화하려는 충동을 가지고 있기 때문이다. 여기서 그 타자가 현실적인 타자인지 아니면 잠재적인 타자인지는 중요하지 않다. 이로써 '거울 속의 나'는 허위적인 외양이라는 우연의 마스크를 쓰게 된다. 하지만 그것은 실제 삶 속에서 일어나는 것과는 다르다. 다만 '거울 앞의 나'가 '잠재적인 타자'를 통해 '거울 속의 나'를 진짜 자신이라고 감정이입을 하면서 자신을 합리화할 뿐이다. 그 결과 "우리가 거울 속에서는 보지만 실제 삶에서는 일어나지 않는 독특하고도 부자연스러운 얼굴 표정이 나타나는 것이다". 우리는 거울 보면서 '나'의 표정을 응시하지만 아이러니하게도 그것은 거울 속에만 있는 것이지, 타자와의 관계 속에, 즉 현실 속에 존재하는 것은 아니다. 그것은 오직 거울을 통해서만 볼 수 있는 어색한 자기 모습이다. 바흐친에 따르면 나의 진짜 모습은 내가 아니라 오직 타자만이 볼 수 있고, 타자를 통해서만 확인할 수 있다. "거울 속에서 자신을 바라볼 때 나는 혼자가 아니다. 나는 타자의 영혼에 사로잡힌다. 게다가 때로는 이 타자의 영혼이 어느 정도 독자적일 정도까지 응축될 수 있다."[9]

바흐친이 주장하는 나와 타자의 관계는 대상에 대한 진정한 이해가 자신의 경계를 넘어서야만 가능하다는 것을 보여준다. 이것은 접경 연구의 방법론과 관련하여 많은 시사점을 던져주고 있다. 왜냐하면 접경이라는 문제의식은 나와 타자를 제대로 이해하고, 그것을 바탕으로 새로운 문화형성의 원리를 정립하려는 시도와 무관하지 않기 때문이다. 이와 관련하여 바흐친은 자신의 방법론이 적용된 구체적인 경우를 예로 들고 있다. 그것은 작품을 창작하는 데 있어서 전제되어야 하는 작가의 경계이월적 관점에 관한 것이다. 이에 대해 바흐친은 다음과 같이 설명하고 있다.

> "작가는 자신 밖에 위치해야 하며, 우리가 실제로 우리 자신의 삶을 체험하는 차원과는 다른 차원에서 자신을 체험해야만 한다. 이러한 조건이 충족되는 경우에만 그는 자신의 삶을 경계이월하는 삶을 완성하는 가치들로써 자신을 전체적으로 보완할 수 있다. 그는 자신과의 관계에서 타자가 되어야하며, 타자의 눈을 통하여 자신을 바라보아야 한다. 사실 삶에서 우리는 매 순간 이렇게 하고 있다. 우리는 타자의 관점에서 자신을 평가하며 타자를 통하여 우리 자신의 의식에 대해 경계이월적인(трансгредиентный) 계기들을 이해하고 고려하려고 노력한다."[10]

여기서 바흐친이 말하는 경계이월적이라는 용어는 라틴어 trans-grediens에서 온 것으로 "특정한 주체의 시야의 범위를 넘어서는 것"을 의미한다.[11] 그는 창작 과정에서 경계이월적 관점을 요구하는데, 이것은 작가가 '전체로서의 삶'을 이해하고, 또 그것을 독자에게 전달하기 위한 전제조건이기 때문이다. 자기 안에 갇힌 작가는 결코 '전체로서의 삶'을 이해할 수 없다. '전체로서의 삶'은 작가가 '나'의 삶을 전체의 일부분으로 인식할 때만 가능하다. 바흐친에 따르면 이것을 위해서 작가는 타자가 되어야 한다. "그는 자신과의 관계에서 타자가 되어야하며, 타자의 눈을 통하여 자신을 바라보아야 한다." 여기서 타자는 단순히 또 다른 '나'가 아니다. 만일 그렇다면 '나' 또한 '타자'(또 다른'나')의 입장에서 보면 또 다른 '타자'일 뿐이다. 경계이월적이라는 용어의 의미에서 알 수 있듯이 바흐친은 '타자'를 자신의 경계를 넘어선 시각, 관점 등의 의미로 사용하고 있다. 이런 점에서 작가는 타자의 눈을 통해 자신의 삶을 바라보고 평가할 때만 자신의 삶을 '전체로서의 삶'으로 이해하게 되는 것이다. "경계이월은 타자화의 문제다. 두 세계는 경계 짓기를 통해 서로에 대해 외부성(외재성 - 인용자)을 가지며, 경계이월을 통해 타자성을 경험하고 귀환한다. 이는 한 세계의 경계가 견고한 내부성을 통해 장악되어 불변하는 절대성을 갖는 게 아니라 계속적인 변이의 과정에 놓여 있음을 뜻한다. 다르게 말하자면 경계는 가변적인 형식이며, 이 형식에 의해 구별되는 세계는 그것의 타자성에 의해 침해받을 수 있고 변형될 수 있다는 말이다."[12]

경계이월적 관점은 비단 작가에게만 중요한 것이 아니다. 이것은 문화연구에도 중요한 방법론적 기초가 되는데, 바흐친은 이런 문제의식을 문화연구에 적용하면서 공간적 외재성에 대해 언급한다. 러시아어로 외재성을 뜻하는 вненоходимость(vnenakhodimost')는 어떤 것 혹은 누군가의 외부에 있는 것을 말한다. 바흐친은 외재성이라는 단어를 미학적인 용어로 사용하는데, 그것은 작가와 독자 모두가 작품을 창의적으로 이해하는 공감 행위를 가능하게 하는 조건을 의미한다.[13] 다시 말해 작가나 독자가 작품을 창작하거나 감상하는 데 있어서 각자의 외부에 위치할 때만, 그런 관점을 가질 때만 작품을 전체로서 다루고 또 이해할 수 있다는 것이다. 그리고 바흐친은 이것을 문화연구 영역에도 그대로 적용한다. 이런 점에서 아래의 인용문은 접경 연구의 방법론을 고민하는 연구자들에게 많은 생각거리를 제공하고 있다.

다른 문화를 잘 이해하기 위해서는 그 문화 속으로 옮겨가야 하며, 자신의 문화를 망각하고, 그 이질적인 문화의 눈으로 세계를 바라보아야 한다는, 대단히 끈질기지만 일방적이고, 따라서 미덥지 못한 생각이 있다. 반복하건대, 그와 같은 사고는 일면적인 것이다. 물론 이질적인 문화에 대한 일정 정도의 체험과 그 문화의 시선으로 세계를 바라볼 수 있는 가능성은 이질적인 문화의 이해 과정에서 필수적인 계기임이 틀림없다. 그러나 만일 이해라는 것이 그런 하나의 계기에 의해서 끝나버리고 만다면, 그러한 이해는 단순한 복제 과정에 지나지 않을 것이요, 어떤 새로움이나 풍요로움을 가져다주지는 못할 것이다. 창조적 이해는 자신을 부정하거나, 시간 속에서의 자신의 위치를 부정하거나, 스스로의 문화를 부정하는 게 아니다. 창조적 이해는 아무것도 망각하지 않는다. 이해를 위해서 중요한 것은 이해자가 창조적으로 이해하고자 하는 대상과의 관계에서 시간과 공간과 문화 속에서 이해자의 외재성(outsidedness)을 확보하는 일이다. 실제로 인간은 자기 자신의 외관을 직접 볼 수 없을뿐더러 전체적으로 의미화할 수도 없으며, 어떤 거울이나 사진도 여기서 그를 도와 줄 수 없다. 오직 타자들만이 그 사람의 외관을 바라보고 이해할 수 있을 따름인데, 이는 그들이 지닌 공간적 외재성과 그들이 타자라는 점 덕분이다.[14]

여기서 바흐친은 다른 문화를 이해하는 두 가지 방식을 언급하고 있다. 하나는 일면적 이해이고, 다른 하나는 창조적 이해이다. 전자는 자기 것을 부정하고 다른 문화에 종속되는 것을 말하는데, 이것은 다른 문화를 그대로 복제하는 것과 크게 다르지 않다. 그에 따르면 이 과정에서 새로운 문화, 즉 문화의 창조와 풍요로움은 기대할 수 없다. 왜냐하면 그것은 새로운 문화를 창조하는 것이 아니라 기존에 존재하고 있던 다른 문화를 그대로 수용하는 것이기 때문이다. 이에 반해 "창조적 이해는 아무것도 망각하지 않는다". 이 말은 다른 문화를 이해하고, 새로운 문화를 창조하는 과정이 자기 것을 망각하는 것도 아니고, 또한 다른 문화의 고유성을 부정하는 것도 아니라는 의미를 함축하고 있다. 바흐친에게 진정한 "이해란 다른 텍스트들과 상호 관계를 맺고 새로운(나의, 동시대의, 미래의) 컨텍스트 속에서 의미를 재구성하는 것을 말한다".[15] 여기서 바흐친은 다른 문화(텍스트)와의 관계에서 이해자의 외재성을 강조한다. 컨텍스트con-text는 이해자가 텍스트text 안에 머무르면 형성되지 않는다. 그것은 이해자가 텍스트 밖에서 텍스트를 이해하려고 할 때 생기는 '의미의 관계'와 같은 것이다. 이것은 또한 타자의 고유성을 인정하는 것에 의해 가능한 것이기도 하다. 타자라는 존재가 없다면 그가 말하는 외재성 또한 불가능하다. 이런 점에서 외재성은 텍스트와 다른 텍스트 사이의 창조적 관계를 가능하게 하는 전제조건인 셈이다.

바흐친에게 외재성은 다른 문화를 이해하는 지렛대이면서 동시에 자신의 문화를 깊이 있게 드러내는 방법이기도 하다. 우리는 여기서 다른 문화를 이해하는 데 있어서 자기 자신의 문제제기가 얼마나 중요한 것인지를 확인할 수 있다. 외재성은 단순히 자기 밖에 위치하는 문제만을 의미하는 것이 아니라는 것이다. 그것은 원칙적으로 자신의 문화에 대한 창조적인 문제의식이 있어야만 가능하다. 이런 점에서 외재성은 애초에 자신의 문화에 대한 비판적이고 창조적인 문제의식의 발로라고 할 수 있다. 왜냐하면 어떤 대상에 대한 비판과 새로운 것의 창조는 그 대상 안에서는 불가능하기 때문이다. 그러므로 자신의 문화를 망각한 채 자기 밖에 위치하다는 것은 곧 다른 문화에 종속되는 것이고, 여기서는 어떤 창조적 행위와 결과도 기대할 수 없다. 이에 대해 바흐친은 다음과 같이 지적하고 있다.

> 문화 영역에서 외재성은 이해의 가장 강력한 지렛대이다. 다른 문화는 오직 타 문화의 시선에 의해서만 스스로를 온전하고도 깊이 있게 드러내는 것이다.(그러나 완전히는 아닐 것이다. 왜냐하면 더 많이 보고 더 많이 이해하게 될 타 문화들이 계속 도래할 것이기 때문이다) 하나의 의미는 낯선 다른 의미와 마주치고 접촉하고 나서야 비로소 자신의 깊이를 드러내게 된다. 그리고 이 사이에서 의미와 문화의 폐쇄성과 일면성을 극복하는 대화와도 같은 것이 발생하는 것이다. 우리는 다른 문화에게 그 자신은 제기하지 못할 새로운 질문을 던지고, 그 다른 문화에게 우리가 던진 질문들에 대한 대답을 찾는다. 그러면 다른 문화는 우리 앞에 자신의 새로운 측면들과 의미적 깊이를 드러내면서 응답하는 것이다. 자기 자신의 문제 제기 없이는 어떤 다른 이질적인 것도 창조적으로 이해할 수 없다.(물론 그 문제 제기는 진지하고 진정한 것이어야 한다) 두 문화가 그렇게 대화적으로 마주하게 될 때, 두 문화는 합쳐지거나 뒤섞이지 않으면서, 각자가 자신의 통일성과 열린 총체성을 보존하는 동시에 서로 풍요로워질 수 있다.[16]

위 글에 나타난 바흐친의 문제의식은 접경 연구에 중요한 키워드를 제공한다. 다시 말해 접경 연구는 '문화의 폐쇄성과 일면성을 극복'하기 위한 목적을 지니고 있다고 할 수 있다. 그것은 또한 "자기 자신의 문제 제기 없이는 어떤 다른 이질적인 것도 창조적으로 이해할 수 없"는 것이다. 서로 다른 문화가 "합쳐지거나 뒤섞이지 않으면서, 각자가 자신의 통일성과 열린 총체성을 보존하는 동시에 서로 풍요로워질 수 있"게 하는 것은 접경 연구의 또 다른 목적이면서 동시에 중요한 방법이다. 새로운 문화는 이렇게 접경 공간에서 하나의 의미가 낯선 다른 의미와 마주치고 접촉면서 형성되는 것이다. "우리가 특수성에만 천착하는 가운데, 문화의 다양한 영역들이 갖는 상호 연관성과 상호 의존성에 관한 문제점들은 무시되어 왔고, 이 영역들 간의 경계가 결코 절대적이지 않다는 사실, 그리고 이 경계들은 각 시대마다 서로 다른 방식으로 획정되었다는 사실이 종종 망각되어 왔다. 게다가 우리는 문화의 가장 긴장감 있고 생산적인 삶이, 바로 문화의 개별적 영역들의 경계선에서 창출되는 것이지, 결코 개별 영역들이 자신의 특수성 속에 유폐되어 있을 때 생겨나는 게 아니란 점을 고려하지 못했던 것이다."[17] 이런 점에서 바흐친이 말하는 외재성은 접경 연구의 '가장 강력한 지렛대'라고 할 수 있다.

로트만 역시 새로운 문화의 형성이 "개별적 영역들의 경계선에서 창출"되는 것이라는 점을 강조한 대표적인 인물이다. 로트만은 문화를 일정한 기호체계의 총체로 이해한다. 여기서 기호체계는 특정한 방식으로 세계를 모델링하는 수단으로 사용된다. 다시 말해 문화는 특정한 기호체계들이 세계를 모델링한 산물이라는 말이다. 그런데 문화를 생산하는 기호체계는 자연언어가 세계를 모델링하는 것과 질적으로 구분된다. 문화의 기호체계는 자연언어의 토대 위에 구성된다는 점에서 2차 모델링체계라고 정의된다. 로트만은 1980년대 이후 자신의 기호학 이론을 더 발전시켜 모든 기호체계의 총체적인 메커니즘, 즉 기호학적 공간을 세미오스피어semiosphere라고 부른다. 그에 따르면 세미오스피어는 문화의 생로병사가 발생하는 기호의 공간인 셈이다. 로트만은 세미오스피어에서 특히 문화의 경계가 지니고 있는 의미와 역할에 대해 주목한다. 그에게 경계는 단순히 '구별의 원리'가 아니라 새로운 것의 발생혹은 '교환의 메커니즘'이다.[18]

> 기호화 과정에서 가장 '뜨거운' 지점들은 세미오스피어의 경계들이다. 경계의 개념은 양면적인 것이다. 즉 그것은 한편으로 분리, 다른 한편으로 통합의 의미를 모두 포함한다. 그것은 항상 어떤 것의 경계이며 따라서 동시에 두 접경문화들, 즉 인접하고 있는 두 세미오스피어 모두에 속한다. 경계는 쌍언어적이고 다언어적이다. 경계는 이질적인 기호학의 텍스트들을 '우리의' 언어로 번역하는 메커니즘이며, '외적인' 것이 '내적인' 것으로 변형되는 장소이며, 낯선 텍스트들을 상이함을 유지한 채 세미오스피어의 내적 기호학의 일부분으로 변형시키는 여과막이다.[19]

새로운 문화의 형성 과정에서 보면 경계는 다른 문화와의 차이를 구분하기 위한 배타적인 원리이면서 동시에 그것과의 통합원리를 내포하는 메커니즘이기도 하다. 이것은 접경의 문화원리이기도 한데, 접경문화는 본래적으로 쌍공간적이고, 다공간적이기 때문이다. 접경이 없다면 낯선 문화가 '우리의' 문화로 번역될 수도 없고, 또 그것이 새로운 것으로 변형되지도 않는다. 로트만이 경계를 "낯선 텍스트들을 상이함을 유지한 채 세미오스피어의 내적 기호학의 일부분으로 변형시키는 여과막이다"라고 규정하는 것은 바로 이런 이유에서다. 이렇게 보면 경계혹은 접경은 다른 문화를 만나고, 그것을 번역하고, 다른 것으로 변형시키고, 새로운 문화를 창조하는 조우, 소통, 교류의 공간인 것이다. 로트만은 문화사의 상징적인 사건을 예로 들면서 경계의 이러한 역할을 다음과 같이 설명하고 있다.

> 기호계의 경계는 기호학적 적극성이 최고조에 달한 곳이다. 바로 그곳에서 다수의 '메타포적 번역'의 메커니즘이 작동하고 있을 뿐만 아니라 양 방향으로 펌프질을 하고 있는 변형된 텍스트들이 기능하고 있다. 그리고 바로 그것에서 새로운 텍스트가 격렬하게 생성된다. 위대한 제국(가령, 로마제국)이 내부의 문화 발생 메커니즘을 거의 다 소진했을 때, 다름 아닌 그 경계에서 문화적 적극성이 증대하는 경우가 이에 대한 예가 될 수 있다. 로마의 이방인화와 이방인의 로마화가 동시에 일어났던 것, 이는 우리 앞에 놓인 것이 일방적인 수용의 과정이 아니라 복잡하게 약동하는 대화의 과정이라는 점을 보여주는 확실한 증거이다.[20]

위 인용문에서 로트만은 경계가 지니고 있는 문화 생성의 적극적 기능을 강조하고 있다. 그에 따르면 경계, 즉 문화의 접경 공간은 새로운 텍스트가 격렬하게 생성되는 곳이다. 특히, 내부의 문화 발생 동력이 소진되었을 때 경계의 역할은 더욱 중요해진다. 여기서 경계는 이미 소극적 의미에서 주변이 아니다. "경계로서의 주변은 그래서 중심으로부터 소외된 채 버려진 공간이 아니라 체계의 바깥과 관계하는 영역, 외부의 새로움을 먼저 접하는 장소, 체제내적이지 않은 변화의 시발점이 되는 장소가 될 수 있다."[21] 이런 점에서 지구화 시대에 문화 접경 공간의 역할은 더욱 주목받을 수밖에 없다. 왜냐하면 문화의 탈중심화가 지구화 시대의 새로운 문화 형성 논리로 작용하고 있기 때문이다. 우리는 접경 공간이 문화 교류와 형성의 시발점이 되고 있는 시대에 살고 있는 것이다.

3. 다문화 시대의 한국문학과 독일의 이주민문학

21세기 한국사회의 가장 큰 변화들 중 하나는 다문화가족이 우리 사회의 중요한 구성원이 되었다는 사실일 것이다. 다문화가족의 증가는 다양한 양적·질적 자료를 통해 확인되는데, 이런 현상은 울리히 벡이 언급한 세계가족의 두 가지 유형, 즉 다지역 세계가족multilokale Weltfamilie 과 다민족 혹은 다대륙 세계가족multinationale, multikontinentale Weltfamilie의 증가, 모두에 해당된다.[22] 전자는 동일한 문화, 즉 언어, 국적, 종교 등을 가지고 있지만 서로 다른 나라나 대륙에 떨어진 채 살고 있는 세계가족을 말하고, 후자는 같은 곳에 살고 있지만 상이한 문화를 지니고 살아가는 세계가족을 의미한다. 우리는 이들을 다문화가족multiculture family이라고 일컫는데, 이 용어는 울리히 벡이 언급한 두 유형의 세계가족을 모두 포괄하는 의미로 사용되고 있다.

다문화가족이 한국사회의 중요한 구성원이 되면서 자연스럽게 그들은 최근 한국소설에 주요 인물로 등장하기 시작했다. 예컨대 이 주요 인물들은 결혼이주 여성,[23] 이주노동자,[24] 탈북자,[25] 외국 거주 한국인[26] 등으로 범주화할 수 있다.[27] 2000년 이후 발표된 많은 소설들에서 대한민국의 세계가족들은 대부분 한국사회가 세계가족을 가족이 아니라 이방인으로 받아들이고 있는 현실을 폭로하고 있다. 그들은 대부분 피착취계급이고, 인종편견의 피해자들이며, 희생당하고 있는 여성들이다. 하지만 이런 상황에도 불구하고 한국사회의 세계가족은 한국문학의 주변인물에서 주인공으로 성장하고 있으며, 그들의 삶 또한 단순한 소재에서 벗어나 한국문학의 주요 주제군을 형성하고 있다. 이것은 21세기 한국문학의 가장 큰 변화라고 할 수 있다. 이와 관련하여 다문화 시대의 한국문학을 독일의 이주민문학과 비교하는 것은 매우 흥미로운 주제라고 할 수 있다. 독일의 이주민문학은 독일에 살고 있는 이주민 1·2세가 독일어로 창작한 문학을 일컫는데, 한국문학에서도 이런 현상은 멀지 않은 미래의 일이기 때문이다.

이와 관련하여 최윤영, 박정희의 연구와 문제제기는 매우 시사하는 바가 크다. 이들의 논문에 따르면 이주민문학이라는 용어는 독일에서도 아직 통일된 것은 아닌 것으로 보인다.[28] 예컨대, 독일에서는 이민문학Migrationsliteratur, 당사자문학Literatur der Betroffenheit, 이주자문학Migrantenliteratur, 이주노동자문학Gastarbeiterliteratur 등의 용어들이 혼용되고 있다. 최윤영은 이 용어들 중에서 이민문학이라는 개념이 가장 널리 통용되고 있다고 지적하며 사용하고 있다. "'이민문학'은 자신의 고향을 떠나 낯선 문화 속에서 살아가는 작가들의 글로서 낯선 문화 속에서 낯선 언어로 쓰여진 글이다. 이들 문학은 그럼으로써 친숙한 언어와 낯선 언어 사이에서 문화의 경계, 혼합, 정체성의 문제를 주요 주제로 삼는다."[29] 하지만 이에 대해 이주민문학의 현장성을 강조하는 목소리도 공존하고 있는 것이 사실이다. 이민문학이 무엇을 다루었느냐는 테마에 주목한 용어이고, 이주민문학은 그들의 신분상 위치, 즉 문학 내적 요소보다 외적 요소에 착안한 용어지만 후자가 그런 문학의 내용과 특징을 더 잘 반영하고 있다는 문제의식이다.[30] 더구나 한국적 상황을 고려하면 이런 문제의식은 더욱 현실적인 의미를 갖는다. 이민문학이 문학의 내적 요소와 관련이 있지만 '이민'이라는 말 또한 그들의 법적 지위를 일정 정도 내포하는 용어이고, 다문화 시대의 한국문학이 다루고 있는 '문학의 내적 요소'들이 대부분 이방인으로 취급 받고 있는 이주민들의 삶을 다루고 있기 때문이다. 결혼이주 여성, 이주노 동자, 탈북자, 외국 거주 한국인들이 이민자로서의 법적 지위를 획득한다 하더라도 그것이 그들의 '차별 경험'을 보상할 수는 없을 것이다. 특히 세계가족의 다양한 유형들이 확산되고 있는 지구화 시대에서 그들의 문학 을 단순히 이민이라는 용어로 담아내기에는 한계가 없지 않다.

용어상의 차이에도 불구하고 최윤영의 주장대로 독일의 이주민문학 논의는 여러 가지 점에서 다문화 시대의 한국문학을 이해하는 데 많은 생각할 점을 제공한다. 그는 이민문학을 소개하면서 한국의 상황을 다 음과 같이 적절하게 오버랩시키고 있다. "여러 다른 인종들과 민족들이 같이 섞여 사는 미국과 달리, 독일은 19세기에 근대국가가 형성되면서 스스로를 단일 민족국가라고 이해해 오다가 현대의 다문화사회를 맞이 하여 이의 해결을 모색하기 때문에 여전히 민족주의 및 자아와 타자의 이분법적 구도에서 출발하고 있다. 다시 말해서 독일민족이 여전히 자신을 주류로, 다수로 이해하는 상황에서 타민족이나 이민자가 이 문화에 '동화Assimilation'되거나 '통합Integration'되기를 요구하고 있다. 한국역시 이러한 다문화사회로 가는 현실에서 독일의 현실은 교사내지는 반면교사로 작용할 수 있을 것이다."[31] 한국도 독일과 마찬가지로 단일민족국가에 대한 믿음이 매우 강해서 타민족, 특히 유색인종에 대한 편견과 배타적 태도가 문제가 되고 있는 것이 현실이다. 이런 상황에서 독일 이주민문학의 현황은 한국문학의 미래를 앞당겨 예측하는 데 적절한 사례가 될 것이다. 특히 독일 이주민문학이 주류 문화와 어떤 관계를 형성하고 있는지, 다시 말해 양자 사이에 존재하는 갈등, 통합, 상호 공존에 대한 논의는 이주민 및 그들의 문화를 이해하는 데 중요한 참고가될 수 있다.

독일 이주민문학 논의는 또한 접경 연구의 방법론과 관련하여 공통의 문제의식을 공유하고 있다. 그것은 상호 문화성 논의에 관한 것인데, 이와 관련하여 최윤영은 다음과 같이 지적하고 있다. "독일어권에서 이러한 새로운 사회현상에 대한 이론으로 가장 많이 논의되는 것은 '상호 문화성Interkulturalität' 논의이다. '다문화성Multikulturalität' 내지는 '초超문화성Transkulturalität'이 논의되는 시대에도 여전히 상호 문화성 논의가 중요성을 지니는 것은 이것이 독일사회의 문제를 해결하는 핵심 개념으로 이해되기 때문이다. 즉 다시 말해서 독어권에서는 '다문화성'이 상이한 문화들이 병존하는 사회 현상을 기술하는 개념으로 이해되거나 더 나아가 한 나라 안의 문화 간 커뮤니케이션이라는 통합적 사회 목표로 이해되는 반면, 상호 문화성 개념은 다양한 문화들을 서로 연결시키고, 각 문화체제의 경계를 넘어섬으로써 문화적 체제를 이해하는 과정이자 실천적 행동으로 이해된다."³² 독일어권에서 논의되고 있는 상호 문화성 이론은 앞서 서술한 바 있는 바흐친과 로트만의 문화 이론과 문제의식이 비슷하다. 바흐친과 로트만의 문제의식은 한 국가가 아니라 문화체계라는 관점에서 상이한 문화의 조우, 교류, 창조의 과정을 해석하자는 것이다. 다시 말해 문화가 곧 소통이지만 그것이 지배적인 국가 이데올로기의 사회적 통합이라는 목표를 달성하기 위한 수단이 되는 것을 경계한다. 만약 문화교류가 사회적 통합의 수단이라면, 이것은 경계를 넘어서는 것이 아니라 경계를 인위적으로 지우는 것이고, 다양한 문화를 서로 연결시키는 것이 아니라 강제로 통합하는 것이다. 이런 점에서 '상호 문화성' 논의는 접경 연구의 중요한 방법론적 시초가 될 수 있다.

현재 다문화 시대를 다루고 있는 한국문학은 한국작가의 시선에서 바라본 이주민의 삶을 형상화한 것이다. 하지만 이것은 이주민의 삶을 주제나 소재로 다룬 문학이지 엄격히 말해서 이주민문학이라고 할 수 없다. 예컨대 위에서 언급한 다문화 시대의 한국문학 작품들은 모두 한국작가의 시선에서 바라본 다문화 시대 세계가족의 문제들을 다루고 있는 것이다. 그런데 이주민 1·2세대가 외국어이자 모국어인 한국어로 자신들의 문제를 형상화하는 작가로 성장한다면 21세기 한국문학은 완전히 새로운 현상에 직면하게 될 것이다. 왜냐하면 이주민 작가의 등장은 한국문학에서 전례가 없는 경우이기도 하고, 한국의 이주민문학이 한국어의 새로운 실험 현장이 될 가능성이 크기 때문이다. 이런 점에서 김려령의 소설 『완득이』는 시사하는 바가 매우 크다.³³ 소설의 주인공인 도완득은 카바레에서 춤추는 일을 하는 난쟁이 아버지와 베트남 이주노동자인 어머니 사이에서 태어났다. 완득이는 학교에서 이름난 싸

움꾼으로 공부와는 담 쌓은 청소년이다. 베트남 어머니는 모유 수유가 끝나자마자 남편과의 불화를 견디지 못하고 가출한다. 한국어도 모르는 이주민 엄마보다 한국인 아빠가 아들 완득이에겐 더 낫다고 생각한 것이다. 완득이는 학교 선생님인 동주의 도움과 같은 반 여학생 정윤하와의 교제, 자신에게 존댓말을 쓰는 베트남 어머니와의 만남 등을 통해 세상 밖으로 나오기 시작한다. 그런데 여기서 흥미로운 것은 완득이 아버지가 아들이 이다음에 커서 글을 쓰는 소설가가 되었으면 하는 바람을 가지고 있는 것이다. 물론 이것은 소설 속의 허구적 상황이지만, 만일 이런 바람이 실제로 이루어진다면, 다시 말해 도완득이 베트남 어머니와 같은 이주민의 삶을 본격적으로 다루는 작가로서 성장한다면 다문화 시대의 한국문학은 새로운 국면을 맞이하게 될 것이다. 이렇게 되면 한국의 이주민문학은 각자의 문화적 경계를 넘어서서 새로운 '문화적 체제를 이해하는 과정이자 실천적 행동으로' 큰 의미가 있을 것이다.

4. 지구화 시대, 접경의 의미

'접경의 문학'이란 좁게는 접경이라는 주제나 소재를 다룬 문학 작품을 가리키지만 더 본질적으로는, 특히 지구화 시대 문학의 내적 아우라와 관계가 있다. 우리는 접경의 일상화가 이미 내재화되어 있는 시대와 사회에 살고 있다. 연구단이 외적 접경뿐만 아니라 내적 접경을 적시한 이유도 여기에 있을 것이다. 다시 말해 겉으로 드러난 접경보다 인간의 의식과 내면에 구조화된 접경이 우리의 삶과 역사를 결정하는 시대인 것이다. 이런 점에서 '접경의 문학'은 지구화 시대 인간의 삶을 가장 심오하게 반영하는 기록이 될 수밖에 없다. 왜냐하면 문학은 인간의 삶의 '안과 밖', 즉 우리가 살아가는 모습뿐만 아니라 그것의 내면 풍경과 무의식을 기록하는 글쓰기 양식이기 때문이다. 여기서 우리는 '기록'으로서의 문학과 '예술 작품'로서의 문학을 구분해야만 한다. '접경의 문학'은 물론 양자를 모두 포괄하지만, 그리고 양자가 모두 나름의 가치를 지니고 있지만, 그렇다고 양자를 동일시해서는 안 된다. 예술 작품은 기록이지만 기록이 반드시 예술 작품은 아니다. 예를 들어 톨스토이의 『전쟁과 평화』는 거대한 기록이면서 동시에 위대한 예술 작품이지만 2차대전 당시 수많은 전쟁문학들은 의미 있는 기록일 뿐 예술 작품이라고 할 수 없다. 기록은 적극적인 가치평가의 대상이 아니지만 예술 작품은 가치 평가를 피해갈 수 없다. 예술 작품에서 가치 평가란 숙명과 같은 것이다.

앞서 언급한 바흐친, 로트만의 문화 이론은 문학 혹은 문화의 시각에서 접경의 의미를 이해하는 데 중요한 문제의식을 제공하고 있다. 바흐친이 주장한 자기의 타자화, 경계이월성, 외재성과 로트만이 강조한 세미오스피어에서 경계의 의미는 접경의 영역에서 문화의 생성원리를 설명하는 키워드들이다. 그런데 그들의 문화 이론이 또한 '예술 작품'으로서 문학의 생성원리를 설명하는 키워드가 된다는 사실이 매우 흥미롭다. 특히 자기의 타자화, 경계이월성, 외재성이 문학 작품의 창작원리로서 어떻게 작동하고 있느냐가 기록을 넘어서 예술 작품으로서 접경의 문학을 평가하는 기준이 되기 때문이다. 이런 맥락에서 "삶의 외부성(외재성 - 인용자), 타자화의 운동성이야말로 문화의 낡은 굴레('경계')를 부수고 다른 문화의 형식을 만드는 동력"이라는 최진석의 지적은 타당하다.[34] 바흐친의 말대로 문화창조란 기존의 것을 내재적으로 풍요롭게 만드는 것이 아니라 "대상을 다른 가치의 차원으로 옮겨 놓아 그것에 형식이라는 선물을 부여하고 그것을 형식적으로 변형시"키는 것이다.[35] 이것은 바흐친이 주장한 자기의 타자화, 경계이월성, 외재성이 새로운 문화를 가치평가하는 기준으로 작용하고 있다는 점을 보여준다. 다시 말해 이런 기준들은 새로운 형식의 탄생을 설명하는 원리이면서 동시에 그것을 평가하는 잣대가 되는 것이다.

이렇게 보면 바흐친과 로트만의 문제의식은 단순히 문화의 생성원리를 설명하는 방법론에서 머무는 것이 아니라 예술 작품을 해석하는 가치평가의 적극적 기준이 된다. '접경의 문학'에서 이점은 매우 중요한 또 다른 의미를 지닌다. 최윤영에 따르면 독일 이주민문학은 기존 독일 문학과 견주어도 손색이 없는 예술 작품으로서의 새로운 가치를 지니고 있다.[36] 이것은 '접경의 문학'이 새로운 예술 작품을 창조하고 있는 원리이며, 또한 그것을 가치 평가하는 기준이라는 것을 의미한다. 아마도 접경 연구의 또 다른 의미는 이와 무관하지 않을 것이다.

주석

1. 『화해와 공존을 위한 <접경의 인문학>』, 중앙대 HK사업단, 2018. 참고. 접경이라는 개념은 경계가 없는(borderless) 상태와 혼동될 수 있다. 현대사회가 탈경계의 방향으로 나아가고 있다고 하더라도 국가, 민족, 가족 등과 같이 인간사회를 구성하는 기본적인 경계가 완전히 사라지는 것은 아니다. 다만 그 경계가 근대의 기초였던 배타성을 넘어 포용성을 지향한다는 점에서 큰 차이가 있다. 배타성은 유일성과 독점성의 다른 말로 탈근대의 가치인 상호성과 대비된다.
2. 장 마리 게노, 국제사회문화연구소 역, 『민주주의의 종말』, 고려원, 1995, 48~49쪽.
3. 위의 책, 35쪽.
4. 울리히 벡, 엘리자베트 벡-게른스하임, 이재원, 홍찬숙 역, 『장거리 사랑』, 새물결, 2012, 33쪽.
5. 위의 책, 36쪽.
6. 리프킨, 이희재 역, 『소유의 종말』, 민음사, 2001, 274~276쪽.
7. 백낙청, 『통일 시대 한국문학의 보람 – 민족문학과 세계문학』 4, 창비, 2006, 73쪽.
8. 미하일 바흐친, 김희숙·박종소 역, 「미적 활동에서의 작가와 주인공」, 『말의 미학』, 길, 2006, 62~63쪽.
9. 위의 책, 64쪽.
10. Михаил Бахтин, Собрание сочинений Том 1. Философская эстетика 1920-х годов, Русские словари Языки славянской культуры, M, 2003, C.97.
11. Михаил Бахтин, Ibid., C.590. 참고
12. 최진석, 「타자성의 미학과 윤리학」, 『민중과 그로테스크의 문화정치학』, 그린비, 2017, 133쪽.
13. Михаил Бахтин, C.543. 참고
14. 미하일 바흐친, 김희숙·박종소 역, 「『신세계』 편집진의 물음에 대한 답변」, 앞의 책, 475~476쪽.
15. 「인문학의 방법론을 위하여」, 위의 책, 515쪽.
16. 「『신세계』 편집진의 물음에 대한 답변」, 위의 책, 476쪽.
17. 위의 책, 469쪽.
18. 김수환, 「'경계' 개념에 대한 문화기호학적 접근 – 구별의 원리에서 교환의 메커니즘으로」, 『기호학 연구』 23, 한국기호학회, 2008, 489~514쪽을 참고할 것.
19. Ю. М. Лотман, Семиосфера : Культура и взрыв, Внутри мыслящих миров, Спб., Искусство-СПБ, 2000, C.262.
20. 로트만, 김수환 역, 『기호계』, 문학과지성사, 2008, 330쪽.
21. 김수환, 앞의 글, 508쪽.
22. Ulrich Beck · Elisabeth Beck-Gernsheim, *Fernliebe : Lebensformen im globalen Zeitalter*, Suhrkamp, 2011, S.26.

23 이런 인물들을 다룬 소설로는 이순원, 「미안해요, 호 아저씨」(『문학수첩』, 2003.가을), 한수영, 「그녀의 나무 평귀리」(『그녀의 나무 평귀리』, 민음사, 2006), 정인, 「그 여자가 사는 곳」(『그 여자가 사는 곳』, 문학수첩, 2009), 정인, 「타인의 시간」(『그 여자가 사는 곳』, 문학수첩, 2009), 백가흠, 「쁘이거나 쯔이거나」(『현대문학』, 2010.8), 이명랑, 『나의 이복형제들』(실천문학사, 2004), 서성란, 「파프리카」(『한국문학』, 2007.겨울), 이시백, 「개값」(『누가 말을 죽였을까』, 삶이보이는창, 2008), 송은일, 「사랑을 묻다」(『대교북스캠』, 2008), 정지아, 「핏줄」(『통일문학』, 2008.하반기), 천운영, 『잘 가라, 서커스』(문학동네, 2005), 김재영, 「꽃가마배」(『작가세계』, 2007.여름), 김애란, 「그곳에 밤 여기에 노래」(『문학과사회』, 2009.봄), 한지수, 「열대야에서 온 무지개」(『문학사상』, 2010.4), 양성관, 『시선』(글과생각, 2012) 등이 있다.

24 이런 인물들을 다룬 소설로는 김재영, 「코끼리」(『창작과비평』, 2004.겨울), 이명랑, 『나의 이복형제들』(실천문학사, 2004), 이시백, 「새끼야 슈퍼」(『누가 말을 죽였을까』, 삶이보이는창, 2008), 강화길, 「굴 말리크가 잃어버린 것」(『문학동네』, 2013.겨울), 김민정, 「알젤라가 있던 자리」(『ASIA』, 2012.겨울), 유현산, 『두번째 날』(네오픽션, 2014), 김려령, 『완득이』(창비, 2007), 박범신, 『나마스테』(한겨레신문사, 2005), 박찬순, 「가리봉 양꼬치」·「지질 시대를 헤엄치고 있는 물고기」(『발해풍의 정원』, 문학과지성사, 2009), 손홍규, 『이슬람 정육점』(문학과지성사, 2010)·「이무기 사냥꾼」(『문학동네』, 2005.여름), 공선옥, 『유랑가족』(실천문학사, 2005)·「명랑한 밤길」(『창작과비평』, 2005.가을), 이경, 「먼지별」(『ASIA』, 2009.가을), 김미월, 「중국어 수업」(『한국문학』, 2009.겨울), 배상민, 「어느 추운 겨울의 스쿠터」(『문예중앙』, 2001.봄), 강영숙, 「갈색 눈물방울」(『문학과사회』, 2004.겨울), 김연수, 「모두에게 복된 새해」(『현대문학』, 2007.1), 민정아, 「죽은 개의 식사 시간」(『문장웹진』, 2013.12) 등이 있다.

25 이런 인물들을 다룬 소설로는 황석영, 『바리데기』(창비, 2007), 구효서, 『랩소디 인 베를린』(뿔, 2010), 강영숙, 『리나』(랜덤하우스, 2006), 정도상, 『찔레꽃』(창비, 2008), 이응준, 『국가의 사생활』(민음사, 2009), 조해진, 『로기완을 만났다』(창비, 2011), 강희진, 『유령』(은행나무, 2011), 이경자, 『세번째 집』(문학동네, 2013), 김금희, 「옥화」(『창작과비평』, 2014.봄), 정이현, 「영영, 여름」(『문학동네』, 2014.여름) 등이 있다.

26 이런 인물들을 다룬 소설로는 해이수, 「캥거루가 있는 사막」(『현대문학』, 2000.6), 「돌베개 위의 나날」(『심훈상록문화제사화집』, 2004), 「우리 전통 무용단」(『현대문학』, 2003.12), 「어느 서늘한 하오의 빈집털이」(『현대문학』, 2005.2), 「젤리피쉬」(『현대문학』, 2007.2), 「마른 꽃을 불에 던져 넣었다」(『리토피아』, 2007.여름), 윤고은, 「늙은 차와 히치하이커」(『한국문학』, 2014.여름), 방현석, 「존재의 형식」(『창작과비평』, 2002.겨울), 「랍스터를 먹는 시간」(『랍스터를 먹는 시간』, 창비, 2003), 박형서, 『새벽의 나나』(문학과지성사, 2010), 전성태, 「코리언 쏠저」(『실천문학』, 2005.겨울), 「늑대」(『문학사상』, 2006.5), 「목란식당」(『창작과비평』, 2006.겨울), 「남방식물」(『현대문학』, 2006.11), 「중국산 폭죽」(『문학관』, 2007.여름), 「두번째 왈츠」(『ASIA』, 2008.겨울) 등이 있다.

27 이 범주는 이경재의 분류에 따른 것이다. 여기에 해당하는 작품들은 다음 자료를 참고한 것이다. 이미림, 『21세기 한국소설의 다문화와 이방인』, 푸른사상, 2014; 이경재, 『다문화 시대의 한국소설 읽기』, 소명출판, 2015.

28 이주민문학은 독일어로 Migrantenliteratur를 말하는데, 연구자들은 이 용어를 '이주자 문학'으로 번역하고 있다. '이주민'과 '이주자'는 동의어로 모두 "다른 곳으로 옮겨 가서 사는 사람. 또는 다른 지역에서 옮겨 와서 사는 사람"을 뜻한다. 하지만 우리말 용법에 이주자(者)는 그런 사람들을 객체화하거나 심지어 하대하는 뉘앙스가 있고, 그들이 이 주한 곳에서 '정착해서 살고 있는 사람들'이라는 점을 강조한다면 필자는 이주민(民)이 라는 용어가 더 적합하다고 본다.

29 최윤영, 「독일 이민문학의 현주소」, 『독어교육』 35, 한국독어독문학교육학회, 2006, 425쪽.

30 박정희, 「최근 독일어권 문학에서 '이주자문학'의 현황」, 『독일문학』 91, 한국독어독문 학회, 2004, 193쪽 참조.

31 최윤영, 「독일문학에 나타난 다문화사회 – 스텐 나돌니의 『젤림, 혹은 웅변의 재능』을 중심으로」, 『인문논총』 59, 인문학연구원, 2008, 3쪽.

32 위의 글, 2쪽 참조.

33 김려령, 『완득이』(창비, 2008)를 참고할 것.

34 바흐친은 「미적 활동에서의 작가와 주인공」에서 자신의 미학적 개념들을 예술 작품에 대한 가치평가의 기준으로 사용하고 있다. 이에 대해서는 최진석, 『민중과 그로테스크 의 문화정치학』(그린비, 2017, 133~134쪽)을 참고할 것.

35 미하일 바흐친, 김희숙·박종소 역, 「미적 활동에서의 작가와 주인공」, 『말의 미학』, 길, 2006, 134쪽.

36 이에 대해서는 최윤영, 「매체로서의 언어, 매체로서의 몸 – 요코 타와다의 『목욕탕』과 『벌거벗은 눈』을 중심으로」(『독어독문학』 99, 한국독어독문학회, 2006, 86~106쪽)을 참고할 것.

참고문헌

김려령, 『완득이』, 창비, 2008.
『화해와 공존을 위한 <접경의 인문학>』, 중앙대 HK사업단, 2018.

김수환, 「'경계' 개념에 대한 문화기호학적 접근 – 구별의 원리에서 교환의 메커니즘으로」, 『기호
　　학 연구』 23, 한국기호학회, 2008.
박정희, 「최근 독일어권 문학에서 '이주자문학'의 현황」, 『독일문학』 91, 한국독어독문학회, 2004.
백낙청, 「통일 시대 한국문학의 보람 – 민족문학과 세계문학」 2, 창비, 2006.
이경재, 『다문화 시대의 한국소설 읽기』, 소명출판, 2015.
이미림, 『21세기 한국소설의 다문화와 이방인』, 푸른사상, 2014 .
최윤영, 「독일 이민문학의 현주소」, 『독어교육』 35, 한국독어독문학교육학회, 2006.
＿＿＿, 「매체로서의 언어, 매체로서의 몸 – 요코 타와다의 『목욕탕』과 『벌거벗은 눈』을 중심으
　　로」, 『독어독문학』 99, 한국독어독문학회, 2006.
＿＿＿, 「독일문학에 나타난 다문화사회 – 스텐 나돌니의 『젤림, 혹은 웅변의 재능』을 중심으로」,
　　『인문논총』 59, 인문학연구원, 2008.
최진석, 「타자성의 미학과 윤리학」, 『민중과 그로테스크의 문화정치학』, 그린비, 2017.

로트만, 김수환 역, 『기호계』, 문학과지성사, 2008.
리프킨, 이희재 역, 『소유의 종말』, 민음사, 2001.
미하일 바흐친, 김희숙·박종소 역, 『말의 미학』, 길, 2006.
울리히 벡·엘라자베트 벡-게른스하임, 이재원·홍찬숙 역, 『장거리 사랑』, 새물결, 2012.
장 마리 게노, 국제사회문화연구소 역, 『민주주의의 종말』, 고려원, 1995.

Beck Ulrich · Beck-Gernsheim Elisabeth, *Fernliebe : Lebensformen im globalen Zeitalter*, Suhrkamp,
　　2011.
Лотман Ю. М., *Семиосфера : Культура и взрыв, Внутри мыслящих миров*, Спб., Искусст
　　во-СПБ, 2000.
Бахтин Михаил, *Эстетика словесного творчества*, Искусство, М. 1979.
＿＿＿＿＿＿, *Собрание сочинений Том 1. Философская эстетика 1920-х годов*, Русск
　　ие словари Языки славянской культуры, М, 2003.

필자

차용구(車龍九, Cha, Yong-Ku)
중앙대학교 역사학과 교수. 독일 파사우 대학교에서 박사학위(서양중세사)를 취득하였고, 중앙대·한국외대 HK+〈접경인문학〉연구단 단장으로『가해와 피해의 구분을 넘어―독일·폴란드 역사 화해의 길』,「독일과 폴란드의 역사대화―접경지역 역사서술을 중심으로」등의 연구를 통해서 화해와 공존의 교육 실현을 위해 노력하고 있다.

여호규(余昊奎, Yeo, Ho-Kyu)
한국외국어대학교 사학과 교수. 서울대학교 국사학과와 동 대학원을 졸업했다(문학박사). 고구려사를 중심으로 고대 국제관계사와 공간사를 다각도로 연구하고 있다. 대표 저서로『고구려 성』Ⅰ·Ⅱ(국방군사연구소, 1998·1999),『한국 고대국가와 중국왕조의 조공책봉관계』(공저, 동북아역사재단, 2006),『삼국시대 고고학개론(도성과 토목)』(공저, 진인진, 2014),『고구려 초기 정치사 연구』(신서원, 2014) 등이 있다.

정동민(鄭東珉, Jung, Dong-Min)
접경인문학연구단 한국외대 역사문화연구소 HK연구교수. 한국고대군사사 전공으로, 한국외국어대학교 사학과에서「高句麗와 隋의 전쟁 연구」로 박사학위를 취득하였다. 논문으로는「高句麗 重裝騎兵의 特徵과 運用形態의 變化」,「612년 고구려 원정 隋軍의 군단 편성과 兵種 구성」,「598년 高句麗-隋 전쟁의 배경과 충돌 양상―접경공간인 遼西地域을 중심으로」등 다수가 있으며, 저서로는『동북공정 이후 중국의 고구려사 연구 동향』(역사공간, 2018, 공저)이 있다.

이근명(李瑾明, Lee, Geun-Myung)
한국외국어대학교 사학과 교수. 서울대학교 동양사학과를 졸업하고 같은 대학에서 박사학위를 취득하였다. 주로 중국 중세사(송대사)를 연구하고 있다. 주된 저서로『남송시대 복건 사회의 변화와 식량 수급』(신서원, 2013),『아틀라스 중국사』(공저, 사계절, 2007),『왕안석 자료 역주』(HUiNE, 2017),『송명신언행록』(전 4책, 소명출판, 2019) 등이 있다.

박지배(朴志培), Park, Ji-Bae
한국외국어대학교 역사문화연구소 조교수. 러시아 국립학술원에서 제정 러시아사를 전공했으며, 저서로는『표트르 대제』(살림, 2009),『근대 세계체제에서 러시아와 영국의 무역』(신서원, 2017) 등이 있으며, 현재 러시아와 중국의 팽창과 그 과정에서 벌어진 양국 간 충돌, 타협, 혼종, 공존 등에 관심을 가지고 연구 중이다.

최말순(崔末順, Choi, Mal-Soon)

대만 국립정치대학 대만문학연구소 부교수. 대만 정치대학 중문학과에서 일제시기 대만문학과 근대성에 대한 연구로 박사학위를 받았다. 저서로는 대만에서『海島與半島－日據臺韓文學比較(해도와 반도－일제시기 대만과 한국의 문학비교)』(聯經, 2013)가 나와 있으며, 한국에서 일제시기 대만문학 연구논문집인『대만의 근대문학－운동·제도·식민성』(소명출판, 2013) 세 권을 펴냈다. 옮긴 책으로는 대만작가 朱西寧(주시닝)의 소설집인『이리』(지만지, 2013)가 있다.

이화진(李和眞, Lee, Hwa-Jin)

인하대학교 한국어문학과 초빙교수. 연세대 국어국문과에서 식민지 시기 극장의 문화 정치학에 관한 연구로 박사학위를 받고, 한국영화와 극장 문화, 영화 검열, 전쟁과 연예의 상관성 등을 연구하고 있다. 최근 논문으로는 "Struggles over Foreign Films and Film Culture in Wartime Colonial Seoul (1937~1941)", 「'한국영화 반세기'를 기념하기」, 「'65년 체제'의 시각 정치와〈총독의 딸〉」 등이 있다. 저서『조선 영화—소리의 도입에서 친일영화까지』(책세상, 2005), 『소리의 정치－식민지 조선의 극장과 제국의 관객』(현실문화, 2016)을 출간했으며, 『전쟁과 극장』(소명출판, 2015), 『조선 영화란 하오』(창비, 2016), 『할리우드 프리즘』(소명출판, 2017) 등의 공저에 참여했다.

오태영(吳台榮, Oh, Tae-Young)

동국대학교 경주캠퍼스 인문콘텐츠학부 국어국문학전공 조교수. 동국대학교 국어국문학과 및 동(同) 대학원 졸업. 주요 저서에『오이디푸스의 눈－식민지 조선문학과 동아시아의 지리적 상상』(소명출판, 2016), 『팰럼시스트 위의 흔적들－식민지 조선문학과 해방기 민족문학의 지층들』(소명출판, 2018) 등이 있고, 번역서로『'고향'이라는 이야기』(공역, 동국대 출판부, 2009), 『아시아－태평양전쟁과 조선』(공역, 제이앤씨, 2011) 등이 있다. 해방 이후 냉전-분단 체제하 문학 작품, 여행기, 지리지 등을 대상으로 지식인·문학자들의 공간 인식 및 이동의 수행성을 테마로 공부하고 있다.

이병훈(李丙勳, Lee, Byoung-Hoon)

아주대학교 다산학부대학 부교수. 고려대학교 노어노문학과 및 모스크바 국립대학교 대학원 졸업(문학박사). 최근 논문으로「이광수의 "사랑"과 일제시대 근대병원의 역사적 기록」, 「감금과 통제－19세기 러시아 정신병원의 실체」, 「러시아 혁명과 문학비평의 두 방향－1920년대 소비에트 비평의 근본 문제들」등이 있다. 저서로『아름다움이 세상을 구원할 것이다』(문학동네, 2012), 『감염병과 인문학』(공저, 강, 2014) 등이 있고, 『젊은 의사의 수기』(을유문화사, 2011), 『사고와 언어』(공역, 한길사, 2013) 등을 번역하였다.